MARTIN GROSCH

SEZESSIONEN

MARTIN GROSCH

SEZESSIONEN

Das erbitterte Ringen um Unabhängigkeit

Bibliografische Information
der Deutschen Nationalbibliothek
Die Deutsche Nationalbibliothek verzeichnet diese Publikation in der Deutschen Nationalbibliografie; detaillierte bibliografische Daten sind im Internet über http://dnb.d-nb.de abrufbar.

Mit 16 Abbildungen und 31 Karten

Bildnachweis:
Sämtliche Abbildungen von Martin Grosch.
Karte 13 © istock.com/Rainer Lesniewski.
Alle weiteren Karten © istock.com/PeterHermesFurian.

ISBN 978-3-95768-257-4

Internet: www.lau-verlag.de

Umschlagentwurf: pl, Lau-Verlag, Reinbek
Umschlagabbildung: © iStock.com/erlucho
Satz und Layout: pl, Lau-Verlag, Reinbek
Druck und Bindung: Finidr, s.r.o.
Printed in Czech Republic

Inhalt

Einleitung

Während 1992 die damaligen politischen Vertreter der heutigen Staaten Tschechien und Slowakei beschlossen, künftig getrennte Wege zu gehen, und dann mit Beginn des Jahres 1993 ihre Staatenunion, die Tschechoslowakische Föderative Republik (CSFR), auf friedlichem Wege auflösten, zerfiel parallel mit Jugoslawien ein weiterer Staat in Europa – allerdings hier auf gewaltsame Weise unter Einsatz militärischer Mittel. Mittlerweile beerben sieben Staaten – Slowenien, Kroatien, Serbien, Montenegro, Nordmazedonien, Bosnien-Herzegowina und Kosovo – die frühere Sozialistische Föderative Republik Jugoslawien; wobei die beiden Letztgenannten allerdings hinsichtlich ihrer Souveränität bzw. ihrer internationalen Anerkennung bis heute zu Diskussionen Anlass geben.

Anhand dieser einleitenden Beispiele, von denen der Zerfall Jugoslawiens im Verlauf des Buches noch ausführlich geschildert wird, lassen sich schon die zentralen Probleme skizzieren, die in dieser Darstellung untersucht werden sollen. Warum zerfallen Staaten, welches sind die Motive für Separatismus und Sezessionen, welche Rolle spielen dabei die Idee der Nation bzw. nationalistische Beweggründe, wie laufen derartige Prozesse ab und warum dann häufig mit Gewalt und eben leider nicht friedlich? Und – zuletzt – wie können sich neu entstehende Staaten international behaupten? All diese Fragen gilt es einer näheren Betrachtung zu unterziehen, zu diskutieren und zu bewerten.

Die heutige Menschheit gliedert sich in fast 200 Nationen, die in einem eigenen Staatswesen oder als größere Minderheit in einem Staat leben; hinzu kommen zahlreiche weitere ethnische Gruppen, die für sich den Anspruch reklamieren, eine Nation zu sein, zum Teil friedlich, zum Teil aber auch auf gewaltsame Weise. So lassen sich wissenschaftlichen Schätzungen zufolge auf der Welt insgesamt rund 8000 Nationen identifizieren. Dabei verändern sich nationale Identitäten mit der Zeit; sie können sich verstärken oder abschwächen. Und nach und nach können auch neue Nationen entstehen. Ein gewisser Prozentsatz von ihnen wird dann irgendwann die staatliche Unabhängigkeit anstreben, sodass es nach wie vor ein großes Reservoir für Separatismus gibt.

Nicht nur scheint also trotz Globalisierung nach wie vor für die meisten Menschen keine Bindung von so großer Bedeutung zu sein wie die an die eigene Nation – auch wenn dieser Begriff alles andere als einfach und plakativ zu definieren ist. Separatistische Bewegungen reklamieren in diesem Zusammenhang jedenfalls ein Recht auf politische Selbstbestimmung von Völkern, aus dem sie ein Sezessionsrecht im Sinne einer normativen Vorstellung des europäischen Nationalismus des 19. Jahrhunderts ableiten.

Auch wenn die vom Nationalgefühl so hoch bewertete Unabhängigkeit der Nation häufig eine Illusion bzw. Utopie darstellt – allein schon oft aufgrund der Kleinheit des Gebietes, der geringen Kopfzahl einer nach Selbstständigkeit strebenden ethnischen Gruppe oder infolge ökonomischer Schwäche –, so finden sich separatistische, auf den Gedanken der eigenen Nation beruhende Tendenzen weltweit; getreu der Devise des 19. Jahrhunderts »Jede Nation ein Staat – jeder Staat eine Nation«, die augenscheinlich auch im 21. Jahrhundert noch eine erhebliche Faszination ausübt. Schließlich haben auch neuere und aktuelle Bindungen, Bezugspunkte bzw. Identifikationen wie beispielsweise der Kommunismus im 20. Jahrhundert oder nach dem Zweiten Weltkrieg die Idee und praktische Umsetzung eines möglichst vereinten Europas es nicht oder nur teilweise vermocht, den hohen Stellenwert der Nation aufzuheben. Nationen stellen somit bis heute eine Realität dar. Und das Nationalgefühl, in übersteigerter Form der Nationalismus, bildet auch in Zeiten der Demokratie und europäischen Kooperation eine politische Kraft ersten Ranges.

Nach wie vor sind die Konflikte, die aus dem Unabhängigkeitswillen mancher Nationen bzw. ethnischer Gruppen und ihrer tatsächlichen Abhängigkeit von anderen Volksgruppen oder Staaten, sei es in wirtschaftlicher (man denke hier nur an internationale Handelsverflechtungen und Lieferketten), politischer oder militärischer Hinsicht, resultieren, ein zentrales politisches Problem unserer Zeit. So hat sich seit Gründung der Vereinten Nationen 1945 die Zahl ihrer Mitgliedstaaten nahezu vervierfacht – ein Umstand, der einen Trend zur Fragmentierung der Staatenwelt zu belegen scheint. Dabei ist nicht nur die territoriale Integrität autoritär beherrschter Staaten, die Teilen ihrer Bevölkerung (oft nationale Minderheiten) grundlegende Menschen- oder Bürgerrechte vorenthalten, durch separatistische Gruppen und deren Sezessionsbestrebungen bedroht. Mit Sezessionsbewegungen sehen sich vielmehr längst auch demokratische, westlich geprägte Rechtsstaaten wie Kanada, Großbritannien, Spanien, Italien, Frankreich oder Belgien konfrontiert. Erinnert sei hier nur an den politischen Dauerstreit in Belgien, die frühere Separatismusbewegung der ETA im Baskenland, die Unabhängigkeitsbestrebungen Kataloniens oder an Anschläge korsischer Separatisten. Letztlich finden sich in allen Teilen der Erde Staaten, die sich auf ihrem Territorium mit separatistischen Strömungen auseinandersetzen müssen.

Nur in den seltensten Fällen wurde aber ein Sezessionsrecht in der Verfassung von Staaten verankert. Nach dem Zweiten Weltkrieg wurde dies lediglich in vier Staatsverfassungen anerkannt: in der Verfassung Burmas aus dem Jahre 1947, in der Präambel und in Art. 1 Abs. 2 des Verfassungsgesetzes über die tschechoslowakische Föderation vom 27.10.1968, in Abschnitt I des Einführungsteiles der Verfassung Jugoslawiens vom 21.2.1974 und in Art. 72 der Verfassung der UdSSR vom 7.10.1977.[1] Keines dieser Sezessionsrechte existiert heute noch. Das burmesische Sezessionsrecht wurde 1974 wieder abgeschafft. Das jugoslawische und das sowjetische Sezessionsrecht wurde nicht gewährt, sodass die gewünschten Sezessionen teilweise blutig erkämpft wurden. Lediglich im Fall der ehemaligen Tschechoslowakei könnte das in der Verfassung garantierte Sezessionsrecht einen positiven Einfluss auf die friedliche Trennung der beiden Staaten gehabt haben.

Das Streben nach Sezession stellt somit, wenig verwunderlich, einen Hauptgrund für kriegerische Konflikte dar. 1994 hatten 49 Prozent der 39 weltweit stattfindenden Kriege einen sezessionistischen Hintergrund, 1996 waren es 40 Prozent und 2008 wurden beispielsweise rund 100 bewaffnete Autonomie- und Sezessionskonflikte gezählt, von denen 20 – gemessen an der Intensität der Gewaltanwendung – bereits die höchste Eskalationsstufe erreicht haben.[2] Das Völkerrecht kennt zwar Regeln zur Austragung von Bürgerkriegen, bleibt jedoch bei der Frage nach der Rechtmäßigkeit von Sezessionen uneindeutig, hat sich doch bis dato weder ein konkreter Anspruch auf eine Sezession noch ein universelles Verbot einer solchen herausgebildet.[3] Letzten Endes liegt es im eigenen Ermessen und in eigener Verantwortung eines Staates, ob er ein sich für unabhängig erklärtes Territorium als souveränen Staat anerkennt oder nicht. So kann es durchaus der Fall sein, dass trotz höchst zweifelhafter Staatsqualität ein neues territoriales Gebilde eine breite Anerkennung erfährt (wie z.B. bezüglich Bosnien-Herzegowina oder Südsudan) und in die Staatengemeinschaft integriert wird. Umgekehrt kann es vorkommen, dass aus rein taktisch-politischen Gründen einem funktionierenden Staat von zahlreichen – oft politisch äußerst bedeutenden – Staaten die Anerkennung verweigert wird, was ihm eine Partizipation an den internationalen Beziehungen natürlich in erheblichem Maße erschwert. Diese Nichtanerkennung trifft z.B. auf Somaliland zu, das sich vom Failed State Somalia für unabhängig erklärt hat.

Vor allem kommt es in zahlreichen afrikanischen und asiatischen Staaten immer wieder zu teils bewaffneten Sezessionskonflikten, wie z.B. in Niger, Nigeria, Äthiopien (Stichwort Tigray), Myanmar, auf den Philippinen, im Süden Thailands oder im Nordosten Indiens, um nur einige wenige Regionen zu nennen, auf die im weiteren Verlauf der Darstellung allerdings nicht eingegangen werden kann. Gegenwartsbezüge sind also reichlich vorhanden. Man mag dies bedauern, kritisieren oder akzeptieren, nur ignorieren lassen sich derartige Erscheinungen nicht, und wenn dies dann doch geschieht, dann mit teilweise katastrophalen Konsequenzen, wie der Bosnien-Krieg 1992–1995 in seiner ganzen Brutalität gezeigt hat.

Martin Braml und Gabriel Feldermayer äußerten 2017 angesichts der damaligen massiven Unabhängigkeitsbestrebungen Kataloniens in der *FAZ* den folgenden grundlegenden Gedanken zum Recht auf Separatismus und die damit einhergehende Veränderung von Grenzen:

> »Legalisten mögen sich, wie im Falle Spaniens geschehen, hinter der Verfassung verstecken, die keine Abspaltung einzelner Landesteile vorsieht. Hätten die Legalisten ihrer Zeit immer recht behalten, wäre die Schweiz heute noch deutsch, die Niederlande spanisch, Polen nicht existent und die Vereinigten Staaten befänden sich noch im Kolonialbesitz des British Empire. Die Geschichte zeigt, dass die vermeintliche Unverrückbarkeit von Grenzen lediglich eine Überhöhung des Status quo darstellt und dass das Verschieben von Grenzen gerade auch Ausdruck der Freiheit und des Selbstbestimmungsrechts der Völker ist. Die Ablehnung von gewaltsamen Grenzverschiebungen ist demokratischer Konsens; der Umkehrschluss gilt für das Nicht-Verschieben von Grenzen unter Einsatz von Gewalt bedauernswerterweise nicht.«[4]

Das hier deutlich werdende Problem mancher Grenzverläufe, die z. B. durch Kolonialmächte in Afrika ohne Rücksicht auf ethnische Gegebenheiten gezogen wurden oder aufgrund einer ethnischen Gemengelage wie u. a. auf dem Balkan heftige Konflikte zur Folgen hatten bzw. haben, führen dann oft dazu, dass manche Volksgruppen im Sinne einer eigenständigen Nation ihre politische, wirtschaftliche und/oder kulturelle Unabhängigkeit fordern, notfalls auch mit dem in Europa längst überholt geglaubten Mittel des Krieges. Ja, der Krieg war (vielleicht ist er es auch noch aktuell, siehe den Krieg Russlands gegen die Ukraine) oft ein Geburtshelfer der meisten Nationalstaaten im westlichen Europa.[5] Gerade die Abgrenzung oder – historisch betrachtet – v. a. der Kampf gegen andere Nationen trugen in entscheidendem Maße zur Herausbildung einer eigenen Identität bei und stärkten den inneren Zusammenhalt, der durch eine glorifizierende Erinnerung an triumphale Siege, an am Rande der Vernichtung stehende Niederlagen oder an welches Blutvergießen auch immer, in vielfältiger Weise – oft in Form von Denkmälern, Heldenepen, Schlachtengemälden u. Ä. – mythisch überhöht oder instrumentalisiert wurde bzw. nach wie vor wird, denken wir nur an den Amselfeld-Mythos der Serben[6], der bis heute in Form eines Feindbildes gegenüber den bosnischen Moslems nachwirkt.

Bleibt trotz allem die Frage offen, ob es einen rechtmäßigen historischen Anspruch eines Volkes bzw. einer Nation oder einer politischen Einheit auf ein eigenes unabhängiges Territorium gibt. Mit welchem Recht soll nämlich dem einen Volk die Unabhängigkeit und Eigenstaatlichkeit zugestanden werden und dem anderen nicht? Würde man allerdings allen Völkern, d.h. auch den kleinen und kleinsten ethnischen Gruppen, ein Recht auf Wahrung ihrer Identität, Kultur und Sprache zubilligen, stünde man vor dem großen Problem der praktischen Umsetzung. Ein Ansatz, dieses Dilemma aufzulösen, könnte darin bestehen, nationalen Minderheiten so weit wie möglich Selbstbestimmung in Einklang mit Demokratie, Achtung der Menschenrechte und dem Willen zu Toleranz und Transparenz als Voraussetzung für ein gedeihliches Zusammenleben einzuräumen. Leicht gesagt, aber in der Realität oft kaum oder gar nicht durchsetzbar. Mit einem effektiven Minderheitenschutz, der aufgrund des Rechts, die Muttersprache im öffentlichen Leben zu gebrauchen, und der Ausübung politischer und kultureller Menschenrechte ein friedliches Neben- und Miteinander von Völkern und Ethnien ermöglicht, wäre dennoch schon viel erreicht.

I. Definitionen und Begriffe – Nation, Volk und Nationalismus

1. Die Nation

Es ist fast ein Ding der Unmöglichkeit, politische Begriffe klar und für alle politisch-gesellschaftlichen Gruppen annehmbar zu definieren – wobei hier erfreulicherweise natürlich auch eine Stärke des freiheitlichen, unabhängigen politischen Diskurses liegt. Das fängt z. B. beim Begriff Demokratie an (vgl. die unterschiedliche Lesart der sogenannten Volksdemokratien im Ostblock wie u. a. die DDR, die als »Deutsche Demokratische Republik« firmierte) und endet noch lange nicht bei den aktuell kontaminierten Schlagworten Nation und Nationalismus. Ungeachtet dessen wollen wir an dieser Stelle einen Versuch wagen, beide Begriffe in ihrer Komplexität und Problematik annähernd zu definieren.

Der Nationalismus ist zu Beginn der 1990er-Jahre des letzten Jahrhunderts nach Europa zurückgekehrt, nicht »nur« in seinen östlichen Teil, dafür dort aber um so massiver. Die Kriege im ehemaligen Jugoslawien, gewaltsame Auseinandersetzungen in Moldawien und im Kaukasus, der Krieg in der Ukraine sind nur einige Beispiele, die aktuell auch die EU herausfordern.

Versuchen wir zunächst aber zu klären, was unter einer Nation zu verstehen ist.

Handelt es sich um ein Volk? Wenn ja, was ist dann aber ein Volk? Oder geht es dabei um bestimmte Merkmale einer Bevölkerung in einem umrissenen Territorium? Wer definiert dann diese Merkmale? Und gelten diese dann für jede Bevölkerung in jedem, wie auch immer gearteten Territorium? Ist ein Territorium auch automatisch ein Staat? Fragen über Fragen, auf die im Folgenden, soweit es irgend möglich ist, versucht wird, Antworten zu geben. Nicht einfacher wird dieses Unterfangen allerdings dadurch, dass der Begriff »Nation« im Verlauf der Geschichte einen erheblichen Bedeutungswandel vollzogen hat.

Beginnen wir an dieser Stelle in der Antike. Lateinisch »natio« bedeutete ursprünglich »Geburt« (ebenfalls aus dem Lateinischen: »nasci = geboren werden) bzw. »Ankunft«. Im Altertum war damit die durch Abstammung verbundene Bevölkerung einer Stadt, einer Landschaft oder eines Territoriums gemeint. Antike Autoren wie z. B. Tacitus verstanden darunter – u. a. bezogen auf die Germanen – einen »Stamm« im Sinne einer Abstammungsgemeinschaft von fiktiven Ahnen. Ebenso werden von zeitgenössischen und auch späteren Autoren die germanischen »Stämme« der Völkerwanderungszeit als »nationes« bezeichnet, obwohl diese keineswegs im ethnischen Sinne homogen waren, sondern vielmehr eine Art »Wanderzweckgemeinschaft« darstellten. Im Mittelalter verstand man unter diesem Begriff ungefähr so viel wie Landsmannschaft; aber auch Studenten und Professoren an Universitäten und Teilnehmer kirchlicher Konzilien wurden in Nationen zusammengefasst, die nach »deutscher«, »französischer« oder »englischer« »nation« abstimmten. Ein weiterer Wandel fand zu Beginn der Neuzeit statt, als die privilegierten ständischen Vertretetungen, so die Gesamtheit der Adeligen, aber auch die Gebildeten eines politischen Territoriums, im Gegensatz zur großen Masse der Bevölkerung, die über keinerlei politische Mitbestimmungsrechte verfügte, als Nation bezeichnet wurden. Im deutschen Sprachraum zählten die Vertreter der großen Territorien, der Reichsstädte und der kleinen Gebietskörperschaften wie die Reichsritter seit 1649 zur Vertretung des »Heiligen Römischen Reichs deutscher Nation«. Auch die Generalstände in Frankreich bezeichneten sich als »Nation«. Immer stärker setzte sich dann aber der Begriff »Nation« als Bezeichnung der jeweils herrschenden Schicht eines Landes durch, welche die politischen Entscheidungen traf (z. B. über die Erhebung von Steuern), selbst jedoch meist keine Steuern zahlte. So umfasste im 18. und frühen 19. Jahrhundert z. B. die polnische und ungarische Nation nur den Adel. Auch Johann Gottlieb Fichte richtete 1807 seine »Reden an die deutsche Nation« nur an die gebildeten Schichten.

Der moderne Nationsbegriff ist hinsichtlich seiner Entstehung zwar durchaus umstritten[1], hat seinen Ursprung aber im bis heute zu verstehenden Sinne alles in allem in der französischen Revolution, als der »Dritte Stand« (bestehend aus Groß- und Kleinbürgern und Groß- und Kleinbauern) sich zur Nation erklärte und damit eine Identität von Volk, Staat und Nation als höchste politische Ordnung angestrebt wurde.

An dieser Stelle unterscheiden wir zunächst einmal, bevor wir eine historisch weiter differenzierende Betrachtung des Begriffes vornehmen, zwischen einer Staats- und einer Sprach- bzw. Kulturnation. Zur Letzteren zählt meistens noch eine gemeinsame Abstammung und auf beiden aufbauend eine gemeinsame Kultur. Der bedeutende deutsche Historiker Friedrich Meinecke[2], gleichsam der »Erfinder« des Begriffs »Kulturnation«, grenzte damit Sprach- und Kulturgemeinschaften (hier v. a. die deutsche) gegen Staatsnationen westeuropäischer Prägung (hier v. a. Frankreich und

Großbritannien) ab, betonte aber gleichzeitig, dass strenge Unterscheidungen nicht immer möglich seien, da Staats- und Sprach-/Kulturnationen ineinander übergehen können.

Insbesondere im Englischen und Französischen versteht man unter Nation eine **Staatsnation** (auch politische Nation oder »civic nation« genannt) als Gesamtheit derjenigen Menschen, die Bürger eines Staates sind, dadurch eine rechtliche Einheit bilden und – im optimalen Fall – in einer bürgerlich verfassten Gesellschaft eine politische Willensgemeinschaft[3] verkörpern. Dies bedeutet, dass eine Nation nicht zwangsläufig aus einem ethnisch homogenen Volk bestehen muss, sondern vielmehr ein Verband verschiedener Völker oder ethnischer Gruppen sein kann, die im Laufe der Geschichte infolge eines subjektiven Gemeinschaftsgefühls, oft noch durch Widerstand oder Kampf z. T. in einem revolutionären Akt gegen den jeweiligen Herrscher (Monarchen), zur Bildung eines eigenen gemeinsamen Staates gelangt sind. Derartige Staatsnationen setzen sich aus unterschiedlichen sozialen, ökonomischen, religiösen oder auch sprachlichen Gruppen zusammen, die eine gemeinsame Staatsangehörigkeit besitzen, ein klar definiertes Staatsterritorium bewohnen und den Staat auf Grundlage eines gemeinsamen Willens im Sinne einer Verfassungs- oder Staatsbürgernation konstituieren. Die Zugehörigkeit zu Staatsnationen wird also üblicherweise durch Bekenntnis und Einbürgerung erworben, die im Idealfall eine bewusste Integrations- und Assimilationsentscheidung vollendet. Staatsnationen wie Frankreich, Großbritannien, Schweden oder die Niederlande weisen meist recht alte und stabile, oft aus der Zeit des Absolutismus stammende Grenzen auf und betrachten Nation und Staatsgebiet als unteilbar, was einen mehr oder weniger massiven Widerstand gegenüber Abspaltungen oder Abtretungen zur Folge hat(te). So bilden beispielsweise alle Bürger Frankreichs, also auch die Bretonen mit keltischem, die Korsen mit italienischem und die Elsässer mit deutschem Sprachhintergrund, die französische Nation. Hingegen gehören ihr nach dieser Lesart die französischsprachigen Belgier (Wallonen), Schweizer und die Frankokanadier nicht an, sondern sind Mitglieder der belgischen, schweizerischen und kanadischen Staatsnation. Die Bürger von Frankreich, um bei dem Beispiel zu bleiben, besitzen also die französische Staatsbürgerschaft – im westlichen Europa mehr oder weniger gleichbedeutend mit dem Begriff Nationalität –, mit der alle Rechte und Pflichten für sie einhergehen. Die Zugehörigkeit zur Staatsnation wird also üblicherweise durch Bekenntnis und Einbürgerung erworben, was dann im Idealfall eine bewusste Integrations- und Assimilationsentscheidung vollendet und nicht, wie gerne kolportiert, eine Voraussetzung für eine wie auch immer umzusetzende »Integration« ist.

Eine automatische Einbürgerung führt somit nicht zwangsläufig zu einer Identifikation mit dem neuen Staat bzw. der neuen Nation.

Anders verhält es sich mit der Definition im Sinne einer **Sprach- oder Kulturnation**[4], die im deutschen und im mittel- sowie osteuropäischen Raum stark verankert war bzw. nach wie vor ist. Eine Kulturnation verfügte zunächst häufig über keinen eigenen Staat (siehe die Beispiele Deutschland und Italien im 19. Jahrhundert), definierte sich daher zwangsläufig zunächst über eine gemeinsame Sprache und Kultur und gründete meist erst im 19. oder 20. Jahrhundert einen eigenen Staat. Dies geschah teils durch Loslösung von bestehenden Staaten (z.B. Griechenland, Serbien, Bulgarien, Albanien, Polen, die baltischen Staaten u.a.), teils aber auch durch Zusammenschluss von Staaten (Deutsches Reich, Italien). Hier dominieren als konstituierende Merkmale einer Nation die gemeinsame Sprache, Abstammung, Kultur und Geschichte. Der Wille zu einem gemeinsamen Staat verkörpert sich also in einer sprachlich-kulturellen, ethnischen und historischen Einheit und Gemeinsamkeit. Territorium und Staat sind nach diesem Nationsverständnis zunächst eher zweitrangig. So fühlten sich der deutschen Nation nach dem Ersten Weltkrieg nicht nur die Bewohner des Deutschen Reiches (sogenannte »Reichsdeutsche«), sondern auch – ungeachtet ihrer realen Staatsangehörigkeit – die deutschsprachigen Minderheiten im litauischen Memelland, im polnischen Korridor, in Ostoberschlesien, im tschechischen, aber deutsch besiedelten Sudetenland, in Südtirol, Danzig und Österreich – die damals sogenannten »Volksdeutschen« – zugehörig. Nationalistische politische Gruppierungen nutzten bzw. nutzen diesen Umstand jedoch, um im Sinne einer »Irredenta«[5] das ganze Gebiet ihrer Sprache zu erwerben, so wie beispielsweise nationale Parteien wie die DNVP dies während der Weimarer Republik im Deutschen Reich praktizierten. Diese Lesart hat auch Auswirkungen auf den Begriff der Nationalität. Im Gegensatz zu Westeuropa (s.o.) versteht bzw. verstand man im mittleren und östlichen Europa darunter eine Gruppe von Menschen, die eben insbesondere aufgrund ihrer Sprache, aber auch anderer Merkmale nicht zur staatstragenden Nation gehören und somit eine **nationale Minderheit** im jeweiligen National- oder auch Vielvölkerstaat bilden. Diese nationalen Minderheiten fordern – mal mehr, mal weniger mit Erfolg – ihre spezifischen Eigenheiten, insbesondere ihre Sprache, bewahren und pflegen zu dürfen, oder streben im Sinne einer Irridenta nach Angliederung an die benachbarte Sprach- und somit Titularnation. Polen versuchte beispielsweise nach seiner wiedererlangten Unabhängigkeit nach dem Ersten Weltkrieg anfangs die Grenzen von 1772 wiederzugewinnen, was den Krieg mit dem revolutionären Russland auslöste, denn eine irredentistische Außenpolitik führt zwangsläufig zur Missachtung der Rechte anderer Nationen. Selbst in aufgeklärten, modernen und toleranten Staaten genießen Nationalitäten eine durchaus unterschiedlich ausgeprägte territoriale und/oder kulturelle Autonomie, wie u.a. die französischsprachigen Einwohner des Aostatales in Italien, die schwedischsprachigen Bewohner der zu Finnland gehörigen Aland-Inseln oder die deutschsprachigen Südtiroler in Italien.

Diese beiden konträren Auffassungen davon, was eine Nation darstellt, haben in der Vergangenheit oft zu mehr oder weniger schweren Konflikten geführt, sowohl zwischen Staaten selbst als auch zwischen den Bewohnern umstrittener Gebiete. Nach dem deutsch-französischen Krieg ließ sich das neu gegründete Deutsche Reich von Frankreich Elsass-Lothringen abtreten, weil nach deutscher Auffassung die Elsässer aufgrund ihrer Sprache und historischen Abstammung als Teil der deutschen Sprachnation galten. Nach französischer Ansicht hingegen galten sie infolge ihrer politischen Zugehörigkeit als Teil der französischen Staatsnation. Noch komplizierter verhielt es sich beispielsweise bei der im Versailler Vertrag festgelegten Volksabstimmung über die Zugehörigkeit Oberschlesiens im Jahr 1921. Manche Oberschlesier polnischer Muttersprache, aber preußischer bzw. deutscher Staatsangehörigkeit, votierten für Polen, da sie sich bezüglich ihrer Sprache und Abstammung der polnischen Sprachnation zugehörig fühlten, andere hingegen sprachen sich für den Verbleib beim Deutschen Reich aus, weil sie sich in erster Linie als Preußen und damit als Angehörige der deutschen Staatsnation betrachteten. Hitler und die Nationalsozialisten instrumentalisierten dann später die deutschsprachigen Minderheiten in Polen und der Tschechoslowakei für ihre revisionistische und aggressive Außenpolitik, indem sie territoriale Ansprüche aufgrund der gemeinsamen Sprache geltend machten und damit zur innenpolitischen Destabilisierung beider Nachbarstaaten des Reiches beitrugen. Ein vergleichbares Phänomen ließ sich im Zerfallsprozess Jugoslawiens ab 1991 beobachten, als insbesondere die Serben ebenfalls aufgrund der gemeinsamen Sprache mit einem Teil der Bewohner Kroatiens und Bosnien-Herzegowinas umfangreiche Territorien im Sinne eines ethnischen Großserbiens als Sprachnation beanspruchten und gewaltsam in den folgenden Kriegen zu erobern versuchten. Dazu erfolgt im Kapitel V.1.a eine genauere Betrachtung.

Werfen wir nun an dieser Stelle noch in exemplarischer Form einen historisch-chronologischen Blick auf weitere, noch differenziertere und detaillierte Versuche, den komplexen Begriff der Nation im Wandel der Zeit zu definieren oder zumindest annähernd zu umfassen.

Beginnen wir mit dem herausragenden Philosophen und Humanisten Johann Gottfried Herder. Er definierte einst eine Nation dahingehend, dass ein Volk mit einem eigenem Nationalcharakter der natürlichste Staat sei. Gleichzeitig warnte er vor einer Staatsvergrößerung, wenn diese zur »Vermischung« von Nationen führe, da derartige Staaten dann fragil und schwer zu regieren seien und zudem nicht die Eigenheiten der Völker achten würden; eine Warnung, die von zahlreichen Vielvölkerstaaten in sträflichem Leichtsinn immer wieder ignoriert wurde. Für Herder war die Sprache das entscheidende Merkmal bei der Differenzierung von Gruppen nach Nationen und Völkern; Kollektive gewannen seiner Ansicht nach erst dadurch ihre unverwechselbare Individualität. Damit lieferte er insbesondere der osteuropäischen slawischen Nationalbewegung einen entscheidenden Impuls, ein eigenes Nationalbewusstsein zu entwickeln und mittelfristig dann auch eigene Staaten außerhalb der Vielvölkerstaaten Österreich(-Ungarn), Russland oder des Osmanischen Reiches anzustreben. Tschechen, Kroaten, Litauer, Ukrainer usw. begriffen nun, dass sie v. a. aufgrund einer gemeinsamen Sprache jeweils ein eigenes Volk darstellen. Ein ethnisches Bekenntnis zu einer eigenen gemeinsamen Kultur ging damit einher. Für den Geografen Christian Grataloup stellen heutzutage hingegen die Landessprachen lediglich »Kreationen des 19. Jahrhunderts dar.«[6] Die Risiken und Gefährdungen von multiethnischen Staaten in der Moderne ab dem 19. Jahrhundert nahm Herder trefflich vorweg:

> »Die Natur erzieht Familien; der natürlichste Staat ist also auch <u>ein</u> Volk mit <u>einem</u> Nationalcharakter. Jahrtausendelang erhält sich dieser in ihm und kann, wenn seinem mitgeborenem Fürsten daran liegt, am natürlichsten ausgebildet werden; denn ein Volk ist sowohl eine Pflanze der Natur als eine Familie, nur jenes mit mehr Zweigen. Nichts scheint also dem Zweck der Regierungen so offenbar entgegen als die unnatürliche Vergrößerung der Staaten, die wilde Vermischung der Menschengattungen und Nationen unter einem Zepter. Der Menschenzepter ist viel zu schwach und zu klein, daß so widersinnige Teile in ihn eingeimpft werden könnten; zusammengeleimt werden sie also in eine brechliche Maschine, die man Staatsmaschine nennt, ohne inneres Leben und Sympathie der Teile gegeneinander. Reiche dieser Art, die dem besten Monarchen den Namen des Vaterlandes so schwer machen, erscheinen in der Geschichte wie jene Symbole der Monarchien im Traumbilde des Propheten, wo sich das Löwenhaupt mit dem Drachenschweif und der Adlersflügel mit dem Bärenfuß zu einem unpatriotischen Staatsgebilde vereinigt. Wie trojanische Rosse rücken solche Maschinen zusammen,

sich einander die Unsterblichkeit verbürgend, da doch ohne Nationalcharakter kein Leben in ihnen ist [...]; denn eben die Staatskunst, die sie hervorbrachte, ist auch die, die mit Völkern und Menschen als mit leblosen Körpern spielet. Aber die Geschichte zeigt genugsam, daß diese Werkzeuge des menschlichen Stolzes von Ton sind und wie aller Ton auf der Erde zerbrechen oder zerfließen.«[7]

Definierte Herder eine Nation also vornehmlich über die Gemeinsamkeit der Sprache – bis heute ja zu Recht ein mehr als verbindendes Element –, so verstand der französische Schriftsteller, Historiker und Religionswissenschaftler Ernest Renan[8] unter einer Nation hingegen vielmehr ein geistiges Prinzip, das – bestehend aus Vergangenheit im Sinne eines Erbes von Erinnerungen und Gegenwart – verbunden mit dem Wunsch nach Zusammenleben eine Solidargemeinschaft bildet, die immer wieder in Form eines täglichen Plebiszits bzw. eines Akts der Zustimmung neu definiert und proklamiert werden müsse. Nationen seien seiner Ansicht nach nämlich nichts Ewiges.[9] Dabei seien Merkmale wie eine gemeinsame Ethnie (Rasse), Sprache, Kultur, Religion oder Geografie zwar nicht gänzlich zu ignorieren, aber dennoch sekundärer Natur; stattdessen bilde ein Moralbewusstsein die Grundlage für moderne Nationen, die das Ergebnis einer Reihe gemeinsamer Tatsachen seien. Nationen beruhten also auf Vorstellungen von Gemeinsamkeit, die durch Opfer, Erinnerungen und den Bezug auf eine geteilte Vergangenheit, genauso aber auch durch Vergessen hergestellt wurden. Ohne eine außeralltägliche Substanz bzw. die oben erwähnten Merkmale müsse eine Nation also als abstrakte Vorstellung ständig über alltägliche Ereignisse, wenn möglich Gemeinsamkeiten oder gemeinsame Erlebnisse, bekräftigt werden. Diese Gedanken bildeten die Grundlage des »ius soli« im französischen Staatsbürgerrecht: Franzose ist, wer in Frankreich geboren ist und Franzose sein will.

»Eine Nation ist eine Seele, ein geistiges Prinzip. Zwei Dinge, die in Wahrheit nur eins sind, machen diese Seele, dieses geistige Prinzip aus. Eines davon gehört der Vergangenheit an, das andere der Gegenwart. Das eine ist der Besitz eines reichen Erbes an Erinnerungen, das andere ist das gegenwärtige Einvernehmen, der Wunsch, zusammenzuleben, der Wille, das Erbe hochzuhalten, welches man ungeteilt empfangen hat. [...] Eine Nation ist also eine große Solidargemeinschaft, getragen vom Gefühl der Opfer, die man gebracht hat, und der Opfer, die man noch zu bringen gewillt ist. Sie setzt eine Vergangenheit voraus, aber trotzdem fasst sie sich in der Gegenwart in einem greifbaren Faktum zusammen:

der Übereinkunft, dem deutlich ausgesprochenen Wunsch, das gemeinsame Leben fortzusetzen. Das Dasein einer Nation ist [...] ein tägliches Plebiszit. [...] Die Nationen sind nichts Ewiges. Sie haben einmal angefangen, sie werden enden. [...] Gegenwärtig ist die Existenz der Nationen gut, sogar notwendig. Ihre Existenz ist die Garantie der Freiheit, die verloren wäre, wenn die Welt nur ein einziges Gesetz und einen einzigen Herrn hätte. [...] Der Mensch ist weder der Sklave seiner Rasse, seiner Sprache, seiner Religion noch des Laufs der Flüsse oder der Richtung der Gebirgsketten. Eine große Ansammlung von Menschen gesunden Geistes und warmen Herzens erschafft ein Moralbewusstsein, welches sich eine Nation nennt. In dem Maße, wie dieses Moralbewusstsein seine Kraft beweist durch die Opfer, die der Verzicht des Einzelnen zugunsten der Gemeinschaft fordert, ist die Nation legitim, hat sie ein Recht zu existieren. [...] Das Vergessen – ich möchte fast sagen: der historische Irrtum spielt bei der Erschaffung der Nation eine wesentliche Rolle und daher ist der Fortschritt der historischen Studien oft eine Gefahr für die Nation. Die historische Forschung zieht in der Tat die gewaltsamen Vorgänge ans Licht, die sich am Ursprung aller politischen Gebilde, selbst jener mit den wohltätigsten Folgen, ereignet haben. Die Vereinigung vollzieht sich immer auf brutale Weise. Die Vereinigung Nord- und Südfrankreichs ist das Ergebnis von fast einem Jahrhundert Ausrottung und Terror gewesen.[...] Es macht jedoch das Wesen einer Nation aus, dass alle Individuen etwas miteinander gemein haben, auch dass sie viele Dinge vergessen haben. [...] Die moderne Nation ist demnach das historische Ergebnis einer Reihe von Tatsachen, die dieselbe Richtung haben. Bald wurde die Einheit durch eine Dynastie verwirklicht; bald durch den unmittelbaren Willen der Provinzen, wie im Falle Hollands, der Schweiz und Belgiens; bald durch einen allgemeinen Geist, der spät über die Launen des Feudalwesens triumphiert, wie im Falle Italiens und Deutschlands.«[10]

Renan nahm in seiner 1882 gehaltenen Vorlesung an der Pariser Sorbonne damit vieles an Gedanken und Überlegungen des dekonstruktivistischen Ansatzes, nach dem Nationen etwas rein Imaginäres seien, vorweg. Diesen konstruierte u.a. der britische Historiker und Neomarxist Eric Hobsbawm[11], für den die Nation maximal auf einer Konstruktion von historischen Traditionsbeständen, die als Fokus von Gemeinschaftsbildung wirkten, beruhte.

Nach Ansicht des amerikanischen Politikwissenschaftlers Bendedict Anderson seien Nationen lediglich Konstrukte, also Erfindungen.[12] Konkret seien sie

»eine vorgestellte politische Gemeinschaft – vorgestellt als begrenzt und souverän. Vorgestellt ist sie deswegen, weil die Mitglieder selbst der kleinsten Nation die meisten anderen niemals kennen, ihnen begegnen oder auch nur von ihnen hören werden, aber im Kopf eines jeden die Vorstellung ihrer Gemeinschaft existiert. [...] In der Tat sind alle Gemeinschaften, die größer sind als die dörflichen mit ihren Face-to-face-Kontakten, vorgestellte Gemeinschaften. [...] Die Nation wird als begrenzt vorgestellt, weil selbst die größte von ihnen vielleicht mit einer Milliarde Menschen[13] in genau bestimmten, wenn auch variablen Grenzen lebt, jenseits derer andere Nationen leben. [...] Die Nation wird als souverän vorgestellt, weil ihr Begriff in einer Zeit geboren wurde, als Aufklärung und Revolution die Legitimität der als von Gottes Gnaden gedachten hierarchisch-dynastischen Reiche zerstörten. [...] Schließlich wird die Nation als eine Gemeinschaft vorgestellt, weil sie, unabhängig von realer Ungleichheit und Ausbeutung, als kameradschaftlicher Verbund von Gleichen verstanden wird.«[14]

Wie Anderson weist auch Ernest Gellner[15] u. a. auf die durch den Buchdruck ermöglichte wachsende Bedeutung einer einheitlichen Landessprache als einen wesentlichen Auslöser für den sozialen Wandel hin, der letztendlich die Entstehung von Nationen begünstigt habe. Habe eine sprachliche »Hochkultur« erst einmal die gesamte Gesellschaft durchdrungen, so definiere diese darüber eine grundlegende Kultur, die es nun zu erhalten gelte – laut Gellner die Grundlage für den Nationalismus.[16] Gellner konstatiert letztlich eine »grundlegende Täuschung und Selbsttäuschung des Nationalismus«[17], der auf einer anonymen Gesellschaft austauschbarer Individuen basiere, lediglich zusammengehalten durch gemeinsame Sprache und staatlich geregelte Ausbildung, sich aber gleichzeitig auf eine gemeinsame Volkskultur berufe, die es in dieser Form nie gegeben habe.[18] Demnach seien laut Gellner Nationen lediglich »Artefakte menschlicher Überzeugungen, Loyalitäten und Solidaritätsbeziehungen«.[19]

Für Anderson, Hobsbawm und Konsorten erfordert also »Nationalismus [...] zu viel Glauben an etwas, das offensichtlich in dieser Form nicht existiert.«[20] Der schon erwähnte Geograf Grataloup schlägt in die gleiche Kerbe, indem er behauptet, dass für die Begründung oder »Erfindung« einer Nation zunächst die Linguisten, im Anschluss dann »Volkskundler, Historiker und schließlich alle, die im weitesten Sinne Kultur gestalten – vom Architekten bis zum Musiker, von der Schneiderin bis zur Köchin –, bei ihren Erzeugnissen die nationale Note« unterstrichen haben.[21] Er spannt hier einen weiten Bogen, wenn er von einem »Großaufwand zur

Schaffung nationaler Identitäten« spricht.[22] Bleibt nur die Frage offen, wer die konkreten Initiatoren eines derartigen Aufwandes waren, vielleicht eine kleine radikale verschwörerische Clique? Genug der Zuspitzung und Ironie an dieser Stelle. Bleiben wir doch lieber bei der alltäglichen Realität, ob in Europa oder anderswo, und stellen – wenig erstaunlich – fest, dass – um hier nur einige Beispiele zu nennen – Kosovo-Albaner, Serben, Kroaten, Polen, die baltischen Völker, Katalanen, Iren und ganz aktuell die Ukrainer dies wohl zu Recht ein wenig anders sehen.

Ebenfalls aus einem anderen und damit wesentlich realitätsnäheren und alltagsbezogeneren Blickwinkel betrachtete Friedrich Meinecke dieses Phänomen. Nationen sind seiner Ansicht nach große, in langer Entwicklung entstandene »Lebensgemeinschaften«.[23] Dabei betont er die Gemeinsamkeiten von Wohnsitz, Sprache und vor allem der Ethnie (»Blutsverwandtschaft«). Grundsätzlich differenzierte er, wie ja schon erwähnt, zwischen Staats- und Kulturnation (im Sinne der oben definierten Sprachnation). Letztere beruhe auf einer gemeinsamen Sprache, Literatur und/oder Religion als wirksamste Kulturgüter, wie im Folgenden deutlich wird:

> »Nationen, so sieht man wohl auf den ersten Blick, sind große, mächtige Lebensgemeinschaften, die geschichtlich in langer Entwicklung entstanden und in unausgesetzter Bewegung und Veränderung begriffen sind. […] Gemeinsamer Wohnsitz, […] gemeinsame oder ähnliche Blutmischung, gemeinsame Sprache, gemeinsames geistiges Leben, gemeinsamer Staatsverband oder Föderation mehrerer gleichartiger Staaten – alles das können wichtige und wesentliche Grundlagen oder Merkmale einer Nation sein, aber damit ist nicht gesagt, dass jede Nation sie alle zusammen besitzen müsste, um eine Nation zu sein. Unbedingt vorhanden sein muss in ihr wohl ein naturhafter Kern, der durch Blutsverwandtschaft entstanden ist […] Man wird […] die Nationen einteilen können in Kulturnationen und Staatsnationen, in solche, die vorzugsweise auf einem irgendwelchen gemeinsam erlebten Kulturbesitz beruhen, und solche, die vorzugsweise auf der vereinigenden Kraft einer gemeinsamen politischen Geschichte und Verfassung beruhen. Gemeinsprache, gemeinsame Literatur und gemeinsame Religion sind die wichtigsten und wirksamsten Kulturgüter, die eine Kulturnation schaffen und zusammenhalten. […]. Aber häufiger sind doch die Fälle, dass politische Einflüsse und Interessen die Entstehung einer Gemeinsprache und Gemeinliteratur gefördert, wenn nicht sogar verursacht haben. Eng ist oft auch der Zusammenhang von Religion, Staat und Nationalität […]. Kann man also innerlich Kultur- und Staatsnation nicht streng und säuberlich voneinander unter-

> scheiden, so kann man es auch äußerlich nicht tun. Denn innerhalb einer echten Staatsnation können – wie das Beispiel der Schweiz zeigt – die Angehörigen verschiedener Kulturnationen leben; und wiederum die Kulturnation kann in sich – wie das Beispiel der großen deutschen Nation zeigte – mehrere Staatsnationen entstehen sehen, d.h. Bevölkerungen von Staaten, die ihr politisches Gemeingefühl zu kräftiger Eigenart ausprägen, die dadurch zu einer Nation werden, oft es bewusst werden wollen, zugleich aber – sie mögen es wollen und wissen oder nicht – auch Angehörige jener größeren umfassenderen Kulturnation bleiben können.«[24]

Allerdings sind diese Parameter innen- wie außenpolitisch nicht immer eindeutig voneinander zu trennen. Deutschland beispielsweise existierte über Jahrhunderte nur als eine Kulturnation, die in verschiedene Staatsnationen aufgeteilt war bzw. bis heute ist (historisch getrennt v.a. zwischen Preußen und Österreich). Aktuell lässt sich dieses Phänomen auf die Staaten Deutschland, Österreich, Schweiz (teilweise), Liechtenstein, Luxemburg und Südtirol als Teil Italiens beziehen.

Der deutsche Sozialwissenschaftler und Historiker Eugen Lemberg wiederum definierte – durchaus in Anlehnung an Ernest Renan – eine Nation nicht in der Gemeinsamkeit eines Merkmals wie z.B. Sprache, Abstammung oder Kultur, sondern als ein System von Normen, Werten und Vorstellungen, die für eine Nation konstituierend seien. Diese sei somit ein Gesellschaftsbild oder eine Ideologie und führe dazu, dass Nationalismus als Abgrenzung und Integrationsideologie fungiere. Merkmale sind laut Lemberg insbesondere eine Gruppe mit Überlegenheitsbewusstsein, eine entwickelte Gruppenmoral, das Gefühl einer Bedrohung von außen bzw. eine Feindvorstellung und/oder die Hingabe des Einzelnen gegenüber der Gruppe, welche die Nation verkörpert.

> »Was also die Nationen zu Nationen macht oder – allgemeiner gesagt – große gesellschaftliche Gruppen zu selbstbewussten, aktionsfähigen, nationalen oder nationalähnlichen Gemeinschaften bindet und von ihrer Umwelt abgrenzt, das ist nicht die Gemeinsamkeit irgendeines Merkmals, die Gleichheit der Sprache, der Abstammung, des Charakters, der Kultur oder der Unterstellung unter einer gemeinsamen Staatsgewalt, sondern umgekehrt: ein System von Vorstellungen, Wertungen und Normen, ein Welt- und Gesellschaftsbild, und das bedeutet: eine Ideologie, die einer durch irgendeines der erwähnten Merkmale gekennzeichneten Großgruppe ihre Zusammengehörigkeit bewusst macht und dieser

Zusammengehörigkeit einen besonderen Wert zuschreibt, mit anderen Worten: diese Großgruppe integriert und gegen ihre Umwelt abgrenzt. [...] Wenn es die Gleichheit irgendeines jener Merkmale wäre, was die Nationen zu Nationen macht, was die Träger des gleichen Merkmals zu einer Gemeinschaft auf Leben und Tod verbindet, zu Hingabe, Leistung und Opfer veranlasst, dann wäre das überlegene Lächeln über dieses Relikt primitiver Gesellschaftszustände berechtigt, ebenso die Erwartung, dass fortschreitende Vernunft und Aufklärung die leidenschaftliche Bindung aufgrund solcher Gleichheit und die daraus entstehenden Konflikte mit der Zeit aus der Welt schaffen werden. Denn welche sittliche Verpflichtung, welchen Anlass zu Liebe und Hass, zu Heroismus und Verbrechen könnte die Gleichheit der Haarfarbe oder Schädelform oder auch der Sprache und Abstammung geben, wenn dahinter nicht ein Welt- und Gesellschaftsbild, ein System von Werten und Normen stünde, das dieser Gleichheit einen besonderen Wertakzent, einen verpflichtenden Charakter verleiht, den Einzelnen an diejenigen bindet, die mit ihm jenes Merkmal teilen, und von anderen abgrenzt, die dieses Merkmals nicht teilhaft sind! Dieses System von Vorstellungen, Werten und Normen, die Ideologie, ist das Primäre und Wesentliche; die Merkmale sind die Hilfsmittel, an denen es sich orientiert. Danach ist der Nationalismus eine jener Ideologien, die Großgruppen binden und von ihrer Umwelt abgrenzen, ihnen einen Ort und eine Rolle in der Geschichte der Menschheit oder ihres Kulturkreises zuweisen, die die Hingabe und manchmal den Fanatismus ihrer Angehörigen herausfordern, die diese Angehörigen auf eine Werteordnung verpflichten, ja ihnen den Sinn des Lebens deuten. In eine Formel gefasst erscheint der Nationalismus damit als die Integrationsideologie jener Großgruppen oder Großgesellschaften, in die sich die Menschheit seit Anbeginn gegliedert hat und aller Voraussicht nach auch weiterhin gliedern wird. [...] Eine solche Ideologie muss: a) aufgrund irgendeines charakteristischen Merkmales ein Gesamtbild der zu integrierenden Gruppe enthalten, das diese Gruppe von ihrer Umgebung abgrenzt, b) dieser Gruppe eine Rolle in ihrer Umwelt zuweisen, c) die Gruppe mit dem Bewusstsein einer Überlegenheit über diese Umwelt erfüllen, d) ein gruppenbezogenes Normensystem, eine Gruppenmoral entwickeln, die unter Umständen innerhalb der Gruppe ein anderes Verhalten vorschreibt als außerhalb, e) das Gefühl einer Bedrohung von außen, eine Feindvorstellung erzeugen, f) die Einheit der Gruppe als ein lebenswichtiges, gegen Spaltungen sorgsam zu hütendes Gut erscheinen lassen, g) der Gruppe die Hingabe ihrer einzelnen Angehörigen verschaffen und diese Angehörigen für ihre Hingabe belohnen.«[25]

Nicht nur Lemberg, sondern eine ganze Reihe weiterer Wissenschaftler vor allem aus dem englischen Sprachraum – wie an den Beispielen von Hobsbawm und Anderson ja schon dargelegt – versuchten, den Begriff bzw. die Definition der Nation aus ihrer Sicht »weiterzuentwickeln«, indem sie nicht mehr nur rein auf die konstituierenden Merkmale wie Sprache, Kultur oder auch Literatur abstellten, sondern insbesondere auf die Bedeutung eines existierenden Kommunikationszusammenhangs zwischen den Angehörigen einer gemeinsamen Nation verweisen. Anders formuliert, bilde eine nationale Ideologie die gemeinsamen zentralen Inhalte dieser Kommunikation. Die Aufgabe des Nationalismus sei es demnach, den Zusammenhalt einer derartigen Nation durch Abgrenzung zu anderen – ebenfalls konstruierten Nationen – zu gewährleisten.

An dieser Stelle ist auch auf die Bedeutung von Mythen im Sinne nationaler Geschichtsbilder zu verweisen.[26] Diese können in vielfältigster Weise für die Entstehung einer Nation eine Bedeutung haben, so z. B. als historisch verifizierbare und somit grundlegende, nachvollziehbare, allerdings durchaus auch manchesmal überhöhte oder pathetisch vermittelte Ereignisse. Konkret äußern sie sich z. B. als Freiheits- und Widerstandsmythen, als Kriegs- oder Opfermythen, als religiös oder personell geprägte Staatsgründungsmythen, diese auch oft auch als kriegerischer Akt.[27] Nach Ansicht der eben erwähnten Vertreter einer bestimmten Schule bzw. Perspektive haben lediglich derartige Erzählungen und Narrative, oft durch von Eliten künstlich mythisch überhöht, eine damit einhergehende nationale Ideologie konstituiert und so ihrer Ansicht nach eine Nation erst konstruiert. Indem sie aber damit eine gemeinsame Abstammung bzw. Ethnie, eine gemeinsame Sprache und Kultur ausklammern oder bewusst ignorieren, ja gar leugnen, dekonstruieren sie die Nation letztlich als solche, wie dies derzeit ja nicht nur bezogen auf Deutschland[28], sondern in zahlreichen westeuropäischen Staaten geschieht. Paradoxerweise verteidigen die gleichen Kräfte wiederum – in diesem Fall zu Recht – die Ukraine in ihrem völlig berechtigten Kampf für eine unabhängige Nation. Die Nationsdekonstruierung durch die modernistische Schule bei Anspruch auf Allgemeingültigkeit geht hier eindeutig zu weit, denn eine nationale Identität kann zwar, muss sich aber nicht alleine nur auf Mythen oder sonstige Kommunikationswege, Narrative oder Willenskundgebungen stützen. Sicherlich mag das Selbstverständnis einer Nation des öfteren mythisch verbrämt sein, nur besteht eine Nation selbst auch unabhängig davon.[29] Es sei denn, sie verkörpert in der Tat ein reines Elitenprojekt oder -konstrukt, so wie dies ja auch bezüglich der EU im Sinne möglicher »Vereinigter Staaten von Europa« immer wieder einmal angedacht wird, was aber lediglich »ein Elitenprojekt von Personen, die sich im Alltag auf dem internationalen Parkett bewegen«, darstelle, so der Historiker Sönke Neitzel.[30] Gleichwohl sei vielmehr laut Neitzel »der Nationalstaat [...] kein Auslaufmodell. [...] Die eigene Kultur bedeutet viel, die faktische Kraft des Nationalstaats hat eine große Bedeutung. [...] Die Nation spielt auch für die Deutschen nach wie vor eine wichtige Rolle, so müssen wir uns auch im globalen Kontext auf eigene Interessen beziehen. Die EU wird z. B. auch kritisch von vielen Bürgern wahrgenommen, hier dürfen wir nicht zu viel verlangen: Es ist unrealistisch, Deutschland zugunsten eines Internationalismus aufheben zu wollen. Nationale Vielfalten in Europa sind etwas Belebendes.«[31] Und zu guter Letzt, heute wichtiger denn je: »Die Nation schafft Freiheit.«[32]

Zusammengefasst lässt sich festhalten, dass Nationen Ergebnisse vielfältiger historischer Prozesse sind und eine allgemeingültige Definition kaum möglich ist. Dass »nationale Zugehörigkeit nicht auf realer Blutsgemeinschaft ruhen muß, versteht sich vollends von selbst: überall sind gerade besonders radikale ›Nationalisten‹ oft von fremder Abstammung. Und vollends ist Gemeinsamkeit eines spezifischen anthropologischen Typus zwar nicht einfach gleichgültig, aber weder ausreichend zur Begründung einer Nation, noch auch dazu erforderlich«, konstatierte schon Max Weber folgerichtig[33], wie ja bis heute u. a. das Beispiel der USA eindrucksvoll belegt. Ungeachtet dessen und aller Diskussionen – insbesondere zunehmender oben erwähnter dekonstruktivistischer Versuche im Sinne einer Negation von Nationen gerade seitens linker Kreise – haben sich viele nicht nur europäische Nationen gerade aufgrund einer gemeinsamen Abstammung, Sprache, Kultur u. a. als recht widerstandsfähig erwiesen. So sind Versuche, manche von ihnen auszulöschen oder durch Assimilierung und/oder Unterdrückung zum Aufgehen in andere Nationen zu veranlassen, meistens gescheitert. Russland unternahm letztlich vergebliche Versuche, die Polen, die Finnen, die baltischen Völker, die Völker Zentralasiens oder eben auch die Ukrainer zu russifizieren. Auch Anstrengungen, eine gemeinsame tschechoslowakische oder eine serbokroatische Nation zu bilden, misslangen, wie das Ende der Tschechoslowakei 1993 und der Zerfall Jugoslawiens als ein Vielvölkerstaat ab 1991 eindrucksvoll belegen.

Von daher sei an dieser Stelle noch kurz – im Kontrast zu Vielvölker- oder Nationalitätenstaaten – auf den Begriff des nach wie vor für politische Prozesse grundlegenden und unverzichtbaren **Nationalstaat** eingegangen, der sich durch die folgenden Merkmale definieren lässt: Seine Verfassung basiert auf dem Grundsatz der Volkssouveränität, d.h., dass die Staatsgewalt – zumindest formell – im Auftrag des Volkes als Nation handelt bzw. »die Nation […] insofern das Äquivalent zur Idee der Volkssouveränität« darstellt.[34] Nach außen verkörpert er eine unabhängige und in seinen inneren Angelegenheiten eine souveräne politische Einheit mit einer (oft) zentralen Regierungsinstanz, die von ihren Bürgern Loyalität in Form von Abgaben (z.B. Steuern) und Dienstleistungen (z.B. Wehrpflicht) einfordert und die Gesetze erlässt und durchzusetzen vermag. Nationalstaaten streben meist nach kultureller Einheit, v.a. aber nach Allein- oder zumindest Vorherrschaft der Nationalsprache. (In Vielvölkerstaaten handelt es sich meist um die Sprache der zahlenmäßig dominanten ethnischen Gruppe, die in der Regel auch Titularnation war bzw. ist.) Meist verfügen Nationalstaaten über eine mehr oder weniger homogene Bevölkerung. Es gibt leider zahlreiche negative historische Beispiele, wie versucht wurde, durch Vertreibungen oder Umsiedlungsaktionen aus Mehrvölker- oder Nationalitätenstaaten homogene Nationalstaaten zu schaffen, so z.B. die gegenseitigen »Umsiedlungen« (faktisch waren es Vertreibungen) von Türken und Griechen 1923, die Vertreibung der Deutschen aus den Ostgebieten nach dem Zweiten Weltkrieg oder der Genozid an den Armeniern im Osmanischen Reich.

Nationale Symbole wie Flagge, Hymne, Feiertage und Gedenkstätten oder geografische Gegebenheiten (oft als nationale Heiligtümer mythologisiert und überhöht; vgl. z.B. den Mythos des »deutschen Rheins«) dienen der Herstellung bzw. einer Stabilisierung der inneren Einheit im Sinne – wie schon erwähnt – eines gemeinsamen Willens möglichst aller Bewohner des jeweiligen Staates, ein Ansinnen, das wiederum in multiethnischen Gebilden schnell an seine Grenzen stoßen kann, denn – so Neitzel: »Staatsvolk und Staatsgebiet bilden die Nation«[35].

Hinzu kommt noch als weiteres Merkmal, dass der Nationalstaat von der internationalen Gemeinschaft (nach dem Ersten Weltkrieg der Völkerbund, nach dem Zweiten Weltkrieg die UNO) als unabhängiger Staat anerkannt wird (was natürlich auch auf Vielvölkerstaaten zutraf und zutrifft).

2. Was ist ein Volk?

Volksfeste, die Inschrift am Deutschen Reichstag »Im Namen des deutschen Volkes«, Völkerverständigung bis hin zum weltweit agierenden Automobilkonzern Volkswagen, überall finden wir den mittlerweile leider häufig völlig zu Unrecht diskreditierten oder verpönten Begriff »Volk«.

Der Begriff Volk, der im Deutschen semantisch nicht klar von dem Begriff der Nation abgegrenzt und somit nicht trennscharf davon unterschieden werden kann, entspricht in seiner ursprünglichen Bezeichnung sinngemäß einer »Gefolgschaft« oder einem »Heerhaufen«. Unser heutiger geläufiger Begriff in einem politischen Sinne hat sich derartig erst im 18. Jahrhundert herauskristallisiert und bezeichnet im Allgemeinen eine große, historisch gewachsene Gemeinschaft von Menschen, die eine ähnliche genetische Abstammung, eine gleiche Sprache, ähnliche Lebensweisen bzw. Sitten und Gebräuche und ein grundsätzliches Zusammengehörigkeitsgefühl auszeichnet und verbindet. Konkreter kann man unter einem Volk eine durch ein gemeinsames kulturelles Erbe und historisches Schicksal gekennzeichnete Lebensgemeinschaft verstehen. Grundlegend ist dabei das Gefühl einer inneren und in den meisten Fällen auch äußeren räumlichen Zusammengehörigkeit. An dieser Stelle ist allerdings zu betonen, dass es sich zwar um einen ideengeschichtlichen bzw. soziologischen Begriff handelt, der in dieser Form mit dem spätestens durch US-Präsident Wilson proklamierten Grundsatz des Selbstbestimmungsrechts der Völker Eingang in das Völkerrecht gefunden hat, es aber keine eindeutige, allgemeingültige rechtliche Definition eines Volkes gibt. Damit stellt sich ein weiteres Problem, nämlich des eben erwähnten Selbstbestimmungsrechts. Wer darf es für sich in Anspruch nehmen bzw. proklamieren? Eine gängige Definition bezieht bei derartigen Überlegungen Aspekte wie eine Schicksalsgemeinschaft (z. B. verbunden durch Kriege, Bedrohungen oder Angriffe von Nachbarn oder zusammengehalten durch eine gemeinsame Religion – alles Merkmale, die u. a. auf Polen zutreffen), ein gemeinsames kulturelles Erbe, eine gemeinsame Identität und Abstammung mit ein. Darüber hinaus muss ein Volk aber auch im juristischen Sinne in der Lage sein, über seine Souveränität in welcher Form auch immer zu jeder Zeit uneingeschränkt zu verfügen.[36] Die zentralen Voraussetzungen dafür sind, dass das jeweilige Volk über ein kompaktes Siedlungsgebiet verfügen muss und je nach Größe seines ökonomisch-sozialen Entwicklungsstands[37] in der Lage sein muss, einen staatlichen oder mindestens ansatzweise mehr oder weniger autonomen territorialen Herrschaftsverband zu errichten. Das hat zur Konsequenz, dass Angehörige einer ethnischen Minderheit von angenommen rund 2000 Menschen – beispielsweise fiktiv oder real im Amazonasgebiet oder in Neu-Guinea siedelnd – im oben genannten Sinne zwar nicht als staatstragendes Volk zu definieren wären und somit wohl auch keinen eigenen Staat ins Leben rufen könnten oder dürften, sie aber selbstverständlich über entsprechende Minderheiten- und damit einhergehende Schutzrechte verfügen müssten.

Nehmen wir als weiteres Beispiel den Insel-Archipel Indonesien, ein Vielvölkerstaat, oder – anders formuliert – ein multiethnischer Staat mit insgesamt fast 360 verschiedenen Völkern.[38] Stellen wir uns nun einmal vor, dass in diesem Staat mit seinen über 17 500 Inseln nur ein Bruchteil der einzelnen Volks- oder ethnischen Gruppen einen separaten Staat ausrufen würde, so wird das Konflikt- und Risikopotenzial mehr als deutlich. Kann ein Stamm, ansässig auf einer Miniinsel der Kleinen Sundainseln oder der Molukken, wirklich für sich in Anspruch nehmen, eine souveräne Nation zu verkörpern und somit Anspruch auf einen eigenen Staat zu haben? Mag sein, aber die damit einhergehenden Konsequenzen, ja Gefahren, seien sie ökonomischer oder sicherheitspolitischer Natur, dürfen keineswegs unterschätzt werden. Natürlich könnte sich eine Insel, ethnisch homogen besiedelt, für unabhängig erklären. Aber wäre sie dann auch wirtschaftlich überlebensfähig? Und wer würde ihre Verteidigung übernehmen? Nicht jeder Staat genießt das Privileg, auf eine eigene Armee verzichten und sein Schicksal in die Hände der USA legen zu können, so wie es Island praktiziert.

Was ist nun ein Volk im Sinne des Selbstbestimmungsrechts der Völker? Voraussetzung dafür ist laut einem älteren Definitionsversuch von Günter Decker[39] »eine Menschengruppe, die sich durch Merkmale wie räumliche Geschlossenheit des Siedlungsgebiets, gemeinsame Abstammung, Sprache, kulturelle Tradition, Geschichte, besondere psychische Wesensart und Gemeinschaftsbewusstsein von anderen derartigen menschlichen Gemeinschaften unterscheidet und die Fähigkeit und den Willen besitzt, eine dauerhafte selbstständige Existenz zu führen, über deren Formen sie selbst entscheidet und die sich in der Bereitschaft der Angehörigen dieser Gemeinschaft ausdrückt, Opfer für sie zu bringen.« In den aktuellen Gesellschaftswissenschaften vertritt man – ähnlich wie im Bezug auf den Begriff der Nation – inzwischen vielfach die Auffassung, dass Völker im Sinne ethnischer oder religiöser Gemeinschaften nur »gedachte Ordnungen« bzw. »imaginierte Gemeinschaften« sind.[40] Niklas Luhmann stellte die These auf, ein Volk sei »nur ein Konstrukt, mit dem die politische Theorie Geschlossenheit erreicht. Oder anders: Wer würde es merken, wenn es gar kein Volk gäbe?«[41] Laut Echternkamp und Müller führe die substantialistische Annahme, ein Volk wäre ein »wesenhafter Sozialkörper«, notwendig in die Irre.[42] Allerdings ist mit derartigen Annahmen nicht gemeint, dass Völker reine Fiktionen wären, die gleichsam aus dem Nichts erfunden worden seien. Vielmehr beruhen die verschiedenen Abgrenzungen gegenüber anderen Völkern auf bereits vorhandenen Vorstellungen und wirken auf sie zurück. Gleichzeitig musste und muss man ihnen eine nicht unerhebliche Integrations- und Legitimationsrolle mit erheblicher Wirkungskraft zubilligen. Als entscheidend wird dabei das subjektive Zugehörigkeitsgefühl eines jeden Einzelnen angesehen.

Laut dem Soziologen Friedrich Heckmann wurzelt die »Realität ethnischer Groß-Kollektive« unter anderem im »Glauben«, man habe gemeinsame Vorfahren, und im »Bewusstsein«, man gehöre zusammen und habe eine gemeinsame Identität.[43] Wird etwa in einem Vielvölker- bzw. Nationalitätenstaat eine eigenständige Volksgruppe nicht als solche anerkannt, werden ihr auch keine Sonderrechte zugestanden.[44]

3. Das Beispiel der »Deutschen Nation«

Grund genug also, derartige Phänomene und deren Konsequenzen an dieser Stelle in knapper Form am Beispiel der deutschen Nation zu untersuchen. Wie gelang es den Deutschen, sich als Nation zu definieren, welche Wege und Varianten wählten sie? Geschah die Nationswerdung im Einklang mit den Nachbarn mit dem Ziel, ein gleichberechtigter Partner zu sein? Wo finden wir den Bruch hin zu Nationalismus und Chauvinismus mit dem Kulminationspunkt des rassistischen Regimes des Nationalsozialismus?

Das Verhältnis der Deutschen zu ihrer Nation war in den Jahren vor der Wiedervereinigung weitgehend ein »Nicht-Verhältnis«. Patriotismus oder gar Nationalismus waren, abgesehen von einzelnen rechtsradikalen Parteien und deren Publikationen, nicht nur im politischen Diskurs tabu, sondern spielten auch im gesellschaftlichen öffentlichen Leben so gut wie keine Rolle. Man denke hier beispielsweise nur an den »Tag der deutschen Einheit« am 17. Juni, der von den meisten Menschen als willkommener Feiertag angesehen wurde, über dessen Bedeutung und historischen Hintergrund sich aber höchstens eine Minderheit informiert. Auch die Frage, ob die gemeinsame Nation aus BR Deutschland und DDR noch bestehe, ließ weite Teile der Bevölkerung v. a. Westdeutschlands eher unberührt.

Nur wenige Menschen ahnten zu Beginn des Jahres 1989, dass am 9. November die Mauer fallen und knapp ein Jahr später Deutschland wiedervereinigt sein sollte. Im Gegenteil, viele Bürger der Bundesrepublik Deutschland hatten die Wiedervereinigung längst abgeschrieben, sich mit der Existenz zweier deutscher Staaten abgefunden und die DDR höchstens als Ausland wahrgenommen. Vor allem die SPD hatte das im Grundgesetz verankerte Ziel der Wiedervereinigung vollkommen aufgegeben. Sie übernahm vielmehr die »Geraer Forderungen« von Erich Honecker aus dem Jahr 1980, in der er die Auflösung der zentralen Erfassungsstelle Salzgitter für Staatsverbrechen in der DDR, die Umwandlung der ständigen Vertretungen in Botschaften und die Anerkennung einer eigenen DDR-Staatsbürgerschaft gefordert hatte. Für viele SPD- und Grünen-Politiker war das Festhalten an der Einheit der deutschen Nation die »Lebenslüge der zweiten deutschen Republik«. Gerhard Schröder beispielsweise äußerte noch im Juni 1989, dass man nach 40 Jahren Bundesrepublik »eine Generation in Deutschland nicht über die Chancen der Wiedervereinigung belügen [sollte]. Es gibt sie nicht.«[45] Vor allem die hessische CDU nahm hier in den 80er-Jahren eine gänzlich andere Position ein. Unter Alfred Dregger und dann unter Walter Wallmann[46] hielt sie immer an der Offenheit der deutschen Frage fest. Regelmäßig besuchte die CDU-Fraktion oder einige ihrer Mitglieder die DDR mit dem Ziel, den Kontakt zu den ostdeutschen Landsleuten nicht abreißen zu lassen, ihn vielmehr durch Gespräche zu intensivieren und den Bürgern zu signalisieren, dass wir nach wie vor ein Volk sind, allen Unkenrufen aus Medien und anderen Parteien zum Trotz.

Ungeachtet dieser Initiativen und Maßnahmen war der anschließende weitere Prozess der Wende und Wiedervereinigung dennoch höchst erstaunlich. Ausgehend vom Motto »Wir sind das Volk« wurde unter dem Schlagwort »Wir sind ein Volk« der Einigungsprozess forciert – aus welchen Motiven auch immer. Die politische Kontroverse um den Umgang mit der eigenen Nation stand plötzlich wieder im Rampenlicht. Sie verschaffte sich in den großen Tages- und Wochenzeitungen, in den politischen Magazinen und Talkshows in zunehmendem Maße ihren gebührenden Platz. Es entstand und besteht bis heute eine teilweise geradezu leidenschaftliche emotionale Debatte um die Frage, ob und inwieweit nationales Bewusstsein zeitgemäß und berechtigt sei. Eine Debatte, die nahezu alle Altersgruppen in Deutschland mit einbezog, beispielsweise im Bereich des Sports und hier speziell beim Fußball. Wurde der Gewinn des Weltmeistertitels 1990 noch eher verhalten gefeiert, so lösten spätestens seit der Heim-WM 2006 große Turniere erfreulicherweise eine Begeisterungswelle für die deutsche Nationalmannschaft aus, die sich unter anderem in schwarz-rot-goldenen Fähnchen an Autos und dem sogenannten »Public Viewing« Ausdruck verschafft.[47] Ein Überschwang patriotischer, gar nationaler Gefühle? Wenn, dann jedenfalls auf friedlichem Wege, der den Respekt gegenüber den anderen Teams und somit Nationen verdeutlicht. Ein enormer Fortschritt, sicher, aber wo ist die Grenze hin zum Nationalismus? Kann auch heute die Gefahr nationalistischer Tendenzen gänzlich ausgeschlossen werden? Lassen sich Gewaltausbrüche »nur« auf rechtsradikale Gruppierungen reduzieren? Phänomene und Ausblicke, die auch in Zukunft in Betracht zu ziehen und sachlich zu diskutieren sind. Dabei kann auch die Kenntnis über die historischen Hintergründe mancher Ausprägungen nationaler Ideen, Parolen und Forderungen hilfreich sein.

Die Frage nach der Nation war ein politisches Problem, das viele Deutsche, speziell aus dem Bürgertum, nach den Befreiungskriegen gegen Napoleon, die nicht zu Unrecht als Geburtsstunde des deutschen Nationalismus gelten, intensiv beschäftigen sollte. »Was ist des Deutschen Vaterland?« Das war die zentrale Frage des Schriftstellers und Professors für Geschichte, Ernst Moritz Arndt (1769–1860) für ein »vaterländisches« Gedicht.[48]

1. Was ist des Deutschen Vaterland?
Ist's Preußenland? Ist's Schwabenland?
Ist's, wo am Rhein die Rebe blüht?
Ist's, wo am Belt die Möve zieht?
O nein, nein, nein!
Sein Vaterland muß größer seyn.

2. Was ist des Deutschen Vaterland?
Ist's Bayernland? Ist's Steierland?
Ist's, wo des Marsen Rind sich streckt?
Ist's, wo der Märker Eisen reckt?
O nein, nein …

3. Was ist des Deutschen Vaterland?
Ist's Pommerland? Westfalenland?
Ist's, wo der Sand der Dünen weht?
Ist's, wo die Donau brausend geht?
O nein, nein …

4. Was ist des Deutschen Vaterland?
So nenne mir das große Land!
Ist's Land der Schweizer? Ist's Tyrol?
Das Land und Volk gefiel mir wohl.
Doch nein, nein …

5. Was ist des Deutschen Vaterland?
So nenne mir das große Land!
Gewiß, es ist das Österreich,
An Ehren und an Siegen reich.
O nein, nein …

6. Was ist des Deutschen Vaterland?
So nenne mir das große Land!
Ist's, was der Fürsten Trug zerklaubt?
Vom Kaiser und vom Reich geraubt?
O nein! nein! nein!
Sein Vaterland muß größer seyn.

7. Was ist des Deutschen Vaterland?
So nenne endlich mir das Land!
So weit die deutsche Zunge klingt
Und Gott im Himmel Lieder singt:
Das soll es sein, das soll es sein!
Das, wackrer Deutscher, nenne dein!

8. Das ist des Deutschen Vaterland,
Wo Eide schwört der Druck der Hand,
Wo Treue hell vom Auge blitzt
Und Liebe warm im Herzen sitzt:
Das soll es seyn.
Das, wackrer Deutscher, nenne dein!

9. Das ist des Deutschen Vaterland,
Wo Zorn vertilgt den welschen Tand,
Wo jeder Franzmann heißet Feind,
Wo jeder Deutsche heißet Freund:
Das soll es seyn.
Das, wackrer Deutscher, nenne dein!

10. Das ganze Deutschland soll es seyn!
O Gott vom Himmel, sieh darein
Und gieb uns rechten deutschen Muth,
Daß wir es lieben treu und gut!
Das soll es seyn!
Das ganz Deutschland soll es seyn.

Arndt hatte sich – wie viele seiner Zeitgenossen – für die »nationale Erhebung« gegen Napoleon eingesetzt und forderte konsequenterweise die nationale Einheit Deutschlands nicht nur als Kulturnation, sondern auch auf politischer Ebene als Staatsnation. Mit seinen Zeilen umfasste Arndt also nicht nur eine politische Gemeinschaft der Deutschen, sondern auch deren kulturelle Zusammengehörigkeit. Ob für ihn die in seinen Versen diskutierte Größe und die Grenzen des von ihm geforderten und zu schaffenden deutschen Nationalstaats nach geografischen, vor allem aber sprachlichen und charakterlichen Kriterien selbst damals als realistisch erschien, sei einmal dahingestellt; die Schweiz zumindest wäre wohl so oder so nicht mehr in einen vereinten deutschen Staat zurückgekehrt. Deutlich wird aber das Ziel einer großdeutschen Lösung unter Einschluss von Österreich. Wie auch bei Johann Gottlieb Fichte oder Theodor Körner, ebenfalls herausragende Protagonisten im Verlauf der deutschen Befreiungskriege, definierte Arndt das Volk in Form eines religiösen Bezugs als etwas »Höheres«, ewig Fortdauerndes mit quasi göttlicher Weihe. Ein Patriot habe mit ganzer Kraft sein Volk und seine Nation zu lieben bis – im äußersten Fall der Fälle – hin zum Tod für das Vaterland, hier im Kampf gegen die damals verhassten Franzosen. Ansätze von Rache oder zumindest Revanche sind in Strophe 9 klar erkennbar.

Von den Ergebnissen des Wiener Kongresses, der statt des erhofften deutschen Nationalstaates dann nur einen »Deutschen Bund« von 39 mehr oder weniger souveränen Einzelstaaten und Freien Städten geschaffen hatte, tief enttäuscht, setzten sich zahlreiche weitere Vertreter des Bürgertums mit der Frage nach der Zukunft der Deutschen und Deutschlands auseinander. Aus der älteren Vorstellung von den Deutschen als ein Volk mit gemeinsamer Sprache und Geschichte war in der ersten Hälfte des 19. Jahrhunderts – begünstigt durch die Französische Revolution – nun auch ein politisches Nationalbewusstsein geboren.

Die Vorkämpfer und Träger des Verfassungs- und Nationalstaates (wie z.B. Arndt) strebten zu Beginn des 19. Jahrhunderts drei Ziele an: 1. Die nationale Unabhängigkeit und Einheit, 2. die staatsbürgerliche Freiheit, Gleichheit und Partizipation im Rahmen einer verfassungsmäßigen Ordnung und 3. wirtschaftliche Sicherheit und soziale Gerechtigkeit. Liberalismus und Nationalstaatsbewegung bzw. Nationalismus gingen hierbei Hand in Hand; deren Träger aus dem Bildungsbürgertum wurden jedoch von der fürstlichen Obrigkeit als Revolutionäre diffamiert und bekämpft (hier sei exemplarisch der Schöpfer der deutschen Nationalhymne Heinrich Hoffmann von Fallersleben genannt). Schon in der Revolution von 1848/49 zeigte sich allerdings, dass diese Ziele nicht immer und überall miteinander zu vereinbaren waren. Während die Vertreter der alten Ordnung sich in der Abwehr der Freiheits- und Emanzipationsbestrebungen einig waren, zeigten sich die Vertreter der neuen Ideen und Ideale häufig zerstritten, bedenkt man beispielsweise die Debatten in der Paulskirche zur Frage einer

»großdeutschen« oder »kleindeutschen« Lösung. Mit der bismarckschen Reichsgründung nach dem Sieg über Frankreich 1871 blieben zwar der eine oder andere Aspekt der liberalen und demokratischen Forderungen auf der Strecke, große Teile des Bürgertums sahen mit der Gründung des deutschen Nationalstaates dennoch ihre Ziele verwirklicht. Nationaler Patriotismus und Autoritätsfixierung bildeten zentrale Grundlagen des Kaiserreiches. Anderen allerdings ging das Erreichte noch nicht weit genug. Deutschland müsse Großmacht werden und Weltpolitik betreiben, so lauteten beispielsweise Forderungen des Alldeutschen Verbandes. Der Übergang vom Patriotismus über Nationalismus hin zum Chauvinismus und völkerverachtenden Rassismus war dann nur noch ein kleiner Schritt. Die Ideen beispielsweise des Alldeutschen Verbandes, eines Admiral Tirpitz oder des Kolonialpolitikers Carl Peters konnten später problemlos eine Basis für die nationalsozialistische Ideologie bilden.

Im Zuge der napoleonischen Besatzungszeit und der sich anschließenden Befreiungskriege, dem gescheiterten Versuch, 1848/49 einen demokratischen Nationalstaat zu gründen, der 1870/71 in der kleindeutschen Reichsgründung »von oben« im Deutschen Kaiserreich mündete, lassen sich also verschiedene Nationsbegriffe und -vorstellungen analysieren, deren detaillierte und vertiefende Darstellung an dieser Stelle jedoch den Rahmen sprengen würden. Derartige Diskussionen prägten und belasteten nach Ende des Ersten Weltkriegs dann auch immer wieder die politischen Debatten der Weimarer Republik, bis unter der Herrschaft der Nationalsozialisten mit dem »Anschluss« Österreichs und des Sudetengebiets 1938 die großdeutsche Variante zwar verwirklicht, dann aber mit dem rassistischen Eroberungskrieg pervertiert wurde.

Die Frage oder das Problem einer deutschen Identität stellte sich, wie schon skizziert, auch wieder nach 1945, aufgrund der deutschen Teilung allerdings in gänzlich anderer Form. Aber auch nach der Wiedervereinigung 1990 flammten in der gesellschaftspolitischen Gegenwart immer wieder Diskussionen auf, wie z. B. die Frage nach einer »deutschen Leitkultur«[49], wobei im Rahmen dieser Darstellung nicht der gebührende Raum gegeben ist, dies weiter zu vertiefen.

4. Nationalismus

Unter dem Begriff Nationalismus[50] lässt sich – allgemein formuliert – eine Ideologie subsumieren, die eine Identifizierung und Solidarisierung aller Mitglieder einer Nation anstrebt und Letztere in einem souveränen Staat verbinden will. Nationalismen werden von Nationalbewegungen getragen und in Nationalstaaten weiterentwickelt oder reproduziert. Dies kann in durchaus unterschiedlicher Ausprägung in Abhängigkeit der Definition der eigenen Nation bzw. der ihr zugeschriebenen Identität geschehen. Unterscheidungsmerkmale dafür können Staatsangehörigkeit, kulturelle, ethnische, und religiöse Merkmale umfassen.

Im Vorfeld der Französischen Revolution und unter dem Eindruck der polnischen Teilungen tauchte in Europa erstmals die Vorstellung eines Art nationalen Bewusstseins auf. Ein Nachdenken über besondere Charakteristika und Wertvorstellungen einer Nation, so hieß es zu dieser Zeit, sei von grundlegender, ja existenzieller Bedeutung für den Erhalt oder die Schaffung einer Nation – unabhängig von allen politischen Widerständen. Im revolutionären Frankreich bezog sich dieses Bewusstsein auf den Anspruch des Dritten Stands, nicht nur die französische Nation zu repräsentieren, sondern gleichzeitig auch individuelle Freiheitsrechte und politische Mitbestimmung in Form von Volkssouveränität einzufordern.

Nationalismus ist also ein Phänomen der Moderne, das sowohl einen demokratischen als auch einen nationalen Ansatz aufweist. Problematisch erwies sich damals allerdings, dass eine der zentralen Voraussetzungen für die Nationsbildung, eine gemeinsame und für alle mehr oder weniger verständliche Sprache, nicht gegeben war. Wie alle Staaten war auch das vorrevolutionäre Frankreich in eine Vielzahl von Dialekten und Sprachen zersplittert, sodass es erheblicher Mühen bedurfte, eine einheitliche französische Nationalsprache zu kreieren, denn erst eine gemeinsame Sprache gewährleistet ein nationales Zusammengehörigkeitsgefühl auf Dauer. Dieser grundlegende Aspekt sollte für viele Sprachen, Völker und Regionen im 19. Jahrhundert von entscheidender Bedeutung sein. Nicht, dass beispielsweise das »Serbische oder Slowakische, das Estnische oder Bulgarische und alle, die da kodifiziert wurden, Schöpfungen aus dem Nichts gewesen wären, aber es bedurfte einer Standardisierung, einer Auswahl innerhalb eines unklaren linguistischen Umfelds zahlreicher dialektischer Varianten oder Hybridformen mit anderen Sprachen, da die Idiome oft stark von Tal zu Tal oder gar von Dorf zu Dorf variierten.«[51]

Am Ende des 18. Jahrhunderts ging es aber auch weniger um einen Nationalismus, wie wir ihn heute im negativen aggressiven Sinne verstehen mögen, sondern vielmehr um Patriotismus im Sinne von Vaterlandsliebe. Die Übertragung der eigenen Persönlichkeit und materieller Dinge an die früheren Autoritäten wie Kirche und Lehnsherr, z.B. in Form von Frondiensten oder dem Zehnten, wurde nun durch die Idee des Einsatzes für das Vaterland ersetzt. Im revolutionären Frankreich wurde der Nation quasi ein religiöser Habitus zugeschrieben, verbunden mit dem Auftrag, ihre Ideale (in diesem Fall die Menschen- und Bürgerrechte) auch außerhalb des eigenen Territoriums zu exportieren. Eine Folge war die Militarisierung Frankreichs (z.B. in Form der Levée en masse) und die daraus resultierenden Volksheere, die in den Revolutionskriegen bis hin zu Napoleon den Armeen der anderen europäischen Mächte (v.a. von Preußen und Österreich) aufgrund des ihnen innewohnenden motivierenden Nationalgedankens an Schlagkraft weit überlegen waren. Auch das frühe 19. Jahrhundert kannte den Begriff Nationalismus im heutigen Sinne zunächst nicht, sondern lediglich den des Nationalstaatsprinzips. Ziel nationaler Bestrebungen war, zersplitterte Territorien zu vereinigen, großräumige Handelszonen zu schaffen, Kultur, Administration und die Verkehrssprache im Interesse einer Nationalökonomie zu vereinheitlichen.[52] Der Nationalismus als Massenideologie gewann dann erst im weiteren Verlauf des 19. Jahrhundert zunehmend an Kraft und vereinte heterogene Staatsvölker durch ein vereinheitlichendes Selbstverständnis.[53]

Heute werden unter Nationalismus alle Bewegungen verstanden, welche die Nation als handlungsbestimmenden Wert ansehen. Im allgemeinen Sprachgebrauch bezeichnet dieser Begriff allerdings eine Ideologie der nationalen Intoleranz und der Aggressivität.[54] In diesem Sinne verstanden, steht Nationalismus selbstredend im Gegensatz zum positiv zu wertenden Patriotismus.

Es lassen sich verschiedene Formen des Nationalismus voneinander abgrenzen. Der staatsbürgerliche Nationalismus – häufig westlichen Staaten wie z.B. Frankreich und den USA zugeschrieben – definiert Nationen in erster Linie politisch, wobei ein Ausschlusskriterium lediglich die Grenzen des Territoriums darstellen. Die Angehörigen einer Nation gehen nach dieser Lesart eine bewusste willentliche Verbindung ein (vgl. E. Renan). Im Gegensatz dazu stellt die ethnische Nation im ethnischen Nationalismus, dessen Nationsgedanke auf Abstammung, Zugehörigkeit durch Geburt, Blut oder Ethnien basiert, quasi eine Schicksalsgemeinschaft dar. Diese Spielart war und ist vor allem in Osteuropa verbreitet.

Eine weitere Definition bietet der inklusive Nationalismus[55], der eine Integration aller Gruppen einer Gesellschaft, unabhängig von ihrer politischen Ausrichtung und ihrer kulturellen Identität, anstrebt, im Gegensatz zum exklusiven Nationalismus. Dieser lässt sich auch als Chauvinismus charakterisieren, da er auf eine zum Teil aggressive Abgrenzung von anderen Nationen abzielt. Die Überhöhung der eigenen Nation mit dem Ziel einer möglichst weitgehenden Einheit von Volk und Raum geht dann oft einher mit der Ausgrenzung und Diskriminierung, in extremen Fällen bis zu Vertreibung oder Vernichtung ethnischer und anderer Minderheiten, die als fremd oder gar schädlich angesehen werden. Die ethnischen Säuberungen im Zuge der Jugoslawienkriege in den 1990er-Jahren bieten hier ein dramatisches Beispiel.

Der Begriff des Ultranationalismus[56], der dem Rechtsextremismus zuzuordnen ist, deckt sich inhaltlich mit den Begriffen »radikaler Nationalismus«, »extremer Nationalismus« oder »Hypernationalismus«. Hier wird der Nation ideologisch der höchste gesellschaftliche Wert beigemessen. Dabei herrscht meist ein »organisches« Nationsverständnis vor: Nationen werden als eigenständige lebendige Organismen mit einem eigenen Lebenszyklus und einer eigenen kollektiven Psyche als Schicksalsgemeinschaften verstanden. Nach diesem Verständnis ergibt das Leben eines Einzelnen nur dann einen Sinn, wenn er zum Wohle des jeweiligen nationalen Organismus mit völliger persönlicher Hingabe- und Opferbereitschaft beiträgt. Dabei überragt die Nation in ihrer Bedeutung alle anderen Werte, wie z. B. die Menschenrechte.

Abschließend seien an dieser Stelle im Sinne einer Zusammenfassung – soweit dies bei einem derartig komplexen Begriff überhaupt möglich ist – die Gedanken des deutschen Historikers Peter Alter vorgestellt. Aus seiner Sicht handelt und argumentiert

> »im heutigen Sprachgebrauch und Sprachverständnis […] jemand ›nationalistisch‹ oder wird jemand als ›Nationalist‹ bezeichnet, wenn er die Interessen einer Nation, in der Regel die der eigenen, den Interessen anderer Nationen überordnet und bereit ist, diese gegebenenfalls […] zu missachten. […] Dem Nationalismus als einer extremen Ideologie haftet spätestens seit dem Zweiten Weltkrieg ein stark negativer Beigeschmack an, eine mehr oder weniger moralische Bewertung. Der Begriff wird von Westeuropäern und Amerikanern benutzt, um Formen kollektiver Selbstsucht und Aggressivität im vorgeschobenen Namen der Nation zu brandmarken. Demgegenüber werden eine ›nationale Gesinnung‹, ›Nationalgefühl‹ oder ein Handeln im ›nationalen‹ Sinne weiterhin positiv gewertet. Hiermit werden offenbar legitime Interessen angesprochen, die nicht zwangsläufig zu Konflikten mit dem Nationalismus anderer Völker führen müssen. […] Um das […] Wort ›Nationalismus‹ zu ver-

meiden, wird heute gelegentlich wieder der ältere Begriff des Patriotismus, der Vaterlandsliebe, bemüht. Er meinte im Europa des 18. Jahrhunderts die emotionale Bindung an eine Landschaft, an einen dynastischen Staat oder einen Herrscher. Die Liebe zum Vaterland verband sich mit allgemeinmenschlichen Idealen: Man konnte sehr wohl Patriot und Weltbürger zugleich sein. [...] Seit dem 19. Jahrhundert wurde der Begriff Patriotismus auf die Bindung des Individuums zur Nation und zum Nationalstaat übertragen. [...] Der Gebrauch des Begriffs Nationalismus, der sich zum ersten Mal in einer Schrift Johann Gottfried Herders nachweisen lässt, verbreitete sich in der Alltagssprache erst seit der Mitte des 19. Jahrhunderts. Aber bis heute ist umstritten, was unter Nationalismus genau zu verstehen ist. [...] Der moderne Nationalismus, wie er sich seit der Amerikanischen und Französischen Revolution darstellt, ist eine Ideologie und zugleich eine politische Bewegung, die sich auf die Nation und den souveränen Nationalstaat als zentrale innerweltliche Werte beziehen und die in der Lage sind, ein Volk oder eine große Bevölkerungsgruppe politisch zu mobilisieren. Nationalismus verkörpert also in hohem Maße ein dynamisches Prinzip, das Hoffnungen, Emotionen und Handlungen auszulösen vermag. Es ist ein Instrument zur politischen Solidarisierung und Aktivierung von Menschen, um ein gemeinsames Ziel zu erreichen.«[57]

Die Begriffe Nationalismus und Nationalisten seien seiner Ansicht dann anzuwenden, wenn die Interessen der eigenen Nation denen anderer übergeordnet und diese evtl. gar missachtet werden, sie sind dementsprechend negativ konnotiert. Dagegen gelten jedoch Begriffe wie nationale Gesinnung oder Nationalgefühl zu Recht weiterhin als positiv. Daher sollte heute wieder in der politischen Diskussion auf den Ausdruck Patriotismus[58] zurückgegriffen werden, der die Liebe zum Vaterland mit allgemeinmenschlichen Idealen verbindet, wobei die Übergänge zum Nationalismus durchaus fließend sind.

Auch aktuell ist also nach wie vor umstritten, was unter Nationalismus genau zu verstehen ist. Jedenfalls verkörpert er ein dynamisches Prinzip, das Hoffnungen und Emotionen auszulösen vermag, und stellt ein Instrument zur politischen Solidarisierung, eine Ideologie und eine politische Bewegung dar, die in extremer Form z. B. durch den Faschismus oder den Nationalsozialismus missbraucht und diskreditiert wurde.

II. Definitionen und Begriffe – Sezessionen im Spannungsfeld zwischen Selbstbestimmungsrecht und Wahrung territorialer Integrität

1. Definitionen wesentlicher Begriffe

Sezessionen stellen eine grundlegende Herausforderung innerhalb der internationalen Politik dar, finden sie doch schon so lange statt, wie moderne Staaten überhaupt existieren.[1]

Sie werden zum einen mit den nach dem Zweiten Weltkrieg einsetzenden Dekolonisierungsprozessen in Asien und Afrika oder Verfallsprozessen von Staaten, zum anderen als Reaktion auf die Unterdrückung von Minderheiten und/oder mit Religionskonflikten in Verbindung gebracht. Wegen der ihnen innewohnenden Gefahren von Konflikten bis hin zu kriegerischen Auseinandersetzungen, einhergehend mit einer zumindest regionalen Instabilität, sind sie oft negativ konnotiert. Auf der einen Seite steht der Wunsch eines Volkes nach Unabhängigkeit in Form eines eigenen Staats, auf der anderen Seite der Wunsch des betroffenen (Mutter-)Staats nach Beibehaltung seiner territorialen Integrität.

Nur drei Beispiele an dieser Stelle:
Der Zerfall des Osmanischen Reichs und die hier verantwortliche Politik der Briten und Franzosen (Stichwort Sykes-Picot-Abkommen von 1916) lösten unzählige, bis heute andauernde Nahostkonflikte aus. Die Dekolonisierung des indischen Subkontinents hatte dessen Teilung in einen überwiegend hinduistischen und einen in der Mehrzahl moslemischen Staat zur Folge, wobei Letzterer selbst – zwar nicht staatsrechtlich, aber geografisch – in West- und Ostpakistan geteilt war. Der 1967 erfolgte Sezessionsversuch des Teilstaats Biafra in Nigeria aufgrund der Unterdrückung des Volkes der Igbo, der vom Mutterstaat letztlich mit militärischen Mitteln gewaltsam beendet wurde, ist hierfür ein weiteres einschlägiges Beispiel. Und tatsächlich kann man nur wenige Sezessionen verzeichnen, in denen sich die beiden Verhandlungspartner auf friedlichem Weg einigten. Neben dem Beispiel der Tschechoslowakei sind auf Nationalstaatsebene bis Ende des 20. Jahrhunderts lediglich die Sezession Norwegens von Schweden 1905, die Auflösung der Realunion zwischen Dänemark und Island 1944 und die

Sezession Singapurs durch Ausschluss von Malaysia 1965 zu nennen. Das 1991 erfolgte Ende der Sowjetunion verlief zwar insgesamt friedlich (sieht man einmal von den zuvor erfolgten Unruhen in Litauen oder im Kaukasus ab), stand jedoch am Ende eines jahrzehntelangen kommunistischen Unterdrückungsregimes.

Ob und unter welchen Voraussetzungen ein Volk ein Recht auf territoriale Abspaltung hat, ist im Völkerrecht hoch umstritten. Bei der Rechtfertigung einer Sezession von Staaten besteht nämlich immer ein Spannungsverhältnis zwischen zwei zentralen Aspekten des Völkerrechts: Zum einen kann sich die abspaltungswillige Region auf das Selbstbestimmungsrecht der Völker, u.a. 1918 vom damaligen US-Präsidenten Woodrow Wilson im Rahmen seines 14-Punkte-Programms proklamiert, berufen. Zum anderen wird i.d.R. der betroffene Mutterstaat sich auf seine staatliche Souveränität und somit, wie eben erwähnt, auf seine territoriale Integrität berufen. Sezessionen widersprechen somit einerseits dem Grundprinzip der Vereinten Nationen, jegliche gegen die territoriale Integrität anderer Staaten[2] gerichteten aggressiven Handlungen zu unterbinden, und können die Stabilität einer regionalen, möglicherweise auch der internationalen Ordnung bedrohen und damit den Frieden gefährden. Je nach Verlauf einer Sezession, d.h. wird beispielsweise Gewalt angewandt, kann dies auch den Schutz der grundlegenden Menschenrechte massiv beeinträchtigen.

Auch wenn das Prinzip der Unverletzlichkeit der Grenzen nach dem Ende des Zweiten Weltkriegs mehrfach infrage gestellt wurde, erwiesen sich die erfolgten Annexionen und Sezessionen andererseits nicht als Präzedenzfälle für anschließende Missachtungen der UN-Charta. Stattdessen führten die Reaktionen in der internationalen Politik letztlich zu einer Stärkung der Norm der territorialen Integrität. Damit unterscheidet sich das Zeitalter des Kalten Krieges deutlich von der Zeit nach dem Ersten Weltkrieg, die, geprägt durch die Bestimmungen der Pariser Vorortverträge, zu einem mal mehr, mal weniger stark ausgeprägten Revisionismus der Weltkriegsverlierer führte.

Nach Ende des Kalten Krieges kam es – bedingt durch den Zerfall der Sowjetunion und Jugoslawiens – dann wieder zu einer Zunahme von Sezessionen. Und mit der russischen Intervention auf der Krim 2014 annektierte erstmals ein ständiges Mitglied des UN-Sicherheitsrates fremdes Territorium. Das Phänomen von Sezessionen kann also zu den größeren Problemen unserer heutigen Weltordnung gezählt werden.

Für den Begriff Sezession, abgeleitet vom lateinischen »secessio« (Absonderung, Trennung) existieren bis dato im geltenden Völkerrecht statt einer Legaldefinition[3] vielmehr eine Vielzahl an Definitionen[4], was eine Antwort auf die Frage nach einer Rechtfertigung von Sezessionen sicherlich nicht erleichtert.

Diesbezüglich ist zunächst zwischen einer unilateralen und einer konsensualen Sezession zu unterscheiden.[5] Erstere bezeichnet eine einseitige Sezession, die ohne die Zustimmung des betroffenen bisherigen Mutterstaates und andere Formen von Verhandlungsprozessen durchgeführt wird. Letztere stellt hingegen eine einvernehmliche Sezession dar, die sich entweder gemäß den verfassungsrechtlichen Regelungen des betroffenen Staates oder in anderen Formen von Verhandlungsprozessen vollzieht. Der grundlegende Unterschied besteht letztendlich darin, ob die Sezession mit oder ohne die Zustimmung des betreffenden Staates vollzogen wird.[6] Daraus folgert, dass die Frage nach einer Rechtfertigung von Sezessionen letztlich nur für unilaterale Sezessionen von Bedeutung ist. Denn nur in diesem Fall besteht das Spannungsverhältnis zwischen den Prinzipien des Selbstbestimmungsrechts der Völker und der Souveränität bzw. territorialen Integrität der Staaten. Die Frage nach der Rechtfertigung von Sezessionen im angesprochenen Spannungsverhältnis zwischen dem Selbstbestimmungsrecht der Völker und der Souveränität bzw. territorialen Integrität von Staaten ist dann irrelevant, wenn bei einer konsensualen Sezession der betroffene Mutterstaat auf sein Recht der territorialen Integrität verzichtet oder kein Recht der territorialen Integrität besitzt, weil ihm seine Souveränität nach einem Staatszerfall abhandengekommen ist.[7]

Weitere vergleichbare, oft auch synonym verwendete Begriffe, die das Problem von Abspaltungen verdeutlichen, werden an dieser Stelle der Vollständigkeit halber kurz erläutert.

Unter dem Begriff **Dismembration**[8] ist der Zerfall eines Staates und in dessen Folge die Bildung neuer Staaten auf seinem ehemaligem Territorium zu verstehen.[9] Dabei bleibt der alte Staat im Gegensatz zur Sezession als Völkerrechtssubjekt nicht bestehen, sondern geht unter, während die neu entstandenen Staaten gleichzeitig neue Völkerrechtssubjekte verkörpern, die mit dem alten Staat nicht identisch sind. Ein Beispiel hierfür ist die Auflösung der Tschechoslowakei, als die Tschechoslowakische Föderative Republik (CSFR) mit Beginn des 1. Januar 1993 zu existieren aufhörte und sich deren beiden Nachfolgestaaten Tschechische und Slowakische Republik (bzw. Slowakei) für eine Mitgliedschaft in den Vereinten Nationen bewarben.

Im Rahmen einer **Zession** (lateinisch »cessio« für Abtretung) wird ein Territorium auf der Grundlage einer vertraglichen Vereinbarung von einem Staat auf den anderen übertragen – meist in Form eines Friedensvertrags nach einem Krieg (siehe hier wiederum die Pariser Vorortverträge nach dem Ersten Weltkrieg, aber auch die Friedensverträge nach dem deutsch-dänischen und dem deutsch-französischen Krieg 1864 und 1871). Erfolgt die Abtretung solcher Territorien gegen den Willen der dort lebenden Bevölkerung (also z. B. ohne Volksabstimmung), besteht im Unterschied zur Sezession keine Ausübung, sondern vielmehr eine Verletzung des Selbstbestimmungsrechts der Völker, wie dies beispielsweise bei der Abtrennung der deutschen Ostgebiete und gleichzeitiger Vertreibung der dort seit Jahrhunderten lebenden deutschen Bevölkerung der Fall war.

Eine **Separation** (von »separatus« für abgesondert, getrennt) bezeichnet die Abtrennung von einem oder mehreren Teilen eines Staatsgebietes, um einen oder mehrere neue Staaten zu gründen, was sowohl einseitige als auch einvernehmliche Sezessionen umfassen kann.

Ziel einer **unechten Sezession** ist, einen völkerrechtswidrigen Territorialstatus (z. B. eine vollzogene, aber von der internationalen Staatengemeinschaft nicht anerkannte Annexion oder ein vom betroffenen Staat nicht anerkannter Gebietsverlust) durch die Wiederherstellung des früheren territorialen Status wieder rückgängig zu machen. So strebt aktuell die Ukraine in ihrem Verteidigungskrieg gegen Russland an, die durch Moskau völkerrechtswidrig vorgenommenen Annexionen der Krim und des Donbass zu revidieren. Allerdings kann eine unechte Sezession wiederum auch eine echte Sezession sein, wenn beispielsweise aufgrund eines Sicherheits- oder Stabilitätsbedürfnisses im Sinne eines Effektivitätsgrundsatzes mancher oder gar vieler Staaten die Anerkennung einer zwar illegalen, historisch aber über einen längeren Zeitraum verfestigten Territorialveränderung erfolgt ist. Für das betroffene, einstmals widerrechtlich annektierte Territorium kann dann eine Sezession durchaus relevant und gerechtfertigt sein – ein Aspekt, den Russland sich bei seiner Annexion der Krim, die durch eine umstrittene und international nicht anerkannte Volksabstimmung legitimiert werden sollte, erhoffte.

Der aus dem Italienischen stammende und nach der Staatsgründung Italiens 1861 von diesem auch politisch z. B. in Bezug auf Südtirol oder Dalmatien instrumentalisierte Begriff der »**Irredenta**« bezeichnet einen Prozess, in dem Ethnien bzw. Volksgruppen, die in mehr als einem Staat leben, nach einer staatlichen Vereinigung streben. Damit wird auf eine territoriale Veränderung bestehender Staaten durch die Instrumentalisierung von innerstaatlichen Minderheiten (so z. B. der sudetendeutschen Minderheit innerhalb der Tschechoslowakei) seitens eines Nachbarstaates abgezielt. Auch wenn die damit einhergehende Forderung eines Staates auf ein Territorium eines anderen Staates einen zwischenstaatlichen Konflikt darstellt, kann dieser zu Sezessionsbestrebungen der betreffenden ethnischen Minderheiten im Sinne des Selbstbestimmungsrechts der Völker führen – mit dem Unterscheid, dass in einem solchen Fall kein eigener Staat, sondern eben vielmehr die Vereinigung mit einem anderen Staat angestrebt wird.

Die folgende völkerrechtliche Definition des Begriffs der Sezession von Staaten wird auf Grundlage des bisher Diskutierten als eine tragfähige Definition angesehen: Sezession bedeutet die unter Umständen gewaltsame Abtrennung eines Teils eines Mutter- bzw. Zentralstaates durch eine dort lebende ethnische Gruppe mit dem Ziel, einen neuen, unabhängigen Staat zu gründen. Auch wenn bei einer derartigen Veränderung der bisherigen territorialen Verhältnisse ein staatliches Territorium unabhängig wird, bleibt der restliche Teil des Mutterstaats nicht nur in Form einer Staatennachfolge territorial bestehen, sondern existiert selbstverständlich auch weiterhin als Völkerrechtsubjekt.[10] Alle bisherigen politischen, gesellschaftlichen und rechtlichen Beziehungen der Einwohner des abgespaltenen Gebiets zum verbleibenden Staat werden damit beendet, da die Sezessionisten das Recht auf politische Selbstbestimmung in Form politischer und gesellschaftlicher Souveränität beanspruchen. Die Sezession ist also mit einer Separation identisch, die sowohl eine unilaterale als auch eine konsensuale Sezession umfassen kann.

2. Allgemeine völkerrechtliche Aspekte von Sezessionen

Betrachten wir nun das Problem, unter welchen Bedingungen eine Sezession gerechtfertigt ist; eine Diskussion, die 2008 nach der umstrittenen Unabhängigkeitserklärung des Kosovo wieder aufgeflammt ist.[11]

Folgende Fragen stehen dabei im Zentrum der Überlegungen[12]: Besteht ein Sezessionsrecht, und wenn ja, auf welchen Rechtfertigungsargumenten basiert es dann? Unter welchen Voraussetzungen ist die Ausübung des Sezessionsrechts vertretbar? Welche Gruppen können das Sezessionsrecht ausüben? Muss eine Gruppe, die das Sezessionsrecht ausübt, ein Anrecht auf das betreffende Territorium besitzen? Sollte das Völkerrecht ein Sezessionsrecht anerkennen, und wenn ja, in welcher Form?

Vorab sollen hier einige grundsätzliche Feststellungen zu dieser Problematik erfolgen, bevor manche Aspekte im weiteren Verlauf der Darstellung noch detaillierter untersucht werden. Zunächst lässt sich grundsätzlich zwar auf theoretischer Ebene konstatieren, dass ein Sezessionsrecht das Recht, einen eigenen Staat zu errichten, und das Recht auf dessen Anerkennung als legitimer Staat beinhaltet. Darauf aufbauend sind aber einerseits insbesondere diejenigen Bedingungen zu klären, unter denen eine (ethnische) Gruppe eben dieses Recht besitzt, die politische Herrschaft des Mutterstaates über ein bestimmtes Territorium zu beenden, um einen eigenen politischen Staat zu bilden. Andererseits müssen aber auch diejenigen Voraussetzungen geklärt sein, die eine sich abspaltende Region erfüllen muss, um nach erfolgter Sezession erfolgreich von der internationalen Gemeinschaft als legitimer Staat anerkannt zu werden.[13]

Grundsätzlich ist im Völkerrecht bis dato kein allgemeines Sezessionsrecht vorzufinden:[14] »While international law does not provide a right of secession, separatists have nonetheless relied on particular provisions of international law in making their secessionist claims.«[15]

Eine Sezession stellt folglich zunächst einmal einen rechtlich neutralen Akt dar, der weder völkerrechtswidrig noch völkerrechtsgemäß ist.[16] Als rechtliche Grundlage für die Sezession von Staaten kann aber das Selbstbestimmungsrecht der Völker gelten.[17] Als problematisch erweist sich dabei jedoch, dass das aktuelle Völkerrecht in erster Linie die Souveränität und territoriale Integrität von Staaten als Grundlage der internationalen Gemeinschaft schützt. Bis heute ist daher unter Völkerrechtlern hoch umstritten, ob das u. a. vom damaligen US-Präsidenten Woodrow Wilson in seinen 14 Punkten proklamierte Selbstbestimmungsrecht der Völker auch auf nationale Minderheiten angewendet werden kann und ihnen damit die Möglichkeit der Sezession und darauf folgend die Gründung eines eigenen Staates eingeräumt wird. Die Charta der Vereinten Nationen betont zwar in Art. 1 Nr. 2 das Selbstbestimmungsrecht der Völker, andererseits steht dem völkerrechtlich, wie eben erwähnt, das Recht und der Anspruch eines Staates auf seine territoriale Integrität, die ihm die Legitimation verleiht, separatistischen Bestrebungen innerhalb seiner Grenzen zu begegnen, entgegen. Dies bedeutet letztendlich, dass in jedem einzelnen Fall zwischen den Selbstbestimmungsinteressen der Sezessionsgruppen und der territorialen Integrität des Mutterstaates eine Abwägung – durch wen auch immer – erfolgen muss.

Die vorherrschende wissenschaftliche Meinung lehnt ein offensives Selbstbestimmungsrecht im Sinne einer Sezession gerade mit dem Verweis auf die Integrität bestehender Staaten – also das defensive Selbstbestimmungsrecht – insbesondere in dem Sinne ab, dass Selbstbestimmung nicht das Gleiche sei wie Sezession. Vielmehr stehe nach dieser Auffassung das Sezessionsrecht im Spannungsfeld zwischen dem Selbstbestimmungsrecht der Völker und der Souveränität eines Staates und könne nur unter bestimmten Voraussetzungen aus dem Selbstbestimmungsrecht abgeleitet werden. Im Zweifelsfall gehe dabei die Stabilität der Staaten und der universellen Friedensordnung dem Recht auf Sezession vor.[18] Dieser Umstand erklärt auch die nach wie vor sezessionsfeindliche Haltung der Staatengemeinschaft, die eine Kettenreaktion in Form von Folgesezessionen befürchten.[19]

Andere Positionen[20] gehen hingegen davon aus, dass einer diskriminierten (ethnischen) Minderheit, deren Rechte in massiver Form, z. B. im Hinblick auf politische Partizipation, wirtschaftliche Teilhabe oder religiöse Freiheiten, verletzt werden, das Recht auf eine Abspaltung vom Gesamtstaat zusteht. Wenn also die Stabilität eines Staates nicht mehr gegeben ist, weil eine Volks- oder Bevölkerungsgruppe diskriminiert wird und diese nach Selbstbestimmung strebt, kann eine Sezession möglicherweise zur Lösung des Problems beitragen. Deshalb besteht zunehmend ein stärkerer Zusammenhang der Begriffe Sezession und Selbstbestimmung.[21] Es stellt sich somit die Frage, wann sich aus dem Selbstbestimmungsrecht ein völkerrechtliches Sezessionsrecht ergibt bzw. ergeben kann.

Grundsätzlich sollte eine Sezession möglich sein, wenn eine Region bzw. eine Volksgruppe nach intensiver Überlegung die Unabhängigkeit wollen. Dabei muss aber die »Doppelnatur der Sezessionsproblematik«[22] beachtet werden: Eine Sezession besitzt nämlich sowohl eine verfassungsrechtliche – also die innerstaatlichen Bedingungen betreffende – als auch eine völkerrechtliche – also internationale Aspekte betreffende – Relevanz, da sie einerseits einen Vorgang darstellt, der unter das in einem Staat jeweils geltende Verfassungsrecht fällt, andererseits dadurch neue Staaten entstehen, die als Völkerrechtssubjekte von internationalem Belang sind.[23] Im optimalen Fall erfolgt ein derartiger Prozess im Rahmen einer konsensualen Sezession und wird in einer freien, fairen Abstimmung mit ausreichender Beteiligung und qualifizierter Mehrheit festgestellt. Diesbezügliche Einzelheiten sind allerdings nicht vom Völkerrecht, sondern wiederum vom jeweiligen Verfassungsrecht des betroffenen Staats zu regeln, wie dies beispielsweise beim Unabhängigkeitsreferendum in Schottland 2014 erfolgte, das im Einvernehmen mit London in einem geordneten demokratischen Prozess geschah.[24] Völkerrechtlich gesehen ist also ein demokratischer Abstimmungsprozess für die Proklamation einer Unabhängigkeit erforderlich, sodass ein legitimer Sezessionsprozess letztlich nur zwischen einigungswilligen Parteien stattfinden kann.

Betrachten wir nun aber noch ein wenig genauer, inwiefern das schon mehrfach erwähnte Selbstbestimmungsrecht der Völker als rechtliche Grundlage für eine Sezession dienen kann.

3. Sezessionsrecht als Selbstbestimmungsrecht der Völker

Das Selbstbestimmungsrecht der Völker ist eines der Grundrechte des Völkerrechts und besagt, dass ein Volk das Recht hat, frei über seinen politischen Status, seine Staats- und Regierungsform und seine wirtschaftliche, soziale und kulturelle Entwicklung zu entscheiden. Dies schließt seine Freiheit von Fremdherrschaft ein. Dieses Selbstbestimmungsrecht ermöglicht es einem Volk, eine Nation bzw. einen eigenen nationalen Staat zu bilden oder sich in freier Willensentscheidung einem anderen Staat anzuschließen.[25]

Es hat sich – ausgehend von der Aufklärung – als Idee einer »Volkssouveränität« weiterentwickelt und war eine wesentliche Grundlage der amerikanischen Unabhängigkeitsbewegung und der Französischen Revolution, die sich beide gegen das damals vorherrschende dynastische Prinzip richteten.

Ganz konkret wurde die Idee des Selbstbestimmungsrechts der Völker von Lenin im Oktober 1914 propagiert.[26] Nach der russischen Oktoberrevolution unterzeichneten Lenin und Stalin das »Dekret über die Rechte der Völker Russlands«, auf dessen Grundlage u. a. Finnland, die baltischen Staaten und die Ukraine ihre Unabhängigkeit erklärten. Nach Gründung der »Russischen Sozialistischen Föderativen Sowjetrepublik« (RSFSR) im Juli 1918 versuchte Moskau, allerdings mit unterschiedlichem Erfolg, die abgefallenen Völker sich gewaltsam wieder einzuverleiben.[27] Auf westlicher Seite hatte der damalige US-Präsident Woodrow Wilson am 8. Januar 1918 sein 14-Punkte-Programm für einen Friedensschluss und eine Friedensordnung für die Zeit nach dem Ersten Weltkrieg vorgelegt, dem ebenfalls das Selbstbestimmungsrecht der Völker zugrunde lag. Heute wird es allgemein als eine unmittelbar gewohnheitsrechtlich geltende Norm des Völkerrechtes anerkannt. Sein Rechtscharakter wird durch Artikel 1, Ziffer 2 der UN-Charta

> »(…) 2. To develop friendly relations among nations based on respect for the principle of equal rights and self-determination of peoples, and to take other appropriate measures to strengthen universal peace; (…)"[28]

und durch die beiden UNO-Menschenrechtspakte – der »Internationale Pakt über bürgerliche und politische Rechte« (IPBPR) und der »Internationale Pakt über wirtschaftliche, soziale und kulturelle Rechte« (IPWSKR) – beide vom 19. Dezember 1966 – völkervertragsrechtlich anerkannt[29] und besitzt damit universelle Geltung. In beiden Pakten heißt es gleichlautend in Artikel I:

> »(1) Alle Völker haben das Recht auf Selbstbestimmung. Kraft dieses Rechts entscheiden sie frei über ihren politischen Status und gestalten in Freiheit ihre wirtschaftliche, soziale und kulturelle Entwicklung.«
> »(3) Die Vertragsstaaten, einschließlich der Staaten, die für die Verwaltung von Gebieten ohne Selbstregierung und von Treuhandgebieten verantwortlich sind, haben entsprechend der Charta der Vereinten Nationen die Verwirklichung des Rechts auf Selbstbestimmung zu fördern und dieses Recht zu achten.«[30]

Mit der als rechtsverbindlich anerkannten UNO-Grundsatzerklärung 2625 »Erklärung über völkerrechtliche Grundsätze für freundschaftliche Beziehungen und Zusammenarbeit zwischen Staaten« (»Friendly Relations Declaration«) vom 24.10.1970 wurde schließlich die bisher verbindlichste und umfassendste Formulierung des Selbstbestimmungsrechts vorgenommen:[31]

> »By virtue of the principle of equal rights and self-determination of peoples enshrined in the Charter of the United Nations, all peoples have the right freely to determine without external interference their political status and to pursue their economic, social and cultural development, and every State has the duty to respect this right in accordance with the provisions of the Charter.«[32]

Das Selbstbestimmungsrecht der Völker gehört somit zu den allgemein anerkannten Grundsätzen des Völkerrechts und ist mittlerweile auch ein Bestandteil des Völkergewohnheitsrechts geworden. Es schließt also die Errichtung eines souveränen und unabhängigen Staates oder eine freie Vereinigung mit einem unabhängigen Staat sowie das Entstehen eines anderen frei gewählten politischen Status mit ein. So definieren die Professoren Wolfgang Danspeckgruber und Anne-Marie Gardner vom Liechtenstein Institute on Self-Determination der Universität Princeton Selbstbestimmung als das Recht einer Gesellschaft, über ihr eigenes politisches Schicksal zu entscheiden.[33] Als ius cogens (lateinisch für zwingendes Recht) handelt es sich um einen Teil der Rechtsordnung, der nicht durch andere Vereinbarungen oder Erklärungen geändert werden, bzw. um eine Norm, von der nicht abgewichen werden darf und die nur durch eine spätere Norm des allgemeinen Völkerrechts geändert werden könnte. Verträge, die gegen existierendes ius cogens verstoßen, sind somit ungültig.

Dennoch bleibt als zentrales Problem das Spannungsverhältnis zwischen dem Selbstbestimmungsrecht der Völker und der Souveränität bzw. der territorialen Integrität der Staaten bestehen.[34]

Die Existenz eines völkerrechtlichen Sezessionsrechts ist demnach davon abhängig, zugunsten welches Prinzips dieses Spannungsverhältnis aufgelöst wird.[35] Das Prinzip der territorialen Integrität[36] besitzt als Teil des völkerrechtlichen Souveränitätsprinzips einen hohen Stellenwert im Völkerrecht. Denn erstens ist das Völkerrecht durch souveräne Staaten konstituiert, die ihre territoriale Integrität bewahren wollen. Und zweitens soll die territoriale Integrität den internationalen Frieden sichern, indem die Stabilität der internationalen Ordnung gewährleistet wird.[37]

Somit wurde in der »Dekolonialisierungs-Resolution« von 1960 dann auch ein Sezessionsrecht mit Ausnahme der Dekolonialisierung verneint:[38] »Jeder Versuch, die nationale Einheit und die territoriale Integrität eines Landes ganz oder teilweise zu zerstören, ist mit den Zielen und Grundsätzen der Charta der Vereinten Nationen unvereinbar«[39], heißt es dort schwarz auf weiß.

In der sogenannten »safeguard clause«[40] der schon erwähnten »Friendly Relations Declaration« ist verankert, dass das Selbstbestimmungsrecht der Völker dann nicht zur Begründung einer Sezession berechtigt, wenn der Mutterstaat die Gleichberechtigung und die Selbstbestimmung aller seiner Völker und somit seiner Einwohner gewährleistet sowie die gesamte Bevölkerung unabhängig von Rasse, Glaube und Hautfarbe in der Regierung repräsentiert wird:

> »Nothing in the forgoing paragraphs [formulating the principle of equal rights and self-determination of peoples] shall be construed as authorizing or encouraging any action which would dismember or impair, totally or in part, the territorial integrity or political unity of sovereign and independent States conducting themselves in compliance with the principle of equal rights and self-determination of peoples as described above and thus possessed of a government representing the whole people belonging to the territory without distinction as to races, creed or colour.«[41]

Sollten diese hier genannten politischen, gesellschaftlichen und rechtlichen Bedingungen in einem Staat jedoch nicht gegeben sein, so kann dann umgekehrt eine Sezession als eine Art Notwehrrecht bei systematischen und eklatanten Menschen- und Minderheitsrechtsverletzungen völkerrechtlich zulässig sein.[42] Dennoch gelten im derzeitigen wissenschaftlichen Diskurs Sezessionen nur in Ausnahmefällen im Sinne eines derartigen letzten Auswegs für die betroffene Volksgruppe als gerechtfertigt.[43]

Zwei weitere Voraussetzungen für dieses völkerrechtlich zwar anerkannte, aber doch sehr restriktiv interpretierte Sezessionsrecht gilt es in diesem Zusammenhang noch zu beleuchten: Zum einen stellt sich die Frage nach den Rechtsträgern des Selbstbestimmungsrechts sowie nach der Anerkennung neuer Staaten.

Eine Antwort auf die Frage nach den Rechtsträgern des Selbstbestimmungsrechts ist alles andere als einfach, da im Völkerrecht bis dato keine verbindliche Definition des Begriffs »Volk« existiert.[44] Laut Präambel der Charta der Vereinten Nationen gelten zunächst die Völker der Vertragsparteien, also die Völker der Staaten, als Träger des Selbstbestimmungsrechts.[45] Problematisch wird es aber bei der Definition nationaler bzw. ethnischer Minderheiten innerhalb von Staaten als »Volk« im Sinne des Selbstbestimmungsrechts.[46] Geht man von Artikel 1 beider oben erwähnter UN-Menschenrechtspakte aus, haben »alle Völker« (»all peoples«) das Recht auf Selbstbestimmung. Dennoch ist die Frage, ob und unter welchen Voraussetzungen eine abspaltungswillige Minderheit als Volk einzustufen ist, in der wissenschaftlichen Literatur und in der Staatenpraxis nach wie vor umstritten.[47]

Definitorische Parameter eines Volkes sind u.a. eine einheitliche ethnische Identität, gemeinsame Traditionen und kulturelle Merkmale sowie eine gemeinsame Sprache (vgl. Kap. I.1). Neben solchen objektiven Kriterien kann noch das subjektive Kriterium der Selbstidentifikation angeführt werden, d.h., eine bestimmte Gruppe versteht sich selbst als Volk mit eigener Identität, wodurch ein Zusammengehörigkeitsgefühl entsteht.[48]

Um von der internationalen Staatengemeinschaft als »Staat« und somit als Völkerrechtssubjekt anerkannt zu werden, sind nach einer erfolgten Sezession gemäß der von Georg Jellinek definierten »Drei-Elementen-Lehre« folgende Kriterien der Staatlichkeit zu erfüllen: Es müssen ein Staatsvolk, ein Staatsgebiet und eine Staatsgewalt vorliegen. Darauf aufbauend bzw. ergänzend kommt noch die Konvention von Montevideo hinzu. Dieses Abkommen, das 1933 von 16 süd-, mittel-, und nordamerikanischen Staaten verabschiedet wurde, definiert vier Voraussetzungen für eine staatliche Souveränität: erstens eine permanente Bevölkerung, zweitens ein definiertes Staatsgebiet, drittens eine Regierung und viertens die Fähigkeit, mit anderen Staaten in Beziehung zu treten.

Allerdings stellen diese Kriterien kein international bindendes Regelwerk dar. Für die politische Praxis gilt vielmehr, dass die Entscheidung, einen Staat anzuerkennen oder eben nicht, der jeweiligen Regierung obliegt, bei deren Beurteilung der Staatsqualität des neuen Gebildes allein das Effektivitätsprinzip entscheidend ist.[49] Die Faktoren für oder gegen eine Anerkennung sind dabei meist politischer Natur. So kann es durch eine Anerkennung bzw. auch Nichtanerkennung darum gehen, Konflikte in einer Region nicht weiter anzuheizen oder durch Letztere die Beziehungen zu einem dritten Staat, von dem sich ein Land beispielsweise abspalten will, nicht zu gefährden. Manchmal gibt es auch innenpolitische Gründe für eine Nichtanerkennung, weil regionale Autonomiebestrebungen im eigenen Land nicht gestärkt werden sollen. So erkennen beispielsweise Griechenland und Spanien aus diesen Gründen den Kosovo nicht als souveränen Staat an.

Die Anerkennung eines neuen Staates stellt also immer eine bewusste und interessengeleitete politische Entscheidung durch die anerkennenden Staaten dar. Nach überwiegender Staatenpraxis besteht hier aber weder ein Recht noch eine Pflicht zur Anerkennung, womit einer gewissen Willkür bei der Anerkennung von Staaten Tür und Tor geöffnet ist.[50]

Zusammenfassend lassen sich an dieser Stelle folgende Kriterien für eine völkerrechtliche Zulässigkeit von Sezessionen festhalten.[51] Die betroffenen Völker müssen erstens staatsfähig sein, also durch ein gewisses Solidaritäts- und Gemeinschaftsgefühl zusammengehalten werden und somit ein Funktionieren der Staatsgewalt sicherstellen; der neue Staat muss also die Eigenschaften der Staatlichkeit aufweisen und die Voraussetzungen für ein Recht auf Sezession müssen erfüllt sein. Hinzu kommt zweitens häufig, dass die sezessionswillige Bevölkerung ein »Volk« ist, das eine systematische und eklatante Verletzung von Menschen- und Minderheitenrechten erleidet und für das eine Sezession den letzten Ausweg darstellt.[52] Konkret kann in Fällen extremer Diskriminierung, Unterdrückung, politischer Verfolgung oder Misshandlung eines Volkes eine Abspaltung somit als eine Art Notwehrrecht der unterdrückten ethnischen Gruppe erfolgen. Vertreter dieser »remedial secession«[53] argumentieren, dass eine Volksgruppe ein Recht auf Sezession habe, wenn ein Staat oder dessen Regierung sie nicht nur nicht mehr repräsentiere, sondern ihr gegenüber schwere Menschenrechtsverletzungen wie Ausschluss von Wahlen, Vereinigungs- und Versammlungsverbote, Verbot der eigenen Sprache, Verbot eigener Schulen, Zeitungen u. Ä., Verhaftungen und Verfolgungen bis hin zum Genozid verübe. Beim Zerfall von Jugoslawien (v. a. bezüglich des Kosovo) spielte dieser rechtliche Ansatz, wie noch zu zeigen sein wird, eine zentrale Rolle.

Allerdings gibt es keinen von der Staatengemeinschaft allgemein anerkannten Fall einer erfolgreichen »remedial secession«.[54] Ein sehr gutes Beispiel stellt die Ukraine dar. Obwohl Kiew gegenüber den von Russland seit 2014 militärisch unterstützten Separatisten im Donbass als Reaktion ebenfalls militärische Gewalt ausübt, spricht sich die internationale Staatengemeinschaft nicht für ein Sezessionsrecht dieser Regionen aus. Das Problem hierbei ist, dass die Grenzen der zulässigen Zwangsausübung eines Staates gegenüber seinen Bevölkerungsgruppen unscharf sind und der Zeitpunkt, wann eine »Notwehrsezession« zulässig wird, nicht eindeutig zu bestimmen ist.[55]

Auch die 2008 proklamierte Unabhängigkeit des Kosovo 2008 wird nach wie vor nicht von allen Staaten der EU bzw. der UNO anerkannt. Einerseits verübten dort Serben gegenüber den Albanern massive Menschenrechtsverletzungen, was für eine »remedial secession« spräche. Umgekehrt war zu diesem Zeitpunkt nicht garantiert, dass die Institutionen der bis dahin serbischen Provinz bereits eine effektive und unabhängige Gewalt über ihr Territorium ausübten. Es bleibt somit ungeklärt, wie mit Fällen umzugehen ist, in denen nicht alle Voraussetzungen einer »remedial secession« gleichzeitig vorliegen.

Zudem dürfen die Sezessionsstaaten nicht selbst gegen grundlegende Normen des Völkerrechts verstoßen. Auch für sie gilt das Gewaltverbot, das Verbot von Völkermord und das Gebot, die Menschenrechte zu achten; Vorgaben, die durch die Separatisten im Donbass allesamt missachtet wurden und werden. Über die Drei-Elemente-Lehre hinaus sind also von dem neuen staatlichen Gebilde bestimmte Legitimationsstandards zu erfüllen. Eine Anerkennung trotz schwerer Verletzung von zwingend geltendem Völkerrecht infolge der Sezession wäre also höchst problematisch.[56]

Unter den für demokratische Gesellschaften zentralen normativen Voraussetzungen ist es geboten, Konflikte, die aufgrund der Inanspruchnahme des Rechts auf Selbstbestimmung entstehen, so zu lösen, indem man die Meinung der Einwohner eines umstrittenen oder sezessionswilligen Gebiets mittels Referendum in Erfahrung bringt. Votieren diese mehrheitlich für eine Eigenstaatlichkeit, sollte ihnen auch die Befugnis zur unilateralen, nichtkonsensualen Sezession zugestehen. Diese müsste allerdings an zwei einschränkende Bedingungen geknüpft sein. Zum einen muss die Bevölkerungsgruppe, die sich mehrheitlich für einen eigenen Staat entscheidet, den Angehörigen derjenigen Minderheit(en), die sich in dem besagten Referendum gegen eine Unabhängigkeit ausgesprochen haben, Schutz vor Unterdrückung oder welchen Nachteilen auch immer zusichern – sprich die Gewährung grundlegender Menschenrechte. Zum anderen gilt es, eine Verantwortung gegenüber der früheren Gemeinschaft, also dem Reststaat, zu übernehmen, beispielsweise in Form einer fairen Aufteilung der Staatsschulden oder anderer gemeinsamer internationaler Verpflichtungen. Zu vermeiden ist jedenfalls ein Austritt aus dem bisherigen Staatswesen, der quasi »verbrannte Erde« hinterlässt. Eine Grenze findet sich bei diesem Gedankengang natürlich, wie weit ein derartiger Prozess von Abstimmungen im Namen des Selbstbestimmungsrechts getrieben werden kann. Sollen also nationale bzw. ethnische Minderheiten dann in dem sich abgespaltenen Territorium ebenfalls ein Referendum mit Ziel eines eigene Staatswesens durchführen dürfen unter Inkaufnahme von Enklaven und Exklaven? An dieser Stelle berühren wir wieder die Frage der Größe und letztlich auch der Existenzfähigkeit von Staaten im Allgemeinen und der durch eine Sezession entstehenden Staaten.

Kleinststaaten, die auf sich allein gestellt nicht lebensfähig seien, sollten nach Ansicht der Gegner von Sezessionen[57] nicht die Folge sein dürfen. Sie argumentieren in diesem Zusammenhang nämlich, dass neu entstehende Kleinstaaten mit einer nur geringen Einwohnerzahl und/oder Flächengröße wirtschaftlich nicht lebensfähig wären. Es gibt jedoch keinen Beleg dafür, dass Großstaaten wirtschaftlich grundsätzlich erfolgreicher sind als Kleinstaaten. So haben einige der reichsten Länder in Europa (z. B. Luxemburg, Schweiz und Liechtenstein) und auf der Welt relativ wenig Einwohner und/oder weisen eine nur geringe Fläche auf (z. B. Singapur). Es gibt weder in Europa noch in einem größeren Länderquerschnitt einen statistisch signifikanten Zusammenhang zwischen Größe und Pro-Kopf-Einkommen. Größe allein ist hier also nicht immer ein eindeutiges Kriterium. Zwar ist ein großer Markt zweifellos ein großer Vorteil; außerdem gibt es Größenvorteile bei der Verteidigung oder anderen öffentlichen Gütern, wenn die Kosten auf viele Beitragszahler umgelegt werden können. Mit wachsender Größe nehmen allerdings die Kosten und Schwierigkeiten zu, in einem heterogenen Land unterschiedliche Interessen zu vereinbaren.

Letztendlich bleibt jedoch zu konstatieren, dass sich im Völkerrecht keine definitiven Aussagen über die Zulässigkeit von Sezessionen finden und somit nach wie vor ein großer interpretatorischer Spielraum hinsichtlich Zulässigkeit von Sezessionen existiert, der zur Folge hat, dass nach wie vor kein Konsens über völkerrechtliche Kriterien für ein Sezessionsrecht besteht.[58] Am Schluss hat die internationale Staatengemeinschaft das letzte Wort, ob ein neues Land entsteht, indem sie dieses anerkennt oder eben nicht. Solange es also keine Unterstützung von außen gibt, ist eine Sezession bzw. eine Unabhängigkeitserklärung in den meisten Fällen nichts wert.

Generell gilt dabei das Faktum, dass die Frage der Anerkennung nur bilateral, also zwischen zwei Staaten, erfolgen kann. Trotzdem kommt den Vereinten Nationen bei der Frage nach internationaler Anerkennung eine zentrale Rolle zu, da man als Mitglied der UNO als Staat eben universell anerkannt ist. Neben der symbolischen Komponente gibt es dafür auch viele praktische Gründe und Vorteile, wie die Einflussnahme in den vielen der

UNO nachgeordneten Organisationen. Für eine Aufnahme in die UNO ist grundsätzlich die Mehrheit in der UN-Vollversammlung erforderlich. Außerdem kann die Anerkennung als Staat im UN-Sicherheitsrat beantragt werden, dessen fünf ständige Mitglieder USA, Russland, China, Frankreich und Großbritannien dem allerdings geschlossen zustimmen müssen.

Allerdings ist die Eintrittshürde für eine Aufnahme in die internationale Staatengemeinschaft hoch. In der über 70-jährigen Geschichte der UNO wurden neue Staatsgründungen von der internationalen Gemeinschaft meistens verurteilt, wenn sie eine einseitige Abspaltung vom Ursprungsland darstellten. Lediglich Bangladesch wurde nach der Abspaltung von Pakistan in den 70er-Jahren von der UN aufgenommen, später dann Eritrea, der Südsudan und Osttimor.

Aber auch unter den vollwertigen Mitgliedern der UNO gibt es Streitfälle. So erkennt beispielsweise Pakistan Armenien nicht an. Israel wird von 28 überwiegend arabischen oder islamischen Staaten nicht anerkannt. Und fast logischerweise erkennt Nordkorea den Süden nicht an und muss umgekehrt damit leben, von Südkorea und Japan nicht anerkannt zu werden.

Zusammenfassend lässt sich festhalten, dass eine sezessionistische Bewegung, will sie einen international anerkannten souveränen Staat schaffen, entweder die Regierung des aktuellen Zugehörigkeitsstaates überzeugen muss, durch eine paktierte Lösung ihre Unabhängigkeit zu ermöglichen, oder die internationale Gemeinschaft überzeugen, Druck auf die Regierung auszuüben bzw. diese durch eine direkte Anerkennung der Unabhängigkeit zu umgehen.[59] Auf Europa bezogen wäre es sicherlich wünschenswert, wenn die EU für sogenannte innere Erweiterungen durch nach Unabhängigkeit strebende Regionen (wie z. B. Katalonien, Schottland, Südtirol u. a.) klare institutionelle Regeln für Selbstbestimmungsprozesse ausarbeiten würde. Dies wäre zudem eine demokratische Weiterentwicklung der Union.

Doch nicht alle De-facto-Staaten bemühen sich überhaupt um eine internationale Anerkennung. So geben sich selbst ernannte Staaten wie Südossetien, Abchasien oder Transnistrien, die unter dem starken Einfluss Russlands stehen, mit den selbst erklärten Unabhängigkeiten zufrieden. Ähnlich ist es bei Nordzypern und dessen enger Bindung an die Türkei. Andere Länder wiederum streben eine Aufnahme in die internationale Gemeinschaft aktiv an, so z. B. Somaliland.

Ansonsten besteht für die sich selbst als unabhängig erklärten, international aber nicht anerkannten Gebiete noch die wenig attraktive Möglichkeit, sich quasi als Trostpreis der »Unrepresented Nations and Peoples Organization« (UNPO) anzuschließen. Die UNPO (»Organisation der nicht repräsentierten Nationen und Völker«) ist eine Interessenvertretung von Gebieten, Nationen und Völkern, die bei der UNO nicht als Staaten anerkannt sind. Als internationale Organisation im Sinne des Völkerrechts wird die UNPO nur von den Niederlanden anerkannt, andere Staaten sehen sie vielmehr als eine zivilgesellschaftliche Organisation.

Die Idee einer Organisation zur Zusammenarbeit verschiedener Völker mit ähnlichen Problemen und Interessen wurde in den 1980er-Jahren von Gegnern des chinesischen Imperialismus entwickelt. Am 11. Februar 1991 unterzeichneten im Haager Friedenspalast Vertreter aus Armenien, Estland, Georgien, dem irakischen Kurdistan, den philippinischen Kordilleren, Lettland, Ostturkestan, Palau, Taiwan, Tatarstan, Tibet und Westpapua sowie der Aborigines Australiens, der griechischen Minderheit in Albanien und der Krimtataren eine entsprechende Urkunde. Darin wird als Ziel der Organisation die Interessenvertretung ihrer Mitglieder in internationalen Gremien sowie die gewaltfreie Unterstützung der jeweiligen Intentionen ihrer Mitglieder festgeschrieben. Den Haag wurde als Sitz gewählt, da diese Stadt viele internationale Organisationen beheimatet, vor allem den für die UNPO wichtigen Internationalen Gerichtshof und den Internationalen Strafgerichtshof.

Die UNPO vertritt Ureinwohnergruppen und -völker, unterdrückte Bevölkerungsgruppen, nicht anerkannte oder besetzte Staaten (z. B. Tibet) sowie ethnische Minderheiten aus allen Teilen der Welt. Ziel ist, ihren Mitgliedern zu helfen, lokale, nationale und regionale Mechanismen effektiver zu nutzen, ihre Situation durch Öffentlichkeitsarbeit bekannter zu machen, in internationalen Gremien mitzuwirken und dadurch v. a. UN- und EU-Mechanismen effektiv zu nutzen, um so insgesamt mehr Unterstützung für ihre Rechte zu bekommen. Sie hilft weiterhin ihren Mitgliedern, nach friedlichen und gewaltfreien Wegen zu suchen, um Konflikte zu lösen und Unterdrückungen ein Ende zu setzen. Dabei plädiert sie für deren Selbstbestimmungsrechte, für Föderalismus sowie für die Bewahrung von Kultur und Umwelt.[60] Ihre Mitglieder verpflichten sich, sich in ihrer Arbeit von fünf Grundsätzen leiten zu lassen:[61]

1. Akzeptanz der Gleichheit aller Nationen und Völker und Anerkennung des Selbstbestimmungsrechts der Völker.
2. Beachtung der Menschenrechte, wie sie in der »Allgemeinen Erklärung der Menschenrechte« sowie dem »Internationalen Pakt über Bürgerliche und Politische Rechte« und dem »Internationalen Pakt über Wirtschaftliche, Soziale und Kulturelle Rechte« festgeschrieben sind.
3. Bekenntnis zu Demokratie und Pluralismus sowie Ablehnung von Totalitarismus und religiöser Intoleranz.

4. Absage an den Terrorismus als Mittel zur Durchsetzung von Interessen.
5. Respektierung aller Menschen und Bevölkerungsgruppen.

Prominente Mitglieder sind u.a. Katalonien, die Bretagne, Abchasien, Biafra, Ogaden, Somaliland, Belutschistan, die Innere Mongolei, Tibet, Taiwan, Ostturkestan (Sinkiang), Westneuguinea, die Südmolukken und die Kurdengebiete des Iran und Irak.

4. Staatsrechtsrechtliche Grundlagen in Deutschland

In Deutschland gibt es keinen Artikel im Grundgesetz oder entsprechende Gesetze, die den Austritt eines Bundeslands oder bestimmten Gebiets regeln. Eine derartige Sezession ist damit weder erlaubt noch ausdrücklich verboten.

Der Austritt eines Teils des Staatsvolkes unter »Mitnahme« eines Gebiets der Bundesrepublik Deutschland würde allerdings in der Regel gegen die Pflicht zu bundestreuem Verhalten verstoßen.[62] Zwar ist die Bundestreue im Grundgesetz nicht explizit geregelt, kommt aber in verschiedenen Artikeln zum Ausdruck.[63] Bei der bundesstaatlichen Treuepflicht handelt es sich um eine Ausprägung des Grundsatzes von Treu und Glauben im Sinne eines allgemeinen Rechtsgrundsatzes in der gesamten Rechtsordnung,[64] innerhalb deren ein bundesfreundliches Verhalten der Bundesländer als eine bundesstaatliche Grundpflicht gilt. Insgesamt dominiert die aus dem Bundesstaatsrecht resultierende Bundestreue das gesamte verfassungsrechtliche Verhältnis zwischen Bund und Ländern[65] und verpflichtet sowohl den Bund als auch jedes Land, so zu handeln, dass die Interessen aller Beteiligten möglichst gewahrt bleiben. Da Bund und Länder z.T. von Natur aus im Hinblick auf ihre Aufgaben, Lage, Größe, Demografie oder wirtschaftliche Situation divergierende Interessen haben, dient die Bundestreue dem Ausgleich von Spannungen zwischen den verschiedenen Beteiligten im Sinne eines Erhalts der Funktionsfähigkeit des Gesamtstaates Bundesrepublik Deutschland. Voraussetzung dafür ist aber, dass alle Teile in einem Bundesstaat ihr Verhalten unter das Gebot der Rücksichtnahme stellen und insoweit den gemeinsamen Interessen Rechnung tragen. Die Bundestreue »sichert Einheit und Pluralismus, verpflichtet zum Zusammenwirken, aber auch zur Achtung der Eigenständigkeit, versperrt sowohl prononcierter Unitarisierung als auch prononcierter Partikularisierung den Weg«.[66]

Die Sezession eines Bundeslandes vom Gebiet der Bundesrepublik Deutschland würde also eine Verletzung der Pflicht zur Bundestreue bedeuten, da dadurch das »bundesstaatliche Grundverhältnis«[67] berührt wird. Denn mit einer Sezession bezweckt ein Bundesland ja gerade die Auflösung der bundesstaatlichen Bindungen, welche die Bundestreue wiederum zu schützen versucht. Schließlich stehen jeder territorialen Abspaltung grundlegende Bundesinteressen entgegen, hätte der Austritt eines Bundeslandes aus der Bundesrepublik Deutschland doch gravierende Auswirkungen auf deren Gebietshoheit und somit deren Staatlichkeit. Das Bundesinteresse beinhaltet somit zwangsläufig die Aufrechterhaltung der Staatlichkeit der Bundesrepublik Deutschland. Eine Sezession eines Bundeslandes könnte also nur bei Berücksichtigung der Bundesinteressen erfolgen (die in der Realität dann aber wohl kaum vorliegen dürften), hingegen nicht in einseitiger Form, d. h. ohne oder gar gegen den Willen des Bundesstaatsvolkes. Erforderlich wäre also eine tatsächliche Beteiligung des Bundes an dem Sezessionsprozess, der auf diese Weise die Berücksichtigung der Interessen des Bundes und der übrigen Bundesländer ermöglicht.[68] Rein theoretisch könnte dabei das Sezessionsinteresse eines Bundeslandes mit den Interessen des Bundes und der übrigen Bundesländer übereinstimmen. In diesem Fall würde es sich dann um eine konsensuale Sezession handeln, für deren Verbot es keinen triftigen Grund gäbe.

Die Sezession eines Bundeslandes ohne Rücksichtnahme auf die Interessen des Bundes oder der anderen Bundesländer liefe jedoch, wie eben deutlich gemacht, dem Prinzip der Bundestreue zuwider. Zudem könnte sich die Bevölkerung eines Bundeslandes bei einem Sezessionswunsch auch nicht auf das Selbstbestimmungsrecht der Völker berufen, da sie lediglich einen Teil des deutschen Volkes verkörpert.

Strafbar machen würde sich ausdrücklich, wer mit Gewalt oder durch Drohung eine Sezession durchzuführen versucht. Unter der Notstandsverfassung des Grundgesetzes wäre ein Einsatz der Bundeswehr zur Sicherung des Bundesstaates dann jedenfalls nicht ausgeschlossen, wobei dieser natürlich nicht nur verfassungs-, sondern auch humanitäre völkerrechtliche Grenzen hätte.

1923 belasteten separatistische Bestrebungen im Rheinland das Deutsche Reich und gefährdeten dessen Existenz. Ermuntert und unterstützt durch die französischen und belgischen Besatzer versuchten rheinische Separatisten (u. a. auch der spätere Bundeskanzler Konrad Adenauer), eine Abtrennung des Rheinlands vom Reich, zumindest aber von Preußen, zu erreichen. Die Ausrufung sogenannter »Unabhängiger Republiken« in Aachen,

Koblenz oder Mainz scheiterte aber am entschlossenen Widerstandswillen der deutschen Bevölkerung.

Frankreich förderte auch den Separatismus im Saargebiet, das infolge des Versailler Vertrags vom Deutschen Reich abgetrennt und unter Völkerbundsaufsicht gestellt wurde. Die im Vertrag festgelegte Volksabstimmung vom 13. Januar 1935 ergab aber eine klare und eindeutige Mehrheit für die Rückgliederung in das Reich. Ebenso sprach sich nach dem Zweiten Weltkrieg die saarländische Bevölkerung am 23. Oktober 1955 nicht nur gegen das von Bundeskanzler Adenauer favorisierte Saarstatut aus, das quasi eine Unabhängigkeit des Saarlands bedeutet hätte, sondern auch gegen eine weitergehende Angliederung an Frankreich. Vielmehr votierten die Saarländer mit breiter Mehrheit für eine Eingliederung als eigenes Bundesland in die Bundesrepublik Deutschland.

Separatistische Bestrebungen von rechtsradikaler Seite gab es während der Weimarer Republik in ihrer Frühphase bis 1923 in Bayern, wo noch heute die Bayernpartei (BP) für mehr Autonomie des Freistaats eintritt.

Lassen wir an dieser Stelle von daher einmal den Vorsitzenden der BP, Florian Weber, zu Wort kommen und ihn seine eigene oder auch die Positionen seiner Partei hinsichtlich einer – wie auch immer gearteten – möglichen Unabhängigkeits- bzw. Eigenständigkeitsbestrebung des Freistaates Bayern im Rahmen eines dankenswerter Weise gewährten Interviews ausführen.

Interview mit Florian Weber, Vorsitzender der Bayernpartei:[69]

Welchen Stellenwert besitzt Ihrer Ansicht nach Bayern a) in der deutschen Geschichte und b) innerhalb des heutigen Deutschlands bzw. der derzeitig praktizierten Politik?

Historisch betrachtet, verfügt Bayern seit dem 6. Jahrhundert über einen eigenen Herrschaftsbereich und kann somit auf eine über mehr als anderthalbtausendjährige staatliche Tradition verweisen. Was haben wir als Bayern aber seit 1871 erlebt? Die bayerischen Rechte wurden geschliffen und der Weg in den Ersten Weltkrieg begann.

Die Weimarer Republik war noch deutlich zentralistischer strukturiert als das Kaiserreich, was bezüglich des Föderalismus entsprechende Nachteile hatte. Nach dem Zweiten Weltkrieg lässt sich eine mehrere Jahrzehnte anhaltende Phase einer positiven föderalen Entwicklung in Deutschland konstatieren. Der Föderalismus spielte damals eine große Rolle, da die Länder Rechtssubjekte mit klaren Kompetenzen darstellten. Allerdings lässt sich

m. E. in den letzten Jahren ein deutlich negativer Trend verzeichnen, da die Länderkompetenzen durch die Kompetenz-Kompetenz des Bundes immer mehr ausgehöhlt wurden und werden. Diese Entwicklung hin zum Zentralismus ist für Bayern, Deutschland und Europa eine ungute Entwicklung.

In Gesprächen mit Vertretern verschiedener Parteien (aus der Dachorganisation »Europäisch-freie Allianz«) aus anderen befreundeten europäischen Ländern erfahre ich immer wieder Vorbehalte gegenüber Deutschland. Es sei zu groß, zu mächtig, zu dominant, wirtschaftlich zu stark usw. Kurzum, Deutschland wird häufig als ein problematischer Machtfaktor in Europa gesehen. Daher sei an dieser Stelle das Gedankenspiel erlaubt, ob ein Deutschland ohne Bayern für Europa nicht positiver wäre. Bevölkerungsmäßig und ökonomisch befände es sich vergleichsweise auf der Ebene Frankreichs und Bayern würde, bezogen auf Bevölkerung und Wirtschaft, innerhalb Europas zu den mittelgroßen Staaten zählen.

Halten Sie die gegenwärtige föderale Struktur Deutschlands im Hinblick auf bayerische Interessen für angemessen oder sollte eine stärkere, weitere Politikfelder umfassende Föderalisierung angestrebt werden? Und welche Rolle spielt hierbei Bayern?

Wie schon angesprochen, sehe ich die föderale Entwicklung in Deutschland kritisch. Nehmen Sie beispielsweise den Länderfinanzausgleich. Hier zahlen doch mittlerweile nur noch Bayern, Hessen und Baden-Württemberg ein. Der Versuch der Bundesregierung, wirtschaftliche Zentren zu verschieben, beispielsweise mithilfe ihrer Energiepolitik, indem der Strom im Norden billiger sein soll als im Süden, wird sich als ein Trugschluss erweisen, da energieintensive Unternehmen, statt sich in Norddeutschland anzusiedeln, vielmehr ins Ausland abwandern werden. Oder nehmen wir die Bildungspolitik. Es ist für mich ein Fehler, eine Art »Gleichschaltung« der Bildung als die zentrale Ressource Deutschlands zu betreiben, so wie sie durch die gegenwärtig angestrebte Vereinheitlichung des Abiturs praktiziert wird. Vielmehr sollte sich doch in einem Wettbewerb das beste System durchsetzen. Die derzeitige Grundidee, alles vereinheitlichen zu wollen, alles über einem Kamm zu scheren, ist grundfalsch. An dieser Stelle muss ich auch den bayerischen Ministerpräsidenten Söder kritisieren, der gegen die Bundespolitik nicht effektiv genug agiert.

Für mich stellt sich die zentrale Frage: Wie wollen wir die föderale Situation verbessern? Wie kommt Bayern da raus bzw. wie kann es sich aus diesem gegenwärtig praktizierten System lösen? Wenn wir weiterdenken und dabei die sich verschlechternde Gesamtlage betrachten, müssen wir als Bayern auf eine Eigenständigkeit setzen.

Eine, allerdings derzeit wohl kaum zu realisierende, Möglichkeit wäre ein Föderalismus der zwei Geschwindigkeiten. Ökonomisch starke bzw. finanziell unabhängige Länder (siehe Länderfinanzausgleich) sollten über ausgeprägtere, eigene Kompetenzen verfügen als andere, da sie wesentlich eigenständiger agieren können.

Eine zweite Möglichkeit – die von der Bayernpartei auch angestrebt wird – wäre, dass ein Land sich nach Verhandlungen mit Deutschland bzw. der Bundesregierung und einer erfolgreichen Volksabstimmung in beiderseitigem Einvernehmen abspalten kann. Mir ist natürlich bewusst, dass so etwas derzeit weder in Berlin noch in München gewollt ist.

Welches sind weitere Ziele der Bayernpartei im Hinblick auf die historische und gegenwärtige sowie künftige Rolle bzw. Bedeutung Bayerns innerhalb Deutschlands und Europas?

Ein zentrales Ziel ist die Bewahrung kultureller Eigenheiten. Vielfalt und Differenziertheit ist doch eine der Stärken des Föderalismus. Auch in Bayern weisen wir eine unglaubliche Vielfalt auf: Denken Sie an die Franken, die Schwaben, die Oberpfälzer und die Bayern selbst. Sprache und hier vor allem die traditionsreichen Dialekte sind Grundlagen der eigenen Identifikation. Es darf doch für Kinder kein Nachteil sein – wie ich es selbst noch in der Schule erlebt habe –, wenn sie in der Schule bayerischen Dialekt sprechen. Bairisch – seitens Deutschlands nicht als eigenständige Sprache anerkannt – ist aber laut Einstufung durch die UNO eine vom Aussterben bedrohte Sprache, bereichert gleichwohl doch – ergänzend zu den in Deutschland anerkannten Minderheitensprachen Sorbisch, Friesisch und Dänisch – die Sprachkultur.

Für mich gilt der Grundsatz, jeder kann und soll leben, wie er möchte, getreu dem in Bayern gern praktizierten Motto »Leben und leben lassen«. Dennoch sehe ich manche aktuelle Entwicklung kritisch. Nehmen wir das Familienbild. Wie gesagt, auch hier kann jeder seinen eigenen Familienentwurf praktizieren. Aber müssen denn eine Mainstream-Idee oder vermeintlich moderne Sichtweisen als Ideal oder Norm dargestellt werden? Hier sollte auch noch genügend Platz für das klassische Familienbild vorhanden sein, die Familie in ihrer traditionellen Form sollte also nicht verschwinden.

Ein weiteres Beispiel ist für mich wiederum die Bildungs- und Schulpolitik. Leider spielt in Bayern die bayerische Geschichte in den Schulen eine extrem nachgeordnete Rolle. Ein Fach wie Heimatkunde sollte wieder eingeführt werden, dabei gilt es, auch kirchliche Traditionen zu berücksichtigen. Es ist meiner Ansicht nach auch kein Fehler, Zuwanderern zu verdeutlichen, was gelebte Tradition bedeutet. Eine derartige Vermittlung kann vielmehr einen positiven Beitrag zur Integration leisten.

Stichwort Corona: Wieso musste es hier bundeseinheitliche Lösungen geben? Grundsätzlich ist es meiner Ansicht nach nicht zielführend, immer einen bundeseinheitlichen Ansatz zu verfolgen. Im von mir schon angesprochenen Bildungsbereich ist doch mit einem »Herunternivellieren« auf Bremer Niveau niemandem gedient. Wir wollen daher keinen »Einheitsbrei«, sondern die Stärkung eines Wettbewerbsföderalismus, welcher der internationalen Leistungsfähigkeit Deutschlands in einer globalisierten Welt guttäte. Um im Sinne Bayerns den Föderalismus zu stärken, schlagen wir als Bayernpartei ein Drei-Stufen-Modell vor:

1. Zunächst sind alle rechtlichen Möglichkeiten im Rahmen der geltenden Bundes- und Landesgesetze auszuschöpfen, um für Bayern mehr Eigenständigkeit zu erlangen.
2. Sollte dies nicht ausreichen, sind anschließend Verhandlungen mit der Bundesrepublik Deutschland zu führen und erste Kontakte seitens Bayerns mit der EU zu knüpfen.
3. Ist ein gemeinsamer Weg nicht möglich, sollte die Idee einer Volksabstimmung im Raum stehen. Problematisch wäre es natürlich, wenn es sich um einen einseitigen Prozess handelte, so wie es in Katalonien der Fall war.

Natürlich ist mir klar, dass es hier vielfältige juristische Betrachtungsweisen – gerade bezüglich des Selbstbestimmungsrechts der Völker – gibt. Aber wo steht denn geschrieben, dass Bayern immer und ewig ein Teil Deutschlands sein muss?

Ein Blick zurück in die Geschichte: In der Frühphase der Weimarer Republik war Bayern – nach der kommunistischen Räterepublik unter Eisner – ein Tummelplatz zahlreicher rechtsextremer Gruppierungen. Zudem existierten starke separatistische Bewegungen. Wie ordnen Sie dies ein bzw. wie bewerten Sie die damalige, doch eher die Weimarer Republik destabilisierende Rolle Bayerns?

Auch 1949 wurde die eigenständige Position Bayerns mehr als deutlich, als der bayerische Landtag als einziger der deutschen Länder die Zustimmung zum Grundgesetz abgelehnt hat. Auch hier würde mich eine Einschätzung Ihrerseits sehr interessieren, obwohl Ihre Partei damals noch nicht im Landtag vertreten war.

Die Weimarer Republik wies mit ihrer – im Vergleich zum Kaiserreich – sehr zentralistischen Verfassung ein Strukturproblem auf.

Es gab sicherlich Unabhängigkeitsbestrebungen. Bayern war nämlich um 1918/19 als unabhängiger Staat (bis 1871) noch vielfach präsent. Auch der von mir schon erwähnte, in Bayern gern praktizierte Toleranzgedanke im Sinne von »Leben und leben lassen« spielt hier eine wichtige Rolle, hat er doch seinen Ursprung in der Verfassung von 1818, die damals im Deutschen Bund die modernste und weitgehendste ihrer Art darstellte. Man hat daher in Bayern viel akzeptiert und zugelassen. All diese Faktoren, die von Berlin damals falsch gedeutet wurden, gilt es zu berücksichtigen, um die Ereignisse in den ersten Jahren mit ihren Irrungen und Wirrungen während der Räterepublik und in der Zeit danach in Bayern einordnen zu können. Ich möchte aber auch betonen, dass die NSDAP in Bayern nie eine Mehrheit erlangt hat. Gerade in den katholisch geprägten Regionen waren die Nazis deutlich schwächer als in protestantischen Landesteilen. Der spätere bayerische Ministerpräsident Wilhelm Hoegner und Prinz Rupprecht versuchten sogar, gegen die NS-Machtergreifung Widerstand zu leisten.

Nach 1945 wurde die bayerische Verfassung – im Gegensatz zum Grundgesetz – vom Volk angenommen und war somit akzeptiert, was den demokratischen Gedanken klar gestärkt hat. Die Abstimmung 1949 zum Grundgesetz fiel im Landtag zwar sehr knapp aus, war aber – von heute aus betrachtet – sehr weitsichtig. Denn auch wenn die Länder verwaltungstechnisch formal noch eine Rolle spielen, so werden doch die großen Entscheidungen nicht mehr nahe am Menschen, sondern in Berlin und Brüssel getroffen. Grundlegende Fragen wie beispielsweise der Außen- und Sicherheitspolitik müssen natürlich auf nationaler bzw. europäischer Ebene geregelt werden, aber alles andere macht doch keinen Sinn.

Zum Abschluss ein Blick in die Zukunft: Wie schätzen Sie grundsätzlich die Chancen auf das Selbstbestimmungsrecht der Völker und die künftige Rolle und Bedeutung von Nationen bzw. Nationalstaaten ein?

Wir wollen und sollten auch nicht darüber entscheiden, wie andere Menschen und Völker leben. Uns als Bayernpartei ist wichtig, dass jede Nation bzw. ethnische Gruppe dies für ihr Land bzw. ihre Region selbst auf demokratische Weise entscheiden soll. Wir sollten uns aber von der alleinigen Idee des Nationalstaats lösen. Wofür brauche ich als Bayer noch Deutschland? Dies ist für uns als Bayernpartei eine ernsthafte Frage. Ich stelle hier Deutschland als Staat überhaupt nicht infrage, will seine Existenz nicht angreifen. Es kann und soll selbstverständlich gerne weiter bestehen bleiben. Nur ist aus unserer Sicht dies eine staatliche Ebene, die für Bayern nicht notwendig wäre.

Da für mich die Frage entscheidend ist, wie wir bürgernahe Politik bzw. Politik für die Menschen betreiben können, muss das Subsidiaritätsprinzip unbedingt hochgehalten werden. Es ist von zentraler Bedeutung, um möglichst nah am Menschen zu sein. Die Bürger haben mittlerweile oft das Gefühl, machtlos gegenüber politischen Entscheidungen zu sein, wenn sie aktuell nur einmal die Diskussion um den Einbau von neuen Heizungen betrachten. Hier wünschte ich mir eine rechtliche Kompetenz für eine eigene bayerische Energiepolitik.

Konkret müssen wir daher zunächst in Bayern selbst den Föderalismus ausbauen, d. h. kommunale Institutionen und die Bezirke stärken. Die Menschen sollten vor Ort mehr mitentscheiden können, man sollte ihnen seitens der Regierenden mehr zutrauen. Wenn sie aber nicht mitgenommen werden, begeht die Politik einen großen Fehler.

Ich selbst bin ein begeisterter Europäer. Wir brauchen Europa mehr denn je, ein gemeinsames Europa wird immer wichtiger. Aber nicht in zentralistischer Form wie die derzeitige EU, sondern subsidiär. Wozu muss es beispielsweise eine europaeinheitliche Seilbahnverordnung geben, die somit u. a. auch in Mecklenburg-Vorpommern mit seinen nicht vorhandenen Bergen Gültigkeit hat? Es ist absurd, alles regeln zu wollen. Vielmehr ist wieder Eigenverantwortung vor Ort gefordert, u. a. durch die Stärkung der kommunalen Ebenen. Gehen wir aber einen solchen zentralistischen Weg weiter, versündigen wir uns an Europa, da es von den Menschen in Katalonien, im Baskenland oder wo auch immer so nicht akzeptiert wird. Ein zentrales Europa würde vielmehr den Untergang bedeuten.

III. Ursachen für Sezessionen und Separatismus

Jede Separatisten-Bewegung folgt ihrer eigenen Motivation: historischer Schmerz, politische Ungerechtigkeit, Unterdrückung, Benachteiligung, Respektlosigkeit. Einer Abspaltungsbewegung liegt oft ein tiefer Zorn zugrunde, die Wut auf das herrschende System bzw. die politischen Umstände. Die Unzufriedenheit von Menschen mit der Politik eines Staates führt also fast zwangsläufig zur Distanzierung und Desintegration von diesem. Erscheint eine Reformierung des bestehenden Systems als zu kostenintensiv oder unmöglich, blieben bzw. bleiben als Optionen manchmal nur Revolution oder Sezession. Oft erscheint als Alternative dabei eine Trennung vom bisherigen Staat leichter umsetzbar als der Umsturz des ganzen Systems. Die in diesem Zusammenhang im Folgenden aufgeführten Motive sind allerdings nicht singulär zu verstehen, vielmehr überlappen bzw. vermischen sich häufig die Beweggründe, einen eigenen Staat gründen zu wollen.

1. Ethnische Motive

Menschliche Gemeinschaften können durch verschiedene Faktoren zusammengehalten werden. Verwandtschaft, eine gemeinsame Sprache, Ethnie, Religion oder Kultur sind hier zentrale Ursachen für eine Gruppenkohäsion. Die Mehrheit sezessionistischer Konflikte hat dabei einen ethnischen Hintergrund, die Trennungslinie der Gruppen in einem Staat verläuft also meist entlang der Grenzen der Ethnien, die sich wiederum durch Abstammung, Sprache oder Kultur definieren.

Derartige Sezessionen stellen insbesondere dann eine legitime und nachvollziehbare Reaktion dar, wenn ein von einem Staat gegenüber der ihm innewohnenden (Minderheiten)Nation begangenes Unrecht festzustellen ist. Ein solches liegt beispielsweise vor, wenn eine Diskriminierung, eine Benachteiligung, Unterdrückung oder gar Mord bis hin zum Genozid vonseiten des Staates auf eine nationale Minderheit einwirkt oder – anders formuliert – wenn ethnischen Gruppen bzw. Nationen die elementaren Menschenrechte verweigert werden.

Da die wenigsten Staaten ethnisch homogen sind, besteht bei sich über eine Titularnation definierenden Staaten (vor allem wenn sie keine demokratischen Strukturen aufweisen) immer die Gefahr, dass nationale Minderheiten diskriminiert werden oder es schlimmstenfalls zu sogenannten »ethnischen Säuberungen« wie beispielsweise in den Balkankriegen zwischen 1991 und 1999 kommt. Da Sezessionsbewegungen oft unter einem großen Druck des Gesamtstaates stehen, wird bei einer sezessionswilligen Gruppe die Geschlossenheit, welche die eigene Handlungsfähigkeit und damit ihre Erfolgsaussichten stärkt, durch das Etablieren eines starken Nationalismus mit einem »Wir-Ihr-Gegensatz« gefördert. Die »Anderen« werden als Gegner wahrgenommen; im Falle eines ethnischen Nationalismus gelten dann andere in einem gemeinsamen Staat lebende Ethnien schnell als Feind, wofür auch hier wiederum die Jugoslawienkriege ein beredtes Beispiel darstellen.

Da das Völkerrecht Gemeinschaften ein kollektives Selbstbestimmungsrecht offiziell nur dann einräumt, wenn es sich um »klassische« Völker handelt, ist nicht auszuschließen, dass manche Gruppen die ihnen innewohnenden Charakteristika als Volk betonen und verstärken. Andere, vielleicht eher aus sekundären, z. B. ökonomischen Gründen, sezessionswillige, Gruppen verstärken oder definieren möglicherweise bewusst Volkseigenschaften, um sich auf das Selbstbestimmungsrecht der Völker berufen zu können.

Weiterhin bietet die Berufung auf Ursachen der Zusammengehörigkeit von Menschen wie eine gemeinsame Ethnie, Sprache oder Religion politischen Vertretern die Möglichkeit, eine nationalistische Bewegung zu initiieren, die starke kollektivistische Energien freisetzen kann. Dies geschieht oft einhergehend mit der Betonung nationaler Mythen, um so die Zugehörigkeit zum gemeinsamen Volk mit entsprechenden Emotionen noch zu verstärken.

Ethnische Sezessionsgruppen begründen ihren Zusammenhalt und ihre Motivation also eher mit schwer kalkulierbaren Faktoren wie Sprache, Religion oder Abstammungsmythen statt mit harten Zahlen und Fakten.

2. Religiöse Motive

Auch die Religion kann eine Ursache für Separatismusbestrebungen sein. Betrachtet man das Beispiel der Unabhängigkeit Indiens 1947, so fällt auf, dass Großbritannien als Kolonialmacht die Teilung der Kolonie Britisch-Indien in zwei Staaten nach religiösen Gesichtspunkten vornahm. Zum einen die hinduistisch geprägte Indische Union, zum anderen die Islamische Republik Pakistan. Die Briten erfüllten damit eine seit den 1930er-Jahren erhobene Forderung der Muslimliga nach einem eigenen Nationalstaat mit muslimischer Bevölkerungsmehrheit.

Das religiöse Motiv für eine Sezession wird besonders deutlich beim Freiheitskampf der katholischen Iren gegenüber der protestantisch dominierten Kolonialmacht Großbritannien, spielte aber auch in den Jugoslawienkriegen eine wesentliche Rolle, als sich katholische Kroaten, orthodoxe Serben und moslemische Bosnier gegenüberstanden.

Ein weiteres Beispiel für einen religiös-kulturell, aber auch ethnisch geprägten Separatismus stellt die mehr als acht Millionen Menschen umfassende muslimische Minderheit der Uiguren in der Region Xinjiang im westlichen China dar. Nachdem sich Peking das Gebiet im Jahr 1955 als sogenannte »Autonome Region« einverleibt und seitdem Han-Chinesen angesiedelt hatte (und dies auch weiterhin praktiziert), kämpft dieses Volk verzweifelt und wohl vergeblich für eine Unabhängigkeit des ehemaligen Ostturkestan und seine traditionell muslimische Kultur.

3. Wirtschaftliche Motive

Verstehen sich Gruppen hingegen weniger als national-ethnische, sondern mehr als politisch-zivile Einheiten, argumentieren sie eher mit politischen oder ökonomischen Argumenten, die aufgrund in der Regel klar feststellbarer Daten und Fakten meist leichter ausrechenbar und verhandelbar sind. Mit ihnen sollte deshalb eher eine friedliche Lösung des Konfliktes erreichbar sein. Es gibt, an diese Überlegungen anknüpfend, somit auch eindeutige ökonomische Gründe für Sezessionsbewegungen.[1] Dabei spielt die Ausstattung einer Region mit ökonomisch wertvollen Ressourcen eine wesentliche Rolle. Der relative Reichtum eines Staates oder Gebiets und damit das Besteuerungspotenzial gegenüber der Bevölkerung hängt vielfach von natürlichen Ressourcen ab beispielsweise eine vorteilhafte geografische Lage (z. B. das Vorhandensein von Häfen, ein ausgebautes Flussnetz) oder ein umfangreiches Rohstoffvorkommen. Hinzu kommen Aspekte wie effizient arbeitende Institutionen, eine funktionierende, gut ausgebaute Infrastruktur oder vorhandenes Humankapital.

In den meisten Ländern existieren Transfermechanismen, die auf diesen Ressourcen basierende Steuereinnahmen von reicheren zu ärmeren Regionen umverteilen (so z. B. in Deutschland in Form des Länderfinanzausgleichs). Wichtig sind dabei nicht nur die Höhen der umverteilten Summen, sondern auch transparente und somit für alle Beteiligten möglichst nachvollziehbare politische Entscheidungsprozesse.

So hat eine politisch dominante Region wenig Interesse, sich vom Rest eines Landes abzuspalten, da sie ja direkt über die Art und Weise der Umverteilungsmechanismen entscheiden kann. In Belgien war bis in die 1960er-Jahre Wallonien, v.a. aufgrund seiner Kohle- und Erzvorkommen, die reichere und politisch dominante Region. Da in den letzten Jahrzehnten die Ressource Kohle jedoch stark an Wert verlor, hingegen ein relativ höherer Bildungsstandard und der bedeutende Hafen in Antwerpen als Ressourcen für Flandern deutlich an Wert gewonnen hatten, haben sich mittlerweile die Verhältnisse umgekehrt. Viele Flamen lehnen es daher ab, Wallonien weiterhin wirtschaftlich und finanziell in einer Transferunion zu alimentieren. So nahm in Flandern die Unterstützung für Parteien zu, welche die Transferzahlungen auf Kosten Flanderns öffentlich anprangern, wie z.B. die »Neu-Flämische Allianz« (N-VA). Aktuell ist sie die stärkste Partei im belgischen Parlament.

Fast immer sind es also Nettozahler-Regionen, die sich vom Zentralstaat ausgebeutet oder zumindest benachteiligt fühlen. Katalonien zählt beispielsweise im spanischen Finanzausgleich zu denjenigen Regionen, welche die höchsten Beiträge leisten müssen. Im wirtschaftlich starken Norditalien gab bzw. gibt es z.T. immer noch starke politische Kräfte, die den Mezzogiorno nicht mehr länger an ihrem Tropf hängen sehen möchten.

So wurde seitens der damaligen Partei »Lega Nord« (heute Lega) in den 1990er-Jahren der Begriff »Padanien« aufgegriffen, um den wirtschaftlich starken Norden Italiens zu bezeichnen und seine eigenständige Identität zu untermauern. Dazu gehört auch die Ausarbeitung einer Ideologie, deren Grundlage die Erfindung einer »padanischen Nation« bildet, die sich u.a. auf das Keltentum sowie den mittelalterlichen Lombardenbund und seinen Kampf gegen den Stauferkaiser Friedrich I. Barbarossa beruft. Am 15. September 1996 rief der damalige Parteichef der Lega Nord, Umberto Bossi, in Venedig »offiziell« die »Unabhängigkeit der Bundesrepublik Padanien« aus. Bald darauf entstand auch ein Parlament von Padanien, das aber weder von der italienischen noch von anderen Regierungen oder internationalen Organisationen anerkannt wurde, sodass im Vorfeld der italienischen Parlamentswahlen 2001 eine Abspaltung Padaniens von Italien auf Eis gelegt wurde, woran sich bis zum heutigen Tage nichts geändert hat. Eine 2014 in Venetien stattgefundene Online-Abstimmung über eine Unabhängigkeit von Italien ergab zwar eine knappe Mehrheit für dieses Vorhaben, doch wurde das Votum aufgrund mangelnder Repräsentativität nicht ernst genommen.[2]

Ölfunde vor der Küste Schottlands in den 1970er-Jahren ließen dort die Wünsche nach Unabhängigkeit – artikuliert durch die »Scottish National Party« (SNP) – in den letzten Jahren größer werden. Für Slowenien und Kroatien als die wohlhabendsten Teilrepubliken des ehemaligen Jugoslawiens waren deren Transferleistungen in die südlichen Teilrepubliken, die als Armenhäuser galten, ebenfalls ein gewichtiger Grund für ihre Unabhängigkeitsbestrebungen.

4. Historische Motive

Eine Sezession kann auch unter historischen Gesichtspunkten als Antwort auf eine Fremdherrschaft infolge von Annexion oder Kolonisierung verstanden werden. Hier taucht allerdings die schwierige Abgrenzungsfrage auf, wie weit man in die Vergangenheit zurückgehen darf, denn so gut wie überall stößt man irgendwann auf eine gewaltsame Kolonialisierung oder Annexion. Die Unsinnigkeit eines Beharrens auf historisch begründete territoriale Ansprüche verdeutlicht die Tatsache, dass fast jeder Staat und somit fast jedes Volk irgendein historisches Ereignis anführen kann, um seine Ansprüche auf Territorien und eine mögliche Vorherrschaft zu begründen.

Polen, das nach dem Ersten Weltkrieg von Russland unter Einschluss von Gebieten Deutschlands und Österreichs unabhängig wurde, konnte bei seiner Staatsgründung auf eine jahrhundertelange Eigenstaatlichkeit zurückblicken. Etwas anders wiederum verhielt es sich mit der Gründung der baltischen Staaten nach 1918. Hier konnte lediglich Litauen auf sein mittelalterliches Großreich – später im Verbund mit Polen – als historisches Vorbild verweisen, wobei sich die Größenverhältnisse des neuen Staates deutlich unterschieden. Estland und Lettland hingegen wiesen – wenn überhaupt – nur in Ansätzen eine frühere Staatlichkeit auf, so z. B. in Form des Herzogtums Kurland. Kroatien musste – historisch betrachtet – auf seinen mittelalterlichen Vorläuferstaat schon fast 1000 Jahre in der Vergangenheit blicken, sieht man einmal von dem Ustascha-Kroatien während des Zweiten Weltkriegs ab, das mehr oder weniger unter deutscher und italienischer Kontrolle stand.

Die schottischen und tibetischen Sezessionsbestrebungen können ebenfalls auf historische Vorläuferstaaten als eine mögliche Argumentationsgrundlage zurückblicken.

Wenden wir uns nun aber den Trägern und Protagonisten von Separatismusbestrebungen zu. Je nach ihren Motiven, mehr jedoch noch aufgrund ihrer verschiedenen Mittel und Methoden, die Unabhängigkeit eines Gebiets zu erlangen, genießen sie in der Bevölkerung vor Ort oder auf internationaler Ebene höchst unterschiedliche Sympathiebekundungen wie auch manchmal rechtlich einen unterschiedlichen Status. Von Angehörigen einer drangsalierten und unterdrückten ethnischen Minderheit werden sie oft als Helden und Freiheitskämpfer verehrt, von der Staatsmacht hingegen häufig als Terroristen und Staatsfeinde mit allen Mitteln bekämpft.

IV. Freiheitskämpfer oder Terroristen?

Stellen Sie sich vor, Sie sind auf dem Papier offizieller Staatsbürger Spaniens, leben in San Sebastian im Baskenland und fühlen sich als Angehöriger der baskischen Minderheit – aus welchen Gründen auch immer – benachteiligt, oder, wie heute gerne formuliert, Sie sind Mitglied einer diskriminierten Minderheit.

Was tun Sie? Arrangieren Sie sich mit dem spanischen Staat, seinen Gesetzen und Regeln, oder treten Sie für eine Erhaltung und Bewahrung Ihrer baskischen Sitten und Gebräuche, also im weitesten Sinne Ihrer Kultur ein; vielleicht gehen Sie ja noch einen Schritt weiter und verfolgen mit allen legalen und – Achtung (!) auch illegalen – Mitteln eine Unabhängigkeit des Baskenlandes?

Genauso könnten Sie Nordire in Belfast sein oder ein Kroate, der im »Königreich der Serben, Kroaten und Slowenen« nach dem Ersten Weltkrieg oder in der sogenannten »Sozialistischen Föderativen Republik Jugoslawien« nach dem Zweiten Weltkrieg gelebt hat. Egal, wer Sie fiktiv sind oder wo Sie fiktiv leben, stellen Sie sich bitte hier die exemplarische Frage: Wie reagieren Sie, wenn ein Angehöriger der Mehrheits- oder Titularnation Ihnen in der hier lediglich angenommenen Funktion eines Verkehrspolizisten Vorschriften machen möchte, Ihnen aus Ihrer Sicht beispielsweise einen ungerechtfertigten Strafzettel ausstellt? Befolgen Sie die Zahlungsaufforderung? Diskutieren Sie darüber? Stellen Sie weitergehende staatliche Vorgaben, Gesetze o. Ä. gar in Frage oder – noch schärfer betrachtet – leisten Sie womöglich Widerstand? Wenn ja, aus welchem Grund und in welcher Form und welcher Intensität? Mit welchen Mitteln setzen Sie sich zur Wehr? Setzen Sie sich überhaupt zur Wehr – und wenn ja, warum? Oder verhalten Sie sich nur destruktiv passiv?

All diese Überlegungen mögen zunächst einmal recht banaler Natur sein, da sie augenscheinlich reine Alltagsphänomene betreffen. Lange Zeit mögen sie auch für die breite Masse der betroffenen Menschen genauso banal und trivial gewesen sein, sodass diesbezüglich hier nie in einer eigenen »nationalen« Sichtweise gedacht und agiert wurde. Was aber, wenn die Staatsgewalt, repräsentiert durch eine ethnische Gruppe, die für sich in Anspruch nimmt, Titularnation im gemeinsamen Staat zu sein, weitere Maßnahmen trifft, die für die anderen (Minderheits)Nationen im gemeinsamen Staat zunehmende Repressalien bedeuten? Was nun? Was tun Sie? Verhalten Sie sich weiterhin eher passiv oder setzen Sie sich zur Wehr? Wie weit gehen Sie? Und mit welchen Argumenten vertreten Sie Ihre Interessen? Jetzt kommen wir zur entscheidenden Frage: Treten Sie in erster Linie nur für Ihre persönlichen rechtlichen und ökonomischen Interessen ein oder übertragen Sie diese quasi auf Ihre eigene Nation innerhalb eines multiethnischen Staates bzw. Vielvölkerstaates, verbunden mit dem Ziel einer gewissen Autonomie bei gleichzeitiger Anerkennung, Akzeptanz und somit Erhaltung der allgemeinen Staatsgewalt? Oder setzen Sie alles auf eine Karte und wagen gemeinsam mit Mitstreitern den Schritt in Richtung vollständige Unabhängigkeit?

Und nun kommt noch ein entscheidender, ganz wesentlicher Aspekt hinzu. Mit welchen Mitteln will man die oben genannten Ziele erreichen? In Form mehr oder weniger friedlicher Demonstrationen, durch die Wahl von Parteien, die – sofern sie zugelassen sind – in verschiedenen Verhandlungsrunden für eine Autonomie oder gar Unabhängigkeit der betroffenen nationalen Minderheit eintreten bis hin zu einem eventuell möglichen diesbezüglichen Referendum? Oder setzt man auf Gewalt in Form von Bombenanschlägen auf staatliche Einrichtungen und Infrastruktur, wie z. B. Polizeistationen, Strommasten (vgl. die Anschläge der Südtiroler Freiheitskämpfer in den 60er-Jahren), und Gewalt gegen Personen in Form von Attentaten bis hin zum Bürgerkrieg?

Genau vor derartigen Fragen und Herausforderungen sahen und sehen sich immer wieder zahlreiche Angehörige nationaler Minderheiten in Vielvölkerstaaten gestellt. Die Liste ist sehr lang: In Europa betrifft bzw. betraf dies Spanien, Nordirland, Ex-Jugoslawien, Rumänien, die frühere Tschechoslowakei, Italien (Stichwort Südtirol), Polen oder die Türkei. An der Grenze zwischen Europa und Asien stellt diesbezüglich der Kaukasus (z. B. Tschetschenien) ein Pulverfass dar. Iran, Indien und die zentralasiatischen Nachfolgestaaten der Sowjetunion sind ebenfalls vor derartigen Konfliktsituationen nicht gefeit. In Afrika sieht sich die Masse der heutigen Staaten insbesondere aufgrund der kolonialen Grenzziehung ebenfalls mit vergleichbaren Problemen konfrontiert, was aber genauso auch auf den traditionsreichen Staat Äthiopien zutrifft.

Die entscheidende Frage, die sich nun stellt, ist die der Legitimation der hier artikulierten und z. T. massiv vertretenen unterschiedlichen Interessen. Handeln die jeweiligen Protagonisten im Sinne völkerrechtlicher Normen, so z. B. im Sinne des Selbstbestimmungsrechts der Völker (wie vom damaligen US-Präsidenten Wilson proklamiert), oder gefährden, ja zerstören sie mit ihrer Agitation den Bestand des Gesamtstaates? Sicherlich ist Letzteres das Ziel der meisten Angehörigen einer nationalen Minderheit. Fragt sich nur, mit welchen Mitteln eine wie auch immer geartete Autonomie oder gar Unabhängigkeit erreicht werden soll. Greifen die Vertreter der nationalen Minderheiten zu legalen, also verfassungsgemäßen Mitteln oder wählen sie die radikale Variante, die zur gewaltsamen Sezessionsbestrebung bis zur Form von Terrorismus und Bürgerkrieg führt?

Werden wir anhand dreier ehemaliger militanter Separatismusorganisationen konkret und betrachten daher die UÇK im Kosovo, die IRA in Nordirland und die ETA im Baskenland bzw. in Spanien etwas genauer. Letztere galten in Großbritannien und Spanien nicht zu Unrecht als Terrororganisationen, die zahlreiche unschuldige Opfer zu verantworten hatten.

1. Kosovo und die UÇK

Die UÇK (Kurzform für albanisch »Ushtria Çlirimtare e Kosovës« = »Befreiungsarmee des Kosovo«) war eine 1994 gegründete paramilitärische Organisation, die für die Unabhängigkeit des Kosovo kämpfte, teilweise aber auch den Zusammenschluss aller mehrheitlich von ethnischen Albanern besiedelten Gebiete in Serbien, Mazedonien, Montenegro und Griechenland mit dem Mutterland Albanien anstrebte.[1]

1996 trat sie erstmals öffentlich neben der »Demokratischen Liga des Kosovo«, die sich für eine friedliche Lösung des Konflikts zwischen Serben und Albanern einsetzte, mit Anschlägen in Erscheinung[2] und bekannte sich bis Anfang 1998 zu 21 Mordanschlägen an fünf serbischen Polizisten, fünf serbischen Zivilisten und elf Albanern, die von ihr als serbische Kollaborateure bezeichnet wurden. Nach Angaben des serbischen Innenministeriums war sie in dieser Zeit verantwortlich für den Mord an zehn serbischen Polizisten und 24 Zivilisten. In dieser Phase ihrer Tätigkeit wurde die UÇK von den Kosovo-Albanern weniger als nationale Armee wahrgenommen, sondern vielmehr als eine Organisation in der Tradition der baskischen ETA oder der irischen IRA.

Dies änderte sich allerdings mit Zunahme des Konfliktes um Serbien im Verlauf des Frühlings 1998. Dabei ging die UÇK zunächst in die Offensive und kontrollierte bis Anfang Juli 1998 etwa ein Drittel des Kosovo, das sie als »befreite Gebiete« deklarierte. Dieser Erfolg war jedoch nur von kurzer Dauer, denn ab August holten die serbischen Kräfte zum Gegenschlag aus und eroberten sukzessive die meisten der von der UÇK gehaltenen Territorien zurück. In offener Auseinandersetzung konnte die UÇK der Übermacht des Gegners nur wenig entgegensetzen, standen ihr doch 13 000 Mann der serbischen paramilitärischen Sonderpolizei, 6500 Angehörige der jugoslawischen Armee und 400 serbische Paramilitärs gegenüber.

Serbischen Medien zufolge verfügte die UÇK ihrerseits 1997 lediglich über 1000 bis 2000 Kämpfer. Mit der Zunahme der bewaffneten Auseinandersetzungen 1998 und des Kosovokrieges sowie den damit einhergehenden Vertreibungen fanden dann zahlreiche Freiwillige, vor allem auch durch Rekrutierungen im Ausland, wo alle Albaner durch die UÇK zum bewaffneten Kampf aufgefordert wurden[3], im Kosovo und in Flüchtlingslagern ihren Weg zur UÇK. Nach Schätzungen der KFOR gab es 1998 etwa 15 000 UÇK-Mitglieder, am Ende der Kämpfe dürften es etwa 20 000 gewesen sein.[4]

Infolge der Kämpfe kam es zur weitflächigen Zerstörung von kosovoalbanischen Siedlungen, im Sommer 1998 registrierten die UN-Hilfsorganisationen etwa 50 000 bis 60 000 Vertriebene im Kosovo. Die UÇK »revanchierte« sich mit weiteren Anschlägen auf die serbischen Sicherheitskräfte, die Ermordung von mit Serben kollaborierenden Kosovaren und der folgenden Erklärung, die deutlich über kosovarische Interessen hinausging und vielmehr großalbanische Träume offenbarte:

> »Das gestiegene internationale Interesse, besonders der amerikanischen und der französisch-deutschen Diplomatie begrüßend, erklären wir, dass die Lösung der albanischen Frage nicht allein in den gegenwärtigen Grenzen Kosovas festgelegt werden kann, sondern sie muss als Ganzes gelöst werden [...]. Die Befreiungsarmee Kosovas ruft alle für die Befreiung des Landes fähigen Albaner auf, sich mit unseren Einheiten, die in den Gebieten kämpfen, zu vereinigen, in der Art, dass Kosova für den Feind ein unpassierbares Land wird. Tod den Feinden und Verrätern! Ehre den für die Freiheit Gefallenen.«[5]

Spätestens mit Beginn des Kosovokrieges am 24. März 1999 wurde die UÇK faktisch zu einem Verbündeten der NATO, die während des Krieges – was die Ziele ihrer Bombardierung anging – ständigen Kontakt mit der UÇK hielt. Ungeachtet dieser Tatsachen wurde Letztere von der *Washington Times* am 5. Mai 1999 als Terrororganisation tituliert.[6] Mit dem Rückzug der serbischen Streitkräfte Anfang Juni 1999 und dem darauf folgenden Einmarsch der NATO in den Kosovo begann das Ende der UÇK. Die Vereinten Nationen und die NATO-geführte »Kosovo-Force« (KFOR)[7] verlangten nicht nur ihre Entwaffnung und Auflösung, sondern wollten auch nicht die Bildung einer Armee des Kosovo zulassen. Offiziell wurde die UÇK am

20. September 1999 aufgelöst. Gleichzeitig wurde eine Art Nationalgarde mit dem Namen Kosovo-Schutzkorps gegründet, die von der UÇK-Führung als Kern einer neuen Armee des Kosovo betrachtet wurde und in das zahlreiche Mitglieder der UÇK eintraten. Der Rest ging zur Polizei, in die Politik, die Wirtschaft, wandte sich dem organisierten Verbrechen zu oder zog sich ins Privatleben zurück.

Zum Zeitpunkt ihrer Auflösung verfügte die UÇK nach Schätzungen von UN-Experten über etwa 32 000 bis 40 000 Waffen verschiedenen Typs. Abgegeben wurden davon lediglich 8500 Schusswaffen unterschiedlicher Art, weiterhin 200 Mörser, 300 Panzerabwehrwaffen und weniger als 20 Luftabwehrwaffen. Hinzu kamen 27 000 Granaten und über 1200 Minen sowie mehr als sechs Millionen Schuss Munition für leichte Schusswaffen. Es verblieben somit (bis heute) etwa 22 000 bis 30 000 Waffen, die nicht abgegeben wurden und vermutlich nach wie vor zum Teil in Waffenlagern in Albanien, zum Teil im Kosovo selbst lagern. UN-Vertreter gehen davon aus, dass sich etwa 11 800 bis 15 800 im Besitz illegaler paramilitärischer Gruppen befinden und etwa 8000 bis 18 000 in Privatbesitz. Insgesamt gesehen war die Entwaffnung somit nur bedingt erfolgreich. Es verbleibt also bis heute ein erheblicher Anteil dieser oft sehr modernen Waffenbestände an obskuren, nicht auszumachenden Orten. Sie bilden somit ein nicht zu unterschätzendes Potenzial für eine – als Worst-Case-Szenario – erneut aufflammende bewaffnete Auseinandersetzung zwischen Albanern und Serben.

Der Internationale Strafgerichtshof für das ehemalige Jugoslawien begann ab Sommer 2000, auch Verbrechen zu untersuchen, die von albanischen Extremisten im Kosovo einschließlich ehemaliger UÇK-Mitglieder begangen wurden. Laut Anklage seien dabei bereits 1998 Tausende serbische und nicht-albanische Zivilisten gewaltsam aus ihren Dörfern vertrieben worden. Den UÇK-Einheiten wurde vorgeworfen, Zivilisten verfolgt, misshandelt, vergewaltigt, gefoltert und ermordet zu haben. Die Anklageschrift gegen den bislang prominentesten Angeklagten, den ehemaligen kosovarischen Premierminister und früheren UÇK-Bezirkskommandeur Ramush Haradinaj, stufte die UÇK als kriminelle Vereinigung ein. Unter den Opfern seien auch zahlreiche Albaner gewesen, die ein gutes Verhältnis zu den serbischen Behörden angestrebt hätten oder nicht mit der UÇK kooperieren bzw. für sie kämpfen wollten.[8] Haradinaj wurde aus Mangel an Beweisen von allen Anklagepunkten freigesprochen, kehrte in den Kosovo zurück und nahm seine politische Tätigkeit wieder auf. Am 21. Juli 2010 wurde zwar sein Fall erneut aufgerollt, ebenso auch die Fälle der ehemaligen UÇK-Kommandeure Idriz Balaj und Lahi Brahimaj, jedoch befand am 29. November 2012 der Internationale Strafgerichtshof alle drei für nicht schuldig.[9]

Des Weiteren sollen laut Carla del Ponte, der ehemaligen Chefanklägerin des Haager Kriegsverbrechertribunals für Ex-Jugoslawien, Mitglieder der UÇK in illegalem Organhandel tätig gewesen sein. In ihrer 2008 veröffentlichten Autobiografie[10], die international für viel Wirbel sorgte, präsentiert sie umfangreiches Material über angebliche Organschmuggel-Aktivitäten von Kosovo-Albanern. So sollen 1999 über 300 serbische Zivilisten und Angehörige anderer ethnischer Minderheiten im Kosovo gewaltsam verschleppt und nach Nordalbanien deportiert worden seien, wo ihnen dann ihre Organe, darunter auch lebenswichtige, gegen ihren Willen entnommen worden seien.[11] Von den mutmaßlichen Opfern sei keines zu seinen Familien zurückgekehrt und sie seien bis heute vermisst. Da aber nur Indizien vorlagen, konnte das Tribunal keinen Prozess mit weiteren Ermittlungen in diese Richtung beginnen. Viele Serben fühlen sich durch den späten Mitteilungsdrang del Pontes in ihrer Auffassung bestätigt, dass das Tribunal einseitig gegen Serbien agiert habe.

Seit drei Jahren sitzt zudem der ehemalige Präsident des Kosovo und frühere Chef der UÇK, Hashim Thaci, wegen Kriegsverbrechen in Haft.[12] Ihm wird vorgeworfen, nicht nur für etwa 100 Morde an Kosovo-Albanern, die für eine friedliche Lösung des Konflikts eingetreten waren und von Thaci als Verräter gebrandmarkt wurden, sondern auch an Serben, Roma sowie Angehörigen anderer ethnischer Gruppen verantwortlich gewesen zu sein. Die komplette damalige UÇK-Führung wird in der Anklageschrift als kriminelles Unternehmen eingestuft. Die derzeitige Regierung des Kosovo unter Albin Kurti hat den Prozess gegen Thaci, der noch 2015 interessanterweise an der Münchener Sicherheitskonferenz teilnehmen durfte, als Farce verurteilt. Es bleibt somit nach wie vor ein endgültiges Urteil über die Rolle der UÇK und ihre Aktivitäten abzuwarten.

2. Spanien und die ETA

Die »Euskadi ta Askatasuna« (ETA)[13], baskisch für »Baskenland zur Freiheit«, war eine separatistische linke baskisch-nationalistische Untergrundorganisation, die im Juli 1959 als Widerstandsbewegung gegen die Franco-Herrschaft gegründet wurde und sich vorwiegend terroristischer Mittel bediente, obwohl ihr auch mehrere rein politische Parteien im Kampf für die baskische Autonomie zur Seite standen.

Kurz nach ihrer Gründung begann die ETA mit Bombenanschlägen gegen Verkehrseinrichtungen und bereits 1960 gab es das erste Todesopfer.

Vor allem Repräsentanten des spanischen Staates und der Francodiktatur waren ihre Ziele. Am 7. Juni 1968 überfielen ETA-Mitglieder eine Polizeistation in Villabona im Baskenland und töteten mehrere Polizisten. In der Folgezeit fielen mehrere Vertreter des spanischen Staates, aber auch unbeteiligte Zivilisten ihren Anschlägen zum Opfer, wobei ihnen mit der Ermordung des spanischen Ministerpräsidenten Luis Carrero Blanco 1973 die spektakulärste Aktion gelang.

Ein wesentlicher Grund für die Erfolge der ETA war eine breite Unterstützung durch die baskische Bevölkerung, die unter der Unterdrückung des Franco-Regimes litt. Außerdem leistete Frankreich indirekte Hilfe, indem Aktivisten der ETA damals das französische Grenzgebiet als Rückzugsraum nutzen konnten, ohne vom französischen Staat verfolgt zu werden. Auch in anderen Ländern Europas stieß der Kampf der ETA gegen die autoritäre Herrschaft Francos durchaus auf Verständnis. Insgesamt wurden von der ETA rund 830 Menschen getötet.

Die Organisation verfolgte das Ziel eines von Spanien auf allen Ebenen unabhängigen, sozialistisch geprägten baskischen Staates, der die spanischen autonomen Regionen Baskenland und Navarra sowie das französische Baskenland umfassen sollte. Die Ausdehnung eines angestrebten unabhängigen Baskenlandes stand somit im Spannungsfeld von baskischem, spanischem und französischem Nationalismus. Für die baskischen Linksnationalisten, deren radikalste Front eben die ETA darstellte, war das Konzept einer baskischen Herkunft historisch durch die baskische Sprache charakterisiert. Die Ideologie der ETA bestand in einer Mischung aus traditionellem Nationalismus, vor allem aus dessen sprachlicher und kultureller Seite, und marxistisch-revolutionären Perspektiven. In diesem Umfeld entwickelte sich die ETA zu einer nationalrevolutionären Bewegung, die sowohl baskisch-nationalistische Konzepte als auch marxistisch-leninistische Ideale aufnahm, wie die folgende Textpassage eindrucksvoll verdeutlicht:

> »Keine nationale Befreiung kann ohne eine soziale, politische und wirtschaftliche Revolution auskommen […]. Die Völker, die nicht unter einer fremden Unterdrückungskraft leiden, sind […] nicht imstande, die enorme revolutionäre und fortschrittliche Kraft des antikolonialistischen Kampfes zu erkennen! […] Der Befreiungskampf der Basken ist ein wesentlicher Bestandteil des Befreiungskampfes aller vom kolonialistischen Imperialismus unterdrückten Völker! Der revolutionäre Nationalismus ist jene Form von Kampf, die von diesen Völkern, unter ihnen die Basken, aufgenommen werden muss!«[14]

Auch nach dem Übergang Spaniens von der Franco-Herrschaft zur Demokratie führte die ETA ihren bewaffneten Kampf weiter. Damit schwanden aber die Sympathien für die Organisation rapide. Viele Spanier, auch im Baskenland, empfanden ihre Aktionen als unnötigen Terrorismus, der ein friedliches Zusammenleben im Land verhindere. Dagegen wurde ein gewaltfreier und demokratischer Übergang zu einer möglichen Unabhängigkeit nun auch von vielen Basken und Sympathisanten der ETA nach dem Ende der Diktatur als möglich erachtet. Kritiker warfen deshalb der ETA insbesondere vor, dass sie ein normales politisches Leben im Baskenland unmöglich mache, beispielsweise durch Drohungen und Attentate gegen sozialistische und konservative Politiker oder Erpressungen von Unternehmern. Im Oktober 1974 spaltete sich die ETA schließlich in »ETA militar« und »ETA político-militar«. Letztere beendete den bewaffneten Kampf und nutzte eine Amnestie der neuen spanischen Regierung, während die militärisch ausgerichtete Gruppe sich weiter radikalisierte.

Am 22. März 2006 kündigte die ETA schließlich eine dauerhafte Waffenruhe an, die dann zwei Tage später in Kraft trat. Sie äußerte zudem die Erwartung, einen demokratischen Prozess im Baskenland in Gang setzen zu können, um so den Konflikt friedlich zu lösen. Die demokratischen Parteien in Spanien begrüßten diesen Schritt, woraufhin die spanische Regierung unter Ministerpräsident Zapatero Verhandlungen aufnahm, allerdings nur unter der Voraussetzung, keinen politischen Preis für das Ende des Terrorismus zu bezahlen. Doch mit einem Sprengstoffanschlag auf den Madrider Flughafen im Dezember 2006 war dieser Dialog schon zu Ende, kaum dass er begonnen hatte. Am 5. Juni 2007 erklärte die ETA schließlich ihre Waffenruhe endgültig für beendet und kündigte an, den bewaffneten Kampf »an allen Fronten wieder aufzunehmen«.[15] Im September 2010 rief die Untergrundbewegung einen erneuten Waffenstillstand aus und verkündete im Oktober 2011 darauf die definitive Beendigung ihrer bewaffneten Aktivitäten. Ein Jahr später, im November 2012, ging die Organisation sogar noch einen Schritt weiter und stellte ihre Selbstauflösung in Aussicht, einhergehend mit den Forderungen, alle inhaftierten ETA-Mitglieder in Gefängnisse im Baskenland zu verlegen, drei extremistische separatistische baskische Parteien zu legalisieren und das Recht, die in ihrem Besitz befindlichen Waffen nicht abzugeben.[16]

Schließlich löste sich die ETA ohne Vorbedingungen am 2. Mai 2018 selbst auf. Sie unternahm diesen Schritt nach einer Befragung der rund 287 in Frankreich und Spanien inhaftierten Mitglieder in den letzten Monaten, von denen nur zehn Prozent gegen diesen Schritt gestimmt haben.[17]

3. Großbritannien, Irland und die IRA

Die sogenannte »Provisional Irish Republican Army« (IRA) war eine Organisation in Irland und Großbritannien, die in Irland als irisch-republikanische paramilitärische Organisation galt, hingegen in Großbritannien als Terrororganisation eingestuft wurde. Sie verstand sich als die direkte und einzig legitime Fortsetzung der »Irish Republican Army« (auch als Original IRA bezeichnet), also der Armee, die am Osteraufstand 1916[18] und im irischen Unabhängigkeitskrieg von 1919–1921 für die Unabhängigkeit Irlands gekämpft hatte. Die »Provisional IRA« wurde zum Jahreswechsel 1969/70 gegründet, also zu Beginn des Nordirlandkonflikts, nach einer politisch-ideologischen Spaltung wiederum derjenigen »Irish Republican Army«, die als eine von 1922 bis 1969 bestehende Untergruppe der ursprünglichen »Irish Republican Army« (Original IRA, s. o.) im irischen Bürgerkrieg gegen den Irischen Freistaat gekämpft hatte.

Der eigentliche und ganz konkrete Anlass der Spaltung war jedoch die passive Haltung der IRA-Führung in Dublin während der nordirischen Unruhen im Oktober 1968 und dann insbesondere im Sommer 1969.[19] Als katholische Bürgerrechtler am 5. Oktober 1968 einen Protestmarsch nach Londonderry organisierten, kam es zu einem ersten ernsthaften Zusammenstoß mit der britischen Staatsmacht. Polizeibeamte der »Royal Ultser Constabulary« (RUC) schlugen vor laufenden Kameras die Demonstranten mit Knüppeln nieder. Die mediale Wirkung war für die protestantische nordirische Regionalregierung verheerend, stellte hingegen für die katholische Bürgerrechtsbewegung einen gewaltigen Propagandasieg dar, der ihr weiteren Auftrieb gab. Letztlich entschloss sich der damalige nordirische Premierminister O'Neill zu spät zu unzureichenden und somit bei den Katholiken keine Akzeptanz findenden Reformen. Der Wendepunkt hin zum Bürgerkrieg erfolgte schließlich am 12. August 1969, als ein Marsch von 15 000 Angehörigen der protestantischen Miliz »Apprentice Boys« durch die katholische Enklave Bogside in Londonderry die dortigen Einwohner aufs Äußerste provozierte. Katholische Bürgerrechtler reagierten nicht nur dort, sondern auch in Belfast mit heftigem Widerstand und empfingen die nun anrückenden Polizisten der RUC mit Steinen und Benzinbomben. »The Battle of the Bogside« war damit in vollem Gange. Als Brandbeschleuniger erwies sich ein Fernsehauftritt des damaligen irischen Premierministers Jack Lynch, der unter dem Eindruck der Ereignisse als einzige Lösung der Krise der Wiedervereinigung der Insel ansah, was die Katholiken in Nordirland als Ermutigung verstanden, die Protestanten hingegen als Provokation auffassten. Nach zwei Tagen Straßenschlachten mit brennenden Häusern bat die nordirische Regierung schließlich London um Unterstützung, woraufhin unter dem Jubel der protestantischen Bevölkerung britische Soldaten in die Konfliktherde einmarschierten und den Aufruhr beendeten. Die Bilanz war verheerend: Mindestens 20 Todesopfer, über 700 Verletzte, 170 niedergebrannte Häuser und 1800 vertriebene Familien.[20] Viele katholische Republikaner in Nordirland waren daher der Meinung, dass die damals stark marxistisch geprägte IRA die katholische Gemeinschaft hier im Stich gelassen hätte, da sie die Angriffe auf katholische Straßen und das Abbrennen der Häuser durch Protestanten nicht verhindert hätte. Die Traditionalisten und Militaristen beschuldigten die IRA-Führung in Dublin, sie hätte aufgrund einer rein politischen Strategie versäumt, erforderliche Waffen und Personal herbeizuschaffen, um die katholischen Viertel zu verteidigen. Hinzu kam, dass die von der britischen Regierung zum Schutz der Katholiken nach Nordirland entsandten Soldaten von den nationalistischen Traditionalisten in der IRA als unerträgliche Provokation verstanden wurden, die eine aus ihrer Sicht gewaltsame Reaktion erfordere. Im Dezember 1969 spaltete sich daher die IRA.[21] Der eher nationalistisch gesinnte und gewaltbereitere Flügel gründete somit die »Provisional IRA«, deren Ziel und Aufgabe von Beginn an der bewaffnete Guerillakampf war. Der eher auf die politische Ebene bezogene linke Flügel etablierte hingegen die Official IRA. Bleiben wir aber bei der letztlich im Hinblick auf den weiteren Prozess wesentlich bedeuterenden »Provisional IRA«, also der »eigentlichen« IRA und ihrer Rolle im nun nach der »Schlacht um die Bogside« in Londonderry begonnenen Bürgerkrieg, der bis zum Abschluss des Karfreitagsabkommens 1998 dauern und ca. 3500 Menschenleben fordern sollte.

Für die IRA war dabei das Hauptziel, ein unabhängiges, vereinigtes Irland in Form einer föderalen gesamtirischen Republik mit dezentralen Regierungen und Parlamenten für jede der vier historischen Provinzen Irlands ins Leben zu rufen. Dieses Programm wurde bekannt als Éire Nua – »Neues Irland«. Dabei nutzte sie vor allem terroristische Methoden wie Attentate, Bombenanschläge, Geiselnahmen und Raubüberfälle, um das politische System und die innere Verfasstheit von Nordirland als integraler Bestandteil des britischen Staatsgebiets zu zerstören. Weitere Ziele waren der Schutz der katholisch-nationalirischen Minderheit vor der protestantisch-unionistischen Bevölkerungsmehrheit und vor den britischen Sicherheitskräften in Nordirland. Im Verlauf des Nordirlandkonflikts tötete sie dabei u.a. ca. 1700 Menschen in Nordirland, Großbritannien, der Republik Irland und auf anderen Territorien. Im Gegensatz dazu wurden ca. 300 ihrer eigenen Mitglieder getötet. Politisch unterstützt wurde sie von der ihr nahestehenden Partei Sinn Féin. 1971 kamen durch IRA-Heckenschützen und Bombenanschläge erstmals zahlreiche britische Soldaten ums Leben. Um mit der eskalierenden Gewalt fertigzuwerden, verabschiedete daraufhin die nordirische Regierung ein Gesetz, das den Sicherheitskräften erlaubte, verdächtige Personen für einen längeren Zeitraum ohne Gerichtsverhandlung festzusetzen. In der Praxis bedeutete dies, dass national eingestellte Katholiken für Wochen oder gar Monate unschuldig interniert wurden, weil sie verdächtigt wurden, Angehörige der IRA zu sein.

Erster dramatischer Höhepunkt war dann der sogenannte »Bloody Sunday« am 30. Januar 1972[22], als 26 friedliche Menschenrechtsdemonstranten und auch völlig unbeteiligte Personen von britischen Fallschirmjägern niedergeschossen wurden, wobei 13 Männer, darunter auch sechs Minderjährige, getötet wurden. Das Geschehen spielte sich wiederum in der Bogside von Londonderry ab. Auslöser war ein Protestmarsch der für einen friedlichen Wandel eintretenden »Northern Ireland Civil Rights Association« (NICRA). Seit ihrer Gründung 1967 wandte sich diese Vereinigung von Bürgerrechtlern mit verschiedenen Aktionen gegen die Benachteiligung der katholischen Minderheit in Nordirland. An jenem Sonntag folgten mehrere Tausend katholische Bürger dem Aufruf der NICRA, friedlich gegen die oben erwähnte Internierungspraxis zu demonstrieren. Auch die IRA hatte für diesen Tag Zurückhaltung zugesagt, um die Teilnehmer des Protestmarsches nicht zu gefährden. Auf dem Weg zum Stadtteil Bogside traf der Marsch auf Straßenbarrikaden der britischen Armee, was einige wenige, vor allem junge Demonstranten zum Anlass nahmen, die Soldaten mit Steinen zu bewerfen, wohingegen die Masse der Teilnehmer eine Auseinandersetzung vermeiden wollte und in eine benachbarte Straße abbog. Als die meisten Demonstranten den Ort ihrer Abschlusskundgebung erreicht hatten, fielen plötzlich Schüsse seitens der britischen Soldaten, die von allen Seiten heranstürmten und auf flüchtende Nachzügler des Demonstrationszugs wahllos feuerten.

Das Blutbad führte zu heftigen Reaktionen. In Dublin brannte einige Tage später eine Schar aufgebrachter Iren die britische Botschaft bis auf die Grundmauern nieder, die Regierung der Irischen Republik wandte sich an die UNO mit der Bitte, in Nordirland zu intervenieren, was jedoch aufgrund des Vetos Großbritanniens im UN-Sicherheitsrat keinen Erfolg hatte. Hinzu kam, dass die Täter im Zuge einer amtlichen britischen Untersuchung von jeder Schuld freigesprochen und ihr Handeln unter Berufung auf Armeeangaben als Reaktion auf Schüsse und Nagelbombenattacken aus den Reihen der Demonstranten ausgelegt wurde. Ein Skandalurteil, waren doch die Opfer, die z. T. Schusswunden im Rücken aufwiesen, allesamt unbewaffnet, es wurde kein einziger britischer Soldat verletzt und unzählige

Zeugenaussagen von Teilnehmern des friedlichen Protestmarsches widersprachen den offiziellen Darstellungen Londons und seiner Armee, die ihren bis dahin auch bei den Katholiken vorhandenen Vertrauensbonus dadurch restlos verspielt hatte.[23]

Der Bürgerkrieg verschärfte sich daraufhin weiter, zumal die IRA wenig später mehrere Racheanschläge verübte, denen wiederum Gewalttaten der protestantischen unionistischen Paramilitärs folgten. Die Spirale des Terrors mit Tausenden von Toten begann sich nun mit Macht zu drehen. Mitte der 70er-Jahre entwarf die IRA dann eine neue Strategie des sogenannten »Langen Krieges«, die sie bis zum Ende des Bürgerkriegs verfolgte. Es handelte sich dabei um eine Reorganisation der IRA in kleinen Zellen, welche die bisherige paramilitärische Struktur ersetzen und eine bisher direkte militärische Konfrontation nun zunehmend durch terroristische Aktionen ablösen sollte. Zudem entschied sie sich für eine verstärkte Betonung der Tätigkeit ihres politischen Arms, der Partei Sinn Féin:

> »Beide, Sinn Féin und die IRA, spielen unterschiedliche, aber konvergierende Rollen in diesem Krieg der nationalen Befreiung. Die Irish Republican Army führt eine bewaffnete Kampagne [...] Sinn Féin unterhält die Kriegspropaganda und ist die öffentliche und politische Stimme der Bewegung.«[24]

Die 1977er-Ausgabe des sogenannten »Greenbook«, eines Art Handbuch der IRA, das zur Einführung und Ausbildung neuer Rekruten diente, nennt die wichtigsten Punkte des »Langen Krieges«:

1. Einen Zermürbungskrieg gegen die feindlichen Truppen der British Army, basierend darauf, so viele Todesfälle wie möglich zu verursachen, um dadurch öffentlichen Druck bei der [britischen] Bevölkerung in der Heimat zu erzeugen, sodass die Regierung einen Rückzug in Erwägung zieht.
2. Eine Bombenkampagne, die darauf abzielt, dem Feind sein finanzielles Interesse an unserem Land unrentabel zu gestalten.
3. Die sechs Grafschaften ... unregierbar zu machen, sodass der Feind nur durch eine repressive kolonial-militärische Herrschaft regieren kann.
4. Den Krieg aufrechtzuerhalten und Unterstützung für seine Ziele durch nationale und internationale Propaganda sowie Öffentlichkeitsarbeit zu erreichen.
5. Die Verteidigung des Befreiungskrieges durch die Bestrafung von Straftätern, Kollaborateuren und Informanten.[25]

IRA-Gefangene, die nach März 1976 verurteilt wurden, genossen keinen Sonderstatus mehr und wurden im Gefängnis wie gewöhnliche Kriminelle behandelt. Als Reaktion weigerten sich über 500 Häftlinge, sich zu waschen oder gewöhnliche Sträflingskleidung zu tragen. Diese Proteste gipfelten schließlich 1981 in zahlreichen Hungerstreiks, wobei sich sieben IRA-Mitglieder für die Anerkennung eines Status als politische Häftlinge zu Tode hungerten. Einer von ihnen, Bobby Sands, wurde sogar ins britische Parlament gewählt, konnte aufgrund seiner Haftstrafe sein Mandat jedoch nicht ausüben und verstarb schließlich am 5. Mai 1981 an den Folgen seines Hungerstreiks. Mehr als 100 000 Menschen nahmen anschließend in Belfast an seiner Beisetzung teil. Darüber hinaus gab es in ganz Irland während dieser Phase Arbeitsniederlegungen und große Demonstrationen, um Mitgefühl mit den Hungerstreikenden zu bekunden. Nach dem Erfolg des IRA-Hungerstreiks bei der Mobilisierung von Unterstützung und den gewonnenen Parlamentssitzen gewann auch Sinn Féin innerhalb der republikanischen Bewegung immer mehr an Bedeutung.

Die IRA verkündete letztlich 1994 eine unbefristete Waffenruhe unter der Bedingung, dass Sinn Féin in die politischen Gespräche für eine Lösung einbezogen wird. Als dies nicht geschah, kündigte die IRA ihre Waffenruhe vom Februar 1996 bis Juli 1997 wieder auf. In dieser Zeit verübte sie nochmals mehrere Bombenattentate und Schießereien.

Infolge des 1997 durch die IRA nach fast 30-jähriger politischer und kämpferischer Auseinandersetzung endgültig verkündeten Waffenstillstands – trotz des Nichterreichens ihres zentralen Ziels einer irischen Wiedervereinigung – und des legitimen und erforderlichen Einbeziehens von Sinn Féin in den Friedensprozess konnte schließlich am 10. April 1998 das Karfreitagsabkommen von den Konfliktparteien abgeschlossen werden.[26] Darin verzichtete die Republik Irland u. a. auf ihre Forderung nach einer Wiedervereinigung mit Nordirland, wobei die Möglichkeit einer Wiedervereinigung mit der Republik Irland nicht ausgeschlossen wird, wenn sich die Mehrheit der Nordiren dafür ausspricht. Am 28. Juli 2005 erklärte die Führung der IRA das Ende des bewaffneten Kampfes:

> »The leadership of [the IRA] has formally ordered an end to the armed campaign. This will take effect from 4pm this afternoon. All IRA units have been ordered to dump arms. All volunteers have been instructed to assist the development of purely political and democratic programmes through exclusively peaceful means. Volunteers must not engage in any other activities whatsoever.«[27]

Sie rechtfertigte ihren bewaffneten Kampf als notwendig, da es in den 1960er- und 1970er-Jahren Pogrome gegen Katholiken gegeben habe. Gleichzeitig wurden durch die IRA aber auch die Leiden auf beiden Seiten des Konflikts anerkannt. Der damalige britische Premierminister Tony Blair bezeichnete anerkennenswerterweise die Erklärung als von »bisher unbekannter Größe« und der zu dieser Zeit amtierende irische Ministerpräsident Bertie Ahern nannte es eine »riesige und historische Entscheidung«. Worte, auf die man künftig aufbauen kann, sollte es wieder zu Differenzen kommen.

V. Erfolgreiche Sezessionen und Staatsgründungen

1. Europa

a. Überblick über Staatsbildung und -zerfall seit dem 19. Jahrhundert

Das Entstehen und Untergehen von Staaten ist ein in der neueren Geschichte immer wiederkehrender Prozess und das Festhalten am Status quo ist so, als ob man den Lauf der Geschichte aufhalten möchte. Im Jahr 1815 gab es in Europa eine hohe Zahl an Staaten. Allein der Deutsche Bund umfasste 38 Staaten, die im Zuge der bismarckschen Einigungspolitik entweder von Preußen annektiert und damit auf den Status einer Provinz degradiert wurden (z. B. das Königreich Hannover) oder als Teil des 1871 geschaffenen Deutschen Reichs ihre Souveränität weitgehend verloren, auch wenn sie als Gliedstaaten des Reiches erhalten blieben und wie Bayern und Württemberg über ein eigenes Heer und eine eigene Post verfügten. Ein vergleichbarer Prozess vollzog sich mit der staatlichen Einigung Italiens, die u. a. das Königreich beider Sizilien und den Kirchenstaat die Unabhängigkeit kostete.

Umgekehrt erreichten im 19. und 20. Jahrhundert zahlreiche Völker Europas durch Sezessionen ihre staatliche Unabhängigkeit. So stieg in den letzten rund 100 Jahren die Zahl der Staaten durch Sezessionen, Aufspaltungen von Staaten und Unabhängigkeitserklärungen nochmals deutlich an. Existierten im Jahr 1914 lediglich 57 Staaten auf der Welt, waren es nach dem Zweiten Weltkrieg schon gut 100. Nach dem v. a. in den 1960er-Jahren intensiv erfolgten Entkolonialisierungsprozess und dem Ende der Sowjetunion 1991 sind mittlerweile 193 Staaten Mitglied der Vereinten Nationen. Hinzu kommt die Vatikanstadt als souveraner Staat, der bei der UNO nur einen Beobachterstatus genießt. Ähnlich verhält es sich mit den palästinensischen Autonomiegebieten, die sich als Staat Palästina verstehen und ebenfalls Beobachterstatus haben. Die Cookinseln und Niue sind durch Assoziierungsverträge »in freier Assoziation« mit Neuseeland verbunden; ein Status, der durch die UNO gebilligt und überwacht wird. Teilweise werden beide von einigen Staaten als souverän anerkannt, darunter auch Deutschland, das insgesamt 195 unabhängige Staaten anerkennt.[1]

Oft ging die Unabhängigkeit von Staaten einher mit blutigen Kämpfen, so in Griechenland, das sich zwischen 1821 und 1829 seine Unabhängigkeit vom Osmanischen Reich erkämpfte.[2] Die südlichen Niederlande lösten sich nach der belgischen Revolution 1830 vom auf dem Wiener Kongress geschaffenen Königreich der Vereinigten Niederlande.[3] Die überwiegend katholische Bevölkerung der südlichen Provinzen dieses künstlichen Gebildes hatten sich gegen die Vorherrschaft der mehrheitlich protestantischen Nordprovinzen erhoben. Innerhalb weniger Wochen im August und September führte der Aufstand zur Aufteilung des Königreiches in zwei Staaten. Das überwiegend niederländischsprachige Flandern und das überwiegend französischsprachige Wallonien begründeten den neuen Staat und adaptierten dessen Namen Belgien, weil Julius Cäsar in seinem Werk *De Bello Gallico* die Belgier den tapfersten Stamm aller Gallier genannt hatte. Am 3. November fand die Wahl einer verfassunggebenden Versammlung statt. Der niederländische König Wilhelm ging vergebens davon aus, dass die Großmächte – gemäß den Prinzipien der Heiligen Allianz – die belgische Revolution niederschlagen würden, da sie es ja waren, die das Vereinigte Königreich der Niederlande aus der Taufe gehoben hatten. Vielmehr erkannten die Großmächte – z. T. mit internen Problemen beschäftigt – Belgien auf der Londoner Konferenz an und garantierten seine Neutralität. Am 7. Februar 1831 verabschiedete der belgische Nationalkongress mit dem belgischen Grundgesetz die damals liberalste Verfassung in Europa. König der Belgier – nicht Belgiens – wurde auf Wunsch des Parlaments der deutsche Prinz Leopold von Sachsen-Coburg-Saalfeld. Die Niederlande reagierten auf die Krönung eine Woche später mit einer kurzen militärischen Offensive. Als Frankreich aber ein militärisches Eingreifen androhte, zogen sie sich umgehend zurück. Schließlich wurde am 19. April 1839 der Friedensvertrag von London unterzeichnet, in dem Belgien auf Maastricht verzichtete, dafür aber den größeren Teil Luxemburgs erhielt, dessen Osten als Großherzogtum zunächst noch unter der niederländischen Krone verblieb.

Insgesamt hatten sich in West-, Südwest- und Nordeuropa schon seit Längerem Staatsnationen in Form der (vgl. Kapitel I.1) mehr oder weniger modernen Staaten gebildet, sodass dort nationale und separatistische Bestrebungen im 19. und 20. Jahrhundert eher eine untergeordnete Rolle spielten. Letztlich erlangten in diesen Regionen bis 1944 nur noch drei weitere Staaten ihre Unabhängigkeit: Norwegen, nachdem es 1905 durch den Vertrag von Karlstad seine Union mit Schweden beendet hatte; Irland[4], das nach dem irischen Unabhängigkeitskrieg 1922 zunächst als Irischer Freistaat und Dominion formal noch Teil des Britischen Empire war und 1937 dann als unabhängige Republik Irland (Eire) auch auf allen anderen politischen Ebenen (z. B. der Außenpolitik) souverän wurde, und Island, das 1944, als es während des Zweiten Weltkriegs von amerikanischen Truppen besetzt war, seine Unabhängigkeit von Dänemark erklärte, das zu dieser Zeit unter deutscher Besatzung stand.

Werfen wir an dieser Stelle nun einen genaueren Blick auf die Entwicklung von Nationen in Ostmittel-, Südost- und Osteuropa, da diese Regionen im weiteren Verlauf der Darstellung noch eine wesentliche Rolle spielen werden, stellen gerade sie doch aktuell ein massives Konfliktpotenzial dar.

Der genannte Raum war seit jeher von zahlreichen Völkern und ethnischen Gruppen besiedelt, von denen es vor dem 19. Jahrhundert nur wenigen gelang, Nationalstaaten im modernen Sinne zu gründen. Vielmehr bildeten ein Großteil dieser Gruppen mehr oder weniger starke nationale Minderheiten in den Imperien und damit Vielvölkerstaaten Russland, Österreich-Ungarn und dem Osmanischen Reich. Häufige Herrschafts- und damit auch Grenzverschiebungen führten zu Zersplitterungen und verhinderten in vielen Teilen dieser Regionen ethnisch homogen besiedelte Gebiete, was zu großen Konflikten führen sollte.

Erst im Zuge der Französischen Revolution entstanden auch im östlichen und südöstlichen Europa spätestens in der zweiten Hälfte des 19. Jahrhunderts nationale Bewegungen, welche die Besonderheit ihrer jeweiligen Sprachen und Kulturen betonten und für jedes Volkes das Recht auf Selbstbestimmung einschließlich einer eigenen staatlichen Organisation forderten. Damit wandten sie sich logischerweise gegen die bestehende Ordnung übernationaler Imperien[5], hier in erster Linie das Osmanische Reich und Österreich-Ungarn, in dem rund 50 Millionen Menschen mit zwölf Sprachen und vier großen Religionen lebten.[6] Allerdings machte die z. T. extreme räumliche Verschachtelung und Vermischung der verschiedenen Volksgruppen die Bildung von Nationalstaaten zu einem von Beginn an äußerst schwierigen und konfliktträchtigen Unterfangen, gab es häufig doch keine genauen Siedlungsgrenzen, wobei Sprache, Brauchtum und Religion wichtige Unterscheidungsmerkmale darstellten.

Innerhalb der slawischen Völker, auf die, wie eingangs erwähnt, Herders Ideen und die idealistische Philosophie Hegels großen Einfluss ausgeübt hatten, formierte sich die panslawistische Bewegung[7] mit dem Ziel, alle Slawen zu vereinigen. Nach dem Krimkrieg (1853–1856) unterstützte und förderte Russland diesen Gedanken. Aber gerade im Umgang mit den slawischen Völkern im eigenen Machtbereich, hier vor allem die Polen und Ukrainer, erwies sich die panslawistische »Mission« Russlands als extrem unglaubwürdig, denn wie ließ sich die Tatsache rechtfertigen, dass St. Petersburg auf der einen Seite die beiden eben genannten Völker unterdrückte, gleichzeitig aber den Südslawen und den Tschechen Beistand im Hinblick auf eine »Befreiung« versprach? Insbesondere die Niederschlagung des polnischen Aufstands im Jahr 1863 verdeutlichte diesen Widerspruch in eklatanter Weise.[8] Zwar fand 1867 der zweite allslawische Kongress in Moskau statt,[9] bei dem Russland jedoch weniger altruistische Motive, sondern vielmehr eigene geopolitische Interessen (z. B. den Zugang zu den Meerengen) verfolgte. Damit geriet es zwangsläufig in einen Gegensatz zu Österreich-Ungarn und dem Osmanischen Reich, dem sogenannten »kranken Mann am Bosporus«.

Auf seine Kosten sollte es ab den 1870er-Jahren schließlich zu massiven territorialen Verwerfungen im Balkanraum kommen. So wurde im April 1876 in den bulgarisch bewohnten Teilen im Rahmen eines blutig niedergeschlagenen Aufstands der Versuch unternommen, Bulgarien von der osmanischen Herrschaft zu befreien. Nachdem die im Dezember 1876 und Januar 1877 stattgefundene Konferenz von Konstantinopel ohne Ergebnis geblieben war, nahm dies Russland im Rahmen seiner panslawistischen Politik als Legitimation zur Kriegserklärung an Konstantinopel. Im russisch-türkischen Krieg ging es jedoch nicht nur um die Unabhängigkeit Bulgariens – unter Protektorat Russlands –, sondern auch wieder einmal um Moskaus Ambitionen Richtung Meerengen. Die russischen Truppen rückten siegreich bis kurz vor Konstantinopel vor, sodass der Sultan den Frieden von San Stefano schloss[10], der einen großen Gebietsverlust der Türken zugunsten Bulgariens vorsah. Der russische Erfolg rief die Großmächte Großbritannien und Österreich-Ungarn auf den Plan, die um ihren Einfluss auf dem Balkan fürchteten und mit Krieg drohten. Daraufhin kamen auf Einladung Bismarcks die europäischen Diplomaten ab dem 13. Juni 1878 in Berlin zusammen. Der deutsche Reichskanzler agierte auf dem einen Monat währenden Berliner Kongress als »ehrlicher Makler«. Dabei wurden einige Ergebnisse des Friedens von San Stefano wieder revidiert. Bulgarien wurde ein autonomes Fürstentum, das aber dem Osmanischen Reich weiterhin tributpflichtig blieb. Ostrumelien blieb zunächst osmanische Provinz, das Osmanische Reich verzichtete dort jedoch auf eine militärische Präsenz. Im Zuge des Berliner Kongresses erlangten zudem Rumänien als Königreich und Serbien sowie Montenegro als Fürstentümer auch formal – und international anerkannt – ihre staatliche Unabhängigkeit vom Osmanischen Reich. Österreich-Ungarn erhielt das Recht, Bosnien-Herzegowina, das formal bis zur Annexion durch die Doppelmonarchie 1908 Teil des Osmanischen Reiches blieb, zu verwalten und militärisch zu besetzen.[11] Damit verschärften sich allerdings die internen ethnischen Probleme der Donaumonarchie weiter und der Gegensatz zu Serbien nahm zu. Die Nationalitätenfragen waren also alles andere als gelöst. Ebenso spitzte sich der Gegensatz zwischen Wien und St. Petersburg weiter zu. Bulgarien erklärte schließlich 30 Jahre nach dem Berliner Kongress 1908 endgültig seine Unabhängigkeit. Und mit den beiden Balkankriegen 1912/13 wurde das Osmanische Reich von Serbien, Bulgarien, Griechenland und Montenegro bis auf den heute noch zur Türkei gehörenden Restbesitz dann fast ganz aus Europa hinausgedrängt. Im Zuge dieser Ereignisse betrat auch Albanien quasi als Nation von Gnaden der Großmächte das europäische Parkett als neuer Nationalstaat.

Die russische Oktoberrevolution 1917 und die Friedensschlüsse nach dem Ersten Weltkrieg führten zum Ende der drei multiethnischen Imperien Russland, Österreich-Ungarn und dem Osmanischen Reich und damit zu einer völligen Neuordnung Osteuropas. Allen drei Großreichen hatte es aber auch schon zuvor an innerer Stabilität und einer nachhaltigen Bereitschaft bzw. Fähigkeit zur Modernisierung gemangelt, einhergehend mit der Konsequenz, dass Forderungen nach einer größeren politischen Partizipation der Bevölkerung nationale Sezessionsbestrebungen begünstigten.[12] So zerfiel der Habsburgerstaat schon in den letzten Kriegstagen entlang seiner ethnisch-nationalen Trennlinien: Tschechen, Südslawen und Polen gingen nun eigene Wege.

Die Siegermächte verfolgten bei der Neuordnung Europas nach seiner »Urkatastrophe« jedoch unterschiedliche Ziele. Während US-Präsident Wilson, wie schon mehrfach betont, das Selbstbestimmungsrecht der Völker proklamierte, verfolgten Frankreich und Großbritannien mittels der Pariser Vorortverträge in erster Linie eigene Interessen. Es ging darum, das Deutsche Reich dauerhaft zu schwächen und ein weiteres Vordringen der russischen Revolution Richtung Westen durch die Bildung des »cordon sanitaire«, eine Art Schutzstreifen von mit Frankreich verbündeten Staaten vom Baltikum über Polen bis nach Rumänien, zu verhindern. Allerdings entstanden entgegen ihren Erwartungen auf dem Gebiet der ehemaligen Donaumonarchie alles andere als stabile und politisch saturierte Nationalstaaten. Angesichts der ethnisch-nationalen Gemengelage verfolgten einige von ihnen eine äußerst expansive Politik (z. B. Polen) und reklamierten weitere Gebiete für sich, während in fast allen dieser multinationalen Gebilde die jeweilige Titularnation die Macht ausübte und dabei häufig nationale Minderheiten diskriminierte, z. T. auch massiv unterdrückte. Dass eine derartige Politik zwangsläufig Separationsbestrebungen provozieren musste, lag auf der Hand. Rückblickend betrachtet war das Ende der österreichisch-ungarischen Doppelmonarchie für Südosteuropa eine politische

Katastrophe, deren Folgen, wie u.a. am Beispiel Jugoslawiens ersichtlich, bis heute nachwirken.

In Russland nutzten ebenfalls zahlreiche Völker und Nationen die Gelegenheit der Oktoberrevolution und des anschließenden Bürgerkriegs und proklamierten ihre Unabhängigkeit. Finnland machte dabei 1917 den Anfang, als es bereits im März die Verfassung von 1809 wieder in Kraft setzte und am 6. Dezember offiziell seine Unabhängigkeit erklärte, die von der Sowjetregierung auch anerkannt wurde.[13]

Die Unabhängigkeit der drei baltischen Staaten Estland, Lettland und Litauen ging zunächst unter dem Einfluss der deutschen Besatzung vonstatten, wurde aber nach dem erzwungenen Rückzug der deutschen Truppen nach dem Waffenstillstand vom 11. November 1918 im nationalen Widerstand gegen die russische bolschewistische Rote Armee erfolgreich verteidigt. In Estland waren dabei finnische und deutschbaltische, in Lettland deutsche und deutschbaltische Freiwilligeneinheiten maßgeblich beteiligt.[14] In den Friedensverträgen von 1920 erkannte Sowjetrussland die Unabhängigkeit Estlands (2. Februar), Lettlands (11. August) und Litauens (12. Juli) an.[15]

Polens Wiedergeburt vollzog sich im November 1918, nachdem die Mittelmächte schon 1916 in dem von ihnen besetzten Russisch-Polen ein »unabhängiges Königreich Polen« proklamiert hatten. Im Zuge der Friedensverträge vergrößerte dieses Kernpolen sein Territorium um vormals deutsche (Posen, polnischer Korridor, Ostoberschlesien) und österreichische (Galizien) Gebiete, bevor es im nationalen Taumel meinte, die Grenzen der früheren polnischen Adelsrepublik wieder erringen zu können, indem es einen Krieg gegen das vom Bürgerkrieg geschwächte sowjetische Russland begann. Nachdem es Anfang Mai 1920 sogar Kiew besetzt hatte, schlug die Rote Armee die polnischen Truppen bis an die Weichsel zurück. Im Frieden von Riga (18. März 1921) konnte Polen dennoch einen erheblichen Teil Weißrusslands und der westlichen Ukraine, u.a. Lemberg, gewinnen.

Osteuropa war also nach dem Ersten Weltkrieg völlig umgestaltet worden. Drei Imperien waren mehr oder weniger von der Bildfläche verschwunden, neue Staaten wurden gegründet, darunter mit Polen, der Tschechoslowakei und Jugoslawien gleich drei Vielvölkerstaaten. Hier wurden Völker zusammengezwungen, die zum Teil bis dahin noch nie in einem gemeinsamen Staat gelebt hatten, so z.B. die Kroaten und Serben. Auch in Rumänien, Lettland und Litauen betrug der Anteil der nationalen Minderheiten oft ein Viertel der Gesamtbevölkerung. Umgekehrt lebte nach dem Friedensvertrag von Trianon ein Drittel aller Ungarn außerhalb der neuen Grenzen dieses verstümmelten Staates: in Rumänien, der Tschechoslowakei und Jugoslawien. Logisch, dass Ungarn sich (z. T. bis heute) am wenigsten mit den Nachkriegsergebnissen abgefunden hat.[16] Ähnlich erging es den Deutschen, die sich nun als diskriminierte Minderheit ebenfalls in der Tschechoslowakei (Sudetendeutsche) und in Polen (Korridor, Ostoberschlesien), nach der Annexion des Memellands auch in Litauen wiederfanden.

Im Zuge der aggressiven, expansiven nationalsozialistischen Machtpolitik, die in den Zweiten Weltkrieg mündete, verloren die drei baltischen Staaten aufgrund des deutsch-sowjetischen Nichtangriffspaktes 1940 ihre kurze Unabhängigkeit; ein Zustand, der bis zum Ende der Sowjetunion andauern sollte. Nach dem Zweiten Weltkrieg erfolgte dann die sogenannte »Westverschiebung« Polens auf Kosten der deutschen Ostgebiete Schlesien, Pommern und Ostpreußen, welche die brutale Vertreibung von rund 14 Mio. Deutschen zur Folge hatte (einschließlich der Vertreibung der Sudetendeutschen).

Unter sowjetischer Vorherrschaft blieben während des Kalten Krieges die Grenzen in Osteuropa stabil. Polen, Ungarn, die CSSR, Bulgarien und Rumänien wurden zu Satelliten der UdSSR degradiert (ebenso die DDR). Lediglich Jugoslawien gelang es unter dem Partisanenführer Tito, sich dem totalitären Zugriff Stalins zu entziehen. Versuche einzelner kommunistischer Staaten, sich vom Joch der UdSSR bzw. des Warschauer Paktes zu befreien, scheiterten. Sowjetische Truppen walzten mit ihren Panzern sowohl den Aufstand der tapferen Ungarn 1956, den Prager Frühling 1968 und schon 1953 den Freiheitsaufstand der Ostdeutschen nieder, wie auch Reformversuche in Polen 1956 und 1981 unterbunden wurden.

Erst unter Michail Gorbatschow, seit 1985 neuer Generalsekretär der KPdSU, setzte mit den Schlagworten »Glasnost« und »Perestroika« ein Reformprozess ein, der zur Freiheit der osteuropäischen Völker (und auch zur Wiedervereinigung Deutschlands) führen sollte. Eine zunehmende Rede- und Meinungsfreiheit ermöglichte es nämlich, politische und wirtschaftliche Missstände offen zu diskutieren, was sich letztlich als ein wesentlicher Faktor für die Unabhängigkeits- und Demokratiebestrebungen in zahlreichen Sowjetrepubliken erweisen sollte.

Separatistische Bewegungen spielten 1991 beim **Zerfall der UdSSR** in die Kaukasusstaaten Georgien, Armenien und Aserbaidschan, die baltischen Länder Estland, Lettland und Litauen, die zentralasiatischen Staaten Kasachstan, Kirgisistan, Tadschikistan, Turkmenistan und Usbekistan, die rumänischsprachige Moldau (Moldawien) sowie die Ukraine, Weißrussland und Russland eine maßgebliche Rolle. Als Gründungsmitglieder der UNO bestanden die Weißrussische SSR und die Ukrainische SSR allerdings dadurch schon seit 1945 als eigene Völkerrechtssubjekte.

Der Untergang der Sowjetunion führte somit nicht nur zur Neuentstehung von Staaten, die während des Zweiten Weltkriegs und danach von der Bildfläche verschwunden waren (so wie die baltischen Staaten), sondern auch zur »Wiedervorlage nationaler und kultureller Zugehörigkeitsfragen, die mit der Entstehung der UdSSR unterdrückt worden waren. Die innere Zerrissenheit der Ukraine zwischen Europa und Russland gehört ebenso dazu wie die ethnoreligiösen Kämpfe im Kaukasus.«[17]

Während derartige staatsbildende Prozesse in Jugoslawien und auf dem Gebiet der Sowjetunion z. T. auf äußerst gewaltsame Weise vonstatten gingen, stellte hingegen in dieser Phase die Trennung der **Tschechoslowakei** am 1. Januar 1993 ein positives Beispiel für eine friedliche und konsensuale, also einvernehmliche Sezession dar.

Schon während der Zugehörigkeit des heutigen Tschechiens als Böhmen und Mähren zu Österreich und der heutigen Slowakei als Oberungarn zu Ungarn gab es im 19. Jahrhundert – analog zu anderen osteuropäischen Regionen – auch in diesen slawisch besiedelten Gebieten Autonomiebestrebungen.[18] Als die Habsburger sich 1867 im Österreichisch-Ungarischen Ausgleich durch die Anerkennung des Königreichs Ungarn die Loyalität der ungarischen Aristokratie sicherten, versuchten die Tschechen – allerdings vergebens –, im Rahmen einer Trias (also dreier gleichberechtigter Reichsteile) einen verstärkten Autonomiestatus in Form eines eigenen Königreichs Böhmen zu erlangen. Nach dem Ende des Ersten Weltkriegs wurde im Zuge des Zusammenbruchs der Donaumonarchie 1918 die tschechoslowakische Föderation gegründet, in der Minderheitsrechte für die Slowaken verfassungsmäßig zwar garantiert, faktisch aber nur wenig umgesetzt wurden. Auch die drei Millionen Menschen umfassende Minderheit der Sudetendeutschen genoss keine vollwertigen Minderheitenrechte. Hitlers aggressive Expansionspolitik führte 1938 mit der Abtretung des deutschsprachigen Sudetengebiets sowie ungarisch- und polnischsprachiger Gebiete und 1939 nach der Abspaltung der Slowakei (auf deutschen Druck hin) mit dem Einmarsch deutscher Truppen in die sogenannte »Rest-Tschechei«, die als »Protektorat Böhmen und Mähren« faktisch vom Deutschen Reich annektiert wurde, zum Ende dieses demokratischen Vielvölkerstaates. Nach dem Ende des Zweiten Weltkriegs wurden die Sudetendeutschen allesamt vertrieben und die Tschechoslowakei wiederhergestellt. Sie wurde aber nach dem Februarumsturz 1948 ein sowjetischer Satellitenstaat. Nach dem Ende der kommunistischen Diktatur

1989/90 zeichnete sich allerdings recht bald ab, dass selbst ein föderativ organisierter Staat Tschechoslowakei auf Dauer keinen Bestand haben würde.[19] Zu den ersten Zerwürfnissen kam es während des sogenannten »Gedankenstrich-Konfliktes« um die Landesbezeichnung. Von April 1990 bis Ende 1992 hieß das Land »Tschechische und Slowakische Föderative Republik« (ČSFR) mit den jeweiligen Kurzformen »Tschechoslowakei« in Tschechien bzw. »Tschecho-Slowakei« in der Slowakei. Aufkommende Interessenkonflikte – u.a. bezüglich der notwendigen Wirtschaftsreformen[20] – zwischen den beiden Landesteilen führten dann 1992 zum Ende des Staates. Die Wahlen vom 6. Juni 1992 veränderten nämlich die politische Landschaft in beiden Teilrepubliken von Grund auf. Der Reformer Vaclav Klaus wurde mit der Regierungsbildung beauftragt, gebärdete sich aber mehr als Repräsentant tschechischer Interessen, während Vladimir Meciar, der Vorsitzende der zweitplatzierten Partei »Bewegung für eine demokratische Slowakei«, hingegen slowakische Positionen vertrat.[21] Klaus trat für einen zentralistischen marktwirtschaftlichen Staat mit einem Mindestmaß an Befugnissen und starken lokalen Selbstverwaltungen ein, Meciar plädierte für eine dualistische Lösung und einen öko-sozialen »dritten Weg«. Als Ministerpräsidenten ihrer jeweiligen Teilrepubliken verständigten sich beide Politiker angesichts derartig unüberbrückbarer Gegensätze schließlich auf eine rasche und friedliche Teilung der Föderation. In den kommenden Monaten wurden 28 Verträge ausgearbeitet, welche die Auflösung des gemeinsamen Besitzstandes regelten. Die Föderalversammlung der ČSFR beschloss dann offiziell am 25. November 1992 ohne ein Referendum die Auflösung des Staates zum 31. Dezember 1992[22] und damit die Bildung der beiden neuen Länder Tschechien und Slowakei zum 1. Januar 1993.

b. Nationalitätenpolitik in der UdSSR – ein Überblick

Faktisch war der Kollaps der UdSSR neben den massiven wirtschaftlichen und gesellschaftlichen Problemen auch auf Nationalismus- und Unabhängigkeitsbewegungen quasi aus Notwehr gegen Diskriminierung und Unterdrückung zurückzuführen. Das galt zum einen innerhalb des Warschauer Paktes für die Rebellion von Ungarn und Polen, innerhalb der Sowjetunion aber v.a. für die Balten und Ukrainer, die sich allesamt entschlossen, aus dem »Völkergefängnis« auszubrechen; Vorreiter waren hier die Litauer, die schon am 11. März 1990 ihre Unabhängigkeit erklärten.
Blicken wir zurück:

Nachdem die Bolschewiki bis Sommer 1922 als Sieger aus dem russischen Bürgerkrieg hervorgegangen waren, erfolgte am 30. Dezember 1922 die Gründung der »Union der Sozialistischen Sowjetrepubliken« (UdSSR). Sie bestand zunächst aus der »Russischen Sozialistischen Föderativen Sowjetrepublik« (RSFSR), der »Ukrainischen Sozialistischen Sowjetrepublik« (USSR), der »Belarussischen Sozialistischen Sowjetrepublik« (BSSR) und der »Transkaukasischen Sozialistischen Föderativen Sowjetrepublik« (SSFSR). Letztere war ein Verbund der Armenischen SSR, der Aserbaidschanischen SSR, der Georgischen SSR und der Abchasischen Sozialistischen Sowjetrepublik. Aufgrund zunehmender ethnischer Spannungen wurde sie jedoch am 5. Dezember 1936 aufgelöst und Georgien, Armenien und Aserbaidschan wurden als eigenständige Unionsrepubliken in die Sowjetunion aufgenommen, nachdem bereits 1931 Abchasien als Autonome Sowjetrepublik in die Georgische SSR eingegliedert worden war und während der stalinistischen Terrorherrschaft zunehmend von Russen besiedelt wurde. Die späteren Konflikte im Kaukasus waren also quasi schon vorgezeichnet. Sie schlugen ab 1988 mit dem Streit zwischen Armenien und Aserbaidschan in offene Gewalt um.

Das neue Staatsgebilde Sowjetunion erhielt zum 1. Januar 1924 seine erste Verfassung und wuchs seitdem um weitere formal eigenständige Sowjetrepubliken. So wurden 1925 bzw. 1929 aus den ehemaligen zenralasiatischen russischen Kolonien die Sozialistischen Sowjetrepubliken Usbekistan, Turkmenistan und Tadschikistan gebildet. Kasachstan und Kirgisistan wurden am 5. Dezember 1936 von »Autonomen Republiken« innerhalb der RSFSR zu eigenständigen Sowjetrepubliken aufgewertet und damit von Russland abgetrennt.[23]

Von 1940 bis 1956 existierte zudem die »Karelo-Finnische Sozialistische Sowjetrepublik« als eigene Unionsrepublik. Hintergrund bzw. das Motiv der Gründung dieser Sowjetrepublik war der nach wie vor existierende Anspruch Moskaus, Finnland nach seiner 1917 erlangten Unabhängigkeit wieder in das russische bzw. sowjetische Imperium einzugliedern. Nachdem im geheimen Zusatzprotokoll des Hitler-Stalin-Pakts von 1939 Finnland der sowjetischen Interessensphäre zugeschlagen worden war, traf Stalin entsprechende Vorbereitungen, um das Land als sozialistische Unionsrepublik der UdSSR einzuverleiben. Infolge des Winterkriegs verlor Finnland 1940 zwar einen Teil seines Territoriums vor allem in Karelien, konnte aber seine staatliche Unabhängigkeit sichern. Teile der eroberten Gebiete und die seit 1923 bestehende »Karelische Autonome Sowjetrepublik«, die zuvor zur RSFSR gehörte, bildeten nun die »Karelo-Finnische SSR«, aus der die finnische Bevölkerung floh oder vertrieben wurde. Dieser Akt hatte zum einen die Funktion, Finnland eine Warnung zukommen zu lassen, dass Moskau nach wie vor die Absicht verfolgte, es der UdSSR anzuschließen; zum anderen wollte man wohl die Vorbereitungen zur Annexion Finnlands nicht ganz vergebens unternommen haben. Als sich nach dem Zweiten Weltkrieg jedoch endgültig abgezeichnet hatte, dass Finnland als neutraler Staat seine Unabhängigkeit bewahren kann, gab Moskau seine Ansprüche auf und löste 1956 die Karelo-Finnische SSR auf. Sie wurde als Karelische ASSR wieder in die RSFSR eingegliedert.

Auch später kam es immer wieder zu regionalen Grenzveränderungen. So verschenkte beispielsweise 1954 der damalige Generalsekretär der kommunistischen Partei, Nikita Chruschtschow, die Krim aus den Händen der RSFSR an die Ukrainische SSR und 1963 wurden 40 000 km^2 von der Kasachischen SSR an die Usbekische SSR übertragen.

Seit Gründung der Sowjetunion haben sich die internen Grenzen also mehrfach verändert, sind dabei aber in vielen Fällen (v. a. in Zentralasien) meistens Kunstgebilde gewesen, die auf ethnische und historische Gesichtspunkte kaum Rücksicht nahmen. Solange die UdSSR existierte, stellte dies ja auch kein größeres Problem dar, da es sich bei den Grenzen der einzelnen Unionsrepubliken um Binnengrenzen handelte, die im politischen, wirtschaftlichen und gesellschaftlichen Alltag nur eine untergeordnete Rolle spielten.

Langfristig jedoch erwies sich dabei die von Stalin praktizierte Nationalitätenpolitik als äußerst problematisch. Viele Grenzen innerhalb der Sowjetunion waren, wie angedeutet, Willkürentscheidungen des Diktators und folgten in den meisten Fällen bewusst gerade nicht ethnografischen Gesichtspunkten, sondern wurden ausschließlich nach machtpolitischen Erwägungen gezogen. Im Sinne eines »divide et impera« hinterließ Stalin in seinem Testament die Aussage, dass »Grenzen zwischen den Sowjetrepubliken immer so gezogen sein sollten, dass jede Republik große Minderheiten anderer Nationalitäten beherbergt, sodass eine staatliche Unabhängigkeit dauerhaft nicht möglich ist und die sowjetische Zentralmacht jederzeit in die Lage versetzt wird, in separatistische Regionen einzumarschieren und damit jede Unabhängigkeitsbestrebung zu ersticken.«[24] Heute resultieren aus dieser Politik u. a. große russische Minderheiten in Estland, Lettland und Kasachstan, das Problem um Bergkarabach, der Transnistrienkonflikt mit Moldau und zahlreiche ethnische bzw. nationale Minderheiten innerhalb der einzelnen zentralasiatischen Republiken.

Wie wenig Stalin die ethnografischen Realitäten berücksichtigt hat, verdeutlicht das folgende Beispiel bezüglich der Ukraine.[25] In den zaristischen Gouvernements Kursk und Woronesch umfasste das ukrainische Siedlungsgebiet ungefähr 36 000 km^2 (was in etwa der Größe Baden-Württembergs entspricht) mit knapp 1,5 Millionen Einwohnern. Heute sind davon nur ca. 3000 km^2 von gut 164 000 Ukrainern besiedelt. Der Rest fiel trotz einer ukrainischen Bevölkerungsmehrheit an Russland.

Nach dem Zweiten Weltkrieg umfasste die Sowjetunion bis zu ihrem Untergang insgesamt 15 (bis 1956 16) auf dem Papier gleichberechtigte Unionsrepubliken, wobei aber wie schon im Zarenreich die Russen den Ton angaben. Auf einer Fläche von 22,4 Millionen km^2, von denen das Gebiet der RSFSR (also Russland) über 78 Prozent ausmachte, lebten rund 290 Millionen Menschen, darunter 147 Millionen Russen, 52 Millionen Ukrainer, 20 Millionen Usbeken, 16 Millionen Kasachen und 10 Millionen Weißrussen. Nach dem gescheiterten Putschversuch gegen Gorbatschow im August 1991 war mit der Deklaration von Alma-Ata vom 21. Dezember 1991 das Ende des Vielvölkerimperiums UdSSR zum 31. Dezember desselben Jahres besiegelt.[26] Die »Gemeinschaft unabhängiger Staaten« (GUS) als Nachfolger stellt heute allerdings nur noch eine unbedeutende internationale Organisation dar, aus der mittlerweile Georgien und die Ukraine ausgetreten sind und Turkmenistan nur noch beigeordnetes Mitglied ist.

Für die meisten Russen, Politiker wie Bürger, war – auch wenn sie das Ende des Kommunismus begrüßten – der Untergang der UdSSR ein Schock, sahen sie doch im »russisch-sowjetischen Staat ihr Vaterland, dem sie Identität und Loyalität bewiesen.«[27] Infolge der für viele Menschen sehr schmerzhaften und heftigen Umbrüche auf politischer, v. a. aber wirtschaftlicher und sozialer Ebene nach dem Ende der UdSSR entstand in breiten Bevölkerungskreisen mancher ehemaliger Sowjetrepublik recht bald eine Sowjetnostalgie. Gerade die russischstämmigen Minderheiten in den ehemaligen Sowjetrepubliken (so z. B. in der Ukraine, hier insbesondere auf der Krim und im Osten des Landes, aber auch in den zentralasiatische Nachfolgestaaten wie u. a Kasachstan) bezogen sich in diesem Zusammenhang auf die russische Sprache und die frühere sowjetische Alltagskultur. Hinzu kam insbesondere in Russland die Erinnerung an die einstige Bedeutung der UdSSR als globale Supermacht. Abgesehen von den baltischen Staaten fanden sich somit in allen ehemaligen Sowjetrepubliken mehr oder weniger viele Befürworter einer Reintegration innerhalb der ehemaligen sowjetischen Grenzen. Insbesondere für Russland handelt es sich bei diesen Staaten um sogenanntes »nahes Ausland«. Von daher hatte Moskau auch zügig versucht, seine Nachbarstaaten in Bündnisse zu integrieren. 2006 einigten sich Russland, Weißrussland und Kasachstan schließlich auf die Gründung einer Eurasischen Zollunion, die 2010 ins Leben gerufen wurde. Knapp 20 Jahre nach Ende der UdSSR intensivierte Putin dieses Reintegrationsprojekt. Die am 29. Mai 2014 in Astana beschlossene und am 1. Januar 2015 in Kraft getretene »Eurasische Wirtschaftsunion« (EAWU) soll als gemeinsamer Markt der postsowjetischen Region nicht nur ein Konkurrenzmodell zur EU darstellen, sondern die ehemaligen Sowjetrepubliken wieder so eng wie möglich an Moskau binden. Es besteht nach wie vor die Möglichkeit, dass sie das erste erfolgreiche Reintegrationsprojekt einiger ehemaliger Sowjetrepubliken werden könnte. Immerhin traten Armenien und Kirgisistan 2015 der EAWU bei und Usbekistan gilt als Beitrittskandidat. Weiterhin unterhält Russland militärische Präsenzen in Kirgisistan und Tadschikistan.

c. Das Baltikum: Estland, Lettland und Litauen

Wie schon erwähnt, wurden nach dem Ersten Weltkrieg die drei baltischen Länder Estland, Lettland und Litauen[28] 1918 unabhängig, wurden aber bereits 1940 von der UdSSR infolge des geheimen Zusatzprotokolls des Hitler-Stalin-Pakts annektiert.

Während die Sowjetunion euphemistisch von einem Beitritt der Länder als sozialistische Sowjetrepubliken sprach, ordnen die baltischen Länder dieses Geschehen hingegen bis heute richtigerweise als Besetzung und völkerrechtswidrige Annexion ein. Mehrere westliche Staaten, darunter die USA, Frankreich und Großbritannien, vertraten die baltische Perspektive und erkannten den sogenannten »Beitritt« nicht an.[29]

Am 14. Juni 1941 begannen erste Massendeportationen von 50 000 bis 65 000 Menschen nach Sibirien. Nachdem zwischen 1941 und 1944 die drei Staaten von deutschen Truppen besetzt worden waren, erlitt deren Bevölkerung auch nach der 1944 erfolgten Wiedererrichtung der Estnischen, Lettischen und Litauischen Sozialistischen Sowjetrepublik unter der totalitären Terrorherrschaft Stalins massive Repressionen. Während der sogenannten »Märzdeportationen« im Jahr 1949 wurden über 70 000 Menschen allein aus Estland und Lettland nach Sibirien verbannt. Weiterhin wurden während der Sowjetherrschaft gezielt Hunderttausende Russen insbesondere in Estland und Lettland, weniger in Litauen, angesiedelt – ein Umstand, der bis heute in den beiden Staaten innen- und gesellschaftspolitische Probleme hervorruft. Gleichzeitig durften Estnisch und Lettisch, ebenso die Landesgeschichte, bis 1957 nicht an Schulen unterrichtet werden.

Erst mit der Machtübernahme Michail Gorbatschows 1985 begannen sich die politischen Verhältnisse in der UdSSR und somit auch im Baltikum aufgrund seiner oben schon erwähnten Reformpolitik zu wandeln. Als Form eines friedlichen Widerstandes gegen die Sowjetherrschaft und für die Stärkung des Nationalbewusstseins bildete sich Ende der 1980er-Jahre beispielsweise eine estnische Volksliedbewegung heraus. Auf dem Sängerfest »Laulupidu« kamen im Jahr 1988 in Tallinn insgesamt 300 000 Menschen zusammen, welche die damals verbotene estnische Landeshymne sangen. Weil der Widerstand gegen die Sowjetherrschaft ihren Ursprung in dieser Sangesbewegung hatte, wurde die Revolution in Estland auch als »Singende Revolution« bezeichnet.[30] Sowohl in Estland wie auch in Lettland bildeten sich 1988 sogenannte »Volksfronten«, bei denen es sich um Demokratiebewegungen handelte, die zunehmend für die staatliche Unabhängigkeit von der UdSSR kämpften. 1989 organisierten die Volksfronten in Estland, Lettland und Litauen die bis dahin größte Massendemonstration in der Geschichte der Sowjetunion: Am 23. August 1989, dem Jahrestag des Hitler-Stalin-Paktes, bildeten mehr als zwei Millionen Regimegegner eine beeindruckende ca. 600 Kilometer lange Menschenkette von der litauischen Hauptstadt Vilnius über die lettische Hauptstadt Riga bis zur estnischen Hauptstadt Tallinn, um so für ihre Unabhängigkeit zu demonstrieren.[31]

Bereits am 13. November 1989 erklärte dann das estnische Parlament die Besetzung im Jahr 1940 für ungültig und am 30. März 1990 die Sowjetherrschaft für illegal. Am 8. Mai 1990 schließlich wurden nationale Symbole wie der Landesname und das Staatswappen wiederhergestellt und Teile der Verfassung von 1938 wieder in Kraft gesetzt. In Lettland gewann die »Lettische Volksfront« die Parlamentswahl im März 1990 gegen das kommunistische Parteienbündnis. Allerdings fehlte ihr ein Mandat zur absoluten Mehrheit, sodass die Deklaration über die Wiederherstellung der Unabhängigkeit Lettlands am 4. Mai 1990 nur mit knapper Mehrheit verabschiedet wurde. Gleichzeitig wurde die Verfassung von 1922 wieder in Kraft gesetzt und eine Übergangsperiode zur faktischen Unabhängigkeit beschlossen. Schon am 11. März 1990 hatte Litauen seine Unabhängigkeit erklärt und die sowjetische Verfassung formell außer Kraft gesetzt.

Die Beschlüsse in den drei baltischen Sowjetrepubliken kamen also einer Unabhängigkeitserklärung gleich und stießen in Moskau logischerweise auf Ablehnung, die sich in Form von Wirtschaftsblockaden und der Androhung militärischer Gewalt äußerte. In Riga kam es am 15. Mai 1990 zu einem allerdings gescheiterten Versuch seitens sowjetischer Kadetten, einen »Volksaufstand« zu initiieren und das lettische Parlament zu stürmen. Noch bedrohlicher war der Versuch seitens der sowjetischen Führung, im Januar 1991 mit militärischen Mitteln in Lettland und Litauen die alten Herrschaftsverhältnisse wiederherzustellen. Am 13. Januar 1991 griffen nämlich sowjetische Truppen mit Panzern den Fernsehturm in Vilnius an, doch die Bevölkerung schützte mit Blockaden strategisch wichtige Gebäude wie das nahe gelegene Parlament und seine Abgeordneten. 14 Menschen kamen dabei ums Leben, mehrere Hundert wurden verletzt. Eine Woche später kam es in Riga durch die sowjetische Spezialeinheit Omon zum Angriff auf das Innenministerium, wobei fünf Menschen starben. Auch hier schützte die Bevölkerung die lettische Regierung mit Blockaden.[32] Der Versuch, den legitimen Freiheitskampf der baltischen Völker mit militärischen Mitteln zu verhindern, scheiterte zum Glück und trug somit weiter zur Destabilisierung der Sowjetunion bei, wie u. a. das am 3. März 1991 in Estland erfolgte Referendum über die Unabhängigkeit verdeutlicht, bei dem fast 78 Prozent für eine staatliche Eigenständigkeit des Landes votierten. Allerdings sprachen sich große Teile der russischsprachigen Minderheit in einer zwei Wochen später stattgefundenen Abstimmung für einen Verbleib in einer »erneuerten Sowjetunion« aus. Als Antwort auf die blutigen Ereignisse vom Januar 1991 fand in Litauen schon am 9. Februar 1991 eine ähnliche Abstimmung statt. Bei einer Wahlbeteiligung von 85 Prozent stimmten 90,5 Prozent der Wähler für die Unabhängigkeit. Das isländische Parlament beschloss daraufhin als Erstes in der Welt, Litauen als unabhängige Republik anzuerkennen.

Die baltischen Länder nutzten dann die labile politische Lage infolge des gescheiterten Putschversuchs gegen Gorbatschow im August 1991 und setzten ihre im Vorjahr nur verkündete Unabhängigkeit nun auch faktisch durch. Am 20. und 21. August 1991 erklärten sich erst Estland, dann Lettland für unabhängig. Damit folgten beide Staaten dem Nachbarland Litauen, das ja bereits am 11. März 1990 seine Unabhängigkeit verkündet hatte. Bereits im selben Monat erkannten die Mitgliedstaaten der EU deren Unabhängigkeit an. Am 6. September 1991 erfolgte dann auch die Anerkennung durch die Sowjetunion.

Estland und Lettland weisen allerdings bis heute einen erheblichen Anteil einer russischen Minderheit von 25 bzw. 27 Prozent auf.[33] Zwar hatte die lettische Regierung nach der Unabhängigkeit den damals im Land lebenden Russen die Möglichkeit eröffnet, die lettische Staatsbürgerschaft zu erlangen, dies jedoch an einen erfolgreich zu absolvierenden Sprachtest gebunden.[34] Da viele vor allem ältere russischsprachige Einwohner nie Lettisch gelernt hatten, konnten sie die Staatsbürgerschaft nicht erlangen und gelten seitdem als »Nichtbürger«, ein 1991 eingeführter Status, der mit massiven Beschränkungen von Grundrechten einhergeht. Nichtbürger verfügen über kein aktives und passives Wahlrecht und dürfen keine öffentlichen Ämter ausüben. Heute haben in Lettland rund 10 Prozent der Bevölkerung den Nichtbürger-Status, von dem in Estland 2017 wiederum rund 80 000 Menschen betroffen waren bzw. sind. Russische Vertreter haben immer wieder nicht zu Unrecht auf eine Diskriminierung von Russen in den baltischen Staaten hingewiesen.[35] Im Oktober 1992 drohte gar der damalige russische Präsident Boris Jelzin damit, den Abzug der (ehemaligen) sowjetischen Truppen auszusetzen. Als Begründung nannte er die Verletzung der Rechte russischsprachiger Menschen in Estland und Lettland. Einen Monat später forderte er, dieses Thema vor der UNO-Vollversammlung zu debattieren.[36]

Nicht auszuschließen ist, dass Moskau sich diesen Umstand erneut für eine eigene aggressive Außenpolitik zunutze machen könnte. Dennoch erscheint ein direkter Angriff auf diese Staaten derzeit eher unwahrscheinlich, da Russland automatisch den NATO-Bündnisfall nach Artikel 5 provozieren und sich damit militärisch übernehmen würde. Aber die dortige russische Bevölkerung, die wie auch russische Minderheiten in anderen Nachfolgestaaten der UdSSR unter russischem Schutz stehen[37], kann natürlich instrumentalisiert werden, um die innenpolitische Lage – in welcher Form auch immer – zu verkomplizieren oder zu destabilisieren. Schließlich bilden die baltischen Staaten aus russischer Perspektive einen Schwachpunkt in Bezug auf ihre eigene Verteidigung.

d. Die Ukraine

Im frühmittelalterlichen Kiewer Reich (die »Kiewer Rus«) liegen die historischen Wurzeln bzw. die »gemeinsame Wiege« der drei ostslawischen Brudervölker und somit der heutigen Staaten Russland, Ukraine und Weißrussland.[38] Die »Kiewer Rus« war kein Staat im heutigen modernen Sinn, sondern eine von den skandinavischen Warägern bzw. Wikingern, die als nordgermanische Führungsschicht bald in der ostslawischen Stammbevölkerung aufgehen sollten, ins Leben gerufene lockere Föderation von Fürstentümern mit dem Fürsten von Kiew (ab dem 12. Jahrhundert Großfürst) als Primus inter Pares. Infolge der Heirat des Fürsten Wladimir 988 mit Anna, Schwester des byzantinischen Kaisers Basileus, erwarb er für seine Nachkommen formal sogar einen Anspruch auf den Thron von Byzanz.[39] Voraussetzung war natürlich, dass er sein bisheriges Heidentum ablegte und zum orthodoxen Christentum übertrat; eine Entscheidung von weitreichender Bedeutung. Nach wie vor wird zwischen ukrainischen und russischen Historikern, aber auch in den Medien und in der Politik ein heftiger Streit darüber geführt, ob es sich bei diesem Fürstenverbund um einen russischen oder einen ukrainischen Herrschaftsverband gehandelt habe.[40] Putin nahm in zahlreichen Reden darauf immer wieder Bezug und appellierte an den gemeinsamen Ursprung von Russen und Ukrainern sowie an den Dnjepr als ihr »gemeinsames Taufbecken«.[41]

Wie die Russen so sehen sich auch die meisten Ukrainer als Erben des Kiewer Reiches. Schon in der Unabhängigkeitserklärung vom 24. August 1991 wurde betont, dass die Ukraine die »ein Jahrtausend alte Tradition der Staatsbildung in der Ukraine« fortsetze.[42] Dabei bedeutet das Wort Ukraine zunächst nichts anderes als »Grenzland«. Diese Funktion nahm die häufig umkämpfte Region auch über Jahrhunderte für Russland ein, sei es gegenüber Polen, den Habsburgern und insbesondere dem Osmanischen Reich.

In der ersten Hälfte des 13. Jahrhunderts wurden dann die Fürstentümer der Kiewer Rus und damit auch die heutige Ukraine von den Mongolen (in Russland Tataren genannt) erobert und dabei 1240 auch Kiew zerstört.[43] Im weiteren Verlauf des Mittelalters und der Neuzeit gehörten große Teile der heutigen Westukraine lange zu Polen, danach zu Österreich und nach dem Ersten Weltkrieg wiederum zu Polen. Die Küstenregionen am Schwarzen Meer und somit auch die Krim unterstanden osmanischer Hoheit, während wiederum die mittlere und östliche Ukraine – der heutige Donbass – ausgehend von der von Iwan IV. begonnenen Expansion zum festen Bestandteil Russlands wurde. Gesichert für den russischen Staat wurden diese Gebiete spätestens im 18. Jahrhundert unter der Zarin Katharina die Große, eine deutsche Prinzessin aus dem Fürstentum Anhalt-Zerbst.[44] Eine dem westeuropäischen Modell vergleichbare Nationalstaatsbildung oder eine »für Mitteleuropa typische Natiogenese mit anschließender Ausrichtung der Staatlichkeit an der Nation hat in der Ukraine somit nicht stattgefunden«, betont Herfried Münkler nicht zu Unrecht.[45]

Die Februar- und Oktoberrevolution in Russland sowie der Zusammenbruch der Habsburgermonarchie am Ende des Ersten Weltkriegs schienen erstmals die Möglichkeit zu eröffnen, eine unabhängige Ukraine ins Leben zu rufen. So versuchten zwischen 1917 und 1920 Ukrainer sowohl in der Zentral- und Ostukraine wie auch in deren Westen, einen eigenen Staat zu gründen. Interessanterweise ist auf einer »Militärisch-politischen Übersichtskarte von Mitteleuropa« vom Februar 1919[46], welche die damals noch völlig unklare staatliche Neuordnung Europas nach dem Waffenstillstand im November 1918 und vor der Pariser Friedenskonferenz in Form von Besatzungszonen, Territorialwünschen u. Ä. zum Ausdruck brachte, ein großukrainischer Staat dargestellt, der im Westen bis Brest-Litowsk und Lemberg reichte und im Süden sogar die Krim einschloss. Jedoch sollte diesem eher fiktiven Konstrukt nur eine kurzlebige Existenz beschieden sein. Denn weder das am 11. November 1918 wiedergegründete Polen noch die Sowjets waren bereit, einen solchen Schritt zu akzeptieren.[47] Auf militärischer Ebene unterlagen die Ukrainer in ihrem westlichen Teil im Sommer 1919 endgültig der polnischen Armee, während die mittlere und östliche Ukraine zu einem der Hauptschauplätze des russischen Bürgerkriegs wurde. 1920 konnten die Bolschewiki das Gebiet schließlich erobern und im folgenden Jahr auch letztlich kontrollieren.[48] Für das bolschewistische Russland schien ohne eine Ukraine mit ihrem Reichtum an Bodenschätzen, Böden, Menschen und Wirtschaftskraft eine künftige Großmachtrolle unmöglich, sodass die neuen Machthaber alles daransetzten, dort erst gar keinen funktionierenden Nationalstaat aufleben zu lassen. So verweigerten die Bolschewiki dem in Kiew sich formierenden Zentralrat, die Rada, die Anerkennung als offizielle Vertreterin der Ukraine, und etablierten stattdessen schon im Dezember 1917 eine sowjetukrainische Gegenregierung in Charkow.[49] Die im Januar 1918 durch die Rada in Kiew erklärte ukrainische Unabhängigkeit konnte fast zwangsläufig aufgrund der Stärke der Roten Armee Sowjetrusslands (RSFSR) kaum von Dauer sein.

Die ukrainischen Nationalisten scheiterten aber vor allem auch daran, dass ihre Wünsche und Ziele sich nicht mit der Realität in Einklang bringen ließen. So bestand die ukrainische Gesellschaft nur aus einer kleinen und dazu noch politisch gespaltenen bürgerlichen Elite ohne große administrative Erfahrung, deren radikaler Nationalismus sich aus der Feindschaft zu Polen und Russland speiste, und aus einer breiten bäuerlichen Masse, die sich allerdings mehr um ihre eigenen ländlichen Interessen sorgte als um Fragen einer nationalen Souveränität.[50] Überlagert wurden diese internen Probleme von den Unruhen der Kriegs- und Nachkriegszeit und verschiedener fremder Interventionen, so durch Deutschland, Polen und zuletzt Sowjetrussland.

Letztlich fehlte der Ukraine auch – im Gegensatz beispielsweise zu Polen – die notwendige internationale Unterstützung für ihre gescheiterten Staatsgründungsversuche. Die einzigen Staaten, die in dieser Phase eine kurzlebige im westlichen Teil der Ukraine proklamierte »Ukrainische Volksrepublik« anerkannten, waren die Mittelmächte Deutschland und Österreich-Ungarn, die allerdings – wie bekannt – den Ersten Weltkrieg verloren. Dem im Zuge des Vertrags von Brest-Litowsk quasi von Deutschlands Gnaden gegründeten ersten ukrainischen Nationalstaat war somit nur eine kurze Lebenszeit beschieden. Nach dem Abzug der deutschen Truppen, dem Sieg der Roten Armee im russischen Bürgerkrieg und dem polnisch-russischen Krieg verlor die Ukraine nämlich ihre ohnehin kaum gefestigte Unabhängigkeit und wurde als Ukrainische Sowjetrepublik im Dezember 1922 in die neu gegründete Sowjetunion integriert.[51] In den 1920er-Jahren entwickelte sich dann ein ukrainischer »integraler Nationalismus« zu einer einflussreichen Strömung, die durch Antisemitismus, Militanz, einer sakralen Überhöhung der Nation und deutlicher Feindschaft gegenüber Polen und der Sowjetunion bzw. Russland geprägt war.[52]

Auf der anderen Seite versuchte Josef Stalin mit allen Mitteln, den ukrainischen Freiheitswillen zu unterdrücken und die sowjetische Herrschaft in der Ukraine zu festigen. Die Bolschewiki waren bereits zuvor radikal gegen ukrainische Intellektuelle und den ukrainischen Klerus vorgegangen. Zwischen 1926 und 1932 wurden durch staatlichen Terror in der Sowjetunion 10 000 Kleriker ermordet. Allein im Jahr 1931 wurden mehr als 50 000 Intellektuelle nach Sibirien deportiert, darunter 114 der bedeutendsten Dichter, Schriftsteller und Künstler des Landes. Anschließend nahmen die Bolschewiki nun die Bauernschaft, die sich nach wie vor hartnäckig der Kollektivierung und Umerziehung widersetzte, ins Visier. Im Sinne einer Russifizierung sollte die ukrainische Kultur ausgemerzt werden, sodass nur noch eine sowjetische Kultur übrig bliebe. Der sogenannte Holodomor[53], dem in der Ukraine schätzungsweise drei bis sieben Millionen Menschen zum Opfer fielen, begann mit zwei Missernten in den Jahren 1931 und 1932.[54] Trotz des Hungers der Landbevölkerung erhöhten die kommunistischen Parteikader die Abgabenquote der Bauern auf 44 Prozent. Während im Jahr 1931 noch 7,2 Millionen Tonnen Getreide in der Ukraine requiriert wurden, sank dieser Wert auf 4,3 Millionen Tonnen im Jahr 1932. Das Getreide wurde größtenteils zur Devisenbeschaffung auf dem Weltmarkt verkauft. Die Einnahmen wurden zur Industrialisierung der sowjetischen Wirtschaft und zu Rüstungszwecken genutzt.[55] Im Herbst 1932 beschloss Stalin schließlich, die Hungerkrise gezielt gegen die Ukraine zu nutzen. Die Grenzen wurden geschlossen, sodass Hungerflüchtlinge nicht ausreisen konnten. Am 28. November 1932 beschloss das Politbüro der KP der Ukraine unter Wjatscheslaw Molotow, dem späteren sowjetischen Außenminister, die Verhängung von »Naturalienstrafen« und die Einführung von »Schwarzen Listen« gegen opponierende Bauern. In der Folge wurden die Lebensmittelforderungen an die Bauern massiv erhöht. Darüber hinaus wurden in den Dörfern Haushaltsgegenstände wie Seife oder Petroleum konfisziert und die bolschewistischen Brigaden suchten nach versteckten Lebensmitteln. Die Dörfer wurden somit systematisch ausgeplündert. In der Folge von Strafabgaben verloren viele Bauernfamilien ihren gesamten Besitz und zogen, um Nahrungsmittel erbetteln zu können, in die Städte. In der Bevölkerung kam es zu Kannibalismus.[56] Mit dem Mittel einer absichtlich herbeigeführten und durch Zwangsrequirierungen verschlimmerten Hungersnot sollte nicht nur der Widerstand gegen die Enteignungen im Rahmen der Zwangskollektivierung gebrochen, sondern auch die

Abb. 1 Ein Mädchen mit Getreideähren in den Händen – das Denkmal in Kiew erinnert an die Opfer des Holodomors und Völkermordes 1932/33.

ukrainische Unabhängigkeitsbewegung und der ukrainische Freiheitswillen getroffen werden. In den Jahren 2003 und 2006 erklärte das ukrainische Parlament den Holodomor offiziell zum Genozid am ukrainischen Volk[57] und am 14. Dezember 2022 entschloss sich auch das EU-Parlament endlich zu diesem Schritt.

Anhand dieser knappen überblicksartigen Darstellungen lässt sich folgern, dass die Ukraine eine verspätete Nation[58] darstellt, auch wenn sie gegen Ende des Zweiten Weltkriegs auf der Konferenz von Jalta im Februar 1945 von den Alliierten als ein quasi selbstständiger Staat betrachtet wurde und daraufhin einen eigenen Sitz und somit eine Stimme in der UNO erhielt. Dennoch verblieb die Ukraine bei der Sowjetunion, innerhalb deren sie zwar zu den wirtschaftlich gut entwickelten Teilrepubliken gehörte, aber von Stalins Bevölkerungspolitik wieder einmal betroffen war. So wurden in den 1950er-Jahren nämlich aus der Ostukraine und dem Donbass etwa zwei

Millionen Ukrainer in den Westteil nach Galizien und Wolhynien umgesiedelt, was natürlich die Russifizierung des Donbass deutlich erleichterte. Eine signifikante Zuwanderung ethnischer Russen in dieses Gebiet erfolgte erst nach dem Zweiten Weltkrieg.[59]

Machen wir nun einen Zeitsprung: Am 24. August 1991 proklamierte Leonid Krawtschuk als Vorsitzender des Obersten Sowjets der Ukraine den Austritt seines Landes aus der UdSSR und somit die Unabhängigkeit. Eine Volksabstimmung in der Ukraine ergab am 1. Dezember 1991 eine große Mehrheit von 92,3 Prozent für diesen Schritt. Auf der Krim fiel die Zustimmung mit nur 54,2 Prozent für eine Loslösung von der UdSSR und eine gemeinsame Zukunft im Rahmen eines ukrainischen Nationalstaates allerdings deutlich geringer aus. Der Separatismus auf der Krim, die 1954 im Rahmen der Sowjetunion von deren damaligem starken Mann Nikita Chruschtschow der Ukraine quasi geschenkt wurde, und die Zukunft des wichtigen Kriegshafens Sewastopol belasteten also von Beginn an die Beziehungen zu Russland. Problematisch wirkten sich auch die Privatisierung der Staatsbetriebe, eine zunehmende Inflation und die Ausbildung des bis heute wirkenden Oligarchensystems, welches Politik und Wirtschaft unterwanderte, aus.[60] Die Gesellschaft in der Ukraine befand sich dabei in einem schwierigen Spannungsverhältnis zwischen Aufbruch und Zusammenbruch, während die verschiedenen Präsidenten und Regierungen zwischen einem Westkurs Richtung EU oder einer Aufrechterhaltung der Bindungen an Russland schwankten.

Dass die »eng verwandten Ukrainer (und Weißrussen) nun durch Staatsgrenzen von den russischen Brüdern getrennt waren, schockte die russische Gesellschaft und Politik in besonderem Maße«, konstatiert der Osteuropahistoriker Andreas Kappeler durchaus nachvollziehbar.[61] Aus Sicht der Russen war ohne die Ukrainer ihre Nation unvollständig. Daher betrachteten sie den jungen ukrainischen Staat als etwas »Künstliches und Provisorisches« und man rechnete damit, dass sich die Ukraine über kurz oder lang mit Russland wieder vereinigen werde. Gorbatschow erklärte, als die Ukraine ihre Unabhängigkeit ausrief: »Ohne die Ukraine kann es keine Union geben, und es kann auch keine Ukraine ohne Union geben. Diese beiden slawischen Staaten waren für Jahrhunderte die Achse, an der sich ein riesiger multinationaler Staat entwickelte. So wird es auch bleiben.«[62] Und aus dem Umfeld des damaligen russischen Präsidenten Boris Jelzin gab es Drohungen, die russisch-ukrainische Grenze zu revidieren.[63] Man sieht, schon vor Putin akzeptierten große Teile der russischen Elite nicht oder nur schwerlich eine unabhängige Ukraine. Schließlich schränkte ihr Verlust Russlands geostrategische Optionen massiv ein. Russland verlor seine beherrschende Position am Schwarzen Meer mit Odessa als bedeutendem Hafen und zudem wichtige Schwerindustriezentren sowie die wertvollen Schwarzerdeböden, die den Ruf der Ukraine als russische Kornkammer begründeten. Die nun unabhängige Ukraine, die für Russland immer auch als geopolitische Pufferzone diente, lavierte seitdem zwischen einer Orientierung Richtung NATO und EU und einer Anlehnung an Moskau.

Erschwerend kam für den neuen Staat eine »innere Spaltung« in einen westlichen, wie eben dargelegt, jahrhundertelang polnisch, z. T. habsburgisch beherrschten, und einen östlichen, über Jahrhunderte hinweg russisch kontrollierten Teil hinzu.[64] Diese innere Zerrissenheit der Ukraine spiegelte sich bis zum von Russland 2022 begonnenen Krieg darin, dass vor allem die Bevölkerung, die bis 1918 zur Donaumonarchie und anschließend zu Polen gehörte, von Beginn der Unabhängigkeit an eher westlich orientiert war, sich von Russland distanzierte und Richtung EU-Beitritt strebte, während viele im Donbass lebenden russischsprachigen Ukrainer dies bis dahin anders sahen.

Der Osten der Ukraine – zu dem der sogenannte Donbass gehört – unterscheidet sich aus mehreren Gründen vom westlichen Teil des Landes. Im Osten wird überwiegend russisch gesprochen. Die dortige Wirtschaft ist bis heute geprägt von Bergbau und Schwerindustrie, einhergehend mit dem Problem, dass diese Industrie trotz massiver staatlicher Subventionen aufgrund technologischer Rückständigkeit nur teilweise international wettbewerbsfähig war und nicht umweltverträglich produzierte. Trotzdem waren sehr viele Bewohner in diesem Teil der Ukraine der Auffassung, dass sie den eigentlichen Wohlstand ihres Landes erwirtschaften. Nicht nur diesbezüglich erfolgte die öffentliche Meinungsbildung unter dem Einfluss der russischen, zunächst anti-westlichen, danach immer stärker anti-ukrainischen Propaganda. Diesen unerklärten Medienkrieg begann Moskau seit der sogenannten »Orangenen Revolution« 2004 somit noch lange vor dem subversiv geführten Militärkrieg im Donbass. Umso problematischer und diskriminierender musste nach der Absetzung des russlandfreundlichen Präsidenten Viktor Janukowitsch und dem damit einhergehenden Machtwechsel als Folge der Proteste des »Euromaidan« zwischen Ende November 2013 und Februar 2014 (deren Auslöser die überraschende Nichtunterzeichnung des geplanten Assoziierungsabkommens mit der EU war), die Absicht der neuen ukrainischen Regierung wirken, Russisch als zweite Amtssprache in den östlichen Regionen abzuschaffen. Ungeachtet dessen gibt es selbst im Donbass keine einheitliche ethnische Struktur. Während in den ländlichen Gegenden mehrheitlich Ukrainisch gesprochen wird, in den kleineren Städten sprachlich gesehen mehr oder weniger eine Parität

Karte 1 Die Ukraine in den Grenzen von 1991

zu verzeichnen ist, dominiert in den großen Städten das Russische.[65] Es herrscht eine Situation, die durchaus mit der Lage in Oberschlesien nach dem Ersten Weltkrieg vergleichbar ist, wo die Deutschen in den großen Städten die Mehrheit bildeten und die Polen auf dem Land.

Auf der Krim, die als »Autonome Krimrepublik« seitens der Ukraine ein gewisses Maß an Selbstverwaltung erhalten hatte, gibt es hingegen eine klare und eindeutige russische Mehrheit von gut drei Viertel der Bevölkerung seit dem Ende des Zweiten Weltkriegs, nachdem zuvor zahlreiche Krimtataren nach Sibirien deportiert worden waren.[66] Die 1954 erfolgte Übertragung der Krim an die Ukraine wurde daher nach dem Ende der UdSSR nicht von ungefähr seitens des russischen Parlaments als illegaler Akt verurteilt, woraufhin wiederum 1992 das ukrainische Parlament offiziell gegen diese Erklärung protestierte.[67] Volksvertreter der Krim widerriefen danach ihre Unabhängigkeitserklärung vom 5. Mai 1992 und setzten ein geplantes Referendum über die politische Zukunft der Halbinsel aus. Umgekehrt erklärten 1993 Nationalisten im russischen Parlament Sewastopol zur russischen Stadt; ein Akt, der allerdings von der damaligen russischen Regierung verurteilt wurde.[68] Erst 1996 wurden die Streitigkeiten zwischen Kiew und der Krim in einem Kompromiss beigelegt.[69] Dass danach die separatistischen Bestrebungen der Krimbewohner zurückgingen, lag auch darin begründet, dass sie weder vom russischen Präsidenten noch von der russischen Regierung unterstützt wurden. Dies änderte sich erst Anfang 2014 im Zuge der Ereignisse des Euro-Maidans.[70]

Mit der Orientierung der neuen Regierung Richtung Westen 2014 musste Russland aus seiner Sicht reagieren, denn solange die Unabhängigkeit der Ukraine besteht, bleibt für Moskau auch die Kontrolle des Schwarzen Meers höchst unsicher.[71] Eine gewaltsame russische Gegenreaktion war daher fast nur eine Frage der Zeit.

Die am 18. März 2014 erfolgte russische Besetzung und Annexion der Krim, die Russland bzw. Putin mit dem Selbstbestimmungsrecht der Völker und dem Schutz der dortigen russischsprachigen Bewohner begründete, verlief aufgrund der damaligen Schwäche der ukrainischen Armee noch weitgehend unblutig. Den einzigen Widerstand auf der Krim leisteten allenfalls die Krimtataren. Diese sehen sich seitdem massiven Repressionen und einer zunehmenden Unterdrückung ausgesetzt. Im April 2016 wurde die öffentliche Organisation der Krimtataren (»Medschlis«), welche sich als Repräsentantin und Sprecherin dieser Volksgruppe verstand, in Russland zu einer terroristischen Organisation erklärt und offiziell verboten. Selbst im Fall einer erneuten Volksabstimmung bezüglich der territorialen Zugehörigkeit der Krim unter Aufsicht von OSZE, UNO und dergleichen mehr, stellt die Stimme der Krimtataren mit 300 000 Menschen bezogen auf die 1,8 Mio. starke Bevölkerung der Krim nur eine Minderheit dar. Ob der überwiegend russischstämmige Bevölkerungsanteil auf der Krim infolge der russischen Politik dauerhaft für die Ukraine verloren sein wird, müssen die künftigen Entwicklungen zeigen. Die sogenannte »Republik Krim« betrachtet sich seit dem Referendum vom 16. März 2014, das unter Aufsicht der zuvor einmarschierten russischen Truppen durchgeführt und illegal unter Waffengewalt beschlossen wurde[72], jedenfalls als von der Ukraine losgelöst und seit dem 17. März 2014 als Teil Russlands. Putin verglich die Annexion – aus seiner Sicht die »Heimholung« der Krim – mit der der deutschen Wiedervereinigung. »Buchstäblich alles auf der Krim ist durchdrungen von unserer gemeinsamen Geschichte, unserem gemeinsamen Stolz«, betonte der russische Präsident und erinnerte mit viel Pathos an die heldenhafte Vergangenheit des »legendären« Sewastopol und anderer Stätten auf der Krim. »Alle diese Orte sind uns heilig, sie sind Symbole für Kriegsruhm und unerhörten Heldenmut.«[73] Darüber hinaus beschwor er die alte Freundschaft zwischen beiden Völkern: »Wir sind nicht nur Nachbarn, sondern faktisch, das habe ich schon mehrfach betont, ein Volk […]

und wir können nicht ohne den anderen leben.«[74] Weiterhin erklärte Putin unumwunden, dass die »russische Welt« und das »historische Russland« nach Wiedervereinigung strebten. Konkret bezog er dies auf das historische »Neurussland«, das aus seiner Sicht unverständlicherweise von den Bolschewiki ohne jegliche Rücksichtnahme auf ethnische Gegebenheiten der Ukrainischen Sowjetrepublik zugeschlagen worden war.[75] Damit unterstrich er Russlands Anspruch nicht nur auf den Donbass, sondern auch auf die Südukraine einschließlich Odessa.

Im Gegensatz zu den Ereignissen auf der Krim führte die anschließende russische Intervention im Osten der Ukraine[76], wo im Donbass in den Regionen Lugansk und Donezk sogenannte »Volksrepubliken« ausgerufen wurden, zu militärischen Konflikten. Ein direktes militärisches Eingreifen Russlands war dabei zunächst gar nicht erforderlich, da es auch so genügte, durch die dortigen kriegerischen Auseinandersetzungen die Ukraine an einer klaren Westbindung zu hindern. Parallel dazu schwebte die Idee eines »Neurusslands« (Novorossija), das acht Regionen der Ost- und Südukraine einschließen und von Odessa bis zu dem seit 1991 von Moldau abtrünnigen Transnistrien reichen soll, bei russischen Nationalisten im Raum; eine Idee, die Putin 2014 in einer Rede bezogen auf diese »verlorenen Gebiete«[77] aufgriff. Von entscheidender geopolitischer Bedeutung war für Russland im Konflikt mit der Ukraine aber zunächst der Besitz der eisfreien Krim.[78]

Das Protokoll von Minsk (Minsk I)[79], das am 5. September 2014 als Ergebnis der Beratungen der aus Russland, der Ukraine und der OSZE bestehenden Kontaktgruppe zur Umsetzung eines Friedensplanes unterzeichnet und durch die Verabschiedung der Resolution 2202 (2015) des UN-Sicherheitsrates[80] zu einem völkerrechtlich geltenden Vertrag wurde, sah als wesentliches Ziel einen begrenzten Waffenstillstand vor. Bereits am 28. September jedoch flammten die Kämpfe um den Flughafen von Donezk erneut auf. Am 12. Februar 2015 kam auf Initiative von Deutschland und Frankreich ein erneutes Waffenstillstandsabkommen zustande: Minsk II (auch Minsker Friedensabkommen genannt). Hierbei handelt es sich um einen Maßnahmenkomplex zur Umsetzung der Vereinbarungen von Minsk I. Seine wichtigsten Ziele, nämlich ein Ende des seit 2014 in der Ost-Ukraine herrschenden Kriegs und eine politische Beilegung des Konflikts, wurden jedoch nicht erreicht.[81]

Vielmehr eskalierte Moskau den Konflikt Schritt für Schritt weiter und unterstützte die beiden »Volksrepubliken« personell und militärtechnisch in vielfältiger Weise. Außenminister Sergej Lawrow beklagte z. B., dass Nationalisten in Kiew das Sagen hätten und die ukrainische Politik dort gegen alles Russische gerichtet sei. Es gebe keine Fortschritte bei der

Lösung des Konflikts, die Regierung in Kiew erfülle den Friedensplan für die Ostukraine nicht, sondern nutze ihn vielmehr als Druckmittel gegenüber Russland.

Am 21. Februar 2022 erklärte Putin dann, dass es für das Minsker Abkommen keine Aussichten mehr gebe[82], und unterzeichnete noch am selben Tag die formelle Anerkennung der selbstproklamierten und international nicht anerkannten Volksrepubliken Lugansk und Donezk als eigenständige Staaten. Mit der offiziellen Entsendung von Truppen in die von Separatisten kontrollierten Gebiete[83] und dem Angriff am 24. Februar 2022, der gegen das Gewaltverbot als eines der grundlegenden Prinzipien des Völkerrechts verstieß, war nicht nur das einzige von allen Seiten unterzeichnete Dokument zur Beilegung des Konfliktes hinfällig, sondern nahm der bis heute andauernde Krieg Russlands gegen die Ukraine, der Putin gar zuletzt absprach, eine eigene Nation zu sein, seinen Anfang.

Eine Darstellung des Kriegsverlaufs würde an dieser Stelle allerdings nicht nur den Rahmen des Buches sprengen, sondern auch inhaltlich bzw. thematisch zu weit führen. Militärisch zeichnet sich derzeit allem Anschein nach ein Patt bzw. ein langwieriger, evtl. sich über mehrere Jahre hinziehender Abnutzungskrieg ab. Ein für beide Konfliktparteien tragfähiges Ergebnis könnten somit letztlich nur territoriale Kompromisse (Russland wird wohl nie freiwillig auf die Krim verzichten) und eventuell eine Neutralität der Ukraine sein, »verbunden mit einer Garantie der NATO, die Ukraine nicht einzubeziehen, und einer solchen Russlands, diese Neutralität zu achten.«[84] Eine ukrainische Siegesparade auf dem Roten Platz in Moskau dürfte jedenfalls reine Utopie unverbesserlicher Fantasten bleiben.

e. Belarus bzw. Weißrussland

Mit gut 207 600 km² ist Weißrussland[85] im osteuropäischen Raum nach Russland und der Ukraine in Europa flächenmäßig der größte Nachfolgestaat der Sowjetunion. Seine maximale Ausdehnung beträgt vom Westen nach Osten 650 km und von Norden nach Süden 560 km. Als Binnenstaat grenzt es an Polen, Lettland, Litauen, die Ukraine und Russland. Seine Gesamtgrenzlänge beträgt 3642 km, davon zu den NATO-Staaten Lettland 161 km, Litauen 604 km und Polen 418 km. Zwei Drittel des Grenzverlaufs entfallen auf Russland (1312 km) und die Ukraine (1111 km).[86] Die größten Städte sind die Hauptstadt Minsk (1,9 Mio. Einwohner), gefolgt von Homel (rund 521 000 Einwohner), Mahiljou und Wizebsk (beide rund 370 000 Einwohner).

Karte 2 Belarus bzw. Weißrussland in den Grenzen von 1991

Es existieren keine herausragenden Geschichtserzählungen oder nationale Mythen, die sich mit dem Namen Weißrussland verbinden. Schon Karl Marx und Friedrich Engels zählten die Weißrussen zu den »geschichtslosen Völkern« ohne staatliche Tradition.[87] Als ostslawisches Volk waren sie vom Spätmittelalter bis zum 20. Jahrhundert immer wieder Spielball der Interessen ihrer Nachbarvölker bzw. -staaten Polen, Litauen und Russland. Somit liefen sie Ende des 19. Jahrhunderts Gefahr, statt einen eigenen Nationsbildungsprozess zu vollziehen, zwischen der russischen und polnischen Kultur quasi zerrieben zu werden. Weiterhin existierte keine religiöse Einheit. Die katholische Kirche war polnisch, die orthodoxe russisch. Um die Jahrhundertwende allerdings wurde in weißrussischen Studentenkreisen, v. a. in der Gruppe »Hromada« (Partei der weißrussischen Agrarrevolutionäre) zunehmend eine eigene weißrussische Nation betont. Mit dem Ende der Zarenherrschaft nach der Februarrevolution 1917 konstituierten sich, ausgehend von der »Hromada«, u. a. in Minsk, politische Zentren, die eine Autonomie innerhalb Russlands anstrebten. Schon im März 1917 entstand ein »Belorussisches Nationalkomitee«, in dem alle ethnischen Gruppen und soziale Schichten vertreten waren, woraus im Juni ein von der »Hromada« dominierter Belorussischer Sowjet (Rat) entstand.[88] Nach der Oktoberrevolution und im darauf folgenden Bürgerkrieg riefen im März 1918 unter dem Schutz der deutschen Besatzungsmacht (Vertrag von Brest-Litwosk vom 3. März 1918) weißrussische Nationalrevolutionäre eine Weißrussische Volksrepublik (»Belaruskaja Narodnaja Respublika«, BNR) aus. Mit dem Abzug der deutschen Truppen aus Minsk im Dezember 1918 kam es während des russischen Bürgerkriegs zur Gründung einer Weißrussischen Sowjetrepublik, die nach dem weiteren Vorrücken der Roten Armee mit der in Wilna ausgerufenen Sowjetrepublik Litauen vereinigt wurde. Doch war dies nur ein kurzlebiges Gebilde. Im Zuge des polnisch-russischen Krieges 1919/20 gerieten die nationalstaatlichen Ambitionen der Weißrussen völlig zwischen die Fronten. Zwar hatte die Weißrussische Sowjetrepublik während dieser Auseinandersetzungen nominell weiter bestanden und im Januar 1920 einen »Bündnisvertrag« mit der RSFSR (Russische Sozialistische Föderative Sowjetrepublik, Vorläufer der 1922 gegründeten Sowjetunion) abgeschlossen, doch vertrat diese bei den Rigaer Friedensverhandlungen im März 1921 deren Interessen, was letztlich in eine Eingliederung in die künftige UdSSR münden sollte.

Faktisch bedeutete dies eine Teilung Weißrusslands zwischen Polen und der RSFSR. Insgesamt erwies sich die nationale Bewegung der Belarussen als zu schwach für die Bildung eines eigenen Nationalstaats. Die Gründung einer weißrussischen Sowjetrepublik innerhalb der UdSSR sollte dann vor allem revisionistische Ansprüche gegenüber Polen untermauern (analog zur später gegründeten »Karelo-Finnischen Sozialistischen Sowjetrepublik« bezüglich einer möglichen Wiedereingliederung Finnlands). Nachdem die RSFSR 1924 die Gebiete von Mogilew und Witebsk sowie 1926 die Bezirke Gomel und Retschiza an die Weißrussische Sowjetrepublik abgetreten hatte, verdoppelte sich fast deren Territorium. Es umfasste mit rund fünf Millionen Einwohnern somit einen wesentlichen Teil des von Weißrussen bewohnten Gebietes innerhalb der Sowjetunion. Sprachlich gab es in den 1920er-Jahren immer noch erhebliche Diskrepanzen: Ein Teil der ländlichen Bevölkerung bestand auf dem Gebrauch des Russischen in den Schulen, während weißrussische Intellektuelle v. a. in Minsk versuchten, polnische und russische Einflüsse im Weißrussischen zu entfernen und zunehmend eine eigene Terminologie zu entwickeln. Diese Versuche waren jedoch nur von kurzer Dauer. Unter der Terrorherrschaft Stalins wurden nationale Ideen jeglicher Art bekämpft. Ende 1929 waren so gut wie alle weißrussischen Intellektuellen interniert, bis 1930 war die weißrussische Literatur vernichtet worden und auch die weißrussischen Kommunisten wurden aus der KPdSU entfernt und durch Russen ersetzt. Sprache und Kultur in Weißrussland wurden somit umfassend russifiziert. Mit Beginn des Zweiten Weltkriegs fiel im Zuge der Teilung Polens sein weißrussisches Gebiet an die UdSSR, allerdings ohne das Gebiet um Wilna, das als »Geschenk« Litauen übertragen wurde. Mit dem deutschen Angriff auf die UdSSR geriet Weißrussland unter deutsche Besatzung, was für Millionen Menschen unvorstellbares Leid bedeutete. 1945 wurde die nun deutlich vergrößerte Weißrussische Sozialistische Sowjetrepublik formal Mitglied der Vereinten Nationen. Eine forcierte Industrialisierung (Schwerindustrie) wurde von der KPdSU in Gang gesetzt, sodass Weißrussland zwischen 1970 und 1984 das schnellste Wachstum aller Sowjetrepubliken aufwies.[89] Im Zuge der Reformpolitik Gorbatschows (Perestroika und Glasnost) kam es dann bei zahlreichen Völkern innerhalb der UdSSR zu Unruhen, Protesten und Aufbegehren, allerdings zunächst nicht in Weißrussland. Dort gründeten 1988 zwar Schriftsteller und Intellektuelle die Volksfront »Adrashden'ne« (Erneuerung), die an die nationalen Bestrebungen des 19. Jahrhunderts anknüpfte.[90] Allerdings hielt sich der Erfolg dieser Bewegung aufgrund eines geringen Zuspruchs seitens der Bevölkerung in Grenzen. Vielmehr war Belarus in der Umbruchphase ein »Hort des sowjetischen Kommunismus geblieben.«[91] Das verdeutlichen auch die Parlamentswahlen von 1990, in deren Folge sowohl im Parlament wie in der Regierung die Kommunisten die Mehrheit stellten. Daraufhin kam es zu einer Spaltung der KP mit der Bildung eines »Demokratischen Blocks«. Nach dem gescheiterten Putsch vom August 1991 in Moskau erfolgte am 25. August die Unabhängigkeitserklärung durch den Obersten Sowjet der Belarussischen Sozialistischen Sowjetrepublik, die sich seit dem 19. September 1991 »Republik Belarus« nennt. Der positive Ausgang des Unabhängigkeitsreferendums vom 1. Dezember 1991 in der Ukraine leitete dann den endgültigen Zerfall der UdSSR ein. Eine Woche nach der Abstimmung in der Ukraine beschlossen die Präsidenten der drei slawischen Sowjetrepubliken die Auflösung der Sowjetunion, deren Ära als Staat am 21. Dezember 1991 endete (formale Auflösung am 31.12.). An ihre Stelle trat die »Gemeinschaft unabhängiger Staaten« (GUS), die aus der am 7./8. Dezember 1991 in der weißrussischen Hauptstadt Minsk getroffenen Vereinbarung zwischen Russland, der Ukraine und Weißrussland hervorging. Allerdings stellte die GUS, mit deren Hilfe v. a. die Ukraine und Belarus eng an Russland gebunden werden sollten, nur eine Übergangslösung dar.

Historisch bedingte mögliche territoriale Auseinandersetzungen mit Litauen (z.B. hinsichtlich der Region Vilnius) oder mit Polen stellen kein nennenswertes Konfliktpotenzial dar. Ideen der Republikführung aus dem Jahr 1990, bei einer Abspaltung Litauens von der UdSSR Ansprüche auf das »Wilna-Gebiet« zu erheben, das 1939 Litauen zugeschlagen worden war, hatten keinerlei Realisierungschancen und verschwanden schnell in der Versenkung. Als konfliktträchtiger könnte sich – je nach weiterer politischer und militärischer Entwicklung in Russland und in Belarus selbst – auf territorial-historischer Ebene eher das Verhältnis zu Russland erweisen, zum einen bezüglich der 1924 und 1926 an die Weißrussische SSR übertragenen Gebiete (analog zur Krim). Der heutige Verwaltungsbezirk Gomel (Homelskaja Woblasz) umfasst beispielsweise mit rund 40 000 km² eine nicht unerhebliche Größe. Möglicherweise könnte Russland hier eine Rückforderung dieser Territorien anstreben, und sei es nur, um politischen Druck auf Belarus auszuüben. Zum anderen könnten Spannungen grundsätzlicher Art auftreten, sollten Russland bzw. entsprechend nationalistische Gruppierungen den Belorussen aufgrund ihrer dargelegten schwierigen und letztlich erst sehr späten Nationswerdung das Recht einer eigenständigen Nation absprechen. In Belarus selbst fehlt(e) die mobilisierende Kraft des Nationalismus sowohl in der politischen Elite wie auch in weiten Teilen der Bevölkerung.[92]

Das natürliche Bevölkerungswachstum des multiethnischen Staates ist aktuell rückläufig und betrug zuletzt -0,15 Prozent pro Jahr. Die letzte Volkszählung von 2009 ergab bei einer Bevölkerungsdichte von 50 Einwohnern/km² eine Gesamtbevölkerung von 9 503 807 Einwohnern, davon 83,4 Prozent Weißrussen (Belorussen), 8,2 Prozent Russen, 3,1 Prozent Polen, 1,7 Prozent Ukrainer sowie Tataren und andere Volksgruppen.[93]

Sprachlich stellt sich die Lage, ausgehend von den Daten von 2009, dann schon wieder ganz anders dar: Hier wurde zum einen nach der Muttersprache, zum anderen nach der in der Regel zu Hause verwendeten Sprache gefragt. Von den Bürgern weißrussischer Nationalität nannten 60,8 Prozent das Weißrussische und 37,0 Prozent das Russische. Auf die Frage nach der üblicherweise zu Hause verwendeten Sprache lagen die Werte bei 26,1 Prozent für das Weißrussische und 69,8 Prozent für das Russische.[94] Beide Sprachen sind allerdings recht eng miteinander verwandt. Deklination und Konjugation entsprechen zu großen Teilen dem Russischen. Größere Unterschiede gibt es allerdings im Wortschatz, so enthält das Weißrussische zahlreiche ukrainische und polnische Entlehnungen.[95] Eine nach der Unabhängigkeit 1991 versuchte Aufwertung des Weißrussischen hatten große Teile der Bevölkerung damals abgelehnt. Bei einem Referendum im

Mai 1995 sprachen sich nach offiziellen Angaben 88,3 Prozent der Bevölkerung für einen gleichberechtigten Status beider Sprachen als Amtssprachen aus.[96] Hinzu kommen, neben einer vor allem in den Städten entstandenen belorussisch-russischen Mischsprache, der Trasnjak[97], noch die Sprachen der o.a. Minderheiten. Aufgrund der jahrzehntelangen Dominanz des Russischen bedeutet dies jedoch de facto einen überwiegenden Gebrauch des Russischen im Alltag. Zahlreiche Zeitungen erscheinen auf Russisch und auch nach der Unabhängigkeit wurde und wird oft ein großer Teil des Unterrichts an den Schulen ebenfalls auf Russisch geführt.[98] Im Bildungssystem ist das Weißrussische insgesamt also nur schwach verankert. So wurde beispielsweise im Sommer 2003 das Minsker Nationale Humanitäts-Lyzeum, das einzige Gymnasium mit weißrussischer Unterrichtssprache, geschlossen.[99] Gegenwärtig wird die weißrussische Schriftsprache nur von einer kleinen intellektuellen Schicht in den größeren Städten gesprochen. Angesichts einiger politisch-ökonomischer Konflikte mit Russland seit Mitte der 2000er-Jahre und dessen Rolle in der Ukrainekrise kam es in jüngerer Zeit zwar zu einer gewissen Aufwertung der weißrussischen Sprache, was sich bislang jedoch nicht in einer Änderung der faktischen Sprachpolitik widerspiegelt.[100] Schon an dieser Stelle stellt sich also die Frage, inwieweit Weißrussland eine eigenständige Nation darstellt. Ethnisch gesehen bilden die Weißrussen die klare Mehrheit, sprachlich gesehen bilden sie eine Minderheit. Berücksichtigt man die ethnischen Minderheiten, kann wohl kaum von einer homogenen Nation die Rede sein. Zwar ist das Weißrussische eine eigenständige ostslawische Sprache, es steht aber nach wie vor im Schatten des Russischen. Hinsichtlich der konfessionellen Orientierung bekennen sich 60 Prozent der Einwohner zur christlich-orthodoxen Kirche, 8 Prozent sind Katholiken, dazu kommen neben den keiner Kirche angehörenden Bevölkerungsteilen noch Minderheiten von Muslimen, Juden und Protestanten. Allerdings fehlte – im Gegensatz beispielsweise zu Polen – eine Nationalkirche, die Träger eines belorussischen Nationalismus hatte werden können, verstand sich doch – wie schon angedeutet – die katholische Kirche eher der polnischen Nation zugehörig, die orthodoxe Kirche hingegen der russischen.

Ein Großteil der Bevölkerungsgruppen definiert sich insgesamt betrachtet weniger über ihre formale nationale Zugehörigkeit, vielmehr wirken hier das Fehlen einer belarussischen nationalen Elite, die lange russische bzw. sowjetische Herrschaft sowie Bevölkerungsverschiebungen infolge des Zweiten Weltkriegs intensiv nach. Derzeit lässt sich v.a. bei dem russischen Anteil eher von einer Art sowjetischen Identität – was sich übrigens auch nach wie vor beispielsweise im Stadtbild von Minsk klar erkennen lässt – statt einer eigenständigen weißrussischen sprechen. Mögliche Konfliktfelder könnten sich also aus der Dominanz des Russischen ergeben sowie aus der Tatsache, dass eine russische Minderheit von knapp 800 000 Menschen eventuell vonseiten Russlands für separatistische Bestrebungen instrumentalisiert werden könnte. Aktuell sind allerdings derartige Bestrebungen nicht zu erkennen. Vielmehr läuft seit 1996 – neben einer Zollunion – mit unterschiedlicher Intensität das Projekt eines gemeinsamen Unionsstaates. Ein entsprechender Vertrag vom Dezember 1999 beinhaltet eine intensive innen- wie außenpolitische Annäherung und als Fernziel sogar eine gemeinsame Verfassung. 2002 schlug Putin vor, Belarus Russland anzugliedern,[101] was der belarussische Präsident Alexander Lukaschenko jedoch ablehnte. Zu konstatieren ist daher zwar ein nach wie vor ambivalentes, nicht immer spannungsfreies Verhältnis zum großen Nachbarn, wobei Minsk aber als Russlands engster Verbündeter im Ukraine-Krieg agiert und letztlich als Vasall Moskaus einzustufen ist.

f. Jugoslawien

Gut 30 Jahre sind nun mittlerweile vergangen, seit der Vielvölkerstaat Jugoslawien seinen letztlich unausweichlichen Untergang erlebte und die von den Serben dominierten Nationen ihre Freiheit und Unabhängigkeit erlangten.[102] Jugoslawien war nach dem Zweiten Weltkrieg ein Staat mit sechs Republiken, in denen – je nach Lesart – sechs bis acht Völker lebten, die sechs Sprachen pflegten, drei Religionen angehörten, zwei Alphabete verwendeten und einer kommunistischen Partei unterstanden. Mit diesem Satz lässt sich in Kurzform schon die gesamte Problematik und Konfliktträchtigkeit dieses Staates umschreiben und dennoch existierte er erstaunlicherweise insgesamt rund 70 Jahre: von 1918 bis 1941 und dann wieder ab 1945. Die sogenannte »Föderative Volksrepublik Jugoslawien« (»Federetniva Narodna Republika Jugoslavija«) bestand bis 1991 aus den sechs Teilrepubliken Serbien (Srbija), Kroatien (Hrvatska), Slowenien (Slovenija), Bosnien und Herzegowina (Bosna i Hercegovina), Montenegro (CrnaGora) und Makedonien (Makedonija) sowie den beiden autonomen, zu Serbien gehörenden Regionen Wojwodina und Kosovo. Die Völker der Serben, Kroaten, Slowenen, Montenegriner (eng verwandt mit den Serben), Makedonen, Albaner und Ungarn sowie kleine Minderheiten von Rumänen und Bulgaren lebten in diesem Staat zusammen.

Hinzu kamen noch die Bosnier, die sich erst später aufgrund der gemeinsamen Religion des Islam als eigene Volksgruppe begriffen, ethnisch

Karte 3 Die Nachfolgestaaten des ehemaligen Jugoslawiens

gesehen serbische und kroatische Wurzeln aufweisen, von Tito gleichwohl zu einer eigenen Nation quasi erhoben wurden.

Tagtäglich wurden wir in den Medien seit 1991 mit dramatischen Meldungen und Bildern dieser verschiedenen Kriege konfrontiert. Nachrichten über sogenannte »ethnische Säuberungen«, Vergewaltigungen, verbrannte Erde, Errichtungen von KZ-ähnlichen Lagern riefen die schlimmsten Erinnerungen an längst vergangen geglaubte Zeiten ins Gedächtnis. Der Jugoslawienkonflikt kann insgesamt exemplarischen Charakter für das Scheitern eines Vielvölkerstaates beanspruchen. An diesem Beispiel lässt sich quasi in perfekter Manier die Bedeutung von Nationalismus, historischen Konfliktwurzeln, religiösen und ökonomischen Gegensätzen als Ursachen für Separatismusbestrebungen analysieren, sodass es hier auch umfangreicher als andere Fallstudien dargestellt wird.

Die Loslösung der ehemaligen Teilrepubliken Slowenien, Kroatien (nach jeweiligen Volksabstimmungen, die überwältigende Mehrheiten für eine Unabhängigkeit ergaben) und Bosnien-Herzegowina aus Jugoslawien in den Jahren 1991/92 erfolgte vor allem in den letzteren beiden Republiken nach langjährigen komplexen und z. T. äußerst brutal geführten Kriegen, die erst 1995 mit dem Abkommen von Dayton beendet werden konnten. Hingegen verlief die Trennung Makedoniens zur selben Zeit alles in allem – trotz gewisser Konflikte mit den dort lebenden Albanern – friedlich. Serbien bildete nun mit der Teilrepublik Montenegro als Restbestand die Bundesrepublik Jugoslawien, sah sich identisch mit der ehemaligen Sozialistischen Föderativen Republik Jugoslawien (SFRJ) und verstand sich somit als deren Rechtsnachfolger. Nachdem 2006 sich die Bevölkerung von Montenegro jedoch mehrheitlich für eine Auflösung der Union mit Serbien ausgesprochen hatte, die friedlich vollzogen wurde, war dann auch formal das Ende Jugoslawiens vollzogen.

Um diesen Prozess in seiner gesamten Komplexität nachvollziehen zu können, ist ein Rückgriff auf die historischen Entwicklungen bis ins Mittelalter, insbesondere dann aber ab dem 19. Jahrhundert unumgänglich. Blicken wir also zurück.

Nationale Ursprünge im Mittelalter

Im 6. Jahrhundert vollzog sich im Ostalpengebiet sowie in Dalmatien und den Ebenen von Drau und Save die slowenische und kroatische Siedlungstätigkeit. Durch die Kontakte zum Frankenreich früh christianisiert, kam es um 650 zur Gründung eines kurzlebigen slowenischen »Herzogtums«

Karantanien (um 750 von den Franken erobert und damit über 1000 Jahre unter deutschen Einfluss geratend) und 845 zur Bildung des Herzogtums Kroatien (seit 925 Königreich). Erst 1102 verlor es durch die Personalunion mit Ungarn seine Eigenständigkeit. Bis 1526 stellte Kroatien innerhalb Ungarns jedoch eine Region mit eigener Verfassung und Verwaltung dar, woran sich auch in der anschließenden Herrschaft der Habsburger bis 1918 nichts ändern sollte. Die Serben, seit dem 9. Jahrhundert von Ostrom aus christianisiert, bildeten im Mittelalter ebenfalls ein regional durchaus bedeutendes Königreich, das allerdings nach der traumatischen Niederlage gegen die Türken 1389 auf dem Amselfeld und innenpolitischen Wirren dann rasch vom Osmanischen Reich erobert wurde. Zentrum dieses Reiches bildete das heutige Kosovo, das in Serbien somit als »Wiege des Serbentums« gilt. Über 400 Jahre waren die Serben (wie auch andere Volksgruppen) in den heutigen Staaten Makedonien, Kosovo, Serbien und Bosnien-Herzegowina orientalisch-islamischen Einflüssen ausgesetzt und verblieben bis weit in das 19. Jahrhundert unter türkischer Herrschaft. Die Epoche der Fremdherrschaft ist aber auch aufgrund der zahlreichen Bevölkerungsverschiebungen in dieser Zeit von Bedeutung. Sie verwandelten die südslawische Region in den heute noch existierenden ethnischen Flickenteppich.

Vor allem die im 16. Jahrhundert als Schutzgürtel gegen die Türken angelegte österreichische Militärgrenze[103] (1522–1881) ist in diesem Zusammenhang zu nennen. Sie entstand, als der größte Teil Ungarns an das Osmanische Reich gefallen und Österreich dadurch bedroht war. Um 1535 erfolgte die erste Ansiedlung von Uskoken (Flüchtlingen) zwischen der Adria und westlich von Zagreb, drei Jahre später entstand eine weitere Militärkolonie in Slawonien. Als ein eigenes Rechts- und Verwaltungsgebiet stellte sie ein System befestigter Siedlungen dar, deren Bewohner als Wehrbauern ständig zur Verteidigung gegen die Türken bereit sein mussten – herrschte an der Militärgrenze doch ein ständiger Kleinkrieg – und im Gegenzug Siedlungsland und zahlreiche rechtliche Privilegien (Selbstverwaltung, Steuer- und Religionsfreiheit sowie persönliche Freiheit) erhielten. Im Zuge des großen Türkenkriegs 1683–1699 schob Wien die Militärgrenze nach Osten vor und bot insbesondere den vor den Türken geflohenen Serben (insgesamt rund 30 000) eine neue Heimat. Dadurch entstanden in Kroatien weitgehend geschlossene serbische Siedlungsgebiete wie die Kraijna. Insbesondere aus dem Kosovo wanderten viele Serben ab und islamisierte Albaner besiedelten nun dort die weitgehend entvölkerte Region. Im frühen 18. Jahrhundert entstand die Militärgrenze dann im Banat nördlich der Donau und wurde im weiteren Verlauf ab den 1850er-Jahren bis nach Siebenbürgen erweitert.

Weiterhin wurde durch sie die heutige West- und Nordgrenze Bosniens vorgeformt. Die neu gewonnenen Räume wurden – neben Serben – auch mit Ungarn, Deutschen und anderen ethnischen Gruppen besiedelt. Damit waren – ohne es damals erahnen zu können – die kommenden Konflikte unbewusst vorprogrammiert und die Basis für kommende Auseinandersetzungen gelegt.

Durch Jugoslawien verlief also, vereinfacht gesagt, ein west-östliches Kulturgefälle zwischen dem katholischen und europäisch geprägten Nordwesten (Slowenien, Kroatien) und dem orthodox-byzantinisch sowie islamisch beeinflussten Südosten. Geografisch lässt sich diese Spaltung an der Donau-Save-Una-Linie festmachen. Historisch gesehen ist dies – wie eben beschrieben – die Konsequenz der Zugehörigkeit zur Donaumonarchie im Westen und zum Osmanischen Reich im Osten, wie sie den jugoslawischen Völkern über Jahrhunderte und zum Teil bis zur Staatsgründung am 29. Oktober 1918 beschieden war. Diese fundamentalen Unterschiede wirkten sich massiv in politischer, wirtschaftlicher, sozialer und kultureller Hinsicht aus.

Nationalismus im 19. Jahrhundert

Im Zuge der Französischen Revolution erwachte auch bei den Südslawen das nationale Bewusstsein. Als Erste probten die Serben, unterstützt von Russland, 1813 und 1815 Aufstände gegen die osmanische Herrschaft und erlangten 1830 einen Autonomiestatus. Ziel dieses gegenüber dem mittelalterlichen Königreich deutlich kleineren Staates war die Schaffung eines Großserbiens, notfalls auch in Form einer Balkanföderation, dann allerdings unter serbischer Führung. Nach dem russisch-türkischen Krieg 1877/78 wurde die volle Unabhängigkeit Serbiens (wie auch Montenegros) auf dem Berliner Kongress bestätigt. Im Zuge der Balkankriege 1912/13 vergrößerte Serbien dann sein Territorium (u. a. um das Kosovo).

Schon Mitte des 19. Jahrhunderts wurde das Ziel eines großserbischen Nationalismus offen propagiert, wie beispielsweise der Entwurf des serbischen Innenministers Ilja Garasanis für die Schaffung eines südslawischen Reiches aus dem Jahr 1844 eindrucksvoll unterstreicht.

> »Es ist mir gewiss […], dass Russland und Österreich die Teilung der Türkei anstreben […]. Russland will seine Hoffnungen auf Konstantinopel nicht aufgeben und Österreich kann nicht zugeben, dass sich ein Staat bilde, der ihm früher oder später alle Südslawen entreißen müsste.

> Es ist also selbstverständlich, dass die Teilung der Türkei den Interessen Serbiens widerspricht und dass dieses die Bildung eines großen christlichen Reiches anstreben muss. […] Serbien hat bereits seine Entwicklung glücklich begonnen und wird sich als Grundlage seiner Existenz das serbische Königreich aus dem 13. und 14. Jahrhundert zum Vorbild nehmen müssen. Die serbischen Könige begannen damals mit der Erweiterung ihres Reiches durch stetige Eroberung von Teilen des Byzantinischen Reiches. […] Die Ankunft der Türken hat die Fortsetzung dieses Werkes verhindert – und unsere Pflicht ist es jetzt, die Grundsteine und Mauern des ehemaligen serbischen Reiches auszugraben und unsere Zukunft unter den Schutz des historischen Rechts zu stellen. Stehen wir unausgesetzt auf diesem Standpunkt, dann wird uns niemand zum Vorwurf machen können: unsere Politik gehe bloß auf Umsturz und Revolution aus; man wird anerkennen müssen, dass Serbien alte staatliche und nationale Traditionen verfolge, wozu es ein Recht hat wie irgendein anderer Staat. […] Vor allem müssen wir wissen, was in Bosnien, der Herzegowina, in Montenegro und Nordalbanien vorgeht; ebenso sollen wir über die Zustände in Kroatien, Slawonien, Batschka und Banat unterrichtet sein. […] Wenn wir die Lage dieser Länder berücksichtigen, so muss es klar sein, dass Serbien auf diese Länder sehr leicht einen großen Einfluss ausüben kann. […] Eines der Hauptprinzipien in diese Richtung ist das der konfessionellen Freiheit und dieses muss […] auch gegenüber den Mohammedanern ganz rückhaltlos zur Geltung kommen. Ferner muss auf jede mögliche Art die Würde des serbischen Staates zur Geltung gebracht werden, denn ohne ein solches Moment ist an einen Bund zwischen uns und den Serben jenseits der Landesgrenzen nicht zu denken. […] Das dritte Prinzip unserer Politik müsste jenes der nationalen Einheit sein. Im Namen dieses Prinzips müssen alle Slawen wissen, dass sie stets eine aufrichtige und erfolgreiche Unterstützung bei Serbien finden. Serbien muss sich aber auch stets als der natürliche und unermüdliche Beschützer aller Slawen […] fühlen und danach handeln. In dieser Richtung müssen wir dem Beispiel Russlands folgen und vor allem dem Vladika [Fürstbischof von Montenegro] eine jährliche Subvention gewähren. So wird uns Montenegro stets ergeben sein und wir können im Falle eines Krieges auf 10 000 Mann geübte Kriegstruppen mit Sicherheit rechnen.«[104]

Ganz anders die Haltung der Kroaten, denen – im Gegensatz zu den Serben – im 19. Jahrhundert kein unabhängiger Staat beschieden war, sondern die vielmehr seit 1102 faktisch zum ungarischen Staatsverband gehörten.

Schon die erste nationale Bewegung in Kroatien, der von den Ideen der deutschen Romantik stark beeinflusste »Illyrismus«[105], propagierte die sprachliche Verwandtschaft der Südslawen. Mit dem Namen spielten ihre Vertreter, die sogenannten Illyristen, auf eine vermeintlich gemeinsame Herkunft der Südslawen von einer wie auch immer gearteten illyrischen Urbevölkerung an sowie auch auf die kurze Phase einer nicht einmal ansatzweisen südslawischen Gemeinschaft in den »Illyrischen Provinzen«, die unter französischer Herrschaft stand. So hatte nämlich Napoleon diejenigen slowenischen und kroatischen bzw. dalmatinischen Gebiete getauft, die er 1809 nach seinem Sieg über Österreich seinem Imperium zugeschlagen hatte, die aber dennoch keinerlei Autonomie besaßen oder über die erforderliche Zeit verfügten, um eine gemeinsame südslawische Identität hervorzubringen. Denn schon 1814 war die französische Episode wieder zu Ende und der Status quo ante wiederhergestellt. Nichtsdestotrotz diente der Illyrismus in erster Linie der Bildung eines kroatischen Nationalbewusstseins, da die Kroaten immer stärkerem Druck durch Ungarn ausgesetzt waren.[106] Die anderen südslawischen Völker erreichte er in geringen Ansätzen. Als es im Zuge der Märzrevolution 1848 und ihren europaweiten revolutionären Bestrebungen in Ungarn zu einem Aufstand gegen Wien kam, versuchten die Kroaten vergeblich, sich der unbeliebten Ungarn zu entledigen, die mittlerweile Ungarisch als Amts- und Unterrichtssprache in Kroatien einführen wollten. Spätestens nach dem österreichisch-ungarischen Ausgleich von 1867 unterstand Kroatien wieder komplett Ungarn. Diese für die kroatische Nationalbewegung frustrierende Entwicklung führte zu zwei neuen nationalen Bewegungen, die konträre Ziele verfolgten: Der Jugoslawismus, der letztlich der Idee des Illyrismus entspach, nahm den Gedanken einer Einheit der Südslawen wieder auf. Sein führender Vertreter, der Bischof Josip Strossmayer (1815–1905), setzte sich politisch für eine Föderalisierung der Donaumonarchie ein, spielte jedoch auch mit der Idee einer Vereinigung aller Südslawen, also auch der Einbeziehung der Serben. Aus diesem Grund musste er sich fast zwangsläufig um eine Annäherung zwischen katholischer und orthodoxer Kirche bemühen, wobei er damit auch das südslawische Kulturleben förderte. Die andere Bewegung war wesentlich nationaler ausgerichtet und ist mit dem Namen Ante Starčević (1823–1896) verbunden. 1861 gründete Starčević die »Rechtspartei« (womit das Recht Kroatiens auf einen eigenen Staat gemeint war) und sprach sich massiv gegen jedweden Jugoslawismus aus. Ausgehend von der mittelalterlichen Auffassung, dass Kroatien in seiner (zwangsweisen) Union mit Ungarn seine Eigenstaatlichkeit nie aufgegeben habe, forderte er die Errichtung eines souveränen kroatischen Staates, der, wie schon das mittelalterliche Königreich bis 1102, auch Bosnien-Herzegowina umfassen sollte. Den Serben sprach Starčević jegliches Recht auf ein eigenes Volkstum ab. Beide Gedanken, sowohl der Gedanke eines föderativen südslawischen Staates als auch der Gedanke eines unabhängigen Kroatiens, bestimmten von nun an das nationale Denken der Kroaten.

Ein 1914 noch nicht abgeschlossener nationaler Integrationsprozess der Kroaten und eine Hinwendung zu den Serben seit 1907 (Motto: »Mit den Serben können wir viel, ohne die Serben wenig, gegen die Serben gar nichts«) begünstigte trotz der politisch gegebenen Gegensätze wiederum das Aufkommen eines Südslawismus (= Jugoslawismus). Gegen Ende des Ersten Weltkriegs kam es dann zu einer Annäherung der Serben und der bis dahin der Donaumonarchie gegenüber sich loyal verhaltenden Kroaten und Slowenen, die zunächst in der Deklaration von Korfu (20.6.1917) mündete und die Bildung eines gemeinsamen südslawischen Staates vorsah.

Das Königreich Jugoslawien 1918–1941

Von den zahlreichen nach dem Ersten Weltkrieg durch die Siegermächte mit ins Leben gerufenen instabilen Vielvölkerstaaten (wie Polen, die Tschechoslowakei oder Rumänien) war das wackligste Produkt das am 29. Oktober gegründete und am 1. Dezember 1918 proklamierte Königreich Jugoslawien, das bis 1929 als »Königreich der Serben, Kroaten und Slowenen« (SHS) firmierte.[107] Der sachlich zutreffende Name wäre jedoch Großserbien gewesen, denn in der serbischen Hauptstadt Belgrad befanden sich die beiden wichtigsten Schaltzentralen des Staates: der zum »König von Jugoslawien« umetikettierte serbische König und die in ihrer Befehlsstruktur allein auf der alten serbischen Armee aufgebauten Streitkräfte. Letzteres wurde ungeniert in Gesetzen festgeschrieben: Wer in der österreichischen, ungarischen oder montenegrinischen Armee gedient hatte, konnte nicht jugoslawischer Offizier werden. Also kamen nur Serben dafür in Betracht.

Allein diese beiden Tatsachen verdeutlichen eindrucksvoll, dass es nur eine Frage der Zeit war, bis dieser Staat oder vielmehr dieses Kunstgebilde an seinen inneren Widersprüchen, Konflikten und Spannungen zugrunde gehen würde. Gut 20 Jahre nach seiner Gründung war es dann auch so weit. Der eben schon deutlich gewordene unverhohlene Anspruch Serbiens auf die Führungsrolle in diesem neuen Staat spielte hierbei die maßgebliche Rolle.[108] Die Serben stellten 44 Prozent der Bevölkerung (Kroaten 23 Prozent, Slowenen 8 Prozent) und setzten eine zentralistische Verfassung durch, die alle föderalistischen Hoffnungen zunichte machte und eine

Integration der Nationalitäten in den neuen Staat immens erschwerte. Eine höhere Besteuerung des Nordens – also der Slowenen und Kroaten –, im Gegensatz dazu aber deren politische Diskriminierung (von 1918 bis 1941 waren beispielsweise bis auf eine Ausnahme alle Ministerpräsidenten Serben) verschärften die nationalen Gegensätze weiter und führten zu einer innenpolitischen Dauerkrise. Die serbische Dominanz auf allen politischen, gesellschaftlichen und wirtschaftlichen Ebenen – so wurden beispielsweise 95 Prozent der in Kroatien erwirtschafteten Gelder auf Befehl der Regierung nach Belgrad gebracht – führten zu massiven Konflikten, v. a. mit der stärksten Oppositionspartei, der Kroatischen Bauernpartei unter Stjepan Radić. Negativer Höhepunkt war das Attentat auf ihn und weitere kroatische Abgeordnete während einer Parlamentssitzung am 20. Juni 1928 durch einen montenegrinischen Abgeordneten.

Die Folge all dieser aufgrund des serbischen Machtanspruchs entstandenen Probleme und Konfliktpotenziale war die Errichtung einer Königsdiktatur durch Alexander I. am 6. Januar 1929, der den Staat nun in »Königreich Jugoslawien« umbenannte und in neun Banate (= Verwaltungsbezirke) ohne Rücksichtnahme auf nationale oder historische Strukturen gliederte. Sein Ziel war die Förderung eines supranationalen Jugoslawismus (vgl. den Illyrismus). Die radikalen kroatischen Nationalisten, unter ihnen der Führer der Ustascha (= Aufständische), Ante Pavelić, gingen ins Exil. Die Ustascha plante von nun an die Ermordung des Königs. Alexander fiel schließlich am 9. Oktober 1934 bei einem Staatsbesuch in Frankreich zusammen mit dem französischen Außenminister in Marseille einem Attentat dieser Terrororganisation zum Opfer.

Zweiter Weltkrieg[109]

Nachdem Jugoslawien 1941 dem Dreimächtepakt beigetreten war, stürzten serbische Offiziere zwei Tage nach der Vertragsunterzeichnung die deutschfreundliche Regierung und ließen sich die Kursänderung vom minderjährigen König Petre II. bestätigen. Der darauffolgende Einmarsch deutscher Truppen im April 1941 führte binnen eines 11-tägigen »Blitzkrieges« zur Zerschlagung Jugoslawiens. Slowenien wurde zwischen Deutschland und Italien aufgeteilt, Makedonien fiel an Bulgarien, Montenegro und das Kosovo wurden italienisch besetzt, Serbien unterstand einer deutschen Militärverwaltung und der am 10. April proklamierte »Unabhängige Staat Kroatien« umfasste zusätzlich noch Bosnien-Herzegowina. Beherrscht wurde dieser Staat, der rund 3,3 Millionen katholischer Kroaten, rund zwei Millionen orthodoxer Serben sowie ca. 800 000 bosnischer Muslime umfasste, von der faschistischen Ustascha, die mit dem Tag ihrer Machtübernahme ein Terrorregime etablierte, das sich insbesondere gegen die einheimischen Minderheiten richtete. Unter ihrem Führer (Poglavnic) Ante Pavelić war ein fanatischer Serbenhass die Folge, der sich in Form von Zwangskatholisierungen, Massentaufen, Vertreibungen und Deportationen in Konzentrationslager (das berüchtigtste war Jasenovac) äußerte. Die Zahl der serbischen Opfer im Ustascha-Staat ist umstritten: Die Kroaten nennen 70 000, die kommunistische Regierung des ehemaligen Jugoslawiens gab 400 000 bis 700 000 an. Widerstand gegen die deutschen und italienischen Besatzer leisteten die königstreuen Cetniks unter dem serbischen Oberst Mihajlovic, die wiederum gegenüber Kroaten und bosnischen Moslems Massaker verübten, und die kommunistischen Partisanen unter dem Kroaten Tito, die im weiteren Verlauf des Kriegs auch gegen die Cetniks kämpften. Ab 1943 wurden die Kommunisten von den Alliierten unterstützt und konnten am 20. Oktober 1944 gemeinsam mit sowjetischen Truppen Belgrad befreien. Nach dem Zusammenbruch des Dritten Reichs, dessen letzter Verbündeter Pavelić war, folgte die Rache: Rund 100 000 Soldaten der kroatischen Armee, die sich in Kärnten den Engländern ergeben hatten, wurden von diesen an die kommunistischen Partisanen Titos ausgeliefert und anschließend ermordet. Pavelić selbst entkam allerdings nach Argentinien, wo er eine Exilregierung gründete und führte, bis er am 28. Dezember 1959 in Madrid verstarb.

Jugoslawien unter Tito 1945–1980

Nach Ausrufung der »Föderativen Volksrepublik Jugoslawien« am 11. November 1945 und der Verfassung vom 30. Januar 1946, die großenteils nach dem Vorbild der sowjetischen Verfassung aus dem Jahr 1936 geschaffen wurde, definierte sich Jugoslawien als ein sozialistischer, aber auf Selbstverwaltung beruhender und blockfreier multinationaler Bundesstaat mit sechs föderativen Republiken und zwei autonomen Provinzen innerhalb der föderativen Republik Serbien.

Die Teilrepubliken verfügten laut Verfassung über das Recht auf Selbstbestimmung, inklusive des Rechtes auf Loslösung vom Gesamtstaat.[110] Die Verfassung sah eine Kammer der Völker vor, die eine der beiden Kammern des Nationalparlamentes darstellte und Ausdruck der juristischen und politischen Gleichberechtigung aller vereinten Völker sein sollte. Sie bestätigte zudem die Autonomie der Provinzen Woiwodina und Kosovo.[111] Nicht von ungefähr erhielt Jugoslawien die Bezeichnung »Bundes-Volksstaat republikanischer Form« als »Gemeinschaft gleichberechtigter Völker, die aufgrund des Rechtes auf Selbstbestimmung, inklusive des Rechtes auf Loslösung, den Willen ausgedrückt haben, gemeinsam in einem föderativen Staat zu leben.«[112] Die föderale Ordnung erschien im multinationalen Jugoslawien als eine geradezu revolutionäre Lösung der nationalen Frage und der damit einhergehenden latenten Konflikten, wurde sie doch als Sicherung der nationalen Gleichberechtigung vermeintlich auf Grundlage der nationalen Gleichheit freiwillig vereinter Nationen verstanden.[113] Damit wurde von Tito der Versuch unternommen, nationalitätenpolitisch-ethnischen Erwägungen Rechnung zu tragen, um die nicht serbischen Völker zu befriedigen sowie einem Großserbismus den Boden zu entziehen, lebten doch nun wieder die Völker der Serben, Kroaten, Slowenen, Montenegriner, Makedonen, Albaner und Ungarn unter einem Dach in diesem Staat zusammen.

1948 erklärte Tito die Nationalfrage zur »allseitigen Zufriedenheit unserer Nationen« für gelöst. Dass dem nicht so war, sondern wiederum eine serbisch-montenegrinische Dominanz vorlag, verdeutlichen allerdings die folgenden Zahlen: Bereits 1961 stellten diese beiden Volksgruppen bei einem Anteil von 45 Prozent der Gesamtbevölkerung 84 Prozent der Minister, Beamten und Funktionäre, 84 Prozent der Bundesrichter, 70 Prozent der Offiziere usw. Die wirtschaftlich effektiven Teilrepubliken Slowenien und Kroatien (mit dem Zweifachen des durchschnittlichen BIP Jugoslawiens) wurden auf politischer Ebene sowie innerhalb der Armeeführung von den Serben, die sich wieder als Staatsnation verstanden, somit vollständig dominiert. Eine gewisse Autonomie der Teilrepubliken stand auf serbischer Seite nie zur Debatte. Dies zeigte sich auch an der gewaltsamen Niederschlagung der kroatischen Freiheitsbewegung während des »Kroatischen Frühlings« 1971.

Die föderale Staatsform hatte die multinationalen Widersprüche eben nicht endgültig auflösen können, wie Tito dies erhoffte. Vielmehr wurde dieses Problem nur verdrängt. Faktisch schwelten unter einem scheinbaren Frieden und der idyllischen Konfliktlosigkeit, die beide durch die herrschende kommunistische Partei (»Bund der Kommunisten«) hierarchisch-zentralistisch diktiert wurden, die multinationalen Konflikte weiter und die Unzufriedenheit der einzelnen Volksgruppen wurde immer stärker. Der Nationalismus tauchte als eine Form der Blockierung eines verfassungsrechtlich möglichen Prozesses einer nationalen Selbstverwaltung auf.

Nach dem Tod des Diktators Tito 1980 fehlte dem Staat dann auch die einigende Klammer. Die unbewältigte Vergangenheit der gegenseitigen Gräueltaten im Zweiten Weltkrieg, die nicht nur daraus resultierenden ethnischen Vorurteile und Feindbilder, Verfassungsmängel, zunehmend unterschiedliche Demokratisierungsgrade in den einzelnen Teilrepubliken (v. a. nach dem Ende des Kalten Kriegs), aber auch insbesondere die nicht zu unterschätzenden wirtschaftlichen und infrastrukturellen Entwicklungsunterschiede[114] – Jugoslawien wies ein deutliches von Nordwest nach Südost verlaufendes Wohlstandsgefälle auf –, einhergehend mit Verteilungskonflikten, führten letztlich zum Scheitern der Idee eines Südslawismus und somit eines gemeinsamen Staates Jugoslawien.[115] Slowenien begann ab 1986 auf Reformen zu setzen, Serbien dagegen auf ein eigenes nationales Selbstbewusstsein. 1987 wurde dort Slobodan Milošević zum Vorsitzenden der serbischen KP und zum Präsidenten gewählt. Dies bedeutete den entscheidenden Richtungswechsel in der serbischen Politik nach Titos Tod und eine abrupte Abkehr von dessen auf ein Gleichgewicht zwischen den verschiedenen Volksgruppen ausgerichtete Innenpolitik. Sehr deutlich wird dies anhand einer Rede von Milošević am 28. Juni 1989, dem 600. Jahrestag der Schlacht auf dem Amselfeld (1389), wo das serbische Königreich eine vernichtende Niederlage gegen die türkischen Osmanen erlitten hatte. Mit demagogischen Worten verkündete er in Pristina:

> »An diesem Platz, auf diesem Fleck im Herzen von Serbien, auf dem Amselfeld des Kosovo, fand vor 600 Jahren eine der größten Schlachten aller Zeiten statt. […] Der 600. Jahrestag der Schlacht auf dem Amselfeld fällt auf ein Jahr, in dem Serbien seine nationale und geistige Integrität wiedererlangt hat. […] Im ungewissen Lauf der Geschichte und des Lebens scheint es, daß Serbien in diesem Jahr 1989 sein Staatswesen und seine Würde zurückgewonnen und somit Grund hat, ein Ereignis zu feiern, das sich als historisch und symbolisch überaus bedeutsames für seine Zukunft erweisen sollte. […] Das, was bekannt ist, […] ist, daß uns vor 600 Jahren die Zwietracht ereilte. Die verlorene Schlacht war weniger das Ergebnis gesellschaftlicher Überlegenheit und militärischer Stärke des Osmanischen Reiches als Resultat tragischer Uneinigkeit der damaligen Führung des serbischen Staates. […] Uneinigkeit und Verrat in Kosovo haben die serbische Nation wie ein übles Schicksal während der gesamten Geschichte verfolgt. […] Später, als das sozialistische Jugoslawien gegründet wurde, blieb die serbische Führung in diesem neuen Land gespalten und ging auf Kosten der eigenen Bevölkerung viele Kompromisse ein. Kein Volk der Welt könnte unter ethnischen und historischen Gesichtspunkten die Zugeständnisse akzeptieren, welche die verschiedenen serbischen Führer zulasten ihres Volkes gemacht haben. […] Die Uneinigkeit unter den serbischen Politikern […] trug zur Erniedrigung Serbiens und dazu bei, es minderwertig erscheinen zu lassen. […]

> Heute sind wir hier auf dem Amselfeld versammelt, um zu sagen, daß die Eintracht in Serbien, dem serbischen Volk und Serbien und jedem seiner Bürger, ungeachtet seiner nationalen und religiösen Zugehörigkeit, Prosperität ermöglichen wird. [...] Die Kosovo-Schlacht ist überdies zu einem Symbol des Heroismus geworden [...]. Sechs Jahrhunderte später befinden wir uns wieder in Kämpfen und vor Kämpfen.«[116]

Diese nationalistischen Töne galten zunächst in erster Linie den Albanern im Kosovo, deren Autonomie dann 1989/90 quasi aufgehoben wurde. Praktisch bedeutete dies für die Menschen vor Ort den Verlust aller politischen Rechte. Im Juli 1990 wurde das kosovarische Parlament aufgelöst; rund 100 000 Albaner wurden sukzessive arbeitslos, deren Schulen und Universitäten geschlossen und albanische Zeitungen verboten. Praktisch wurde eine serbische Militärdiktatur im Kosovo errichtet. Doch das war nur ein Vorgeschmack für das, was in knapp zehn Jahren den Vielvölkerstaat in seine Bestandteile zerlegen sollte.

Der Weg zum Krieg

Im Zuge der Auflösungserscheinungen im kommunistischen Lager gründeten sich in Slowenien und Kroatien Parteien, die auf Liberalismus, freie Meinungsäußerung und Autonomie bis evtl. sogar Unabhängigkeit setzten. Am Beispiel Kroatiens lässt sich der Weg hin zum Zerfall Jugoslawiens gut nachzeichnen. Vater der kroatischen Unabhängigkeit war der ehemalige General der Jugoslawischen Volksarmee und Historiker Dr. Franjo Tudjman, Gründer der »Kroatischen Demokratischen Gemeinschaft« (HDZ). Bei den ersten freien Wahlen im April 1990 errang die HDZ in der Teilrepublik Kroatien die absolute Mehrheit. Am 30. Mai wurde dort auch eine eigene Verfassung verabschiedet, doch zunächst favorisierte Tudjman eine konföderative Lösung. In einem Referendum sprachen sich 94 Prozent der Kroaten ebenfalls für einen Bund souveräner Staaten aus. Das Ziel war also zunächst keineswegs eine radikale, komplette und einseitige Unabhängigkeit, vielmehr waren Slowenien und Kroatien zu diesem Zeitpunkt noch bereit, an Gesprächen teilzunehmen, welche die Bildung einer Gemeinschaft oder eines Bundes souveräner Staaten mit den anderen jugoslawischen Teilrepubliken auf dem Territorium des ehemaligen Jugoslawien zum Ziel hatten. Zumindest aber sollte eine unbehinderte wirtschaftliche Zusammenarbeit aufrechterhalten werden, um so den freien Austausch von Gütern, Kapital, Dienstleistungen und Menschen zu ermöglichen.

Abb. 2 Ein Denkmal für den Begründer und ersten Präsidenten des unabhängigen Kroatiens Dr. Franjo Tudjman

Auch ein Blick in die Verfassung der Republik Kroatien vom 22. Dezember 1990 macht deutlich, dass keinerlei Diskriminierung der nationalen Minderheiten beabsichtigt war. Nachvollziehbarerweise ging es natürlich um die Souveränität des kroatischen Volkes, doch gleichzeitig wurde allen auf kroatischem Staatsgebiet lebenden ethnischen Minderheiten Gleichberechtigung zugesichert:

»[...] Ausgehend von den dargestellten historischen Tatsachen sowie den in der heutigen Welt allgemein anerkannten Prinzipien der Unveräußerlichkeit und Unteilbarkeit, Unübertragbarkeit und Unvergänglichkeit des Rechtes auf Selbstbestimmung und staatliche Souveränität des kroatischen Volkes, [...] konstituiert sich die Republik Kroatien als Nationalstaat des kroatischen Volkes und als Staat der nationalen Minderheiten: Serben, Tschechen, Slowaken [...] und anderer seiner Staatsbürger, denen Gleichberechtigung mit den Bürgern kroatischer Nationalität und die Verwirklichung nationaler Rechte in Einklang mit den demokratischen Regeln der Vereinten Nationen und den Ländern der freien Welt garantiert werden. [...].«[117]

Doch es kam anders. Obwohl den Serben und allen weiteren Minderheiten kulturelle Autonomie und alle bürgerlichen Rechte garantiert wurden, begab sich die serbische Partei Kroatiens von Beginn an auf Konfrontationskurs. Sogenannte von Belgrad aus initiierte »Aufstände« – zuerst im aus »Karl-May-Filmen« bekannten Gebiet der Plitvicer Seen – markierten im August 1990 den Beginn des serbischen Krieges gegen Kroatien. Und selbst zu diesem Zeitpunkt verzichtete Tudjman auf eine legitime Gegenwehr, um eine Eskalation des Konfliktes zu vermeiden. Als jedoch serbische Freischärler, die sogenannten Cetniks, im April 1991 dank massiver Unterstützung durch die »jugoslawische« Bundesarmee die Unabhängigkeit der überwiegend von Serben bewohnten Krajna ausriefen, beschloss Tudjman, spätestens bis zum 26. Juni 1991 im Einklang mit Slowenien die völlige Unabhängigkeit seines Landes zu vollziehen, ein laut der jugoslawischen Verfassung von 1974 schließlich legitimer Schritt. Volksabstimmungen über eine Unabhängigkeit in Slowenien im Dezember 1990 und Kroatien (am 19. 5. 1991) mit 88,5 Prozent bzw. 93,2 Prozent Zustimmung stellten zuvor schon eine eindrucksvolle demokratische Legitimation dieses Schrittes dar. Dennoch wurden auf internationalen Druck hin die Unabhängigkeitserklärungen für drei Monate ausgesetzt, weitere Verhandlungen und Vermittlungen durch die EG blieben in dieser Zeit jedoch erfolglos, obwohl beide Republiken bereit waren, an Gesprächen teilzunehmen, welche die Bildung einer Gemeinschaft oder eines Bundes souveräner Staaten auf dem Territorium des ehemaligen Jugoslawiens zum Ziel hatten. Bei einer Nichtverwirklichung wollte man zumindest noch über eine unbehinderte wirtschaftliche Zusammenarbeit und den freien Austausch von Gütern, Kapital, Dienstleistungen und Menschen verhandeln. »Man kann nicht einfach den Hut und Mantel nehmen und Jugoslawien verlassen« – mit diesem bildhaften Vergleich machte der kroatische Premierminister Josip Manolić noch wenige Tage vor dem 26. Juni 1991 deutlich, dass die beabsichtigte Herauslösung seiner Republik aus dem jugoslawischen Staatsverband nicht im Eiltempo zu bewerkstelligen sei. Auch Slowenien wollte die Bindungen an Jugoslawien keineswegs vom einen zum anderen Tag kappen. Vielmehr strebten beide Staaten eine einvernehmliche Auflösung (»razdruzivanje«) dieses Staates an, die den Nachfolgestaaten auch eine Rechtsnachfolge gestatten würde. Als sich dieser Weg jedoch immer weniger abzeichnete, setzten Slowenien und Kroatien zunehmend Bundesgesetze außer Kraft, übernahmen Bundeskompetenzen wie den Zoll und stellten Zahlungen an die Föderation ein. Slowenien und Kroatien bewegten sich also einen langen Zeitraum noch immer unterhalb der Schwelle einer offenen Sezession, während die von ihnen beabsichtigte einvernehmliche Auflösung am Widerstand Serbiens und Montenegros scheiterte. Die von Bosnien-Herzegowina und Makedonien noch Anfang Juni 1991 favorisierte Lösung einer Konföderation mit schwacher Bundesgewalt war hingegen nicht durchsetzbar. Obwohl die Teilrepublik Bosnien-Herzegowina zu diesem Zeitpunkt, also Sommer 1991, noch keinen Anspruch auf Eigenstaatlichkeit außerhalb Jugoslawiens angemeldet hatte, machte ihr Präsident Alija Izetbegović frühzeitig unmissverständlich deutlich, dass er eine territoriale Aufteilung seiner Republik zwischen Serbien und Kroatien, wonach nur noch ein muslimisches »Rumpfbosnien« übrig bliebe, niemals hinnehmen werde. Die Muslime, unter Tito ja erst seit Mitte der 60er-Jahre als eigenständige Nation anerkannt, stellten damals rund 40 Prozent der Bevölkerung in Bosnien-Herzegowina, die Serben 32 und die Kroaten 18.

Völkerrechtlich anerkannt wurden Kroatien und Slowenien durch die EG und weitere Länder erst am 15. Januar 1992, nicht zuletzt dank der positiven deutschen Vorreiterrolle (Anerkennung schon am 23. Dezember 1991). Unabhängig davon wurde vonseiten Serbiens unter seinem nationalistischen Präsidenten Milošević der Weg Richtung Eskalation und Gewalt eingeschlagen. Wieder einmal ging »ein Gespenst um in Europa, diesmal mit realen Hintergründen – der Balkan als Pulverfass Europas. [...] Serbien, die große Unruhe auf dem Balkan bis 1914, [wurde] [...] wieder aktiv, wie ein (scheinbar) erloschener Vulkan.«[118] Dabei wurden zweierlei Aspekte mehr als deutlich: Das »Übergewicht des Militärs in der serbischen Gesellschaft und das Fehlen von Traditionen für den zivilen Umgang mit der Macht. Vielleicht mehr als irgendwo sonst in Europa hat die Armee das moderne Serbien, später Jugoslawien zum Nationalstaat gemacht.«[119]

Kriegsverlauf und Folgen

So kam es zunächst vom 27. Juni bis 5. Juli 1991 zu kriegerischen Auseinandersetzungen in Slowenien, der ethnisch homogensten Teilrepublik des nun endgültig zerfallenden Jugoslawiens, wo allein aus dieser Perspektive Serbien nun überhaupt keine politisch-territorialen Ansprüche hätte geltend machen können. Der slowenische Widerstand war dementsprechend. Die sogenannte »jugoslawische« Bundesarmee konnte sich gegen slowenische Polizeieinheiten nicht durchsetzen. Nach einem von der EG vermittelten Waffenstillstand zog die Armee bis zum 26. Oktober ab. Dennoch waren diese Ereignisse erste deutliche Alarmzeichen für das europäische Haus. Vor allem Österreich als unmittelbarer Nachbar war hier direkt tangiert, wie ein Zeitungsbericht vom 29. Juni 1991 die Lage an der österreichisch-jugoslawischen Grenze verdeutlicht:

»Durch die Nacht hallen immer wieder Schüsse; manchmal ist der Himmel von Artillerie hell erleuchtet. In den Kärntner und steirischen Grenzregionen zu Slowenien herrscht Angst. Angst in doppelter Hinsicht, denn neben der tiefen Betroffenheit über den Krieg vor der Haustür haben die Ereignisse beim südlichen Nachbarn auch wirtschaftlich schwere Folgen. ›Es ist a Wahnsinn. Die jugoslawischen Flieger kommen tief nach Österreich rein, des kann kein Orientierungsfehler mehr sein.‹ Augenzeugen sind entsetzt. Sie müssen des Öfteren in Deckung gehen, weil immer wieder Querschläger aus den Kämpfen um die nur wenige Meter entfernten jugoslawischen Grenzstationen auf österreichischem Gebiet einschlagen. ›Des geht ja noch, aber wenn man bedenkt, daß bald auch die Österreicher hier aufmarschieren werden, dann wird mir schon angst und bange‹, meint eine ältere Bäuerin, die eigentlich ihr direkt an der Grenze gelegenes Feld bestellen wollte. Sie hat den Partisanenkrieg am Ende des Zweiten Weltkriegs noch miterlebt. Viele Touristen wollten trotz der Spannungen in den letzten Wochen nicht auf ihren Adria-Urlaub verzichten. Die Folge: An den wenigen offenen Grenzübergängen Richtung Österreich kommt es zu kilometerlangen Staus. Ein deutscher Tourist schlug sich vom Campingplatz in Zadar bis zur Grenze durch. Zehn Stunden habe er vor der Grenze warten müssen. Mehrmals sei er von Blockaden aufgehalten worden. Schon bisher am Rande gelegen, lebten die Grenzregionen Kärntens und der Steiermark in erster Linie vom Transitverkehr. Die ›letzte Tankstelle vor der Grenze‹ konnte da den einzigen Lebensunterhalt bedeuten. Die jetzt ausbleibenden wenigen Käufer aus Slowenien und Kroatien bekommen die grenznahen Supermärkte dennoch kräftig zu spüren. Jetzt bleiben auch die letzten Touristen auf dem Weg in die klassischen kroatischen Urlaubsgebiete aus, die zumindest ein letztes Mal ohne Benzingutschein auftankten und bei dieser Gelegenheit noch einmal bodenständig österreichisch essen gingen. Besonders betroffen sind die südsteirischen Spediteure, deren einziges Geschäft mit slowenischen Händlern völlig zum Erliegen gekommen ist.«[120]

Slowenien gelang es, in rund einer Woche seine staatliche Unabhängigkeit zu behaupten. In Kroatien eskalierte die Lage jedoch. Die »jugoslawischen« – faktisch serbischen – Streitkräfte machten sich raschen Schrittes auf den Vormarsch Richtung Zagreb und Karlovac. Allerdings leisteten die Kroaten, selbst mit einfachsten Mitteln, erbitterten Widerstand. Ein beeindruckendes Beispiel und nationales Mahnmal dafür ist die Gedenkstätte von Turanj (wie die folgenden Bilder belegen) in der Nähe von Karlovac. Sie verdeutlicht eindrucksvoll, mit welch z. T. primitiven Mitteln es den aufopferungsvoll kämpfenden Kroaten gelang, die serbischen Aggressoren, verkörpert als sogenannte »Jugoslawische Bundesarmee«, zu stoppen. Zu sehen ist dort ein Teil der Ausrüstung, welche die kroatische Armee im Heimatkrieg von 1991 bis 1995 benutzte. Realistisch betrachtet, handelte es sich aber nur um gepanzerte Traktoren, LKWs und veraltete Haubitzen.

Aber rückblickend betrachtet wurde auf dem Raum der alten Kaserne von Turanj die heutige Geschichte der Stadt Karlovac und des freien und souveränen Kroatiens geschrieben. Turanj und seine alten zerstörten Gebäude erzählen die Geschichte über die Verteidigung der kroatischen Heimat gegenüber einem radikal-nationalistischen Aggressor. Dennoch bedeutete dieser Stopp der serbischen Panzer – wenn überhaupt – zunächst nur einen Teilerfolg. Innerhalb kurzer Zeit besetzten serbische Einheiten schließlich mehr als ein Drittel des Landes, darunter viele rein kroatisch besiedelte Gebiete, z. B. die Stadt Vukovar[121], aus der die Serben sämtliche kroatischen Bewohner auf brutalste Weise vertrieben. Gleiches galt für die Krajina, wo kroatische Familien aus ihren Häusern von serbischen Milizen, die zuvor Polizei- und Verwaltungsstellen besetzt hatten, gejagt wurden. Trotz des Abkommens von Brioni weiteten sich die bewaffneten Auseinandersetzungen zu einem klassischen konventionellen Krieg aus, in dem mehrere Tausend Menschen ihr Leben verloren und über eine halbe Million auf der Flucht waren. Somit ging es in diesem Krieg überhaupt nicht um einen von serbischer Regierungsseite und serbischen Chauvinisten regelmäßig propagierten vermeintlichen Schutz serbischer Minderheiten vor einem von den geplanten Genozids seitens der pauschal als »Ustascha-Faschisten« verleumdeten Kroaten, sondern vielmehr eindeutig um Gebietseroberungen für ein von Slobodan Milošević geplantes Großserbien. Nach unzähligen erfolglosen Waffenstillstandsbemühungen, die allesamt an Serbien und seinem Präsidenten scheiterten, stoppte ab Februar 1992 eine 14 000 Mann starke UNO-Blauhelmmission (UNPROFOR) die bewaffneten Auseinandersetzungen. Da die serbische Führungsspitze in Belgrad und in der Krajina zu keinerlei Kompromissen bereit war, die UNO-Truppen die Vertreibung der Kroaten (»ethnische Säuberungen«) nicht verhinderten und die serbische Besatzung dadurch im Prinzip festigten, war eine politische Lösung des Konflikts nicht ersichtlich. Diese Tatsache veranlasste Kroatiens Präsidenten Tudjman, letztendlich nachvollziehbar, zu einer militärischen Lösung bezüglich der serbisch besetzten Gebiete. Am 11. Januar 1994 erklärte er, dass Kroatien einer Erneuerung des UNPROFOR-Mandats über den 31. März 1995 hinaus nicht zustimmen werde, da die UNO zu geringe Aktivitäten gezeigt hätte, das von den Serben völkerrechtswidrig

Abb. 3 Die Gedenkstätte von Turanj bei Karlovac, wo die kroatischen Verteidigungskräfte den Vormarsch der Serben stoppten.

besetzte Gebiet unter die Souveränität Kroatiens zurückzuführen. Ein Jahr später kündigte Kroatien den UNPROFOR-Aufenthalt auf, ließ dann aber die Forderung nach Rückzug wieder fallen und akzeptierte eine auf 5000 Mann reduzierte UNO-Mission. Am kroatischen Entschluss zum Handeln sollte dies jedoch nichts ändern: Innerhalb weniger Tage eroberte die mittlerweile aufgerüstete kroatische Armee schließlich im Mai 1995 Westslawonien zurück (Operation »Bljesak«/Blitz). Vom 4. bis 7. August erfolgte im Zuge der Operation »Oluja« (Gewittersturm)[122] mit rund 150 000 Soldaten dann auch die Befreiung der Krajina. Unter dem Schutz von Artilleriesperrfeuer gelang es den kroatischen Verbänden schon am zweiten Tag der Operation, die Serbenhochburg Knin zu erobern, und auf der Zitadelle von Knin wurde die kroatische Flagge gehisst, »which marked the end of the Republic of Serbian Krajina, symbolicaly and in fact«[123]. Bei diesem militärischen Vorgehen handelte es sich zweifellos um das legitime Recht eines souveränen Staates und UNO-Mitgliedes auf Selbstverteidigung und Schutz seiner territorialen Integrität, waren doch die Aggressionen in den Jahren zuvor eindeutig von serbischer Seite ausgegangen.

Abb. 4 Ein zum Panzer umfunktionierter LKW (Gedenkstätte Turanj)

Parallel zu den Geschehnissen in Kroatien tobte seit 1992 auch in Bosnien-Herzegowina – quasi ein Jugoslawien im Kleinen – ein Bürgerkrieg, zunächst zwischen Serben (Proklamation der »Republika Srpska«) auf der einen und Kroaten und Muslimen auf der anderen Seite. Nachdem am 1. März 1992 eine breite Mehrheit in einem Referendum für die Unabhängigkeit votiert hatte und der Staat von der EG und den USA anerkannt worden war, kam es im April zu ersten Kämpfen sowie der Belagerung von Sarajevo durch die Armee der bosnischen Serben (VRS), Einheiten der verbliebenen jugoslawischen Bundesarmee und Paramilitärs.[124] Sie begann mit der Einnahme des internationalen Flughafens durch die sogenannte »Jugoslawische Bundesarmee« in der Nacht vom 4. auf den 5. April 1992 und endete erst am 29. Februar 1996 durch das dann endlich erfolgte Eingreifen der NATO. Mit 1425 Tagen war sie die längste Belagerung im 20. Jahrhundert und dauerte damit auch länger als die sowjetische Berlin-Blockade vom 24. Juni 1948 bis 12. Mai 1949, als Hunderttausende eingeschlossene Westberliner durch alliierte Lufttransporte versorgt wurden. Während die tapferen Westberliner aufgrund der Hilfe der Westalliierten ihre Freiheit ohne direkte Todesopfer bewahren konnten, forderte der heldenhafte Kampf der Bürger Sarajevos gegen die serbischen Aggressoren nach derzeitigen Schätzungen hingegen etwa 11 000 Menschenleben, darunter allein 1600 Kinder, sowie 56 000 verletzte Bürger dieser wunderschönen Stadt.

Nicht nur bezogen auf Sarajevo wurden – trotz aller Verbrechen und damit einhergehenden Dramen für die Menschen vor Ort – rund 30 erfolglose Waffenstillstände vereinbart. Im April und Mai 1993 beschloss die UNO dann endlich eine überfällige militärische Flugverbotszone sowie die Einrichtung von sechs sogenannten »Schutzzonen« in Bosnien (u. a. Srebrenica). Gleichzeitig brach ein blutiger Separatkrieg zwischen Muslimen und bosnischen Kroaten aus, der erst im März 1994 beendet wurde. Ein Massaker auf dem Marktplatz von Sarajevo, als dort ein 120-mm-Mörsergeschoss detonierte (68 Tote, 144 Verletzte), bewirkte ein erstes ernsthaftes Engagement der NATO ab Februar 1994, zunehmend auch in Form von Luftangriffen auf serbische Stellungen. Wie heikel die Lage der UN-Blauhelmsoldaten in den sogenannten UNO-Schutzzonen jedoch war, zeigt die Tatsache, dass Ende Mai 1995 serbische Einheiten erstmals UNO-Soldaten als Geiseln zum »Schutz« gegen weitere NATO-Luftangriffe genommen hatten. Und wie wirkungslos die UNO-Schutzzonen insgesamt waren, verdeutlichte dann der traurige und schreckliche Höhepunkt des Krieges in Bosnien: das Massaker von Srebenica.[125] Am 11. Juli 1995 nahmen bosnisch-serbische Truppen die muslimische Enklave ein und ermordeten rund 8000 muslimische Jungen und Männer. Niederländische Blauhelme hatten den Angreifern unter General Mladic die »Schutzzone« kampflos überlassen.

Dieses Massaker führte zum moralischen Legitimationsverlust, zur Diskreditierung und damit auch zur Selbstentmachtung der Vereinten Nationen. Lassen wir an dieser Stelle rückblickend eine Betroffene zu Wort kommen, auch wenn es in ihren Erinnerungen nicht primär um das Massaker von Srbrenica, sondern um einen serbischen Angriff auf das bosnische Dorf Zaklopaca geht:

> »Jasmina Dzinic weiß aus ihren Träumen, wie sich das Sterben anfühlt. […] Noch Jahre später arbeitete die 33-jährige Schneiderin die Ermordung ihrer Verwandten in ihren Albträumen auf. […] Dzinics Trauerarbeit findet in den Tagen um den 11. Juli alljährlich ihren Höhepunkt. Am europäischen Gedenktag zum Massaker von Srebrenica am 11. Juli 1995. ›Dieser Tag steht als Symbol für das Schreckliche, was im ganzen Land passiert ist‹, sagt Dzinic, die selbst zwei Onkel in Srebrenica verloren hat. Und die ›sauer auf die ganze Welt‹ ist, die zugesehen hat, wie

Karte 4 Bosnien-Herzegowina und seine beiden Teilrepubliken

Soldaten des bosnisch-serbischen Generals Ratko Mladic in die muslimische Enklave Srebrenica einfielen und ihr das Herz herausrissen. Mitten in Europa. […] Ihr Srebrenica erlebt Jasmina Dzinic als 14-Jährige schon am 16. Mai 1992. Einige Wochen nach der Unabhängigkeitserklärung Bosniens im März herrscht in ihrem Heimatdorf Zaklopaca, rund 25 Kilometer westlich von Srebrenica, eine bedrohliche Stimmung. Schüsse sind aus der Entfernung zu vernehmen, Panzer patrouillieren durch das Dorf der Gemeinde Vlasenica. Die Polizei verhängt ein Ausgehverbot für die 200 Muslime des 350-Einwohner-Dorfes, alle Jagdgewehre werden eingesammelt. ›Eine Vorbereitung für einen Angriff der Serben?‹, fragen sich die Erwachsenen. Die Angst, dass bald etwas Grauenhaftes geschehen wird, geht im ganzen Dorf um. ›Ich und meine

Verwandten verschanzten uns jede Nacht in einem anderen Haus.‹ Unvergessen bleibt der Bosniakin der Nachbar, der ihnen sagte, sie könnten wieder in ihre eigenen Häuser, ›obwohl er im Gegensatz zu uns sah, was vorbereitet wurde‹. Der 16. Mai beginnt ›auffällig ruhig‹. Doch die friedliche Stille täuscht: Gegen 17 Uhr marschieren serbische Truppen in das Dorf ein. Die muslimischen Männer, darunter auch Jasminas Vater Haso Hodzic, verstecken sich außer Haus, manche laufen in die umliegenden Wälder. Denn sie wissen: Männer werden das hauptsächliche Ziel der Angriffe sein. Die ersten Schüsse fallen. ›Sie haben gnadenlos auf alles geschossen, was sich im Dorf bewegt hat‹, sagt Jasmina Dzinic. Ihr Vater taucht besorgt aus seinem Versteck auf, als er seine vor Schreck schreiende Mutter hört und läuft zum Haus der Familie. Wohl wissend, dass die Milizen ihn im Visier haben. ›Keine Angst, euch wird nichts passieren‹, habe Hodzic sie vor der Haustür beruhigt, Jasmina um eine Zigarette gebeten, um sich dann wieder zu entfernen. Er geht einige Schritte, will sich gerade die Zigarette anzünden, als er durch den Einschlag der Kalaschnikow-Kugeln in seinen Körper in die Luft geschleudert wird. ›Baba!‹, ruft die 14-jährige Jasmina bestürzt, die noch auf der Veranda steht und den Mord mit ansehen muss. In diesem Moment weiß sie noch nicht, dass sie mit ihrem Aufschrei das Leben ihres Cousins rettet. Er befindet sich in der Nähe des Hauses und rennt daraufhin endgültig in die Wälder, wie er ihr Monate später erzählen wird. Zehn bis 20 Minuten wüten die Soldaten in Zaklopaca, bevor der Todessturm abflaut. Es sterben etwa 80 Menschen, darunter auch Kinder. Als die Soldaten abziehen, rennt Jasmina zu ihrem am Boden liegenden Vater. ›Sie hatten sein Gesicht zerschossen‹, erinnert sie sich. Seine Zigarette schwimmt in einem Fluss aus Blut neben seinem leblosen Körper. Jasmina und ihre Familie fliehen anschließend durch die Wälder, stets unter Beschuss durch die serbischen Soldaten. Nach drei Tagen ergeben sich die Frauen und Kinder den Serben in Vlasenica, die sie in die Nähe der bosnisch kontrollierten Stadt Tuzla deportieren. Von dort aus geht es in das kroatische Zagreb, wo sie ihren künftigen Mann Fahrudin Dzinic kennenlernt […].«[126]

Die damalige »Europäische Gemeinschaft« (EG) sah monatelang dem Völkermord an den muslimischen Bosniern teilnahmslos zu und beließ es bei Beschwichtigungen und Worthülsen gegenüber den serbischen Machthabern.

Erst weitere NATO-Angriffe sowie eine gemeinsame Herbstoffensive von Muslimen und Kroaten nach den erfolgreichen kroatischen Operationen im August 1995 führten zu einem serbischen Einlenken und einem landesweiten Waffenstillstand am 12. Oktober. Im November begannen in Dayton (USA) Friedensverhandlungen[127], als deren Folge am 14. Dezember die Staatschefs von Bosnien (Izetbegović), Serbien (Milošević) und Kroatien (Tuđman) das Abkommen von Dayton unterzeichneten, das die Grundlage des heutigen Staates Bosnien-Herzegowina bildet. Es manifestierte die Teilstaaten Republika Srpska sowie die bosnisch-kroatische Föderation, wobei die im Krieg vorgenommenen Vertreibungen (»ethnische Säuberungen«) nicht wieder rückgängig gemacht wurden. Hier dominierte vielmehr die Vorstellung, dass Völker mit bestimmten Territorien identifizierbar seien bzw. dass Angehörige derselben ethnischen Gruppe in so weit wie möglich homogenen Nationalstaaten auf Grundlage der Idee der Nation als Kultur- und Abstammungsgemeinschaft zusammengefasst werden müssten. Diese Idee eines ethnisch homogenen Nationalstaats wurde ab dem 19. Jahrhundert vor allem immer dann von den betroffenen Völkern aufgegriffen, wenn aufgrund des Zerfalls von Großreichen oder Vielvölkerstaaten die Grenzen und somit die politische Ordnung zur Disposition stand. Unerwünschte Bevölkerungsgruppen wurden bei diesen Gelegenheiten entfernt, um eigene territoriale Ansprüche anmelden bzw. rechtfertigen zu können sowie eine Herrschaft zu etablieren, in denen nur eine Ethnie dominierte.

NATO-Truppen (SFOR), auch mit Beteiligung der Bundeswehr, die erstmals mit Kampftruppen in einen Auslandseinsatz gingen, sicherten anschließend die Einhaltung der Waffenruhe und unterstützten den Friedensprozess. Insgesamt wurden zwischen 1991 und 1995 150 000 bis 200 000 Menschen getötet und Millionen vertrieben. Weite Teile Bosniens und Kroatiens wurden zerstört, bis heute sind die Narben noch sichtbar. Der wirtschaftliche Schaden betrug für Kroatien ca. 27 Mrd. US-Dollar, für Bosnien zwischen 50–70 Mrd. US-Dollar.

Kosovo-Krieg 1999

Eine letzte Kriegsphase erlebte der Balkan schließlich im Kosovo 1999. Auch hier unternahm der serbische Diktator Milošević eine Serbisierungspolitik analog zum Vorgehen in Bosnien. Blicken wir zunächst aber einmal kurz zurück: Das Kosovo bzw. das Amselfeld war seit dem 13. Jahrhundert Teil des mittelalterlichen serbischen Königreiches. Hier befinden sich auch einige der wichtigsten religiösen Zentren der serbisch-orthodoxen Kirche, weshalb viele nationalistische Serben das Kosovo als ihr »Heiliges Land«

betrachteten bzw. auch noch heute eine derartige Sichtweise pflegen. Nach der Zerschlagung des serbischen Reiches durch die Osmanen im Laufe des 15. Jahrhunderts geriet das Kosovo bis 1913 unter türkische Herrschaft. Die Folge war u. a. eine verstärkte Auswanderung von Serben, insbesondere in das Gebiet der schon erwähnten österreichischen Militärgrenze. Albaner rückten häufig in die verlassenen Regionen nach, sodass deren Bevölkerungsanteil seit dem 16. Jahrhundert stetig wuchs. Infolge der Balkankriege 1912/13 fiel das Kosovo an Serbien und war seitdem völkerrechtlich ein Bestandteil dieses Staats. Unter Tito verblasste der serbisch geprägte Kosovo-Mythos[128] und den Albanern wurden sukzessive Autonomierechte zugestanden, auch wenn das Kosovo innerhalb Jugoslawiens keine eigene Teilrepublik, sondern eine Provinz Serbiens verkörperte. Dennoch erfuhr das kulturelle Leben der Albaner in den 1970er-Jahren einen Aufschwung. So erschienen z. B. viele Bücher in albanischer Sprache. 1981 kam es v. a. aufgrund der schwierigen wirtschaftlichen und sozialen Verhältnisse dann jedoch zu ersten Massenprotesten der albanischen Bevölkerungsmehrheit, die auch von der einen oder anderen nationalistischen Parole gekennzeichnet waren und in einem rund 1000 Tote fordernden Aufstand gegen Diskriminierung und serbische Dominanz gipfelten. Auf die Karte des Nationalismus setzte, wie ja schon deutlich geworden ist, nun auch Serbiens Präsident Milošević spätestens seit seiner 1989 gehaltenen Rede zum 600. Jahrestag der Schlacht auf dem Amselfeld. Zwischen 1988 und 1990 veranlasste er verschiedene Schritte, um die Autonomie der Kosovo-Albaner massiv einzuschränken. Nach der Absetzung ihrer politischen Führung wurde durch eine Verfassungsänderung der von Tito erweiterte Autonomiestatus von 1974 faktisch aufgehoben. Am 5. Juli 1990 lösten dann serbische Polizei und Armee das Parlament und die Regierung des Kosovo auf. Parallel dazu kam es zu der Entlassung von über 100 000 Albanern im öffentlichen Dienst, in Firmen, Krankenhäusern und Schulen. Auch an der Universität in Priština wurde fast das gesamte albanische Lehrpersonal entlassen und albanische Studenten wurden ausgeschlossen. Zudem wurden seitens der serbischen Behörden alle albanischen Radio- und Fernsehsender und die wichtigsten albanischen Tageszeitungen verboten und Albanisch als offizielle Sprache abgeschafft. Infolge immer häufigerer Übergriffe durch die serbische Polizei verschärfte sich aufseiten der Albaner der Widerstand, der insbesondere ab 1996 durch die paramilitärisch organisierte UÇK dominiert und geprägt wurde. Ziel der UÇK war, durch einen bewaffneten Aufstand die Unabhängigkeit des Kosovo von Serbien zu erlangen. Dazu schmuggelte sie Waffen aus Albanien in das Kosovo, die u. a. für Anschläge gegen serbische Einrichtungen wie Polizeistationen genutzt wurden. Damit überschritt der

Karte 5 Das Kosovo in seinen aktuellen Grenzen

Konflikt die Schwelle zum (Bürger-)Krieg. Im Sommer 1998 besetzte die UÇK das Berg- und Hügelland des Zentralkosovo, kontrollierte wichtige Verbindungsstraßen und wurde immer mehr zum Symbol des albanischen Widerstands. Allerdings blieb sie eher schlecht organisiert und verfügte auch nicht über schwere Waffen, um gegen eine hochgerüstete serbische Polizei und Armee bestehen zu können. Diese gingen dann auch alsbald massiv gegen die UÇK und andere albanische Milizen, aber ebenso auch gegen Zivilisten vor. Um den UÇK-Kämpfern die Möglichkeit zu nehmen, sich in den Dörfern und Städten zu verstecken oder dort Nachschub zu organisieren, wandten die serbischen Streitkräfte eine Strategie der »ethnischen Säuberung« an, sprich die Vertreibung der albanischen Bevölkerung mittels Artillerieeinsatz. Anschließend erfolgten Plünderung und Zerstörung der Häuser. Ganze Dörfer wurden niedergebrannt und das Vieh als Lebensgrundlage einer bäuerlich geprägten Gesellschaft wurde getötet. Diese Politik der verbrannten Erde führte zu einer Spirale zunehmender Radikalisierung. Zunächst versuchten die USA, Frankreich, Großbritannien, Russland und Deutschland, auf diplomatischem Wege den Konflikt beizulegen. Die EU beschloss im Juni 1998 verschärfte Sanktionen gegen Jugoslawien, ab November wurden ca. 2000 OSZE-Beobachter (darunter 200 aus Deutschland) in das Kosovo entsandt, um den (angeblichen) Abzug serbischer Militäreinheiten und die Rückkehr von Flüchtlingen zu kontrollieren. Nachdem allerdings die Friedensgespräche (vom 6. bis 23.2.) zwischen der serbischen Führung und den Führern der Kosovo-Albaner im französischen Rambouillet gescheitert waren, zögerte die westliche Staatengemeinschaft – ganz im Gegensatz zum Bosnienkrieg – dieses Mal nicht lange. Ab dem 24. März 1999 flogen NATO-Kampfflugzeuge[129] unter Beteiligung der Bundeswehr mit 14 Tornado-Kampfflugzeugen 79 Tage lang Luftangriffe (allerdings ohne UN-Mandat) sowohl gegen militärische Ziele als auch gegen Brücken, Straßen, Flughäfen und Fabriken, um die Bewegung und den Nachschub der serbischen Armee zu unterbinden. Der Beginn der Luftangriffe am 24. März 1999 löste in Deutschland eine heftige öffentliche Debatte aus. Die bezeichnenderweise von SPD und Grünen geführte Bundesregierung unter Kanzler Gerhard Schröder verteidigte die Angriffe und die deutsche Beteiligung u. a. mit dem Argument, einen möglichen Völkermord zu verhindern (»Nie wieder Auschwitz«, so Joschka Fischer). Die Frage, ob bzw. inwieweit es sich dabei jedoch um einen vom Grundgesetz nicht legitimierten Angriffskrieg gehandelt hat, sei an dieser Stelle offengelassen. Dies ist ein Feld für die Juristen. Die NATO-Intervention führte aber rasch zum Ende der serbischen Aggression und letztendlich zur Unabhängigkeit des Kosovo im Jahr 2008, allerdings auch zu einer ersten Entfremdung mit Russland, wozu insbesondere die Bombardierung Belgrads beitrug. Am Ende des Krieges waren rund 1,2 Mio. Menschen innerhalb und außerhalb des Kosovo (nach Albanien und Makedonien) auf der Flucht. Hier leistete die Bundeswehr mit fast 3100 Soldaten auch einen entscheidenden Beitrag in Form humanitärer Hilfe. Nach dem Ende der Kampfhandlungen beteiligte sich Deutschland zudem an der Kosovo Force (KFOR), um den Frieden im Land zu sichern.

Sowohl für die UNO wie für die EG bzw. EU bedeuteten die Jugoslawienkriege eine Geschichte des eigenen politischen Scheiterns. Weder waren sie diplomatisch noch militärisch fähig, den Konflikt ohne die USA beizulegen. Immerhin trugen die Kriege aber mit dazu bei, das (humanitäre) Völkerrecht um das Konzept der »Responsibility to Protect« zu erweitern und so eine Schutzverantwortung beispielsweise gegenüber einer ethnischen Minderheit vor schweren Menschenrechtsverletzungen zu implementieren.

Die Resolution 1244 des UN-Sicherheitsrates vom 10. Juni 1999 markierte dann offiziell das Ende der Kampfhandlungen und schuf die Grundlage für die Einrichtung der UN-Übergangsverwaltungsmission »United Nations Interim Administration Mission in Kosovo« (UNMIK), um vor Ort eine Zivilregierung zu etablieren. Die UNMIK wird von einem Sonderbeauftragten des UN-Generalsekretärs geleitet, der über ähnliche, wenngleich erweiterte Befugnisse wie der Hohe Repräsentant für Bosnien und Herzegowina verfügt. Die Souveränität und die territoriale Unversehrtheit der damaligen Bundesrepublik Jugoslawien, dessen Rechtsnachfolge mit dem Zerfall der Bundesrepublik im Frühjahr 2003 Serbien und Montenegro und 2006 schließlich Serbien antraten, erwähnt die Resolution hingegen nur in ihrer Präambel, nicht jedoch in ihrem rechtsverbindlichen operativen Teil. Laut dem Verfassungsrechtler Georg Nolte[130] endet die Anerkennung der Integrität und Hoheitsgewalt in der Anlage 1 der Resolution mit dem Abschluss eines Interim-Rahmenabkommens zur Findung einer politischen Lösung der Kosovokrise, eine Meinung, die z. B. Serbien oder Russland nicht teilen. Die UNMIK-Mission wurde mit sehr weitreichenden Hoheitsbefugnissen vor Ort ausgestattet, um für das Kosovo eine substanzielle Autonomie herzustellen.[131] Sie zielt laut Resolution deshalb auf die Errichtung und Stärkung selbsttragender demokratischer Institutionen. Der Rechtsstatus des Kosovo wird in Resolution 1244 nicht festgelegt, weil der Sicherheitsrat dazu generell keine Feststellung treffen kann. Ob der Sicherheitsrat in die territoriale Unversehrtheit eines Staates eingreifen und die Abspaltung eines Teilgebietes verfügen darf, ist völkerrechtlich nach wie vor ungeklärt. Dem stehen Art. 2 Nr. 4 und Nr. 7 UN-Charta entgegen. Dem Aufgabenspektrum der UNMIK wurde jedoch auch die Erleichterung eines politischen Prozesses zur langfristig endgültigen Festlegung der völkerrechtlichen Statusfrage des Kosovo hinzugefügt, ohne dafür einen Zeithorizont vorzusehen. Völkerrechtlich strittig ist, ob diese Zielsetzung der Statusklärung als Einigungszwang der Konfliktbeteiligten oder nur als Appell an deren Verhandlungsengagement zu interpretieren ist.[132] Über den zukünftigen Status des Kosovo, zu dem die Resolution sich nicht äußert, konnte sich die Staatengemeinschaft bis heute nicht einigen. Noch immer haben nicht alle UN-Mitglieder das Kosovo als unabhängigen Staat anerkannt, auch das ehemalige Mutterland Serbien nicht. Die Wunden des Kosovo-Kriegs, in dem laut UN-Angaben mehr als 10 000 Kosovo-Albaner und bis zu 3000 Serben getötet wurden, sind also auf beiden Seiten noch lange nicht verheilt.

Zusammenfassung

Das ehemalige Königreich bzw. die spätere Sozialistische Föderative Republik Jugoslawien war ein Vielvölkerstaat und Kunstgebilde unter serbischer Dominanz. Nach dem Tod des diktatorischen Staatschefs Tito und im Zuge des kommunistischen Machtverfalls 1989/90 steuerte dieser Staat rasch auf seinen Zerfall zu. Zu groß waren angesichts eines aufkommenden Nationalismus die kulturellen, religiösen, wirtschaftlichen und politischen Gegensätze zwischen den einzelnen Völkern. 1991 und 1992 traten Slowenien, Kroatien, Makedonien und Bosnien-Herzegowina aus der Bundesrepublik Jugoslawien aus. Nach einem (mit Unterbrechungen) bis 1995 dauernden Unabhängigkeitskrieg Kroatiens entwickelte sich parallel dazu in Bosnien-Herzegowina ein Jugoslawien »im Kleinen«, ein blutiger Krieg v.a. zwischen moslemischen Bosniern und Serben, aber zeitweise auch zwischen Bosniern und Kroaten. Nach Massakern an der bosnischen Zivilbevölkerung wie beispielsweise in Srebrenica (und dies trotz Einrichtung sogenannter UNO-Schutzzonen) kam es nach daraufhin erfolgten NATO-Luftschlägen Ende 1995 zum Friedensabkommen von Dayton und der Stationierung einer NATO-geführten UNO-Schutztruppe. Mit dem Kosovo-Krieg 1999 und der 2008 erfolgten – allerdings längst nicht von allen Staaten anerkannten – Unabhängigkeit des Kosovo bestehen auf dem Boden des ehemaligen Jugoslawiens heute sieben souveräne Staaten mit z. T. fragiler Struktur.

Kosovo wird derzeit nur von 115 Staaten, dabei allerdings von den meisten EU-Ländern, als eigenständiger Staat anerkannt. Fünf EU-Staaten haben diesen Schritt bis heute jedoch nicht vollzogen, u. a. Spanien, das mit einer Anerkennung des Kosovo fürchtet, den katalanischen Separatisten im eigenen Land Auftrieb zu geben.

Vorletztes Glied in der Kette der unabhängig gewordenen Staaten war Montenegro. Im Mai 2006 stimmte seine multiethnische Bevölkerung[133] – erst unter Tito wurde die Existenz der Montenegriner als eigenständige Nation anerkannt – mehrheitlich für eine Auflösung der Union mit Serbien, was im Zerfallsprozess Jugoslawiens – neben der Unabhängigkeit Nordmazedoniens – die einzig friedlich vollzogene Sezession war. Ganz anders stellte sich die Lage jedoch noch im Jahr 1992 dar, als sich in einem Referendum über den zukünftigen Status Montenegros 95,65 Prozent der Wähler für einen Verbleib in Jugoslawien aussprachen. Nach den Kriegen nahmen die Differenzen zwischen Montenegro und Serbien allerdings zu, u. a. weil die Bevölkerung Montenegros die Isolation und die finanziellen Lasten der Kriege nicht mehr mittragen wollte. Die Regierung des seit Anfang der 1990er-Jahre regierenden Premiers Đukanović strebte daher eine Trennung von Serbien an. Nur auf Druck der EU sah Montenegro 2002 noch einmal von einer Sezession ab und einigte sich mit Serbien auf die Gründung eines losen Verbundes zweier eigenständiger Staaten namens Serbien und Montenegro. Am 21. Mai 2006 wurde schließlich eine Volksabstimmung über die Unabhängigkeit von Montenegro abgehalten, auf die sich die Regierung und die Opposition nach längerem Streit geeinigt hatten. Zuletzt nahmen beide den Vorschlag der EU an, der eine 55-Prozent-Mehrheit der Wahlbeteiligten bei einer Wahlbeteiligung von mindestens 50 Prozent für eine Unabhängigkeit erforderlich machte. Bei einer Wahlbeteiligung von 86,39 Prozent wurde die erforderliche 55-Prozent-Marke mit einem Ergebnis von 55,49 Prozent nur äußerst knapp überschritten. Am 3. Juni 2006 wurde diese durch die Unabhängigkeitserklärung des montenegrinischen Parlaments vollzogen. Am 15. Juni 2006 erkannte Serbien, als Rechtsnachfolgestaat von Serbien und Montenegro, Montenegro, das am 28. Juni 2006 als 192. Mitgliedsstaat in die Vereinten Nationen aufgenommen wurde, als unabhängigen Staat an. Zuletzt nahmen in dem kleinen Adriastaat die Spannungen zwischen den ethnisch, sprachlich und religiös äußerst eng verwandten Serben und Montenegrinern zu. Die Zahl derjenigen, die sich als Serben bezeichnen, hat sich in den letzten 40 Jahren verzehnfacht. Der Anstieg von 3 auf über 30 Prozent ist ein Ausdruck eines Identitätswandels vieler Bewohner[134]; dies nutzt der größere Nachbar Serbien aus, um Druck auf die Regierung in Podgorica auszuüben und so seinen Einfluss vor Ort auszubauen. Ein Umstand, der Montenegro mittelfristig vor eine kulturelle Zerreißprobe stellen kann.[135]

Auch wenn erste vorsichtige Schritte einer gemeinsamen europäischen Außen- und Sicherheitspolitik während der Jugoslawienkriege versucht wurden, so waren sie letztlich nicht von Erfolg gekrönt.[136] Ein 2013 durch den Autor mit einem ehemaligen Einsatzoffizier der Bundeswehr – Pressestabsoffizier Oberstleutnant Wolf Teja von Rabenau – geführtes Interview veranschaulicht die gesamte Problematik sehr authentisch.[137]

Herr v. Rabenau, wann und in welcher Funktion waren Sie für die Bundeswehr in Bosnien-Herzegowina (BiH) im Einsatz?

Ich war von Anfang Januar bis Ende März 1998 im 4. sogenannten SFOR-Kontingent der Bundeswehr in Rajlovac (BiH) eingesetzt. [...] Die Hauptaufgabe bestand für mich darin, psychologische Maßnahmen gegenüber der Bevölkerung für die Operationsführung der Brigade vorzuschlagen bzw. mit entsprechenden Maßnahmen auf propagandistische Aktivitäten der bosnischen Serben zu reagieren. Das Hauptziel war, für die drei eingesetzten Bataillone aus Deutschland, Frankreich und der Ukraine positive oder zumindest neutrale Verhältnisse zu schaffen, indem die Bevölkerung unseren Auftrag billigte oder zumindest verstand.

Welches waren Ihrer Meinung nach die zentralen Ursachen für die Jugoslawienkriege und speziell für den Bürgerkrieg in Bosnien-Herzegowina?

Ich sehe die Ursachen im Zerfall des »Kunststaates« Jugoslawien. Die einzig einigende Figur war Staatspräsident Tito, der als Gründer des Staates eine Identifikationsfunktion hatte. Nach seinem Tod gab es nichts mehr, worauf man noch hätte Rücksicht nehmen müssen, und die alten, bereits während des Zweiten Weltkriegs ausgebrochenen Partikularinteressen brachen offen zutage. Die Ursachen dieser Interessenkonflikte reichen jedoch weit über den Zweiten Weltkrieg zurück. Es ist nie gelungen, die Völker des Balkans zu einem Staatsvolk zu verschmelzen. Kirche, Politik und vor allem auch ausländische Interessen haben hier ihre Spuren hinterlassen, indem jeder versuchte, seine Interessen auf Kosten der Balkanvölker durchzusetzen. Speziell in Bosnien-Herzegowina bestand das Problem noch dazu darin, dass der Zerfall Jugoslawiens in Teilrepubliken die sogenannten muslimischen Kroaten und Serben nicht als ethnische Eigenheit kannte, sondern lediglich als Glaubensgemeinschaft. Das bedeutete, dass man diese Volksgruppe nicht gleichberechtigt neben Slowenen, Kroaten Serben etc. zu betrachten und behandeln hatte. Es war eine religiöse Minderheit, die kein Anrecht auf einen eigenen Staat besaß, weil es keine bosnische Staatsangehörigkeit gab. In den Pässen der ehemaligen bosnischen Jugoslawen stand »Moslem«, nicht Kroate, Serbe, Mazedonier etc. Der Teilstaat Bosnien-Herzegowina besteht aus zwei ethnischen Provinzen, »Republika Srpska« für die bosnischen Serben, die den Anschluss an die Mutterrepublik suchten, und die bosnisch-kroatische Föderation, bei der zunächst die Kroaten versuchten, ihre Stammprovinz, die Herzegowina, ebenfalls mit der Mutterrepublik zu vereinigen. Dies scheiterte jedoch aufgrund der internationalen Intervention. Doch auch der Rest von Bosnien sollte einfach zwischen den beiden großen Volksgruppen aufgeteilt werden und als Staat somit für immer von der jugoslawischen Karte verschwinden. Die zentrale Ursache war also die mangelhafte Akzeptanz islamisch-gläubiger Jugoslawen in der ehemaligen Bundesrepublik Jugoslawien insgesamt, weil die Moslems als Fremdkörper und »Vorposten« der Türkei in Europa gesehen wurden, die es zuallerst zu bekämpfen galt. Serbien sieht sich bis heute als der erste und einzige christliche Wächter am Einfallstor des Islam aus Südosten.

Wie beurteilen Sie die Haltung von UNO, EG und NATO hinsichtlich der Konfliktlösung?

Halbherzig. Die EG hat versagt, weil sie keine Erfahrung und kein politisches Mandat in der militärischen Konfliktbewältigung besaß. Es ist der erste Krieg auf europäischem Boden seit dem Zweiten Weltkrieg gewesen, bei dem die EG ohne Machtinstrument wirkungslos geblieben ist. Die WEU und die NATO konnten nicht eingreifen, weil es nicht Mandatsgebiet war. Weil das aber für ganz Jugoslawien galt, wurde völkerrechtlich eine höchst bedenkliche »Ex-post-Legitimation« geschaffen: die sogenannte »humanitäre Intervention«, die es vorher gar nicht gab. Es gab ja keinen Aggressor, der von außen Jugoslawien angegriffen hätte. Grundsätzlich ist der Jugoslawien-Konflikt ein innerstaatlicher Konflikt, der keine Einmischung von außen duldet, es sei denn, Jugoslawien selbst suchte um Intervention nach. Dies hätten nur die UN leisten können, nur fehlte es am »Hilferuf« aus Jugoslawien. Ohne rechtliche Handhabe mussten die UN-Blauhelme völlig wirkungslos und in der Wahrnehmung geradezu lächerlich wirken. Die UN wollten den Konflikt am liebsten ignorieren, weil sie hier nach Korea 1950 zum ersten Mal offensiv hätten eingreifen müssen. Dafür wollte jedoch keine Nation Hilfstruppen entsenden.

Hat die UNO mit ihrem Konzept der »Schutzzonen« angesichts des Massakers von Srebrenica nicht kläglich versagt bzw. weiter gefragt: War erst das militärische Eingreifen seitens der NATO notwendig, um die Kriegsparteien zu stoppen?

Natürlich war das Eingreifen der NATO letztlich notwendig geworden, doch dazu bedurfte es erst einmal einer international anerkannten Legitimation. Nur die UN hätten unmittelbar eingreifen können, sie verfügen jedoch über keinerlei eigene Streitkräfte. Deshalb wird die NATO bis heute auf dem Balkan als Agentur im Auftrag der UN tätig. Die sogenannten Schutzzonen waren nichts als ein Akt der Hilflosigkeit und luden vor allem die Serben direkt ein, Moslems zu vernichten, weil diese abschätzen konnten, dass den UN das Risiko eines bewaffneten Eingreifens viel zu groß sein würde, um es einzugehen, siehe Niederlande. Letzten Endes konnten die Serben – und mit einiger Verzögerung auch die Kroaten im Norden – nur mit Gewalt gestoppt werden, deren Ziel letztlich die völlige Vernichtung des bosnischen Staatsgebietes war.

Wie beurteilen Sie die Lage in Bosnien-Herzegowina seit dem Friedensabkommen von Dayton 1995?

Die Republik BiH ist ein reines Kunstprojekt und wirtschaftlich überhaupt nicht überlebensfähig. In jedem einzelnen Wirtschaftsbereich ist sie abhängig von den mit ihr nach wie vor verfeindeten Nachbarrepubliken. Außenkontakte kann BiH nur auf dem Luftwege pflegen, die Republik ist faktisch isoliert in der eigenen Bundesrepublik. Einziger nennenswerter Industriebetrieb im ganzen Land ist das Automobilwerk in Vogosca nördlich von Sarajevo, das bis 1992 Volkswagen-Fahrzeuge für den Balkan produzierte. Die großen Tourismusströme liefen schon vor dem Bürgerkrieg stets an BiH vorbei, die einzige Autobahn des Balkans, der sogenannte »Autoput«, verläuft exakt im Norden um BiH herum. Der große (und einzige) Vorteil des Dayton-Abkommens besteht darin, dass es ein völkerrechtliches Dokument zum Erhalt des Status quo zum Zeitpunkt der Unterzeichnung darstellt. Sein großer Nachteil ist, dass es nicht sanktionsbewehrt ist, um Verstöße zu ahnden. (Siehe vor allem die Haltung gegenüber der Provinz Kosovo, die nach demselben Abkommen nie völkerrechtlich von Serbien hätte abgetrennt werden dürfen!) […]

Ziehen Sie doch bitte eine Bilanz der Leistungen der Bundeswehrmissionen in Bosnien und im Kosovo.

Der Einsatz der Bundeswehr zumindest in Bosnien und Herzegowina kann nur als Erfolg gewertet werden. Es ging nicht vorrangig darum, die Konfliktparteien zu trennen und das Dayton-Abkommen durchzusetzen. Das war faktisch Ende 1997 bereits erreicht. Im Mandat des sogenannten »SFOR-Folgeeinsatzes« ab 1998 ging es darum, Strukturen zu schaffen, vor allem politische, verwaltungstechnische und einfach menschlich-partnerschaftliche, wozu andere Nationen aufgrund fehlender Verbundenheit zum Land viel weniger in der Lage waren. Kaum ein anderes Land hat sich so nachhaltig und gleichzeitig nichtmilitärisch in diesem Einsatzgebiet engagiert. Zum Einsatz im Kosovo kann ich nichts beitragen. Mein zweiter Einsatz als OpInfo-Stabsoffizier fand von Anfang Januar bis Ende März in Mazedonien statt. […]

Aktuelle Situation

Blicken wir zum Abschluss dieses Kapitels nun noch auf die aktuelle Lage in den beiden fragilen Krisenstaaten Kosovo und Bosnien-Herzegowina mit ihren bis dato nicht gelösten Nationalitätenkonflikten.

Die Führung der serbischen Entität – also der **Republika Srpska** – strebt nach wie vor im Sinne eines Großserbiens die Abspaltung bzw. die Unabhängigkeit von Bosnien und Herzegowina an.

Ganz deutlich wurde dieses Ansinnen zuletzt am 9. Januar 2023, als Hunderte serbische Paramilitärs und Polizisten aus der Republika Srpska im Osten Sarajevos in Anwesenheit des serbischen Außenministers eine Militärparade mit Maschinenpistolen in der Hand und gepanzerten Fahrzeugen abhielten,[138] eine Veranstaltung mit hohem politischen Sprengstoff: Wurde doch mit dem Aufmarsch der Gründungstag der sogenannten Republika Srpska 1992 gefeiert – und dies, obwohl das bosnische Verfassungsgericht den Marsch zuvor untersagt hatte. Zudem verlieh Milorad Dodik, der Präsident der Republika Srpska, dem russischen Präsidenten Wladimir Putin in dessen Abwesenheit feierlich den höchsten Orden des Teilstaates.

Für die bosnische Regierung stellte dies eine maximale Provokation dar, wurde dabei doch ein Tag gefeiert, der als Auslöser für den Bosnienkrieg gilt, in dessen Verlauf vor allem die Serben unter ihrem Führer Radovan Karadžić die schon erwähnten zahlreichen Massaker an den muslimischen Bosniern begangen hatten. Das Ereignis verdeutlicht eindrucksvoll, dass der Balkan nach wie vor ein ethnisches Konfliktfeld darstellt. So bewertete der Vertreter der internationalen Gemeinschaft in Bosnien und Herzegowina, Christian Schmidt, die illegale Parade als ein »schleichendes Auseinanderbringen des Staates« Bosnien-Herzegowina.[139]

Auch bei einer Fahrt durch die wilde zerklüftete Gebirgslandschaft wird der künstliche und nur schwer zu bewerkstelligende Zusammenhalt diese Staates deutlich. Überquert man z. B. die Grenze von Montenegro nach Bosnien-Herzegowina, so wird man mit einem überdimensionierten Schild nicht durch den eigentlichen Gesamtstaat, sondern eben durch die Republika Srpska begrüßt. Diesen Schildern begegnet man in Bosnien immer dann, wenn man die Grenzen der jeweiligen Entität überquert. Meist sind sie mit roter Farbe beschmiert, was an die blutige Verantwortung der serbischen Vertretrer der Republika Srpska während des Bosnienkriegs und die durch sie zu verantwortenden Massaker wie in Srebrenica erinnern soll.

Auf der Fahrt nach Sarajevo fallen einem, wie sich der Autor im Sommer 2022 selbst überzeugen konnte, nicht nur alle paar Hundert Meter in der Republika Srpska serbische Flaggen und Verkehrsschilder in rein kyrillscher Schrift auf, sondern auch erhebliche Unterschiede, was die Qualität der Straßen angeht.

In der bosnisch-kroatischen Föderation hat es diesbezüglich hingegen erhebliche Fortschritte, auch infolge von EU-Fördermaßnahmen, gegeben. Die Mehrsprachigkeit ist dort auch in angemessener Form gewährleistet.[140]

Ein weiterer Aspekt, der den Zusammenhalt der drei Nationen bzw. den Verbleib der Republika Srpska innerhalb Bosnien-Herzegowinas nach wie vor erschweren dürfte, ist die Kriegsvergangenheit, die verübten Gräueltaten, v. a. gegenüber den Moslems, und die Frage der Bewältigung bzw. des heutigen Umgangs mit diesen Ereignissen.

Dies wird – neben dem Mahnmal in Srebrenica – auch in der Hauptstadt Sarajevo anhand diverser Museen und Stadtführungen besonders deutlich. Bei seinem letzten Besuch buchte der Autor eine mehrstündige »Sarajevo 1425 days under the siege Tour«, u. a. den Besuch des »Tunnel of Hope Museum«, der zu Recht als ein »marvelous symbol of the fight for survival« in den Tourflyern dargestellt wird[141], den jüdischen Friedhof, die olympische Bob- und Rodelbahn von 1984 und die sogenannte »Sniper Alley«. Dort feuerten während der Belagerung Sarajevos von 1992 bis 1995 serbische Heckenschützen wahllos auf Passanten, die sich auf der Suche nach Wasser und Medikamenten nach draußen wagten. Allein in dieser Straße wurden 225 Personen erschossen und über 1000 verwundet. Der junge, hervorragend Englisch sprechende Guide wies dabei immer wieder auf die heldenhaften Leistungen der bosnischen Moslems hin und nannte das Kind beim Namen, indem er von den »serbischen Aggressoren« sprach.[142] Ebenso voller Stolz wird in einem weiteren Tourflyer die Hauptstadt wie folgt charakterisiert: »Sarajevo was and is strong enough to rise from the ashes, and write the history anew«[143] – vielleicht ein Hoffnungszeichen, dass dieses doch eher künstliche Staatsgebilde einmal in fernerer Zukunft zusammenwachsen wird.

Abb. 5 The Tunnel of Hope, ein beeindruckendes Museum des Widerstandes und Freiheitskampfes der Bosnier in Sarajevo

Der Tunnel of Hope war eine unterirdische Fußweg-Verbindung unter der Start- und Landebahn des Flughafens von Sarajevo zwischen dem durch serbische Streitkräfte belagerten bosnisch-kroatischen Teil der Stadt und einer angrenzenden Vorort-Gemeinde, die nicht belagert wurde. Er diente ab Mitte 1993 sowohl als Flucht- als auch Versorgungsweg Sarajevos und war somit von entscheidender Bedeutung für die Überlebensfähigkeit der Stadt und ihrer Einwohner. Als militärische Nachrichtenverbindung ermöglichte er die Bewegung von Truppen und Material zum richtigen Zeitpunkt, gewährleistete den Transport von Nahrungs- und Produktionsmitteln, erlaubte den Mitgliedern des bosnischen Parlaments die Ein- und Ausreise und trug somit dazu bei, dass die Regierung arbeitsfähig blieb.

Der Westbalkan bleibt also eine politisch äußerst schwierige Region. Nicht nur in Bosnien-Herzegowina, sondern auch im Kosovo sorgt nämlich Serbien nach wie vor für Unruhe.

Das **Kosovo** mit seiner albanischen Bevölkerungsmehrheit hatte am 17. Februar 2008 die Unabhängigkeit von Serbien erklärt. Während 115 der 193 UN-Mitgliedstaaten das Kosovo bisher als unabhängigen Staat anerkannten,[144] wird die Unabhängigkeit u. a. durch Serbien, das den Nachbarstaat bis heute als abtrünnige Provinz betrachtet, sowie Russland und China bestritten bzw. vollkommen in Abrede gestellt. Auch hier zeigt sich eine enge Bande zwischen Russland und Serbien, die weit in die Vergangenheit zurückreicht: Während Russland Serbien im Kosovokrieg mit Waffen belieferte, bombardierte die NATO hingegen ab 1999 Belgrad und traf dabei am 7. Mai 1999 auch die chinesische Botschaft. Dieses Ereignis forderte drei Todesopfer und 21 Verletzte und sorgte für internationales Aufsehen, da es die Botschaft eines am Kosovo-Konflikt unbeteiligten Staates betraf. Als »barbarisch« bezeichneten sowohl die chinesische Regierung als auch der damalige russische Präsident Boris Jelzin das Vorgehen. Fünf Monate nach der Bombardierung im Oktober 1999 veröffentlichten die Zeitungen »Politiken« von Kopenhagen und der Londoner *Observer* einen Bericht, dass die Bombardierung vorsätzlich gewesen sein soll[145]. Sowohl die Regierungen der Vereinigten Staaten als auch Großbritanniens entgegneten daraufhin, dass dies nicht beabsichtigt gewesen sei und dass es sich um einen Unfall gehandelt habe.

Serbien versucht, in regelmäßigen Abständen die innenpolitische Lage des Kosovos zu destabilisieren, indem es auf vielfältige Weise insbesondere im Norden des Landes, der von der Regierung in Pristina nicht kontrolliert wird, interveniert. Dort haben nämlich der serbische Staatspräsident Aleksandar Vučić und seine Geheimdienste das Sagen und bestärken die dortige serbische Minderheit bei ihren Versuchen, sich der Autorität Pristinas zu widersetzen. Der Präsident kontrolliert auch die mit Abstand stärkste Partei der Kosovo-Serben, die »Serbische Liste«, die zuletzt 90 Prozent der Stimmen im Norden erhielt.[146] Das jüngste Konfliktfeld zwischen Serbien und Kosovo in diesem Zusammenhang drehte sich in den letzten Monaten um die Nutzung und Verwendung der jeweiligen Autokennzeichen.[147] 10 000 Angehörige der serbischen Minderheit sollten dazu verpflichtet werden, nicht mehr mit serbischen Nummernschildern zu fahren, sondern solche der Republik Kosovo zu akzeptieren. Auch wenn der Anlass für diesen Streit auf den ersten Blick recht banal erscheinen mag, so geht es im Kern dabei um die Unabhängigkeit des Kosovo, die Serbien bislang ja nicht anerkennt und deshalb auch jedes Symbol dieser Unabhängigkeit, wie z. B.

KFZ-Kennzeichen, bekämpft. Da beide Staaten jeweils die Nummernschilder des anderen aufgrund der dort vorhandenen nationalen Embleme nicht anerkannten, eskalierte im September 2021 dieser Streit schon einmal derart, dass Belgrad Panzerfahrzeuge an die Grenze zum Kosovo verlegte und Kampfjets starten ließ und die Regierung in Pristina mit der Entsendung von Polizeieinheiten in die mehrheitlich serbischen Siedlungsgebiete des Kosovo antwortete. Vučić sprach sogar von einem drohenden »Pogrom« gegen die serbische Minderheit auf dem Amselfeld[148], was wiederum den Mythos der von den Serben 1389 verlorenen Schlacht gegen die Türken bediente. Nur durch Vermittlung der EU und eine daraufhin erfolgte Übergangslösung – das Überkleben der Nationalflaggen beim Grenzübertritt – konnte damals eine militärische Eskalation zwischen beiden Staaten gerade noch verhindert werden. Nach Auslaufen dieser Übergangslösung gewann der Streit wieder an Schärfe, denn nahezu alle Serben Kosovos, die überwiegend in einem kompakten serbischen Siedlungsgebiet im Norden des Landes leben, nutzten auch weiterhin KFZ-Kennzeichen, die in Serbien ausgestellt wurden, obwohl diese seit 1. November 2022 im Kosovo keine Gültigkeit mehr besitzen und die kosovarische Regierung auf einem Wechsel der betreffenden Kennzeichen bestand. In ihrer Haltung durch die Regierung Serbiens unterstützt, hatten aus Protest gegen die Regelung zu Beginn des November 2022 dann nahezu alle serbischstämmigen Beamten der kosovarischen Polizei ihren Dienst quittiert: Knapp 600 Polizisten, rund 500 Richter und weitere Beamte aus dem Nordkosovo legten, wie auch alle vier Bürgermeister der serbischen Gemeinden im Norden, ihr Amt nieder, was nun eine Neuwahl auf kommunaler Ebene in den nördlichen Gemeinden des Kosovo erforderte.[149] Die für Ende Dezember ursprünglich angesetzten Wahlen wurden damit zur Kraftprobe und sind auf April 2023 verschoben worden, um die Situation zu entschärfen. Die serbische Bevölkerungsmehrheit im Norden des Landes boykottierte jedoch die Wahlen. Bei einer Wahlbeteiligung von nur 3,5 Prozent wurden somit nur albanische Bürgermeister gewählt, deren Amtseinführung auf heftige Gegenwehr der Serben trifft.[150]

Zwar kam es am 23. November 2022 wiederum durch EU-Vermittlung zumindest zu einer Teillösung des Konflikts. Demzufolge wird Serbien für Städte im Kosovo keine Auto-Kennzeichen mehr ausstellen und das Kosovo wird nicht gegen die betroffenen serbischen Bürger vorgehen und sie nicht zwingen, ihre Autos umzumelden. Dennoch bleiben beide Seiten bei ihrer harten Rhetorik. Serbien sieht das Kosovo weiterhin als illegal abgespalteten Teil des eigenen Landes und wirft ihm vor, die dort lebende serbische Minderheit zu unterdrücken. Das Kosovo wiederum vertritt den

Standpunkt, dass Belgrad die eigene serbische Minderheit manipuliere und die Lage vor Ort absichtlich destabilisiere.

Für den serbischen Präsidenten Vučić ist dabei die Frage der serbischen Gemeindeverwaltung eine der größten Hürden bei den weiteren Verhandlungen um eine Annäherung an das Kosovo. In dieser Frage einigten sich 2013 zwar die Premierminister des Kosovo und Serbiens darauf, dass die vier serbischen Gemeinden im Nordkosovo sowie die sechs serbischen Enklaven im albanisch dominierten Süden mehr Struktur bekommen und sich zu einem Gemeindeverband zusammenschließen können. Das Vorhaben wurde bislang jedoch noch nicht umgesetzt, da von beiden Seiten kontrovers diskutiert wird, wie mächtig ein derartiger serbischer Gemeindeverband werden darf. Während Serbien dies in Form einer verfassungsrechtlich verankerten Institution umgesetzt sehen möchte, auch um die Kosovoserben besser koordinieren und bündeln zu können, ist man auf kosovarischer Seite dagegen, weil man Sorge hat, dass quasi eine Art neue Republika Srpska analog zu der in Bosnien-Herzegowina entsteht, also eine Einheit, die Entscheidungen blockieren kann und ganz eigenständig herrscht.

Im Dezember 2022 erfuhren die Auseinandersetzungen im Norden des Kosovo die nächste Fortsetzung, als aufgebrachte Serben mit Unterstützung der serbischen Regierung Straßensperren errichteten und so verschiedene Landstraßen blockierten. Belgrad zog dabei Militärgerät nahe dem Nachbarland zusammen, schickte den Armeechef an die Grenze, forderte die Rückkehr von 1000 serbischen Soldaten und Polizisten und warnte insgesamt vor einem »bewaffneten Konflikt«.[151]

All dies war eine Reaktion auf die Verhaftung eines Serbens, der bis vor Kurzem noch kosovarischer Polizist war und für Angriffe auf Wahllokale der geplanten Neuwahlen Ende Dezember verantwortlich gewesen sein soll. »Extremistische Gruppen« hätten in verschiedenen Orten Barrikaden errichtet, schrieb Innenminister Xhlelal Zvecla bei Facebook.[152] Zudem hatten militante Serben mit Schüssen in die Luft Wahlhelfer und Polizisten vertrieben, welche die Kommunalwahlen vorbereiten wollten. Daraufhin verstärkte Kosovos Polizei ihre Einsatzkräfte im Nordteil der geteilten Stadt Mitrovica. 300 zusätzliche Polizisten bezogen Stellungen in den von Albanern und Bosniaken bewohnten Ortsteilen in der ansonsten mehrheitlich serbischen Stadthälfte.

Der serbische Präsident Vučić drehte also wieder einmal deutlich an der Eskalationsspirale und nutzte dafür gezielt die serbischstämmige Bevölkerung in den Nachbarländern, wie jüngst im Kosovo und in Bosnien und Herzegowina. In ihrer Mehrheit ist diese Diaspora durchaus ein ernstes

Problem, da sie in weiten Teilen den serbischen Ultranationalismus auch gewaltsam unterstützt. Gerade serbische Nationalisten hassen die EU und die NATO leidenschaftlich, feiern dagegen Wladimir Putin, der in Serbien teilweise Heldenstatus genießt. 80 Prozent der Serben sind laut Umfragen prorussisch eingestellt, immerhin knapp die Hälfte der Bevölkerung unterstützt den russischen Krieg in der Ukraine – mit steigender Tendenz. Fragt man Menschen in Serbien, wie sie zu Russland und zur EU stehen, erhält man oft die Antwort: »Unser Kopf ist in Brüssel, aber unser Herz in Moskau.«[153] Die Bedeutung Serbiens für Russland dürfte seit dem Angriff auf die Ukraine gestiegen sein. Die jüngsten Provokationen Serbiens gegenüber den Nachbarstaaten spielen jedenfalls Putin in die Karten.

Vučić kündigte zudem an, im Hinblick auf den vom Kosovo im Dezember gestellten Antrag auf eine EU-Mitgliedschaft[154] ein Bündnis mit jenen fünf EU-Mitgliedern zu suchen, welche die Unabhängigkeit Kosovos nicht anerkennen. Dazu habe er den Regierungen von Spanien, Rumänien, Griechenland, Slowakei und Zypern entsprechende Briefe geschrieben. Weiterhin werde Serbien versuchen, möglichst viele derjenigen Staaten, die den Kosovo anerkannt haben, zu einer Rücknahme dieser Anerkennungen zu bewegen. »Wir werden kämpfen«, betonte er.[155]

g. Irland

Der Weg zu einem unabhängigen irischen Staat war lang. Seit dem 12. Jahrhundert herrschte England in unterschiedlicher Form über seine Nachbarinsel. Unter König Heinrich VIII. wurde Irland dann 1541 direkt der englischen Krone unterstellt. Damit regierte der englische König in Personalunion über das neu geschaffene Königreich Irland. Zudem wurden sämtliche Kirchengüter auf der irischen Insel eingezogen, allerdings verblieben sowohl die Iren als auch die meisten Siedler aus anglo-normannischer Zeit beim katholischen Glauben. Heinrich VIII. befürchtete, dass ausländische Mächte wie Spanien das überwiegend katholische Irland gegen England ausspielen könnten. Sein Nachfolger Eduard VI. begann daher mit einer massiven und gezielten Ansiedlung von protestantischen Engländern, bezeichnet als »Plantations«, was sich wörtlich als Bepflanzungen übersetzen lässt.[156] Seit Ende der 1560er-Jahre nahm die Ansiedlung von Briten in Irland stark zu, sie wurde von militärischen Maßnahmen gegen den aufkeimenden irischen Widerstand begleitet.

Zu einer bis in die heutige Zeit folgenschweren Entwicklung kam es unter Jakob I., unter dessen Herrschaft seit 1609 die »Ulster Plantation«

durchgeführt wurde, in deren Rahmen zahlreiche anglikanische – also protestantische – Engländer und presbyterianische Schotten in der nordirischen Provinz Ulster angesiedelt wurden. Ulster entwickelte sich dadurch zum Kern der englischen Vorherrschaft in Irland. So wurde beispielsweise die nordirische Stadt Derry 1613 direkt der englischen Hauptstadt London übertragen und mit Engländern besiedelt. Ihr Name wurde von den Neusiedlern in Londonderry geändert[157], während die katholischen Iren sie bis heute als Derry bezeichnen.

Überspringen wir an dieser Stelle den englischen Bürgerkrieg und die Militärdiktatur Oliver Cromwells. Im Zuge der Wiederherstellung der Monarchie unter König Charles II. erfolgten gegen Irland gerichtete wirtschaftliche Maßnahmen. So durfte es seine Schafwolle nur noch nach England exportieren, was die irische Wirtschaft schwer traf. Weiterhin wurde ihm der Handel mit den englischen Kolonien untersagt. Als 1685 Charles' Bruder Jakob II., der sich offen zum Katholizismus bekannte, den Thron bestieg, führte dies zu schweren Spannungen mit dem englischen Parlament, die zur Glorious Revolution von 1688 und der Absetzung Jakobs II. durch seinen protestantischen Schwiegersohn Wilhelm III. führten. Jakob versuchte, mit Unterstützung der irischen Katholiken wieder auf den englischen Thron zu gelangen. Wilhelm III. entschloss sich jedoch zu einem Feldzug gegen die irischen Jakobiten, der mit einer Niederlage von Jakob II. endete. Zur Bestrafung der Jakobiten erließ Wilhelm III. 1695 mehrere Gesetze, die zu einer Entrechtung der katholischen Iren führten. Der irische Grundbesitz befand sich während dieser Zeit zu über drei Vierteln in den Händen von protestantischen Engländern und Schotten.

Im Jahre 1798 kam es zu großen Bauernaufständen in Irland, die allerdings schnell und blutig niedergeschlagen wurden. Schließlich wurde Irland 1801 durch den Act of Union dem Königreich Großbritannien angeschlossen, das von nun an Vereinigtes Königreich Großbritannien und Irland genannt wurde.

Kartoffel-Missernten lösten dann im 19. Jahrhundert die Große Hungersnot (Great Famine) aus, die zwischen 1846 und 1849 zahlreiche Menschenleben forderte und eine große Auswanderungswelle nach sich zog.[158] Insgesamt verringerte sich die Bevölkerung zwischen 1845 und 1851 von 8,5 Millionen auf 6,5 Millionen Einwohner. Bis 1871 ging diese Zahl aufgrund der Auswanderung verarmter Landbewohner um eine weitere Million auf 5,5 Millionen zurück.[159] Die schlechten Erfahrungen, welche die Iren während dieser Katastrophe mit den Briten gemacht hatten, führten zu einer zunehmenden Radikalisierung und beförderten die Erkenntnis, dass nur ein eigenständiges Irland vor solchen Katastrophen gefeit sei. Parallel entstand im 19. Jahrhundert ein neues irisches Nationalbewusstsein. Dichter entdeckten die alte gälische (keltische) Landessprache[160] wieder und gründeten Kulturvereine wie die »Gaelic League«. Unter anderem lieferte der Dichter Douglas Hyde, von 1938 bis 1945 erster Präsident der späteren Republik Irland, bedeutende Beiträge zur irischen Literatur und Sprachforschung. In seinem Werk *The Revival of Irish Literature* aus dem Jahr 1894 sprach er vom »Verfall des irischen Volkes in neuerer Zeit« und kritisierte, dass es aufgehört habe, »irisch zu sein, ohne dadurch englisch zu werden«.[161] Weiter führte er in seinem emotionalen Plädoyer für eine keltisch-gälisch-irische Renaissance aus:

> »Ich möchte Ihnen sagen, dass wir durch unsere Anglisierung in Bausch und Bogen leichtfertig den überzeugendsten Anspruch aufgegeben haben, von der Welt als Nation anerkannt zu werden [...] Sie werden fragen, warum sollten wir es wünschen, Irland keltischer zu machen, als es ist – warum sollten wir es überhaupt entanglisieren? Meine Antwort lautet: Das irische Volk befindet sich zurzeit in einer höchst anormalen Lage – es kopiert England und gleichzeitig scheint es England zu hassen [...] Was liegt hinter den nationalen Gefühlen, mit denen die irischen Millionen so stark infiziert zu sein scheinen? [...] Ich glaube, zugrunde liegt ihm hauptsächlich die halb unbewusste Empfindung, dass das Volk, das einmal mehr als halb Europa besessen hat[162] [...], jetzt – anderswo fast ausgelöscht und aufgesogen – die letzte Anstrengung für seine Unabhängigkeit auf dieser Insel Irland unternimmt. [...] Und gerade zu einem Zeitpunkt , in dem das keltische Volk mit größter Wahrscheinlichkeit den Besitz seines eigenen Landes wieder erlangen kann, findet es sich seiner keltischen Charakteristika entkleidet und beraubt, abgeschnitten von seiner Vergangenheit und kaum verbunden mit der Gegenwart. [...] Es hat alles verloren, was es besaß – Sprache, Traditionen, Musik, Genius und Ideen. Gerade in dem Augenblick, in dem wir darangehen sollten, ein neues irisches Volk und die gälische Nation aufzubauen [...], gerade in diesem Augenblick finden wir uns der Bausteine der Nationalität beraubt. [...] Mit einem Wort, wir müssen danach streben, alles Heimatliche, alles, was nach unserem Boden schmeckt, alles Gälische, alles Irische zu pflegen und zu kultivieren, weil trotz der kleinen Beimischung von Sachsenblut im Nordwesten diese Insel keltisch bis ins Mark ist und immer bleiben wird [...].«[163]

Ähnliche Gedanken und Forderungen weiterer politisch engagierter Bürger und Geistesgrößen führten – neben der Erinnerung an die Hungerkatastrophe – zur Entstehung der »Irish Home Rule-Bewegung«, welche die politische Selbstbestimmung Irlands forderte. Ihren Protagonisten war die Lage ihrer von Großbritannien unterdrückten Insel schmerzlich bewusst. Als Kolonie hing Irland vom Wohlwollen Londons ab, eine britisch-protestantische Oberschicht beherrschte das Land politisch und ökonomisch. Nachdem zwei republikanische Aufstände (1848 und 1867) ebenso gescheitert waren wie die ersten Anläufe für ein »Home Rule-Gesetz«, schien 1912 dann das von den Liberalen eingebrachte dritte »Home Rule-Gesetz« in greifbare Nähe zu rücken und damit die 1882 gegründete »Irish Parliamentary Party« mit ihrem Ziel, ein selbstbestimmendes irisches Parlament zu erlangen, erfolgreich zu sein.

Den radikalen und revolutionär gestimmten Republikanern genügte dies allerdings nicht mehr. Sie hatten 1905 die Partei »Sinn Féin« (»Wir selbst«) gegründet (»which now became the main vehicle for her expression of radical nationalist sentiment«[164]) und traten für eine völlige politische Unabhängigkeit ein. Auf der Gegenseite bildete sich 1912 die »Ulster Volunteer Force«, eine unionistische protestantische paramilitärische Miliz, die eine irische »Home Rule« mit allen Mitteln verhindern wollte.[165] Der Ausbruch des Ersten Weltkriegs verhinderte, dass das beabsichtigte Gesetz in Kraft trat. Die militanten irischen Republikaner sahen nun infolge der im Kampf gegen Deutschland abgelenkten Briten die Chance, ihre Ziele durchzusetzen. Der irische Unabhängigkeits- bzw. Freiheitskampf erreichte daher während des Ersten Weltkriegs 1916 im irisch-republikanischen Osteraufstand[166] einen weiteren dramatischen Höhepunkt. Zentrum der damaligen Ereignisse war das Hauptpostamt von Dublin, das »General Post Office« (GPO), in dem heute ein entsprechendes Museum eingerichtet ist und wo man an der Fassade noch Spuren wie z. B. Einschusslöcher sehen kann. Als am 24. April, Ostermontag, ein siebenköpfiges Komitee vor dem GPO die Irische Republik ausrief und sich zur provisorischen Regierung erklärte, begann ein von der »Irish Republican Brotherhood« allerdings dilettantisch und naiv organisiertes Himmelfahrtskommando, das in einem Fiasko endete. Statt eines erhofften landesweiten Aufstands folgten nur etwa 1200 Männer und eine Handvoll Frauen in Dublin dem Ruf zu den Waffen. Die britische Armee machte mit ihrer überlegenen Feuerkraft die Freiheitskämpfer nieder. 458 Menschen starben, darunter über ein Drittel Kinder und Jugendliche. Mehr als 3500 Aufständische wurden nach sechs Tagen verzweifelten Kampfes verhaftet und die Anführer von den Briten hingerichtet.

Abb. 6 Darstellung des Osteraufstands auf einer Briefmarke, zu sehen im Museum des GPO in Dublin

Abb. 7 Das General Post Office in Dublin im November 2022. Es war das Hauptquartier der irischen Freiheitskämpfer während des Osteraufstands 1916, bevor sie der britischen Repression erlagen.

Doch die Niederlage sollte sich schrittweise in einen Sieg verwandeln. Die harte Reaktion Londons wendete das Blatt und löste unter den Iren eine Solidaritätswelle aus. Die Bevölkerungsmeinung neigte mehr und mehr zur Sache der irischen Republikaner und ihrer Unabhängigkeitsbewegung. Die Sinn Féin wurde zur Massenorganisation und erreichten 1918 bei den Wahlen zum Unterhaus einen ersten durchschlagenden Erfolg: Sie stellte 73 der 105 irischen Abgeordneten. Nur in Ulster (dem heutigen Nordirland) behielten die Unionisten die Mehrheit. 1919 rief Sinn Féin dann das erste irische Parlament, das »First Dáil«, in Dublin aus, woraus sich der zweieinhalbjährige irische Unabhängigkeitskrieg (1919 bis 1921) entwickelte. Dieser Guerillakrieg, in dem sich die vom »First Dáil« gegründete »Irish Republican Army« (IRA) und die britische Armee gegenüberstanden, forderte bis Mai 1921 weitere 2000 Todesopfer. Hinterhalte, Mordanschläge, Vergeltungs- und Wiedervergeltungsanschläge erschütterten in dieser Zeit die grüne Insel.

Der am 6. Dezember 1921 auf irischer Seite von Arthur Griffith und Michael Collins geschlossene Anglo-Irische Vertrag beendete den Unabhängigkeitskrieg und sah für die 26 katholischen Grafschaften im Süden – immerhin fünf Sechstel des Landes – die Schaffung eines Irischen Freistaates vor. Lediglich die übrigen sechs protestantischen Grafschaften in Ulster verblieben unter dem Namen Nordirland beim Vereinigten Königreich. Damit erhielt zumindest der größte Teil der Insel erstmals politische Selbstbestimmung mit einer eigenen Regierung. Aber: »This ›Treaty‹ signed by this delegation with the British government [...] was unacceptable to many republicans, who felt that it did not fully recognize Irland's legitimate claim for independence. Prominent amongst these dissenters was Eamon de Valera, who had led the underground republican Government during the War of independence.«[167]

Die Hauptinhalte des Vertrags verdeutlichen den Kompromisscharakter dieses Papiers: Irland wurde zwar ein Freistaat mit eigenständiger Regierung, verblieb aber als Dominion innerhalb des British Empire, wie Kanada, Neufundland, Australien, Neuseeland und Südafrika, d. h., das formale Staatsoberhaupt des Irischen Freistaates blieb der britische Herrscher, der durch einen Repräsentanten der Krone vertreten wurde. Britische Streitkräfte wurden aus nahezu ganz Irland abgezogen, Großbritannien behielt – zum eigenen Schutz – aber die Kontrolle über einige Häfen in Irland.

Mitglieder des neuen Parlaments mussten einen Treueeid auf den Freistaat ablegen. Ein zweiter Teil des Eides betraf die Treue gegenüber »König Georg V., seinen Erben und Nachfolgern«. Nordirland (das bereits durch die Home Rule 1920 – auch »Government of Ireland Act 1920« genannt –

Abb. 8 Ein Plakat in Dublin zur Erinnerung an einen während des Bürgerkriegs gefallenen IRA-Kämpfer, dort vom Autor entdeckt im November 2022

gebildet wurde) erhielt die Möglichkeit, innerhalb eines Monats aus dem Freistaat auszutreten, was dann auch geschah. Eine Grenzkommission legte den Grenzverlauf zwischen dem Freistaat und Nordirland anschließend fest. Letztlich wurde der Vertrag im irischen Parlament mit einer knappen Mehrheit von 64 zu 57 Stimmen am 7. Januar 1922 ratifiziert.[168] Daneben hatte das Parlament unter der Leitung von Michael Collins mit der »National Army« auch eine nationale Armee aufgestellt, welche die IRA ablösen sollte. Die den Vertrag ablehnende IRA nahm für sich jedoch in Anspruch, nach wie vor die irische Republik zu verteidigen, wie sie es 1916 während des Osteraufstands geschworen hatte, und sah sich nun unrechtmäßig von denjenigen Kräften abgeschafft, die den Kompromiss des Freistaates befürworteten.

Die Ratifizierung dieses Vertrags war auch die Hauptursache für den Beginn des irischen Bürgerkrieges.[169] Ein Teil der irischen Unabhängigkeitsbewegung nahm nämlich an den Beschränkungen Anstoß und strebte eine volle Unabhängigkeit für die gesamte Insel an. Die Befürworter des Anglo-Irischen Kompromisses gewannen zwar den kurzen (Juni 1922 bis Mai 1923), aber blutigen Bürgerkrieg[170], jedoch verübten beide Seiten einige brutale Taten: Die Vertragsgegner ermordeten Parlamentsabgeordnete und brannten viele historische Gebäude nieder; die Regierung hingegen richtete Gefangene offiziell und inoffiziell hin. Die vom Freistaat ins Leben gerufene National Army verlor 800 Soldaten, insgesamt wurden wahrscheinlich mehr als 4000 Menschen getötet. 12 000 Republikaner wurden am Ende des Krieges festgenommen – die meisten blieben bis 1924 in Haft. Michael Collins wurde von einem Attentäter ermordet.

Entsprechend dem Anglo-Irischen Vertrag wurde eine Verfassung für den Irischen Freistaat entworfen, die vom britischen Parlament gebilligt wurde und durch eine königliche Proklamation am 6. Dezember 1922 in Kraft trat.[171] Am 1. Juli 1937 fand in Irland ein Referendum über den Entwurf einer neuen irischen Verfassung statt. Diese ging in erster Linie auf den Begründer und langjährigen Vorsitzenden der Fianna Fáil, Eamon de Valera, zurück und ist bis heute gültig. Mit dem Inkrafttreten am 29. Dezember 1937 wurde das Amt des Generalgouverneurs durch das des Präsidenten ersetzt.[172] Faktisch wurde dadurch der Staat Irland begründet, der sich den gälischen Namen Éire gab. Gälisch wurde Nationalsprache, die katholische Kirche erhielt Sonderrechte und die Wiedervereinigung mit Nordirland wurde zum Staatsziel erklärt. 1949 wurde offiziell die Republik Irland ausgerufen, die aus dem Commonwealth austrat. Irland hatte somit auf allen Ebenen nun seine vollständige Unabhängigkeit vom Vereinigten Königreich erlangt.

Die irische Regierung versicherte, dass Nordirland und die Republik nur mit Zustimmung beider Seiten wiedervereinigt werden sollten. Die Entstehung einer friedlichen katholischen Bürgerrechtsbewegung führte seit 1968 jedoch zu Spannungen und schließlich zum Bürgerkrieg zwischen Katholiken und Protestanten in Nordirland. Ab 1969 kam es zum massiven Eingreifen der englischen Armee.[173] Während des »Bloody Sunday« am 30. Januar 1972 erschossen britische Fallschirmjäger 13 unbewaffnete Demonstranten. Die IRA bombte sich seither zu trauriger Berühmtheit, ohne aber die Mehrheit der nordirischen Katholiken hinter sich zu haben. Auf der anderen Seite predigten protestantische Pfarrer Hass auf alles Katholische und protestantische Unionisten terrorisierten die katholische Zivilbevölkerung. Allein 1972 kamen 467 Menschen ums Leben, davon

321 Zivilisten. Im Laufe der 1980er- und 1990er-Jahre wurde der Terror auch nach England exportiert.

Im Jahr 1985 schlossen Großbritannien und Irland einen Vertrag, der Irland ein gewisses Mitspracherecht in Nordirland einräumte: »The Anglo-Irish Agreement of 1985 institutionalized the recognition accorded by the British government to the legitimate interest of the Irish government in Northern Ireland.«[174]

1994 rief die IRA-nahe Sinn Féin einen einseitigen Waffenstillstand aus (1995/96 abgeschlossen), der erste Friedensgespräche ermöglichte. Am 10. April 1998 schlossen die Regierungen Irlands und Großbritanniens sowie die nordirischen Parteien dann das Karfreitagsabkommen, in dem Irland seinen in seiner Verfassung formulierten Anspruch auf Nordirland aufgab.[175] Bis dahin starben in Nordirland über 3000 Menschen in dem auch als »Troubles« bezeichneten Konflikt. Seitdem hat sich die Sicherheitssituation in der nordirischen Hauptstadt Belfast deutlich verbessert wie auch die soziale Lage der nordirischen Katholiken. So müssen Stellenbewerber mittlerweile keine diskriminierenden Auskünfte zu ihrer religiösen Identität mehr angeben.[176]

Nach dem Brexit forderte der damalige irische Premierminister Kenny ein Referendum über eine Vereinigung Nordirlands mit der Republik Irland, wo derzeit über zwei Drittel der Bürger sich für eine Vereinigung aussprechen würden. Im Norden ist die Lage hingegen etwas heikler. Ursprünglich lebten dort mehr Protestanten, die sich stets für einen Verbleib bei Großbritannien aussprachen, als Katholiken. Doch mittlerweile stellen Letztere – von denen auch nur ein Fünftel gegen einen Austritt aus Großbritannien stimmen würden – die Mehrheit der Bevölkerung. Hintergrund ist die Furcht vor neuen Unruhen. So verübte die republikanisch-katholische Terrorgruppe »Neue IRA« wieder Anschläge. Und selbst auf der Seite der London-treuen nordirischen Loyalisten gibt es Untergrundaktivitäten. Sie stören sich am sogenannten Nordirland-Protokoll im Rahmen der Brexit-Vereinbarungen zwischen EU und Großbritannien, durch das mitten auf der Irischen See und somit innerhalb des Vereinigten Königreichs nun eine Zollgrenze entstanden ist. Nach dem oben erwähnten Karfreitagsabkommen, das den Bürgerkrieg einschließlich der Terroranschläge seitens der IRA beendet hatte, waren alle relevanten politischen Kräfte an der Regierung in Belfast beteiligt. Nachdem jedoch bei den nordirischen Parlamentswahlen 2022 mit Sinn Féin diejenige Partei mit 29 Prozent der Stimmen als Sieger hervorging, die nach wie vor eine Vereinigung Nordirlands mit der Republik Irland anstrebt, stellen sich bis dato die protestantischen Unionisten quer. Sie werden von der antikatholischen »Democratic Unionist Party« (DUP) vertreten, die eine Vereinigung Nordirlands mit der Republik Irland radikal ablehnt und für den staatsrechtlichen Status quo eintritt, also für den Verbleib Nordirlands als Provinz innerhalb des Vereinigten Königreichs.[177] Der Vorsitzende der unterlegenen DUP, Jeffrey Donaldson, verkündete direkt nach der Wahl, dass seine Partei keiner Regierungsbildung zustimmen werde, solange das Nordirland-Protokoll nicht abgeändert werde. Beide Parteien müssen sich zunächst auf einen Parlamentspräsidenten einigen, bevor eine Regierung gewählt werden kann. Die DUP verweigerte bislang aber dem Personalvorschlag von Sinn Féin die Zustimmung.

Die Lage bleibt also angespannt, da das Grundproblem der Teilung Irlands nach wie vor existent ist und allein aufgrund der jüngst eingetretenen demografischen Mehrheit der Katholiken in Nordirland[178] politisch – artikuliert durch Sinn Féin – weiter an politischer Bedeutung in Richtung Wiedervereinigung gewinnen wird. Dies unterstreicht auch der Erfolg von Sinn Féin bei den im Mai 2023 durchgeführten Kommunalwahlen in Nordirland.[179] Die katholisch-nationalirische Partei erreichte 31 Prozent (ein Plus von 8 Prozent gegenüber den Wahlen von 2019) und 144 der 462 zu vergebenden Mandate (ein Zugewinn von 39 Sitzen). Die DUP erzielte wie vor vier Jahren 23 Prozent und 122 Mandate. Jeffrey Donaldson räumte ein, dass die Anhänger der Union mit Großbritannien aus dem Ergebnis nun Lehren ziehen müssten. Michelle O'Neill, Parteichefin von Sinn Féin und nach deren Wahlerfolg von 2022 designierte Regierungschefin Nordirlands, erklärte, dass ein historischer Wandel stattfinde. »Und Sinn Féin führt diesen Wandel in ganz Irland an.« Das Ergebnis zeige, dass die Wähler wollten, dass die DUP den 15-monatigen Boykott der Regionalversammlung beende.[180]

2. Afrika

a. Allgemeiner Überblick über den Entkolonialisierungsprozess

Klassischerweise leitete die Völkerrechtswissenschaft aus dem Selbstbestimmungsrecht des Art. 1 Nr. 2 UN-Charta das Recht auf Sezession zum Zwecke der Entkolonialisierung ab. Darüber hinaus bot die UN-Charta diesbezüglich jedoch kaum klare Richtlinien, waren doch die territorialen Konflikte, die infolge der Dekolonisation die internationale Politik beschäftigen sollten, zum Zeitpunkt ihrer Verkündung noch nicht absehbar. Die dann aber rasant erfolgte Durchsetzung eines Systems souveräner Nationalstaaten erforderte es, zu umstrittenen (post)kolonialen Territorien Stellung zu beziehen, die sich nur schwer in die Kategorien des europäischen Völkerrechts einordnen ließen.

Nach der Unabhängigkeit Indiens 1947, Birmas 1948, Indonesiens 1949 (nach einem vier Jahre währenden Krieg) sowie weiterer asiatischer Staaten stellte das Jahr 1960 im Entkolonialisierungsprozess Afrikas einen Meilenstein und Durchbruch dar, indem 17 neue Staaten auf der Landkarte in Erscheinung traten.[181] Die Vorgeschichte dieser Ereignisse reicht bis in das 15. Jahrhundert mit der ersten Errichtung von vor allem portugiesischen Handelsniederlassungen zurück. Zwischen 1880 und 1890 – im Zenit des Imperialismus – stiegen die europäischen Großmächte, allen voran Großbritannien und Frankreich, mit vollem Elan in den Wettlauf um die Aufteilung der vermeintlich weißen Flecken in Afrika ein. Auslösende Momente waren wirtschaftlicher und politischer Natur, Prestigegewinn sowie der Erwerb von Siedlungskolonien (z. B. Südafrika, Algerien). Um 1900 spätestens war der schwarze Kontinent – abgesehen von Äthiopien, das sich 1896 erfolgreich italienischen Eroberungsversuchen widersetzte, und Liberia, das 1847 als Staat von freigelassenen Sklaven aus den USA gegründet wurde – vollständig von europäischen Mächten kolonisiert; ein Zustand, der jedoch schon gut 50 Jahre später erste Auflösungserscheinungen zeigte. Die »Western Dominance« ging in Afrika zwischen 1947 und 1980 auf kolonialer Ebene zu Ende. Neben den ehemaligen britischen Schutzgebieten war vor allem der einstige französische Kolonialbesitz in Afrika beachtlich: 14 der 17 im Jahr 1960 in die Unabhängigkeit entlassenen Staaten waren ehemalige Kolonien der Grande Nation.

Mit dem Ende des Zweiten Weltkriegs erhielten nationale Befreiungsbewegungen einen enormen Auftrieb. Deren Aufschwung resultierte aus einem erhöhten Bildungsniveau vieler Afrikaner und aus einer in Ansätzen herausgebildeten städtischen Mittelschicht, deren Widerstand durch einen kleinen Kreis von Intellektuellen formiert wurde. Großbritannien und Frankreich, durch den Krieg wirtschaftlich und militärisch noch geschwächt, setzten auf Reformen ihrer Überseepolitik. So sprach die Atlantik-Charta Roosevelts und Churchills aus dem Jahr 1941 vom »Recht aller Völker, sich die Regierungsform zu wählen, unter der sie leben wollen« sowie von der »Rückgabe der Souveränitätsrechte und Selbstverwaltung an die, denen sie gewaltsam entrissen wurden«.

Erste Erfolge stellten sich bereits 1946 ein: Frankreich wandelte seine bisher zentral verwalteten Kolonien zu »Territorien des überseeischen Frankreichs« um (»Union Francaise«), verlieh allen Bewohnern seiner afrikanischen Kolonien das französische Bürgerrecht, beseitigte die Zwangsarbeit und nahm 38 algerische und schwarzafrikanische Abgeordnete in die Nationalversammlung auf. Ungeachtet dessen kam es 1947/48 jedoch zu einer blutigen Niederschlagung eines Aufstands in Madagaskar mit rund 80 000 Toten. Großbritanniens Kolonialreich wandelte sich durch Verwaltungs- und Verfassungsreformen sowie Zugeständnisse innerer Autonomie zum Commonwealth. Ein behutsamer Übergang vom kolonialen Status zur völligen staatlichen Unabhängigkeit konnte so in der Regel gewährleistet werden.

1956 erlangten Marokko und Tunesien (vormals französische Protektorate) ihre Freiheit und spätestens mit der Unabhängigkeit Ghanas 1957 schallte der große Freiheitsruf »Uhuru« (Kisuahelisch = Freiheit) über den ganzen Kontinent. Frankreich gewährte seinen Verwaltungsgebieten noch im gleichen Jahr eine Halbautonomie; ab 1958 erhielten sie in der von Charles de Gaulle konzipierten »Communaute« (Gemeinschaft) volle Autonomie – lediglich die Wirtschafts-, Außen- und Verteidigungspolitik sollte innerhalb dieser Organisation geregelt werden und oblag somit Frankreich. Guinea votierte jedoch schon 1958 für die vollständige Unabhängigkeit und scherte aus der Communaute aus, die dann 1960 schließlich nur noch Makulatur war. Der »Wind of Change«, so der britische Premierminister Harold Macmillan vor dem südafrikanischen Parlament, durchwehte nun den schwarzen Kontinent. Der Freiheitsdrang der Afrikaner war nicht mehr aufzuhalten, selbst nicht in der französischen Siedlungskolonie Algerien, die ihre Unabhängigkeit erst nach einem blutigen Krieg 1962 erlangte.

Doch war die Euphorie im »Afrikanischen Jahr« 1960 rückblickend gerechtfertigt? Zwar hatten die neuen Staaten Afrikas ihre nationale Souveränität gewonnen, jedoch verfügten sie so gut wie gar nicht über die für eine eigenständige und selbstbestimmte Entwicklung erforderlichen ökonomischen und gesellschaftlichen Voraussetzungen. Sie waren vielmehr in mannigfaltiger Hinsicht künstliche und problematische Gebilde.[182] Einige frühe Versuche, verschiedene Staatenbünde zu gründen, scheiterten bzw. existierten lediglich auf dem Papier (z. B. die Föderation von Mali vom 4. April 1959 bis zum 20. August 1960 zwischen Senegal und Sudan/Mali oder die nie realisierte Westafrikanische Union zwischen Ghana, Mali und Guinea). Hier wirkten und wirken Stammesrivalitäten und insbesondere die einst willkürlich und ohne ethnische Rücksichtnahme gezogenen Grenzen. Afrikas Staaten sind geografisch, ethnisch und kulturell oft sehr heterogen. Ihre Bewohner gehören häufig unterschiedlichen ökonomischen und bildungsmäßigen Entwicklungsstufen an, sodass es nach wie vor enormer Anstrengungen bedarf, nationale Einheits- und Ordnungsstrukturen zu schaffen oder zu bewahren. Bedenkt man ferner, dass nur 6 Prozent der Grenzen ethnischer Natur sind, 74 Prozent dagegen mathematisch-astronomischen Linien folgen, wird die Problematik dieser Staaten bezüglich ihres »Nation Building« noch deutlicher. Und dennoch betonten sowohl die scheidenden Kolonialmächte wie auch die Regierungen der neuen Staaten die Unantastbarkeit[183] der durch die ehemaligen Kolonialmächte am grünen Tisch festgelegten Grenzen. Ungeachtet der Tatsache, dass diese häufig keine Rücksicht auf geografische, historische und ethnische Gegebenheiten nahmen, zerschnitten sie oft wirtschaftliche, soziale und kulturelle Räume. Aufgrund ihrer eigenen ethnischen Heterogenität und Konfliktanfälligkeit fürchteten jedoch die jungen afrikanischen Staaten Sezessionsbewegungen und die Einmischung anderer Staaten in Sezessionskonflikte, sodass die Gründung der »Organisation für Afrikanische Einheit« (OAU) bzw. der heutigen »Afrikanischen Union« (AU) mit einem ihrer Grundpfeiler, der Unveränderbarkeit der Grenzen, nicht verwunderlich erscheint.

Die Entkolonisierung folgte somit praktisch ausschließlich nach dem Prinzip des »Uti-possidetis«, also dem Prinzip der Unantastbarkeit bestehender kolonialer Grenzen, das demjenigen der Selbstbestimmung geradezu zuwiderläuft. In all diesen Fällen lässt sich statt von einem Recht auf Selbstbestimmung vielmehr von einem Recht auf Unabhängigkeit in den übernommenen Kolonialgrenzen sprechen.

Ursprünglich besagte das »Uti-possidetis-Prinzip«, dass die Parteien einer kriegerischen Auseinandersetzung das Territorium und andere Besitzungen behalten dürfen, die sie während des Krieges gewonnen und zum Zeitpunkt des Friedensschlusses in Besitz hatten. Weil die Grenzen des Staatsgebietes durch das Gebiet bestimmt werden, das ein Staat tatsächlich in Besitz hat, wird es auch als das ursprüngliche, an den tatsächlichen Verhältnissen orientierte Prinzip (uti-possidetis-de-facto) bezeichnet. In der Fortentwicklung des Prinzips sollte dann weniger der effektive Besitz die maßgebliche Rolle spielen, sondern die bestehenden Rechtsverhältnisse, die auf Dokumenten, Karten und Rechtsakten beruhen. Seit der Dekolonisierung in Südamerika wird das Uti-possidetis-Prinzip als Besitzstandsgarantie im Sinne einer Garantie der Fortgeltung früherer Kolonialgrenzen verstanden und geht somit in seiner heutigen Ausformung über den Grundsatz stabiler politischer Grenzen nicht hinaus.

Mit der strikten Anerkennung und Gewährleistung der Kolonialgrenzen im postkolonialen Afrika wurde aber vor allem die Absicht verbunden, die neu entstandenen Staaten zu stabilisieren und ihnen den Weg zu einer eigenen Nationsbildung zu erleichtern. Trotz der damit verbundenen Probleme erwiesen sich die Grenzen als recht stabil, wobei an dieser Stelle nicht auf innere Konflikte, Bürgerkriege, Militärputsche und andere Formen der Instabilität eingegangen werden kann.

Mit der De-jure-Unabhängigkeit Eritreas 1993 als ehemalige italienische Kolonie, die nach dem Zweiten Weltkrieg von Äthiopien faktisch annektiert worden war, und der De-facto-Unabhängigkeit Somalilands 1991 als ehemalige britische Kolonie hielten sich zwei stattgefundene Sezessionen noch immer an das »Uti-possidetis«-Prinzip.

Ein zentrales Ziel, die Zersplitterung oder gar den völligen Staatszerfall durch die Grenzgarantien zu vermeiden, wurde bis dato so jedenfalls weitgehend erreicht, bedeutet dies ja auch ein Verbot bzw. ein Nichtanerkennen von Sezessionsbestrebungen.

So ereigneten sich seit dem symbolträchtigen Jahr 1960 nur zwei gelungene und international anerkannte Sezessionen (Eritrea, Südsudan), die eben erwähnte faktische, aber nicht von der Staatengemeinschaft anerkannte (Somaliland) und zwei kurzlebige, aber letztlich gescheiterte Staatsbildungsversuche (Katanga, Biafra). Daneben gab und gibt es natürlich immer wieder in verschiedenen Regionen Bestrebungen Richtung Autonomie oder Unabhängigkeit.

So strebte die angolanische Exklave **Cabinda** zeitweise eine Unabhängigkeit an. Hintergrund ist, dass Portugal als ehemalige Kolonialmacht dieses Gebiet erst spät seiner damaligen Kolonie Portugiesisch-Westafrika (das heutige Angola) zuschlug und sich im Zuge der Dekolonisierung auch in Cabinda anti-koloniale Gruppen bildeten, die allerdings ganz überwiegend eine von Angola getrennte Unabhängigkeit anstrebten. Die meisten dieser Gruppen schlossen sich 1962 zur »Frente de Libertação do Enclave de Cabinda (FLEC)« (Befreiungsfront für die Enklave Cabinda) zusammen. 1974 wurde Cabinda von der Organisation für Afrikanische Einheit (OAU) als 39. Staat Afrikas und als zu dekolonialisieren bezeichnet. Dies hatte allerdings ebenso wenig praktische Folgen wie die Tatsache, dass die von der FLEC ausgerufene »Republik Cabinda« Mitglied der »Unrepresented Nations and Peoples Organization« (UNPO) wurde. Die politischen und separatistischen Aktivitäten der FLEC gingen spätestens in den 2000er-Jahren stark zurück. Am 8. Januar 2010 verübte sie jedoch noch einen Anschlag auf die Fußballnationalmannschaft Togos, die auf dem Weg zur Afrikameisterschaft in Angola war. Es gelang allerdings, den militärischen Führer der FLEC im Februar 2011 festzunehmen, was das Ende des bewaffneten Widerstands seitens der FLEC bedeutete. Mittlerweile hat Angola gegenüber seiner erdölreichen Provinz Cabinda – immerhin macht der Erlös der cabindischen Mineralölproduktion gut 80 Prozent des angolanischen Finanzhaushaltes aus – auch einige Zugeständnisse gemacht. So erhält die Provinz nunmehr einen leicht erhöhten Anteil aus den Erdöleinkünften und in der Stadt Cabinda wurde eine autonome staatliche Universität errichtet.

In den 1980er- und 1990er-Jahren kam es auch in Namibia im sogenannten **Caprivizipfel**, die langgestreckte fingerartige Verlängerung des Staatsgebiets im Nordosten, die der damaligen Kolonie Deutsch-Südwestafrika infolge des deutsch-englischen »Helgoland-Sansibar-Vertrags« vom 1. Juli 1890 zugeschlagen worden war, zu Separatismusbestrebungen.[184] In diesem schmalen Landstreifen leben Menschen unterschiedlicher Herkunft, Sprache, Kultur und Identität aus den angrenzenden Gebieten des heutigen Sambia und Botswana. Seit der Unabhängigkeit Namibias ist die Region, deren Bevölkerung sich mehr als »Capriver« denn als Namibier sehen, gekennzeichnet durch eine vom Gesamtstaat abweichende politische Meinung.[185] Vor allem die in Südwestsambia lebenden Barotse hatten mit ihren im Caprivizipfel lebenden Stammesbrüdern schon länger Geheimgespräche über eine eventuelle Angliederung an Sambia oder ein unabhängiges Barotseland geführt.[186] Die Sezessionsabsichten der »Caprivi Liberation Movement« (CLM), die von Sambia und Botswana unterstützt wurden[187], gipfelten schließlich 1999 im Caprivi-Konflikt, nachdem zuvor im Oktober 1998 ein Ausbildungslager des militärischen Flügels der »Caprivi Liberation Army« (CLA) – der militärische Flügel der CLM – ausgehoben worden war. Daraufhin wurde im Zuge der Bekämpfung der separatistischen Aktivitäten die gesamte Bevölkerung der Caprivi-Region nicht nur unter den Pauschalverdacht gestellt, potenzielle Rebellen zu sein, sondern auch durch die namibischen Sicherheitskräfte massiv mit Einschüchterungen und Verhaftungen drangsaliert. Als Folge der Repression flüchteten etwa 2500 Menschen nach Botswana, darunter auch die politische Führung Caprivis und zahlreiche Führungskräfte der oppositionellen »Demokratischen Turnhallenallianz« (DTA).[188] Im April 1999 warnte Staatspräsident Nujoma in seiner jährlichen Rede an die Nation vor möglichen Sezessionsplänen. Der wenige Monate später erfolgte Angriff auf die territoriale Integrität des Landes konnte deshalb nicht ganz so unerwartet kommen. Am 2. August 1999[189] überfielen schließlich bewaffnete Rebellen der CLA die Polizeistation, den namibischen Rundfunksender und den Flugplatz in Katima Mulilo, das Zentrum des östlichen Caprivi. Der Aufstand wurde jedoch innerhalb weniger Tage durch Armee- und Polizeieinheiten niedergeschlagen. 14 Menschen, darunter Polizisten, Soldaten, Rebellen und Zivilisten, kamen dabei ums Leben.

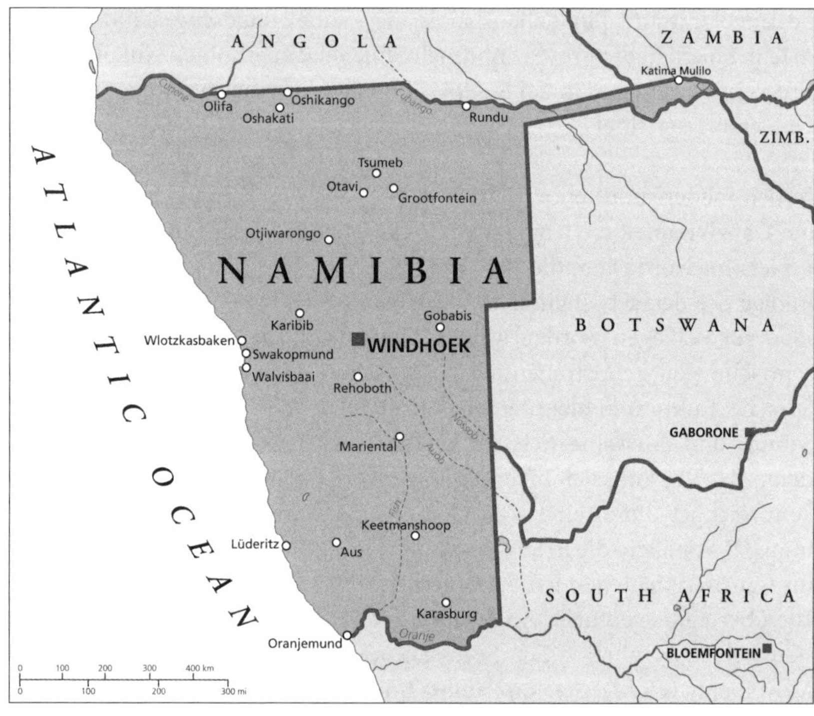

Karte 6 Namibia in den Grenzen von 1990. Im Nordosten ist der schmale, langgezogene Caprivizipfel bzw. -streifen gut zu erkennen

Drei Jahre später, am 7. Oktober 2002, erklärte dann das Volk der Ithengese seine Heimatregion als »Free State of Caprivi Strip« für unabhängig, was allerdings von der Zentralregierung wiederum nicht anerkannt wurde. Angeblich habe es, so Vertreter der Ithengese, schon früher während der Zeit der Unabhängigkeitskämpfe eine entsprechende Zusicherung des ersten Präsidenten Sam Nujoma gegeben, wovon allerdings nach der Unabhängigkeit Namibias 1990 nicht mehr die Rede war.[190] Mittlerweile hat sich die Lage im Caprivizipfel, die heutige »Sambesiregion«, zum Glück deutlich entspannt. Trotz des nach wie vor bestehenden gesellschaftlichen und kulturellen Kontrasts zum übrigen Namibia ist die Region stabil und sicher. Der Tourismus ist vor Ort wieder zu einem bedeutenden und somit auch politisch stabilisierenden Wirtschaftsfaktor geworden, wozu auch die schnurgerade Teerstraße, die der Autor zuletzt 2019 befahren hat, und der 2007 geschaffene Bwabwata-Nationalpark beitragen. Die Gefahr einer Sezession ist daher unwahrscheinlich, was auch diverse Gespräche des Verfassers mit lokalen Vertretern z.B in Katima Mulilo unterstreichen.[191]

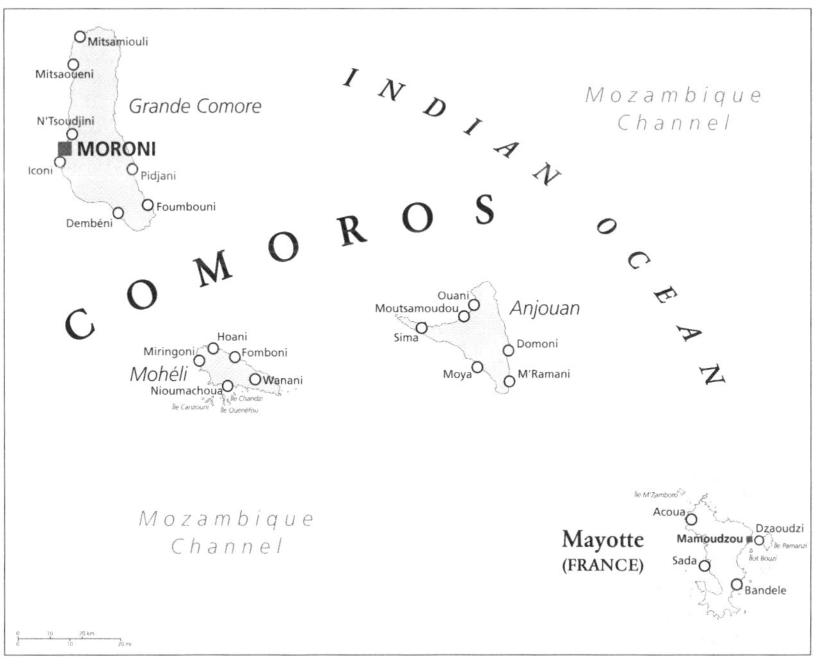

Karte 7 Die Inselgruppe der Komoren

Auch die **Komoren** blieben von Sezessionsbestrebungen nicht verschont. 1997 erklärten nämlich die Inseln Anjouan und Mohéli ihre Unabhängigkeit. 2001 konnten die Inseln durch eine Verfassungsreform in Form einer losen »Union der Komoren« wiedervereinigt werden. Die Präsidentschaft der Union rotiert seitdem zwischen den drei Hauptinseln; dennoch kommt es immer wieder zu Konflikten mit der Zentralregierung.

Mittlerweile regt sich auch am Kap der Guten Hoffnung der Ruf nach Selbstbestimmung. Die »Cape Independence Advocacy Group« (CIAG) setzt sich für die Durchführung eines Referendums mit dem Ziel der Abspaltung und somit der Unabhängigkeit der Provinz Westkap von **Südafrika** ein. Laut Phil Craig, Sprecher der CIAG, sei ein unabhängiger Staat Westkap wirtschaftlich lebensfähig und könnte langfristig – beruhend auf »den Grundsätzen einer soliden Wirtschaftspolitik, Rechtsstaatlichkeit und echtem Nicht-Rassismus« – ein Staat der »Ersten Welt« werden.[192] Eine Umfrage aus dem Jahr 2021 ergab, dass eine Mehrheit der Bevölkerung Westkaps eine Abstimmung über eine Sezession befürwortet. Neben der CIAG gibt es noch weitere Organisationen, die eine derartige Lösung unterstützen, so beispielsweise »CapeXit«, die »25 Prozent des Westkaps dazu gebracht hat, ein Mandat zu unterzeichnen, das die Unabhängigkeit fordert.«[193] Allerdings ist in der südafrikanischen Verfassung kein ausdrückliches Recht auf Sezession verankert, sodass der gesamte Prozess ausgehandelt werden müsste.

Darüber hinaus gibt es in vielen weiteren Staaten mehr oder weniger ausgeprägte Sezessionsbestrebungen und damit einhergehende Konflikte bis hin zum Bürgerkrieg, so z. B. den Disput zwischen Kamerun und Nigeria um ihre Land- und Seegrenzen[194] oder zuletzt die blutigen militärischen Auseinandersetzungen in Äthiopien bezüglich der Provinz Tigray.[195]

b. Eritrea

Das christliche Kaiserreich Äthiopien (früher Abessinien) war neben Liberia der einzige unabhängige Staat während der Phase des europäischen Kolonialismus. Im Zuge dessen hatte sich Äthiopien immer wieder der Einflussnahme europäischer Mächte zu erwehren, insbesondere am Ende des 19. Jahrhunderts gegenüber den Italienern. Trotz der modernen Waffen der italienischen Armee schlugen die Äthiopier 1896 die aus ihrer Kolonie Eritrea eingefallenen italienischen Invasoren zurück. Nur zwischen 1936 bis 1941 war es kurzzeitig von Italien besetzt. Als dieses dann 1947 seine Kolonialansprüche in Afrika aufgab, entschieden die vier Siegermächte des Zweiten Weltkriegs Frankreich, Großbritannien, UdSSR und USA im Rahmen der UNO, dass die seit 1890 italienische Kolonie Eritrea eine Föderation mit Äthiopien bilden solle, allerdings ohne eine Volksabstimmung durchzuführen. Strategische und geopolitische Erwägungen, z. B. ein Meereszugang Äthiopiens, schienen dabei das Selbstbestimmungsrecht des Volkes von Eritrea zu überwiegen. Die Föderation Äthiopiens und Eritreas wurde 1952 etabliert.[196] In den darauffolgenden Jahren wurde die vorgesehene Autonomie Eritreas durch Addis Abeba zunehmend eingeschränkt, bis schließlich 1961 Eritrea Äthiopien direkt angeschlossen und seiner restlichen politischen Rechte beraubt wurde, was nicht nur aus Sicht der Eritreer einer faktischen Annexion gleichkam. Nunmehr machten Letztere ihren Anspruch auf Selbstbestimmung geltend und forderten ihre Unabhängigkeit in einem eigenen Staat. Gewaltsame Unabhängigkeitsbewegungen, zunehmend in Form eines Guerillakriegs gegen Äthiopien, gehörten von nun an zur Tagesordnung. Addis Abeba hingegen vertrat den Standpunkt, das Selbstbestimmungsrecht der Eritreer sei bereits durch die Entscheidung

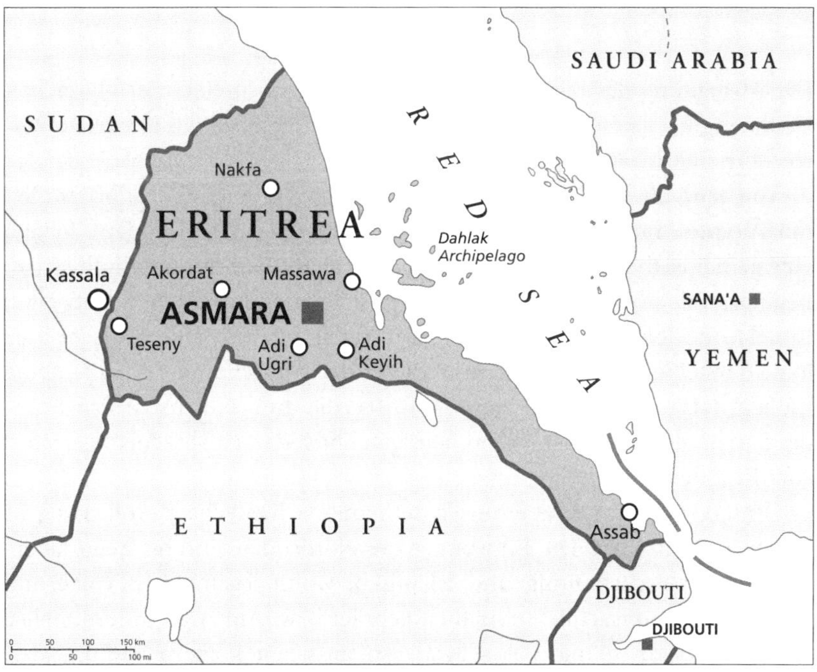

Karte 8 Eritrea nach seiner Unabhängigkeit von Äthiopien im Jahr 1993

zur Föderation mit Äthiopien ad acta gelegt. Darüber hinaus erhob es einen territorialen Anspruch auf Eritrea, da es in der Vergangenheit Teil Äthiopiens gewesen sei, woran auch die Phase einer italienischen Kolonie von 1890 an nichts geändert habe.

Erst 1987 erlangte Eritrea nach jahrzehntelangem Bürgerkrieg einen Autonomiestatus und nach einem Referendum im Jahr 1993 die Unabhängigkeit. Seit dem 28. Mai 1993 ist Eritrea UN-Mitglied.

Zusammenfassend kann hier zum einen von einer unechten Sezession gesprochen werden, da Äthiopien, statt im Rahmen der vorgesehenen Föderation Eritreas Autonomie zu wahren, dieses faktisch annektierte, und die erlangte Unabhängigkeit diesen Vorgang lediglich revidierte. Zum anderen lässt sich diese Sezession völkerrechtlich auch im Sinne des Notwehrrechts angesichts der eklatanten Menschen- und Minderheitsrechtsverletzungen gegenüber den Eritreern vertreten.

c. Südsudan

Die Abspaltung des Südsudan vom Sudan, die nach einem erfolgreichen Unabhängigkeitsreferendum am 9. Juli 2011 erfolgte, ist das aktuellste Beispiel für eine erfolgreiche Sezession.

Von 1899 bis zur Unabhängigkeit 1956 übte im Sudan Großbritannien mit Ägypten im Kondominium des »Anglo-Ägyptischen Sudan« formal eine gemeinsame Herrschaft aus, wobei de facto der britische Einfluss von Beginn an deutlich größer als der ägyptische war und mit dem britischen Protektorat über Ägypten seit 1914 der Sudan letztlich eine britische Kolonie darstellte. Formal bildeten in dieser der Norden und der Süden eine Einheit, tatsächlich verwalteten die Briten die drei südlichsten Provinzen des Sudan, die weitgehend dem heutigen Südsudan entsprechen, getrennt vom Rest des Landes.[197]

Hintergrund war eine ethnisch sehr unterschiedliche Bevölkerung in beiden Landesteilen. Die Einwohner des Nordsudan sind bis heute überwiegend arabischstämmig und islamisch, wohingegen die Bevölkerung des Südens hauptsächlich christlich geprägt bzw. Anhänger traditioneller Naturreligionen ist und aus schwarzafrikanischen Völkern wie u.a. den Nuba und Dinka besteht. Manche Nordsudanesen betrachteten sich als Araber den dunkelhäutigen Südsudanesen überlegen und agierten als Sklavenhändler im Süden. Unter anderem um dies zu unterbinden, verwaltete die Kolonialmacht Großbritannien den Norden und den Süden getrennt. Im Süden wurde etwa Englisch statt Arabisch als Amtssprache verwendet und die Tätigkeit christlicher Missionare war zugelassen, was die religiöse Spaltung des Landes weiter vertiefte.

Im Rahmen des Entkolonisierungsprozesses gab es anfänglich Überlegungen, den Südsudan als eigenen Staat in die Unabhängigkeit zu entlassen oder ihn auch an Uganda anzuschließen. Auf der Konferenz von Juba 1947 beschlossen jedoch die Vertreter des Nordsudan und Großbritanniens, dass der Südteil des Sudan unter nordsudanesischer Führung bleiben solle. Als Ursache für diesen Kurswechsel Londons werden die gleichzeitigen Rebellenaktivitäten in Uganda und Kenia vermutet, die sich nach Befürchtungen der Briten des Südsudan hätten bemächtigen können. Auch ein Abfall des Südens ins kommunistische Lager wurde nicht ausgeschlossen. Da Vertreter des Südens an dieser Entscheidung nicht beteiligt waren, führte dies auch mit dazu, dass viele Südsudanesen sich im seit 1956 unabhängigen Sudan marginalisiert und unterdrückt fühlten. Zwischen 1955 und 1972 und erneut ab 1983 kam es deshalb zu Kämpfen für eine Unabhängigkeit des Südens. Konkrete Gründe für den Konflikt waren die, wie eben dargelegt,

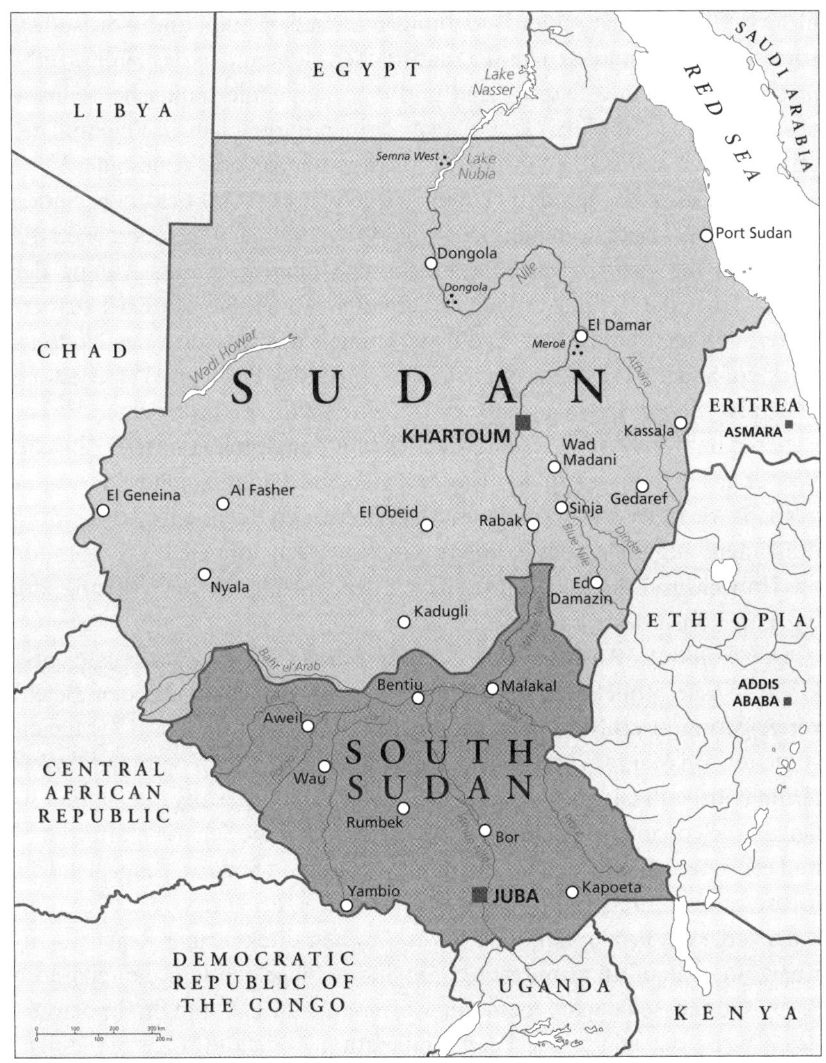

Karte 9 Der Südsudan nach seiner Unabhängigkeit im Jahr 2011

historisch problematischen Beziehungen zwischen Süd- und Nordsudan, wirtschaftliche Interessen an den natürlichen Ressourcen des Südens, ethnische und religiöse Disparitäten und die mangelnde politische Teilhabe des Südsudan sowohl im Gesamtstaat als auch in der eigenen Region. Dieser erste Sezessionskrieg forderte ca. 500 000 bis 700 000 Todesopfer.[198]

In der Zeit zwischen den beiden Kriegen (1972–1983) besaß der Süden aufgrund des Friedensabkommens von 1972 wieder eine Autonomie, in die allerdings die Zentralregierung zunehmend eingriff, sodass Anfang der 1980er-Jahre die Kämpfe erneut aufflammten, zumal die Mitte der 1970er-Jahre im Süden entdeckten Erdölvorkommen das Interesse des Nordens weckten. Sudans Präsident Numairi entschied, das Erdöl zur Verarbeitung in den Norden zu leiten, anstatt vor Ort eine Raffinerie zu errichten.[199] Für weiteren heftigen Zündstoff sorgte zudem ein Kanalprojekt mit der Absicht, Wasser aus dem Süden in den wasserarmen Norden umzuleiten. Südsudanesische Vertreter sahen in diesen Maßnahmen zu Recht eine Ausbeutung des Südens zugunsten des Nordens und verwiesen auf negative Folgen für die Umwelt und die Lebensgrundlagen der betroffenen Bevölkerung, die dazu nie konsultiert worden war.[200]

Der konkrete Auslöser des zweiten Bürger- bzw. Unabhängigkeitskriegs[201] war schließlich, dass südliche Armeeeinheiten, die den Befehl verweigerten, nach Norden zu gehen, und stattdessen sich nach Äthiopien absetzten, im Mai 1983 von Regierungstruppen angegriffen wurden.[202] Weiterhin betrieb Präsident Numairi eine massive Islamisierung des Südens, so ließ er ab September 1983 für den gesamten Sudan die Scharia einführen[203] und erklärte sich selbst zum »Imam für den ganzen Sudan«. Entgegen dem Friedensabkommen ließ er den Süden in drei Provinzen einteilen und unterstellte die Provinz mit den Ölvorkommen direkt seiner Regierung in Khartum. Daraufhin gründete sich im Süden im selben Jahr die separatistische »Sudanese People Liberation Movement« (SPLM) mit ihrem bewaffneten Arm, der »Sudanese People Liberation Army« (SPLA). Sie einigte sich 2005 mit der Zentralregierung auf ein Friedensabkommen, das dem Süden wieder eine Autonomie und eine Beteiligung an den Einnahmen aus den Erdölvorkommen in seinem Gebiet gewährte. Zudem schuf es die Grundlage für das Unabhängigkeitsreferendum im Südsudan 2011.

Zwar gab es auch nach dem Friedensabkommen verschiedentlich Zusammenstöße zwischen Truppen aus dem Norden und dem Süden, sie weiteten sich jedoch nicht zum Krieg aus. Problematischer sollten sich dagegen bis heute die innerhalb des Südsudan immer wieder eskalierenden lokalen Kämpfe in Form von »Stammeskonflikten« erweisen. Dahinter standen Auseinandersetzungen um Land und Vieh, aber auch Schwierigkeiten der

SPLA, eine funktionierende Verwaltung aufzubauen, da lokale Verwalter oft ehemalige Kommandanten der SPLA mit wenig Verwaltungserfahrung waren. Insbesondere wurde den Dinka als größte Bevölkerungsgruppe eine übermäßige Dominanz vorgeworfen.

Im Unabhängigkeitsreferendum, das entsprechend dem Friedensabkommen vom 9. bis 15. Januar 2011 durchgeführt wurde, sprachen sich dann doch ungeachtet aller internen Konflikte rund 99 Prozent der abstimmenden Südsudanesen für die Unabhängigkeit aus, die – vom sudanesische Staatschef Umar al-Baschir anerkannt – nach einer Übergangszeit, in der die Institutionen der beiden Landesteile allmählich getrennt wurden, am 9. Juli 2011 offiziell nach 20 Jahren Krieg mit mehr als zwei Millionen Toten vollzogen wurde.[204] Am 14. Juli 2011 wurde der Südsudan in die UNO und am 27. Juli 2011 in die Afrikanische Union aufgenommen.

Die Beziehungen zwischen dem Südsudan und dem Sudan sind bis heute gespannt, u. a. aufgrund des nach wie vor umstrittenen Abyei-Gebiets und der Ausbeutung der dortigen Erdölvorkommen. Auch wenn sich die beiden Konfliktparteien am 21. Juni 2011 auf eine Demilitarisierung dieser Region geeinigt hatten, die nordsudanesische Armee ihre Truppen abgezogen hatte und seitdem äthiopische Blauhelm-UNO-Soldaten den vereinbarten Status überwachen[205], spielt das Thema Erdöl nach wie vor eine konfliktbeladene Rolle. Während der neue Staat für Verarbeitung und Verkauf dieses Rohstoffs nämlich auf die Infrastruktur des Nordens (Pipeline, Raffinerie und der Erdölhafen von Port Sudan) angewiesen ist[206], der damit über ein nicht zu unterschätzendes Druckmittel verfügt, macht sich wiederum der Verlust von drei Viertel der Ölquellen, die bisher über 50 Prozent zum Gesamtstaatshaushalt beitrugen, im Norden deutlich bemerkbar.

Innenpolitisch war der junge Staat – ein »archaischer Vielvölkerstaat mit einigen hundert Ethnien und mehreren Dutzend Sprachen«[207] – von einem Bürgerkrieg[208] (Dezember 2013 bis Sommer 2018) betroffen, in dem die Konfliktparteien um die politische Führung kämpften, bis sie sich im Jahr 2020 gemäß Friedensvertrag auf eine Einheitsregierung verständigten, die dennoch die bis heute bestehenden Konflikte nicht lösen konnte, sodass man den Südsudan leider als einen Failed State bezeichnen muss. Letztlich hatte diese »Vielvölkergemeinschaft«[209] nur die gemeinsame Feindschaft gegen Khartum zusammengehalten, sodass diesem Staat die Loyalität eines Staatsvolkes bis heute fehlt und die Entwicklung einer eigenen Nation gescheitert ist.

3. Asien

a. Bangladesch

Pakistan bestand seit seiner Unabhängigkeit 1947 aus zwei Teilen (Ost- und Westpakistan), die, durch Indien getrennt, geografisch weit voneinander entfernt lagen. Die Probleme Ost- und Westpakistans waren allerdings nicht nur geografischer Natur.

Da Westpakistan die Führung der beiden Landesteile beanspruchte, kam es aufgrund kultureller, ökonomischer und politischer Differenzen und Diskriminierungen des östlichen Teils bald zu Konflikten. Die in Ostpakistan lebenden Bengalen, die dort eine homogene Bevölkerung bildeten und etwa die Hälfte der Gesamtbevölkerung Pakistans ausmachten, waren in der Führungsspitze des Staates und insbesondere auch in der Armeeführung im Vergleich zu ihrem Anteil an der Gesamtbevölkerung erheblich unterrepräsentiert.

In Westpakistan lebten mehrere große ethnische Gruppen, verbunden mit der Konsequenz, dass die Einwohner Ostpakistans mit ihrer bengalischen Sprache die meisten Sprachen der Westpakistani nicht verstehen konnten. Darüber hinaus ballte sich im Westteil die politische, militärische und wirtschaftliche Macht des Gesamtstaats. Eine gezielte Benachteiligung führte mit dazu, dass sich die Ökonomie Ostpakistans deutlich schlechter entwickelte als die Westpakistans.

Nach einem verheerenden Zyklon im November 1970 mit Tausenden von Toten nahm die Unzufriedenheit in Ostpakistan weiter zu, da die Zentralregierung sich mit Hilfsmaßnahmen Zeit ließ.[210] Die politische Polarisierung verschärfte sich dann nach den noch ganz unter dem Eindruck dieser Naturkatastrophe stehenden Parlamentswahlen im Dezember 1970, bei denen die oppositionelle ostpakistanische »Awami-Liga« die meisten Stimmen erhielt und somit die neue Regierung Gesamtpakistans hätte stellen sollen. Dies stieß aber in Westpakistan vor allem bei der Armeeführung und dem dortigen Wahlsieger Zulfikar Ali Bhutto und seiner Pakistan »Peoples Party« auf massiven Widerstand. Die militärische Zentralregierung in Westpakistan sah durch das Wahlergebnis den Fortbestand ihrer Vormachtstellung und die Einheit Pakistans gefährdet und weigerte sich, den Sieg der »Awami-Liga« anzuerkennen und ihr die Regierungsgeschäfte zu übergeben. Sie entschloss sich vielmehr zu einer blutigen Unterdrückung jeglicher separatistischer Bestrebungen, die vor allem auf eine Eliminierung der bengalischen Eliten, Massentötungen von Unterstützern der Unabhängigkeitsbewegung und religiösen Minderheiten hinauslief.

Karte 10 Bangladesch nach seiner Unabhängigkeit von Pakistan im Jahr 1971

Dies verstärkte die bereits vorhandenen Sezessionsbestrebungen im Ostteil des Landes weiter. Ursprünglich hatte die Furcht der muslimischen Bevölkerung beider Teile Pakistans vor der Hindu-Mehrheit im früheren Britisch-Indien die eigentliche Grundlage eines gemeinsamen Staates gebildet. Mittlerweile jedoch betrachteten die moslemischen Bengalen die Inder als Bundesgenossen im Kampf gegen ihre westpakistanischen Glaubensbrüder.

Als die Militärregierung Westpakistans im März 1971 die verfassungsgebende Versammlung aussetzte, rief die »Awami-Liga« zum zivilen Ungehorsam und zum Generalstreik auf, der schließlich zum Zusammenbruch der öffentlichen Ordnung in ganz Ostpakistan führte. Am 25. März 1971 brach der westpakistanische Militär- und Regierungschef Yahya Khan alle Verhandlungen mit der »Awami-Liga« ab und gab den in Ostpakistan stationierten Truppen einen Einsatzbefehl. Daraufhin rief die »Awami-Liga« den unabhängigen Staat »Bangladesch« aus. Unterstützung erfuhr dieser durch Indien, das die ostpakistanische Guerilla ausbildete und die Grenzen für westpakistanische Versorgungsgüter sperrte. Ebenso verbot Pakistan das Überfliegen seines Hoheitsgebiets, um die militärische Versorgung der in Ostpakistan stationierten Streitkräfte zu erschweren.[211] Als der Flüchtlingsstrom auf bis zu 10 Millionen Menschen anschwoll, entschloss sich Indien schließlich auch zum direkten Eingriff. Nach Abschluss eines »Freundschafts- und Beistandsvertrags« durch Indiens Premierministerin Indira Gandhi mit der UdSSR im August 1971 drangen mit dieser Rückendeckung (mit Blick auf China und die USA) militärische Einheiten Indiens in ostpakistanisches Territorium ein, um die dortige Guerilla zu unterstützen. Dieser »kaltblütig geplante und gründlich vorbereitete indische Feldzug in Ostpakistan«[212] führte zu einer weiteren Eskalation des Konfliktes. Am 3. Dezember 1971 bombardierte Pakistans Luftwaffe Ziele in Indien. Daraufhin kam es auch zu offenen Kampfhandlungen an der indisch-westpakistanischen Grenze. Indien hatte ein strategisches Interesse an einem unabhängigen Bangladesch, da dadurch in potenziellen weiteren Kriegen mit Pakistan keine Zwei-Fronten-Situation im Osten und Westen Indiens bestand. Der Krieg endete in Ostpakistan am 16. Dezember 1971 mit der Kapitulation der westpakistanischen Einheiten und in Westpakistan am 17. Dezember durch einen Waffenstillstand mit Indien.

Wenngleich Bangladesch innerhalb von vier Monaten nach der Unabhängigkeitserklärung von 40 Staaten anerkannt worden war, wäre die Sezession angesichts der militärischen Übermacht Westpakistans ohne die Intervention Indiens vermutlich erfolglos geblieben.

Bangladesch hat seit Dezember 1972 eine Verfassung und ist seit dem 17. September 1974 Mitglied der Vereinten Nationen.

b. Osttimor als unechte Sezession

Zu den erfolgreichen Unabhängigkeitsbewegungen der letzten Jahre gehört die von Osttimor, nachdem es 1975 im Zuge des Entkolonialisierungsprozesses des portugiesischen Besitzes von Indonesien völkerrechtswidrig annektiert worden war.

1515 gründeten die Portugiesen die Kolonie Portugiesisch-Timor, deren endgültige Grenzen zum niederländischen Teil der Insel erst 1916 festgelegt wurden. Nach dem Ende des Zweiten Weltkriegs erlangte Indonesien 1949 seine Unabhängigkeit von den Niederlanden. Westtimor wurde Teil dieses Staates, während Osttimor 1951 den neuen Status einer portugiesischen Überseeprovinz erhielt. 1975 sollte die Kolonie in die Unabhängigkeit entlassen werden, die dann am 28. November auch ausgerufen wurde; doch nur neun Tage später begann Indonesien, das Land zu besetzen, und annektierte es 1976 formell trotz internationaler Verurteilung und Nichtanerkennung als 27. Provinz.

Nach der Invasion Osttimors durch Indonesien kam zwischen 1977 und 1979 etwa ein Drittel der Einwohner Osttimors infolge von Hunger, Epidemien, Kämpfen gegen die Besatzer und durch deren Maßnahmen ums Leben. Dennoch fand der Konflikt kaum Aufmerksamkeit in der internationalen Politik und in den Medien. In den USA und den großen Staaten Europas spielte er nur eine Nebenrolle.[213] Immerhin wiesen immer wieder Resolutionen des UNO-Weltsicherheitsrates auf die illegale Besetzung Osttimors durch Indonesien hin. 1982 forderte die Generalversammlung der UNO den UN-Generalsekretär dazu auf, »Beratungen mit allen direkt beteiligten Staaten einzuleiten, um Wege für eine umfassende Lösung des Problems zu finden«. Doch Indonesien blockierte jeden Ansatz dazu. U. a. infolge des Papstbesuchs 1989 und der Verleihung des Friedensnobelpreises an zwei Osttimoresen geriet der Konflikt wieder stärker in das Bewusstsein der Weltöffentlichkeit, v. a. in der ehemaligen Kolonialmacht Portugal, aber auch im Nachbarland Australien stieg die Anteilnahme stark an. Portugal gelang es, einige Verbündete zu gewinnen, zunächst in der EU, später auch in anderen Teilen der Welt, die Indonesien zu einer Lösung des Konfliktes drängten.

In Indonesien kam zwischenzeitlich die Herrschaft von Präsident Suharto aufgrund einer Wirtschaftskrise 1997 ins Wanken, was am 21. Mai 1998 zu dessen Rücktritt führte. Sein Nachfolger Habibie schlug eine Autonomielösung für Osttimor innerhalb Indonesiens vor. In der indonesischen Führung machte sich dank der diplomatischen Front und der internationalen Solidaritätsbewegung für Osttimor eine gewisse »Osttimor-Müdigkeit«

breit, weiterhin belasteten die Kosten, welche die Besetzung Osttimors verursachten, den Staatshaushalt. Ein Brief des australischen Premierministers John Howard vom 19. Dezember 1998, in dem er auf das Selbstbestimmungsrecht des osttimoresischen Volkes drängte, war der letzte Auslöser, am 30. August 1999 in Osttimor ein Referendum abzuhalten, bei dem seine Bevölkerung zwischen der völligen Unabhängigkeit des Landes und dem Verbleib bei Indonesien entscheiden konnte. Die Abstimmung ging zugunsten einer Unabhängigkeit aus und hatte zunächst weitere Gewalt durch die indonesische Armee zur Folge. Daraufhin entsandte die UNO unter australischer Führung eine Friedenstruppe. Osttimor kam unter Verwaltung der Vereinten Nationen, bis es schließlich am 20. Mai 2002 in die Unabhängigkeit entlassen und am 27. September 2002 in die Vereinten Nationen aufgenommen wurde.

Der Osttimorkonflikt wurde 1999 neben dem Kosovokrieg zu einem der beiden Fälle, die zwei grundlegende Fragen aufwarfen: Erstens, wann die internationale Staatengemeinschaft eingreifen darf, um Menschenrechtsverletzungen zu verhindern, und zweitens, wann ein Volk das Recht auf Unabhängigkeit von einem anderen Staat hat.

Osttimor konnte die größtmögliche Legitimation zur Unabhängigkeit erreichen. Zum einen wurde die völkerrechtswidrige Annexion durch Indonesien 1975 international nur von Australien anerkannt. Zum anderen wurde das Unabhängigkeitsreferendum unter UN-Aufsicht mit Einverständnis von Indonesien durchgeführt und international überwacht. Dabei entschied sich die Bevölkerung bei einer fast hundertprozentigen Beteiligung mit deutlicher Mehrheit für die Unabhängigkeit. Entsprechend wurde der neue Status Osttimors zu Recht ohne Widerspruch weltweit anerkannt.

Stellt sich allerdings die Frage, wie schnell die Staatengemeinschaft auch ohne Zustimmung Indonesiens hätte eingreifen müssen, um die Bevölkerung zu schützen. Allgemein kommt man zu dem Schluss, dass es ein Fehler war, das Referendum ohne grundlegende internationale Militärpräsenz durchzuführen, zumal kein Osttimorese Zweifel daran hatte, was passieren würde.[214] Trotz des Wissens um die Gefahr gingen die Osttimoresen zur Abstimmung. Umso weniger ist rückblickend nachvollziehbar, warum es dann so lange dauerte, bis die UNO die Risiken erkannte und ihre Eingreiftruppe schickte. Die indonesische Politik und der Einfluss des Militärs ließen frühzeitig durchblicken, dass es bei einem Votum für die Unabhängigkeit zu Gewalt kommen würde. Doch gegen entsprechende Präventivmaßnahmen gab es international zu großen Widerstand, auch von Deutschland, das traditionell gute Beziehungen zu Indonesien unterhielt und dessen Politik den Osttimorkonflikt lange ignorierte. Erst der öffentliche Druck zeigte eine

Karte 11 Osttimor nach seiner Unabhängigkeit von Indonesien im Jahr 2002

entsprechende Wirkung. Als Lehren für zukünftige Volksbefragungen zur Lösung von Konflikten kam man zu drei Ergebnissen: Erstens: Auf militärischen Schutz bei einem Referendum kann man nur verzichten, wenn eine Zusammenarbeit im Interesse aller Parteien liegt. Zweitens: Wo die Interessen der Konfliktparteien klar auseinandergehen, sind Wähler in akuter Gefahr. Drittens: In diesem Fall kann eine neutrale Ordnungskraft groß angelegte Repressalien gegen Wähler verhindern.[215]

c. Mongolei ab 1911 und Tibet 1911–1950/51

Die heutige Mongolei stand von 1691 bis 1911 als chinesische Provinz »Äußere Mongolei« unter der Herrschaft der Qing-Dynastie. Im Zuge der chinesischen Revolution 1911 erklärte sie sich mit russischer Unterstützung im selben Jahr für unabhängig.[216] Russland stellte durch entsprechende Verträge 1915 sicher, dass die neue Republik China eine Autonomie der

Mongolei unter chinesischer Oberhoheit akzeptierte und somit weiterhin der Souveränität Chinas unterlag. Diese Konstruktion sollte wohl eine Einflussnahme anderer Mächte auf den neuen unabhängigen Staat verhindern, der Unterstützung von möglichst vielen Seiten suchte.

Nach der russischen Oktoberrevolution 1917 nutzte China die Gelegenheit und gliederte zwischen 1918 und 1919 die Mongolei wieder vollständig in den eigenen Staat ein. Im Zuge des Russischen Bürgerkriegs wich ein Teil der Weißen Armee unter der Führung von Roman von Ungern-Sternberg 1920/21 in die Äußere Mongolei aus, besetzte das Land und versuchte mit Vorstößen auf das russische Territorium, die Rote Armee zu bekämpfen.[217] Am 13. März 1921 rief Ungern-Sternberg eine unabhängige Monarchie aus und setzte nominell Bogd Khan, den ersten Herrscher der autonomen Mongolei, wieder als (Marionetten-)Staatsoberhaupt ein. Lange konnte sich dieses Regime jedoch nicht an der Macht halten. Nachdem ebenfalls am 13. März eine kommunistische Gegenregierung gebildet worden war, wurde Khan durch die nur 400 Mann starke »Mongolische Revolutionäre Volksarmee« unter Damdin Süchbaatar, die allerdings von rund 10 000 russischen Rotarmisten tatkräftig unterstützt wurde, geschlagen und aus dem Land vertrieben. Schon am 11. Juli 1921 verkündete die »Mongolische Revolutionäre Volkspartei« (MRVP) erneut die Unabhängigkeit der Äußeren Mongolei von China. Ungern-Sternberg wurde an die Sowjetarmee ausgeliefert und später hingerichtet. Bogd Khan blieb formal bis zu seinem Tod das Staatsoberhaupt; erst am 25. November 1924 wurde eine kommunistische Verfassung verabschiedet, womit die Mongolische Volksrepublik ein Satellitenstaat der UdSSR wurde; ein Zustand, der bis 1990 andauern sollte. Noch unter Mao Tsetung erhob die Volksrepublik China in den 60er-Jahren Anspruch auf die Mongolei, der aber nach dessen Tod sukzessive aufgegeben wurde.

»**Tibet** ist nicht China«, so hieß es noch 1994 in einem Marco-Polo-Reiseführer China,[218] auch wenn es zu diesem Zeitpunkt schon seit weit über 40 Jahre wieder zu China gehörte bzw. seit 1950/51 von der Volksrepublik besetzt war, ein Vorgang, der seitens der Kommunistischen Partei Chinas (KPCh) euphemistisch bis heute als »friedliche Befreiung Tibets« bezeichnet wird.[219]

Blicken wir zurück. Auch Tibet nutzte, wie die Mongolei, 1911 die durch die chinesische Revolution noch verstärkte Schwächephase Chinas aus und schüttelte die chinesische Oberhoheit, die seit der Qing-Dynastie im 18. Jahrhundert bestand[220], ab, ein Umstand, der allerdings nicht von Dauer sein sollte.[221]

China zog daraufhin seine Vertreter – die Ambane (= kaiserliche Gesandte) – aus Lhasa ab, der 13. Dalai Lama kehrte aus dem indischen Exil

Karte 12 Die bis heute unabhängige Mongolei nördlich von China sowie das sogenannte »Autonome Tibet« im Südwesten Chinas (seit 1950/1951 von China besetzt)

zurück, erklärte am 14. Februar 1913 dann auch formal die Unabhängigkeit Tibets und schloss noch im gleichen Jahr einen Freundschaftsvertrag mit der Mongolei. Tibet war nun de facto ein von China unabhängiger Staat mit eigener Armee, Regierung und Währung, der über vier Jahrzehnte Bestand haben sollte. Daran änderte realiter auch die 1914 von Großbritannien, Tibet und China ausgehandelte, von China jedoch nicht ratifizierte Konvention von Simla[222] nichts. Sie bestätigte zwar die völlige innere Autonomie Tibets, jedoch ohne den Anspruch der chinesischen Suzeränität[223] über Tibet aufzugeben. China war aufgrund der nach der Revolution destabilisierenden Phasen von Auseinandersetzungen zwischen verschiedenen Warlords, dann des Bürgerkriegs zwischen Maos Kommunisten und Tschiang Kai-scheks Kuomintang sowie seit 1937 des Kriegs mit Japan jedenfalls nicht in der Lage, die tibetische Unabhängigkeit praktisch infrage zu stellen. Noch weniger war es ihm möglich, diese rückgängig zu machen oder gar einen realen Anspruch auf Tibet durchzusetzen bzw. dort eine Regierungsgewalt auszuüben, auch wenn es ab 1934 (bis 1949) wieder zwei chinesische Vertreter in Lhasa gab.

Wie sah nun aber die Lage für Tibet völkerrechtlich auf internationaler Ebene aus? Ausgehend von der Konvention von Montevideo vom 26. Dezember 1933 über Rechte und Pflichten von Staaten, definierte der Völkerbund – basierend auch auf der Drei-Elemente-Lehre von Georg Jellinek – die folgenden Kriterien für die Anerkennung eines Staates: eine permanente Bevölkerung (Staatsvolk), ein fest umrissenes Territorium (Staatsgebiet), eine Regierung (Staatsgewalt). Hinzu kam noch – hier im Gegensatz zu Jellinek – als ein weiteres konstituierendes Element die Beziehungen zu anderen Staaten und die damit einhergehende Anerkennung. Die ersten drei dieser Voraussetzungen waren im Falle Tibets erfüllt. Allerdings unterhielt es keine diplomatischen Beziehungen zu anderen Staaten. Es gab in Lhasa lediglich Gesandtschaften von Nepal, Bhutan und Britisch-Indien. Ansonsten verharrte es in einer außenpolitischen Isolation. Somit war es zwischen 1911 und 1950 auch international kein offiziell anerkannter Staat. Tibet hatte sich zwar für unabhängig erklärt, aber zugleich versäumt, seine Unabhängigkeit international abzusichern. So war es weder Mitglied des Völkerbundes noch der Vereinten Nationen. 1947/48 hatte die tibetische Regierung – allerdings vergeblich – Missionen in die Hauptstädte der wichtigsten westlichen Staaten gesandt, um eine Anerkennung zu erreichen, zumal bereits 1943 die USA der Regierung von Tschiang Kai-schek versichert hatten, dass sie Tibet als einen Bestandteil Chinas betrachteten.[224] Umgekehrt war es, wie eingangs schon betont, de facto ein eigenständiger Staat mit Einschränkung seiner außenpolitischen Handlungsspielräume (siehe die chinesische Suzeränität). Tibet war also mindestens ein partielles Völkerrechtssubjekt, das somit unter dem Schutz des gewohnheitsrechtlich geltenden Gewaltverbots stand. Andererseits fehlten ihm – praktisch und realpolitisch gesehen – 1950 drei entscheidende Voraussetzungen für eine fortdauernde bzw. gesicherte Unabhängigkeit: Erstens eine völkerrechtlich offizielle Anerkennung durch die internationale Staatengemeinschaft bzw. ein diplomatisches Mitwirken in dieser, was die Besetzung durch China dann auch ohne internationale Proteste bzw. Schwierigkeiten oder dergleichen ermöglichte. Zweitens die Fortdauer der Schwäche Chinas. Drittens eine Schutzmacht (wie es die UdSSR, verbunden mit allen Nachteilen, für die Mongolei war), welche die gewaltsame Eingliederung durch China hätte verhindern können. Großbritannien schied diesbezüglich nach sei-

Abb. 9 Der Potala-Palast in Lhasa

nem 1947 erfolgten Rückzug aus Indien aus. Aus chinesischer Sicht war und ist die gewaltsame Wiedereingliederung Tibets hingegen völlig gerechtfertigt. Peking geht dabei von einem anderen Nations- und Staatsbegriff aus als die westlichen Länder. Danach sind alle Völker, die bis 1911 auf chinesischem Territorium gelebt haben, Teil des chinesischen Volkes. Der in China verwendete Begriff »Chinesen« schließt somit alle Bewohner des Landes unabhängig von ihrer Nationalität ein. Von daher stehen sich hier zwei unterschiedliche Rechtskonzepte gegenüber. Nach den Normen des heutigen Völkerrechts war die Ausdehnung der chinesischen Macht auf Tibet eindeutig eine Okkupation. Nach chinesischem Rechtsverständnis dagegen handelte es sich um die Wiederherstellung legitimer Rechte, die China lediglich aufgrund seiner zeitweiligen Schwäche und inneren Zerrissenheit nicht hatte ausüben können. Peking hatte demnach aus seiner Sicht nichts anderes getan, als einem lange missachteten Rechtsprinzip wieder Geltung zu verschaffen. Allerdings verstieß China anschließend gegen das 1951 zwischen ihm und Vertretern der tibetischen Regierung unterzeichnete 17-Punkte-Abkommen, das zwar die Reintegration Tibets in China, dafür aber regionale Integrität und Religionsfreiheit garantierte. Die bald darauf einsetzende Sinisierungspolitik führte zu bis heute immer wieder aufflackernden Unruhen (z. B. in Form von Selbstverbrennungen von buddistischen Mönchen), die 1959 im Aufstand der Tibeter und – nach dessen Niederschlagung durch die Chinesen – in der Flucht des Dalai Lama nach Indien gipfelte.

Das daraufhin 1965 innerhalb der Volksrepublik China eingerichtete sogenannte »Autonome Gebiet Tibet«, das nach wie vor deutlich kleiner als der eigentliche tibetische Kulturraum ist, bringt den Tibetern bis heute nicht die geringste Chance auf Eigenständigkeit und Bewahrung der eigenen Kultur, vielmehr existiert es als Farce nur auf dem Papier. Mit über 1,2 Mio. km² – so viel wie Großbritannien, Frankreich, Deutschland, die Niederlande und Luxemburg zusammen – nimmt die Region allerdings rund ein Achtel der Gesamtfläche Chinas ein und wird in der Größe nur noch vom »Autonomen Gebiet Xinjiang« – in dem wiederum die moslemischen Uiguren durch die kommunistische Regierung in Peking drangsaliert werden – übertroffen. Im Norden grenzt Tibet an die chinesischen Provinzen Qinghai und Xinjiang, im Osten und Südosten an Sichuan und Yunnan, während es im Süden und Westen an die Staaten Myanmar, Indien, Bhutan und Nepal sowie Kaschmir grenzt. Die wichtigsten Städte sind die Hauptstadt Lhasa und Xigaze, die zweitgrößte Stadt. Tibet ist die am dünnsten besiedelte Region Chinas mit einer durchschnittlichen Bevölkerungsdichte von weniger als zwei Menschen pro km². Der Anteil der Tibeter an der Bevölkerung beträgt laut offiziellen – allerdings durchaus zu bezweifelnden – chinesischen Angaben gut 96 Prozent, wohingegen die Han-Chinesen angeblich nur knapp 3 Prozent ausmachen. Durch die Einnahme Tibets (und auch Xinjiangs) hatte die Volksrepublik China die historischen Grenzen des Kaiserreichs (abgesehen von der Mongolei und Taiwans) weitgehend wieder erreicht.

Bei der Besetzung Tibets spielt(e) seine militärstrategische Lage eine wesentliche Rolle, so u. a. als natürliche Grenze nach Süden gegenüber seinem Rivalen Indien. Ein unabhängiges Tibet würde mit großer Wahrscheinlichkeit unter dessen Einfluss gelangen (so wie Großbritannien als Kolonialmacht von Indien seinen Einfluss auf Tibet ausgeweitet hatte), was für Peking in keiner Weise hinnehmbar wäre. Wer Tibet kontrolliert, hat nämlich im strategischen Dreieck von China, Indien und Russland einen klaren Vorteil. Und diesen wird sich China nicht mehr nehmen lassen.

Eine weitere Sicherheitsdimension von hoher politischer Relevanz für China ist die Frage der Minderheit der **Uiguren** im sogenannten »Uigurischen Autonomen Gebiet« Xinjiang, das an Kirgisistan grenzt, wo es ebenfalls eine uigurische Minderheit gibt. Die »Ostturkestan-Befreiungsorganisation« (»East Turkestan Liberation Organization«, ETLO) führt in beiden Ländern separatistische Aktivitäten durch. Für China ist dieses Thema mit Blick auf eine reale oder nur vermeintliche terroristische Bedrohung im eigenen Land von Bedeutung.

In erster Linie versuchen die Uiguren – allerdings derzeit vergeblich –, durch separatistische Aktivitäten mit dem Ziel, einen eigenen Staat »Ostturkestan« zu gründen, ihrer Unterdrückung durch die kommunistischen Machthaber in Peking zu entgehen.

Die chinesische Regierung reagiert auf das Thema Separatismus, sei es bezüglich der Uiguren, der Tibeter oder der Taiwaner, jedoch extrem empfindlich und betrachtet separatistische Bestrebungen als eine unmittelbare Bedrohung nicht nur für das politische System, sondern auch für die Existenz des Staates selbst. Peking ist somit über die Unterstützung der Uiguren und ihre separatistischen Aktivitäten durch manche zentralasiatischen Staaten verärgert und übt daher als Gegenmaßnahme oft politischen oder wirtschaftlichen Druck auf diejenigen Länder aus, in denen diese Aktivitäten am deutlichsten zu beobachten sind, hier insbesondere Kirgisistan. Ein Beispiel hierfür ist, dass kirgisische Gerichte auf Druck Chinas mehrere Uiguren wegen terroristischer Bombenanschläge und des Versuchs, einen Ableger der uigurischen Separatistenbewegung in Kirgisistan zu gründen, verurteilten sowie diverse Organisationen, politische Parteien – darunter die ETLO – und verschiedene uigurische Zeitungen in Kirgisistan verboten wurden.

4. Nordamerika

a. Texas

Texas war ein Teil des 1821 von Spanien unabhängig gewordenen Mexikos. Schon während des Mexikanischen Unabhängigkeitskrieges ließen sich hier viele Abenteurer und Glücksritter aus den USA nieder. Im Laufe der Jahre zogen immer mehr US-amerikanische Siedler in den mexikanischen Bundesstaat. Dies wurde zunächst von der mexikanischen Regierung gefördert, um die Bevölkerungszahl gegenüber der dortigen indigenen Mehrheit der Komantschen, die von ihr als Bedrohung der eigenen Ansprüche gesehen wurden, zu erhöhen.[225] Bis 1835 wanderten etwa 45 000 Menschen ein, sodass durchaus von einer anglo-amerikanischen Kolonisation gesprochen werden kann. Es lag quasi auf der Hand, dass die Spannungen zwischen den US-amerikanischen Siedlern auf der einen und den Mexikanern und der mexikanischen Regierung unter Präsident General Santa Anna auf der anderen Seite zunahmen. Verschärft wurde die Lage, als Mexiko die Sklaverei verbot. Weil die USA den ganzen Staat Texas kaufen wollten, verboten mexikanische Landesbehörden 1830 die weitere Immigration aus den Vereinigten Staaten. Dennoch hielt die nun illegale Zuwanderung unverändert an, sodass im Jahr 1834 die amerikanischen Siedler gegenüber den Mexikanern mit 10:1 in der Überzahl waren.[226] Auch wenn insbesondere religiöse, kulturelle und politische Probleme unüberwindlich schienen, gewährten dennoch neue Gesetze und Verordnungen den Siedlern in Texas so viele Ausnahmen und Freiheiten, dass die Spannungen abnahmen. Landspekulanten aus den USA schürten jedoch weiter das Misstrauen gegen Mexiko. US-amerikanische Separatisten sahen nun ihre Chance auf eine Loslösung der Provinz Texas von Mexiko, worauf Präsident Santa Anna Truppen in einer Stärke von rund 5000 Mann in die abtrünnige Provinz entsandte. Die Folge war der am 2. Oktober 1835 begonnene texanische Unabhängigkeitskrieg.[227] Am 2. März 1836 riefen die Texaner, im Vertrauen auf den Beistand der USA, die unabhängige Republik Texas aus und ernannten General Sam Houston zum militärischen Oberbefehlshaber. Das mexikanische Heer unter Santa Anna besetzte im Zuge der Feindseligkeiten San Felipe de Austín, die Hauptstadt von Texas, und nahm nur vier Tage nach der Unabhängigkeitserklärung am 6. März 1836 die Missionsstadt Alamo nach dreizehntägiger Belagerung ein. Dabei kamen alle der etwa 190 Verteidiger ums Leben, darunter Davy Crockett und James Bowie (Stichwort Bowie-Messer); ein Ereignis, das bis heute einen Mythos in den USA darstellt und entsprechend filmisch (u. a mit John Wayne) in zahlreichen Variationen aufbereitet und auch durchaus propagandistisch dem Publikum vermittelt wurde.

Der Erfolg Mexikos währte allerdings nicht lange, denn die etwa 1600 Soldaten umfassenden mexikanischen Truppen, die in Alamo noch siegreich waren (was sich somit als Pyrrhussieg erweisen sollte), wurden am 21. April 1836 von den Texanern unter Sam Houston überraschend geschlagen. In den folgenden Jahren versuchte Mexiko erfolglos, die Unabhängigkeit von Texas rückgängig zu machen. Als unabhängige Republik wurde Texas von Frankreich und Großbritannien im November 1841 anerkannt. Ihr erster Präsident wurde Sam Houston. Innenpolitisch war die junge Republik in zwei Lager gespalten. Eine Gruppe, die von Sam Houston angeführt wurde, trat für einen schnellen Beitritt zu den USA ein. Die andere Gruppe wollte hingegen einen derartigen Schritt vermeiden und dachte vielmehr an eine Expansion des jungen Staates bis zum Pazifik, um einen Pufferstaat zwischen Mexiko und den Vereinigten Staaten zu bilden. Schließlich setzte sich aber die Gruppe um Präsident Houston durch. Der kurzlebige Staat wurde letztlich am 19. Februar 1845 von den USA annektiert und am 29. Dezember 1845 offiziell als 28. US-Bundesstaat aufgenommen.

b. Vereinigte Staaten von Mittelamerika

Die Bundesrepublik von Zentralamerika (República Federal de Centroamérica), auch Vereinigte Provinzen von Zentralamerika (Provincias Unidas del Centro de América) genannt, war ein Staatenbund der mittelamerikanischen Staaten Guatemala, Honduras, El Salvador, Nicaragua und Costa Rica, der von 1823 bis 1840 bestand und zuvor zum Kaiserreich Mexiko gehörte.

Nach dem Sturz des mexikanischen Kaisers Agustín I. trennten sich die Provinzen des sogenannten Generalkapitanats Guatemala mit Ausnahme der Provinz Chiapas von Mexiko und proklamierten am 1. Juli 1823 die Republik der Vereinigten Provinzen Zentralamerikas, die am 20. August 1823 von Mexiko anerkannt wurde.

Der nur lose Staatenbund wurde jedoch in den folgenden Jahren von inneren Machtkämpfen bis hin zu Bürgerkriegen heimgesucht mit der Konsequenz, dass die Föderation zwischen 1838 und 1841 auseinanderbrach. Zuerst schieden im Laufe des Jahres 1838 Nicaragua, Honduras und Costa Rica aus, 1839 dann noch Guatemala und am Ende blieb nur noch El Salvador übrig, was die Existenz der Föderation faktisch beendete, auch wenn sich El Salvador allein auf weiter Flur noch bis 1841 formal als Rechtsnachfolger des Staatenbundes sah. Völkerrechtlich endete die Föderation erst 1840, da zwischenzeitlich aus Teilen Südwest-Guatemalas nach dem Austritt der ersten drei Republiken 1838 kurzfristig mit Los Altos eine neue Unionsrepublik entstanden war, die aber von dem nun mittlerweile unabhängigen Guatemala im Januar 1840 zurückerobert wurde.

In den folgenden Jahren bis 1852 scheiterten verschiedene Versuche, zumindest El Salvador, Honduras und Nicaragua als Zentralamerikanische Konföderation wiederzuvereinen. Eine am 13. Juni 1921 neu gebildete Föderation aus El Salvador, Honduras und Guatemala zerfiel schon am 4. Februar 1922 endgültig wieder. Dennoch weisen die Flaggen der ehemaligen Mitglieder des Staatenbundes mit den Farben »Blau-Weiß-Blau«, quer oder längs gestreift, große Ähnlichkeiten auf.[228] Lediglich Costa Rica macht hier eine gewisse Ausnahme.

c. Großkolumbien und Panama

Im Zuge der Unabhängigkeitsbestrebungen der spanischen Kolonien in Südamerika, die infolge der französischen Besatzung Spaniens während der napoleonischen Ära an Fahrt aufnahmen, hatten auf dem Boden des damaligen spanischen Vizekönigreichs Neugranada schon 1810 Venezuela und die Erste Republik Kolumbien ihre Unabhängigkeit erklärt, waren bis 1816 jedoch wieder von Spanien zurückerobert worden. Bis 1819 waren die Aufständischen unter Simón Bolívar gleichwohl so erfolgreich, dass infolge eines Kongresses am 17. Dezember im selben Jahr die Vereinigung und Unabhängigkeit der damaligen Provinzen beschlossen wurde. 1821 ernannte der Kongress Bolívar zum Präsidenten der Republik Großkolumbien, der sich am 24. Mai 1822 die Provinz Quito (das heutige Ecuador einschließlich von Teilen Perus) anschloss. Trotz allem nahmen auch in Großkolumbien die nationalistischen Bestrebungen der Provinzen zu. Das führte dazu, dass dieser Staat kurz nach Bolívars Tod 1830 zerfiel. Seine Nachfolgestaaten waren Venezuela, Ecuador und die Republik Neugranada, die sich seit 1861 Kolumbien nennt.

Das heutige Panama erklärte sich im September 1830 zwar kurzzeitig für unabhängig, wurde aber bereits am 11. Dezember wieder eine Provinz Kolumbiens. Erst 1903 trennte es sich unter US-amerikanischem Druck endgültig von Kolumbien. Die USA forderten nämlich zur besseren Kontrolle des unter ihrer Regie im Bau befindlichen Panamakanals ihre eigenen territorialen und aus ihrer Sicht geopolitisch determinierten Rechte, nämlich die Übergabe des Isthmus von Panama, also die engste Stelle der mittelamerikanischen Landbrücke, was Kolumbien jedoch aus nachvollziehbaren territorialen Souveränitätsrechten Washington gegenüber konsequent und zu Recht verweigerte. Infolge einer darauffolgenden US-amerikanischen militärischen Intervention spaltete sich Panama jedoch am 3. November 1903 von Kolumbien ab. Die USA ließen ein Abkommen unterzeichnen, das ihnen nicht nur die Hoheitsrechte über einen Streifen von 16 km Breite und 80 km Länge, die spätere Panamakanalzone, sicherte, sondern auch das Recht auf militärische Interventionen im neu gegründeten Staat Panama einräumte, der damit lediglich eine Marionette Washingtons war und bis heute in weiten Teilen noch ist, wie diverse militärische Aktionen (Stichwort Noriega) mehr oder weniger »eindrucksvoll« unterstreichen.

Wurde die Kanalzone von 1903 bis 1979 ausschließlich von den USA kontrolliert, stand ab 1979 der Kanal selbst unter gemeinsamer US-panamaischer Kontrolle. Am 31. Dezember 1999 gingen die Hoheitsrechte an der Kanalzone vollständig auf Panama über. Ob dieser Staat damit seine vollständige Souveränität erlangt hat, sei an dieser Stelle einmal dahingestellt. Er fügt sich vermutlich mehr oder weniger klaglos in die bis heute von der Monroe-Doktrin bestimmte Politik Washingtons ein. Darunter ist ein 1923 vom damaligen US-Präsidenten James Monroe verkündetes Prinzip der Außenpolitik der USA zu verstehen, das eine irreversible Unabhängigkeit der Staaten auf dem amerikanischen Doppelkontinent von den europäischen Mächten betont. Monroe formulierte dabei die Existenz zweier politischer Sphären, betonte das Prinzip der Nichteinmischung der Vereinigten Staaten in europäische Konflikte und forderte gleichzeitig ein Ende aller Rekolonialisierungsbestrebungen in Lateinamerika. Zudem kündigte er ein Intervenieren Washingtons für den Fall an, dass die europäischen Kolonialmächte diese Grundsätze ignorieren sollten. Verkürzt lässt sich hier auch von der Parole »Amerika den Amerikanern« sprechen.[229]

VI. Aktuelle und potenzielle Sezessionsbewegungen – eine exemplarische Übersicht

Es existieren zahlreiche sezessionistische Bestrebungen von Völkern und Regionen, die teils friedlich, teils mit bewaffneten Mitteln bzw. militärisch nach Unabhängigkeit streben. Unter diesen besitzen einige de facto bereits die vollständige Kontrolle über ihr Territorium.

Werfen wir hier aber zunächst einen Blick auf Europa. Dort gibt es aktuell v. a. innerhalb der EU zahlreiche Unabhängigkeitsbestrebungen und -bewegungen.

1. Italien und Südtirol

Nach dem Zweiten Weltkrieg machten in Italien verschiedene regionalistische Bewegungen auf sich aufmerksam. So verabschiedeten 1946 Sizilien und 1948 Sardinien jeweils ein Autonomiestatut. Dies führte 1970 zur Schaffung von 15 Regionen, nachdem schon 1963 Triest und Friaul als Region »Friaul-Julisch-Venetien« einen Sonderstatus erhalten hatten.[1] Einen vergleichbaren autonomen Status genießen heute zudem in den Alpen das französischsprachige Aostatal und Trentino-Südtirol. Bevor wir uns der schon immer rein deutschsprachigen Region Südtirol zuwenden, sei ein kurzer Blick auf weitere nationale Minderheiten – die Friauler und die Ladiner – erlaubt. Bei beiden Volksgruppen existiert kein nennenswerter politischer Konflikt, der gar mit Sezessionsabsichten verbunden wäre. Dies ist sicherlich zum einen bezüglich der Friauler in der engen Verwandtschaft zu den Italienern, zum anderen in der zahlenmäßig geringen Bedeutung, was die Ladiner angeht, begründet.

Die Heimat der 500 000 bis 700 000 Friauler[2], sprachlich mit den Schweizer Rätoromanen verwandt, ist das Gebiet zwischen den Karnischen Alpen und der Adria. Sie leben in den Provinzen Udine, Görz sowie Venedig und gehören der oben erwähnten autonomen Region »Friaul-Julisch-Venetien« an.

Karte 13 Südtirol und seine kommunale Verwaltungsgliederung

SÜDTIROL
STERREICH
Prettau
Ahrntal
Pfitsch
Sand in Taufers
Mühlwald
KTAL
Vintl
Freienfeld
Mühl-
bach
Terenten
Gais
Rasen-
Antholz
Pfalzen
PUSTERTAL
Gsies
Percha
PUSTERTAL
1 Niederdorf
Franzensfeste
Kiens
Brun-
eck
Rodeneck
Wels-
berg-
Taisten
St. Lorenzen
Olang
Vahrn
Lüsen
Innichen
SALTEN-SCHLERN
Brixen
Feldt-
hurns
Enneberg
Prags
Toblach
Klausen
St.
Martin
in Thurn
Sexten
Wengen
Villnöß
Lajen
Abtei
Wolken-
stein in
Gröden
Kastelruth
Corvara
EN-SCHLERN
Völs a. Schlern
Tiers
Welsch-
nofen
SALTEN-SCHLERN
1 St. Christina in Gröden
2 St. Ulrich in Gröden
Venetien
Friaul-Julisch
Venetien

Auch die in Südtirol siedelnden Ladiner mit ca. 30 000 bis 35 000 Angehörigen sind Teil der rätoromanischen Sprachgruppe. Sie verteilen sich auf das Grödner- und Gadertal, im Trentino auf das Fassatal. Seit 1972 sind sie als eigene Volksgruppe anerkannt und besitzen – neben einer kulturellen Autonomie – das Recht auf zwei Sitze im Bozener Landtag und im Trientiner Regionalrat. Seit 1989 ist Ladinisch zudem als örtliche und regionale Verwaltungssprache anerkannt.

Wenden wir uns nun der in Südtirol lebenden deutschen Minderheit zu. Nach der Abschaffung der Grenzkontrollen im Schengen-Raum bemerken viele Urlauber aus Deutschland oder Österreich – völlig nachvollziehbar und zu Recht – gar nicht, dass sie mitten in den Alpen eine vermeintliche Staatsgrenze überqueren, wenn sie beispielsweise über den Brennerpass, am Staller Sattel oder über den Reschenpass weiter Richtung Süden fahren. Nicht nur, dass sich das natürliche Landschaftsbild nicht ändert, auch dessen kulturelle Ausprägung entspricht dem in Österreich bzw. im deutschsprachigen Alpenraum. Lediglich die zweisprachige Beschriftung der Straßen- und Hinweisschilder weist darauf hin, dass an diesen Stellen die offizielle Staatsgrenze – von den »Siegermächten« gegen das Völkerrecht im Ersten Weltkrieg geschaffen – zwischen Österreich und Italien überschritten wurde. Im Umkehrschluss bedeutet dies, dass von einer kulturellen Grenze nicht gesprochen werden kann, befindet man sich doch in einem weiteren Teil Tirols, nämlich im deutschsprachigen Südtirol. Auch wenn sich heute die Lage einem Besucher friedlich und entspannt darstellt, so war dies über Jahrzehnte hinweg nicht der Fall. Ganz im Gegenteil, führten doch nach dem Zweiten Weltkrieg Autonomie- oder Unabhängigkeitsbestrebungen zu teilweise massiven Konflikten und Gewaltausbrüchen in diesem wunderschönen Landstrich.

Bei Südtirol handelt es sich um ein Gebiet, das seit mehr als fünf Jahrhunderten ein Teil Österreichs war, über 1000 Jahre politisch bzw. staatsrechtlich dem deutschen Sprachraum angehörte, zu knapp 97 Prozent von einer deutschsprachigen Bevölkerung bewohnt war und entgegen dem von US-Präsident Wilson proklamierten Selbstbestimmungsrecht der Völker nach dem Ersten Weltkrieg durch die Siegermächte willkürlich und völkerrechtswidrig an Italien übereignet wurde.[3] Alle von den Südtiroler Gemeinden und der Tiroler Landesversammlung eingereichten Denkschriften an Wilson wurden ignoriert, so die Option, Südtirol weiterhin als Teil Österreichs und infolge des beschlossenen Anschlusses an das Deutsche Reich als einen Teil Deutschlands zu betrachten; die Idee, Tirol oder auch nur Südtirol als selbstständige neutrale Republik und somit als Puffer zwischen

Abb. 10/11 Das Tiroler Platzl in Marling bei Meran mit der Darstellung aller historischen Landesteile Tirols einschließlich des Trentino (Karte) und als Bergmotive.

Italien und Deutschland ins Leben zu rufen; Tirol oder auch nur Südtirol als neutralen Kanton der Schweiz anzuschließen; Südtirol als Freistaat unter italienisches Protektorat zu stellen oder Südtirol im Sinne einer Ultima Ratio als autonome Verwaltungseinheit Italien anzugliedern.[4] »Das letzte Jahrhundert war für Südtirol auch aufgrund der willkürlichen Grenzziehung äußerst bewegt, ja teilweise dramatisch. Trotzdem blieb es den Menschen im Land jedes Mal verwehrt, über die grundlegenden Weichenstellungen selbst und direkt abzustimmen.«[5]

Italiens Kriegsziele bezüglich Tirol waren jedoch von Anfang an unmissverständlich: Die neue Grenze sollte um jeden Preis am Brenner verlaufen.[6] Auch für die Irredentisten, deren Ziel vordergründig die Befreiung der »unerlösten« italienischen Gebiete (terra irredenta) war, spielte es keine Rolle, dass damals in Südtirol maximal nur knapp drei Prozent Italiener lebten. Vergeblich erhob man vonseiten Österreichs massiven und wirtschaftlich, ethnisch und historisch klar begründeten Protest. Mit dem Friedensdiktat von Saint Germain vom 10. September 1919 wurde nur 38 Kilometer südlich von Innsbruck die Brennergrenze offiziell festgelegt und Südtirol stand von nun an unter italienischer Herrschaft. In der letzten Sitzung der deutsch-österreichischen Nationalversammlung mit den Südtiroler Abgeordneten hielt Eduard Reut-Nicolussi eine bewegende Abschiedsrede, in der er den kommenden Leidensweg Südtirols voraussagte: »Es wird jetzt in Südtirol ein Verzweiflungskampf beginnen um jeden Bauernhof und um jedes Stadthaus, um jeden Wald und um jeden Weinberg, es wird ein Kampf sein mit allen Waffen des Geistes und mit allen Mitteln der Politik, ein Verzweiflungskampf deshalb, weil wir eine Viertelmillion Deutsche sind gegen 40 Millionen Italiener, wahrhaft ein ungleicher Kampf.«[7] Er sollte damit leider recht behalten, denn nun begann für die dort lebenden deutschsprachigen Menschen eine Zeit der Repression, wie der erste Faschisteneinfall am 24. April 1921 in Bozen auf dramatische Weise zum Ausdruck brachte. Im Rahmen eines friedlichen deutschen Trachtenumzugs während der Bozner Frühjahrsmesse wurde der Marlinger Lehrer Franz Innerhofer ohne jeglichen Grund willkürlich von faschistischen Schlägertrupps erschossen[8], er gilt als erstes Todesopfer der faschistischen Gewalt in Südtirol.

Die Unruhen während der Messe 1921 gingen als Bozner Blutsonntag in die Geschichte ein. Dabei wurden insgesamt 48 weitere Personen verletzt. Es setzte danach eine Zwangsitalianisierung der Südtiroler Bevölkerung ein, die sich unter der faschistischen Diktatur Mussolinis dann weiter verschärfte. Der »Duce« hatte in diesem Zusammenhang den Geografen und »Deutschenhasser« Ettore Tolomei, so Reinhard Olt einst in der *FAZ*[9], zum Senator ernannt mit dem Ziel, das althergebrachte deutsche Namensgut

Abb. 12 Gedenktafel für Franz Innerhofer in Marling. Der Südtiroler Grundschullehrer wurde bei Unruhen während eines Trachtenumzugs im April 1921 von faschistischen Schlägertrupps erschossen.

auszulöschen, um zu »beweisen«, dass Südtirol ein uritalienisches Land sei. Tolomei erfand für mehrere Tausend geografische Örtlichkeiten Südtirols, von jedem Bach, jeder Alm bis hin zum noch so kleinsten Weiler, eine italienische Bezeichnung.[10] Aus Südtirol wurde »Alto Adige« (Oberetsch).[11] Weiterhin wurden im Oktober 1923 durch Mussolinis Namensdekrete, die (wie auch die Dekrete von 1940) bis heute offiziell nicht außer Kraft gesetzt wurden, Deutsch als Unterrichtssprache und deutsche Firmenaufschriften verboten, deutsche Vor- und Familiennamen italianisiert (so wurde beispielsweise aus Franz Francesco und aus Josef Giuseppe) und Italienisch Amtssprache in der Verwaltung. Deutschsprachige Staatsbedienstete und Beamte wurden entlassen und durch Mitarbeiter aus italienischen Provinzen ersetzt.[12] Massiv und in breiter Mehrheit setzten sich die Südtiroler gegen die Italianisierungspolitik zur Wehr. Aber was sollten schon 200 000 deutsche Südtiroler gegen eine übermächtige italienische Nation ausrichten? Da – auch wenn Tolomei fast ohne Unterlass propagierte, Südtirol müsse italienisch werden[13] – all diese sprachlichen Zwangsmaßnahmen nicht zum gewünschten Erfolg führten, griff das Regime zum Mittel der Majorisierung, indem durch massenweise Zuwanderung bzw. staatlich vor-

Abb. 13 Schloss Tirol bei Meran als Namensgeber des Landes Tirol

genommene Ansiedlung von Italienern insbesondere aus Sizilien und dem südlichen Italien die Südtiroler in ihrer angestammten Heimat zur Minderheit werden sollten.[14] Als markantes Symbol der völkerrechtswidrigen italienischen Herrschaft wurde schließlich am 12. Juli 1928 das faschistische sogenannte »Siegesdenkmal« in Bozen feierlich eingeweiht, das sogar noch heute unbegreiflicherweise von der »unverbrüchlichen Einheit von Nation und Faschismus« kündet.[15]

Diese Politik wurde auch dadurch unterstützt, dass Hitler – entgegen vieler Erwartungen – Südtirol nicht dem Deutschen Reich angliedern wollte, sondern vielmehr seinen Verbleib bei Italien bestätigte. Die deutschsprachigen Südtiroler wurden damit nämlich vor die radikale, ja kriminelle Wahl – die sogenannte »Option«[16] – gestellt, entweder in ihrer Heimat zu bleiben und die italienische Staatsbürgerschaft zu bestätigen oder ins Deutsche Reich überzusiedeln.[17] Von den 213 000 Südtirolern, die für Deutschland optiert hatten, verließen dann ca. 75 000 das Land, von denen die meisten allerdings nach dem Ende des Zweiten Weltkriegs wieder in ihre Heimat zurückkehrten. Ungeachtet dieser Maßnahmen und Ereignisse besitzt Südtirol bis heute mit knapp 70 Prozent immerhin noch eine deutsche Bevölkerungsmehrheit, wobei sich die Lage in den größeren Städten, v. a. in

Abb. 14 Das von den Faschisten in Bozen errichtete sogenannte »Siegesdenkmal« als Symbol, dass Südtirol italienisch werden muss.

Bozen, wo die deutsche Sprachgruppe nur ein Viertel der Bevölkerung ausmacht[18], in den letzten Jahrzehnten aus Sicht der Südtiroler zugespitzt hat.

Nach dem Zweiten Weltkrieg wurde – nach erfolglosen Bemühungen seitens Wien, Südtirol beispielsweise mittels einer Volksabstimmung wieder an Österreich zurückzuführen[19] – am Rande der Pariser Friedenskonferenz 1946 versucht, zwischen dem damals von den Alliierten besetzten und somit nicht souveränen Österreich und Italien im sogenannten »Gruber-De-Gasperi-Abkommen«[20] (die Namen beziehen sich auf die damaligen Außenminister) die Grundlagen für ein Autonomiestatut für Südtirol und die deutschsprachigen Gemeinden des angrenzenden Trentino auszuhandeln. Darin wurde – neben der Schutzfunktion Österreichs für Südtirol, die bis heute vollkommen korrekt im völkerrechtlichen Einklang von Wien ausgeübt wird – formal eine Landesautonomie für Südtirol verankert. Allerdings wurde das Abkommen von italienischer Seite auf allen Ebenen massiv unterlaufen, indem unter anderem das zentrale Versprechen auf Autonomie für Südtirol gebrochen wurde.[21] Die italienische Regierung erweiterte 1948 zwar die Provinz Bozen um einige bis dato der überwiegend italienischsprachigen Provinz Trient zugeschlagene, mehrheitlich deutschsprachige Gemeinden (vor allem im Unterland und am Deutschnonsberg),

Abb. 15 Schloss Sigmundskron bei Bozen.
1957 protestierten dort in einer Massenkundgebung 35 000 Südtiroler gegen die Nichterfüllung des Pariser Vertrages und forderten mit dem »Los von Trient!« eine eigene Autonomie für Südtirol, unabhängig vom Trentino.

fasste aber die beiden Provinzen zur Region Trentino-Tiroler Etschland zusammen.[22] Das sogenannte »Erste Autonomiestatut« siedelte somit wesentliche Teile der eigentlich autonomen deutschen Kompetenzen Südtirols bei dieser eben mehrheitlich italienischsprachigen Region an, wodurch die politischen Vertreter der deutschsprachigen Südtiroler zwangsläufig in eine Minderheitenposition gebracht wurden.

Statt einer echten Autonomie gewährte Rom den Südtirolern also nur eine Scheinautonomie. Auch andere Bestimmungen des Vertrages blieben im Verlauf der 1950er-Jahre zum Großteil unerfüllt. Gleichzeitig förderte die italienische Wirtschaftspolitik intensiv italienische Ansiedlungen in Südtirol, gegen die sich unter der alteingesessenen deutschen Bevölkerung berechtigter Widerstand formierte und deren Unzufriedenheit 1957 in der Großkundgebung von Schloss Sigmundskron am 17. November gipfelte. Gut 35 000 Menschen waren damals aus allen sozialen Schichten dem Aufruf der Südtiroler Volkspartei (SVP) gefolgt, um ihre Wut und ihren Protest gegen die italienische »Auslöschungspolitik«[23] vor der Weltöffentlichkeit kundzutun.[24]

Eine nachvollziehbare Aktion der Südtiroler, schließlich führten die ersten bilateralen Verhandlungen zwischen Österreich und Italien zu keinerlei zufriedenstellenden Resultaten im Sinne der deutschsprachigen Südtiroler. Auch wenn auf Betreiben des damaligen sozialdemokratischen österreichischen Außenministers Bruno Kreisky (SPÖ), der »die Italiener wie kaum ein anderer österreichischer Politiker [durchschaute]«[25], der Konflikt 1960 vollkommen zu Recht vor die UNO-Generalversammlung gebracht und somit die Südtirol-Frage zu einer internationalen Angelegenheit gemacht wurde[26], war die Gefahr einer weiteren politischen und ökonomischen Marginalisierung der deutschen Bevölkerungsmehrheit in Südtirol alles andere als gebannt. Im Gegenteil, die vor Ort praktizierte Politik der italienischen Regierung gegen die Südtiroler Grundrechte bestärkte vielmehr einige separatistisch gesinnte Südtiroler im 1956 gegründeten »Befreiungsausschuss Südtirol« (BAS) ab Mitte der 1950er-Jahre in ihrem Vorhaben, durch Bombenattentate eine Loslösung Südtirols von Italien zu erzwingen.[27]

»Hier spricht ›Radio Freies Tirol‹, Soldaten, unser Kampf ist gerecht […]. Die Unterwanderung und die Diskriminierung der Südtiroler bedroht die Existenz der Südtiroler Volksgruppe. Die Unterwanderung ist Völkermord. Dagegen darf jedes Volk sich wehren […]«, lautete denn auch ein entsprechender Aufruf zum Widerstand eines seit 1965 aus Nordtirol agierenden Geheimsenders.[28] Die Attentate erstreckten sich über den Zeitraum von 1956 bis 1969.[29] Galt während der ersten Phase bis ungefähr 1961 der Grundsatz, keine Menschenleben zu gefährden[30], so gab es in der zweiten Phase leider auch Tote und Verwundete. Dennoch, die »Südtiroler Attentäter waren […] keine kaltblütigen Profi-Guerilleros, auch wenn sie jahrelange Haft und schwere, in einzelnen Fällen sogar tödliche Polizei-Folter auf sich nehmen mußten, sondern kleine Leute, vor allem Bauern und923 923 strenggläubige Familienväter. Ihr Prinzip lautete, Menschenleben zu schonen, und ihr Motiv war ein Hilferuf an die Welt angesichts der verzweifelten Lage in ihrer Heimat.«[31] Italiens Reaktion hingegen war »eine weitere Verstärkung von Militär und Polizei vor Ort. Im Zuge umfassender Polizeiaktionen kam es zu Beschlagnahmungen, Hausdurchsuchungen, Verhaftung zahlreicher Südtiroler und zu Folterungen Südtiroler politischer Gefangener durch Polizeiorgane.«[32] Nach einem plötzlichen Tod zweier Südtiroler Häftlinge stellten die Südtiroler Abgeordneten im Januar 1962 in der italienischen Abgeordnetenkammer und im Senat den »Antrag auf Einsetzung einer parlamentarischen Untersuchungskommission zur Prüfung der Mißhandlungen«[33], der allerdings niemals behandelt wurde. 1966 wurden schließlich beim Zweiten Mailänder Prozess[34] die Verantwortlichen der Sprengstoffattentate in Südtirol zur Rechenschaft gezogen. Von 59 Angeklagten des BAS wurden 36 zu teilweise hohen Haftstrafen verurteilt, darunter der Musikdozent Günther Andergassen und der Burschenschafter Norbert Burger, die beide für die Sprengstoffanschläge in Südtirol verantwortlich waren. Andergassen bekam dafür 30 Jahre Gefängnis, Burger entzog sich der Strafe aber durch Flucht. Glimpflicher kam Georg Klotz davon, der den »Freiheitskampf« als Guerillakrieg aufziehen wollte und wegen Anschlägen im Passeiertal in Abwesenheit zu gut vier Jahren Haft verurteilt wurde. Nach Inhaftierung der Führungsriege des BAS u.a. aufgrund der sogenannten »Feuernacht« im Jahr 1961[35], als eine Untergrundgruppe 38 Strommasten sprengte, um den Südtirolern mehr Gehör in Rom zu verschaffen, endeten die Aktivitäten des BAS 1969, da der Druck auch von österreichischer Seite zu groß wurde. Allerdings wurden bis in die späten 1980er-Jahre weitere Anschläge von Folgegruppierungen verübt. Auch hier ging Italien weiterhin unerbittlich gegen die Widerstandskämpfer vor. Erst 2021 wurde beispielsweise mit Heinrich Oberleiter ein Vertreter der »Pusterer Buibm« von Staatspräsident Mattarella begnadigt, für Philipp Achammer als Vorsitzender der »Südtiroler Volkspartei« (SVP) – die deutsche Mehrheitspartei im Bozener Landtag – »ein hart ersehnter Akt der Versöhnung. Diese Begnadigung leistet einen wichtigen Beitrag zur Geschichtsaufarbeitung und zum Ausgleich.«[36]

Nachdem Österreich in seiner Funktion als legitime Schutzmacht Südtirols schließlich den UN-Sicherheitsrat eingeschaltet hatte, wurde der Autonomiestatus Südtirols bzw. das »Südtirol-Paket« im Jahr 1972 endlich ratifiziert.[37] Inwieweit die Bombenattentate der »Bumser«, wie ihr Spitzname im Volksmund lautete und die bis heute für viele Menschen, so auch im Pustertal, als Freiheitskämpfer gelten, dabei zu dieser diplomatisch erfolgten weitgehenden Lösung des Südtirolproblems in Form dieses neuen sogenannten »Zweiten Autonomiestatuts« beitrugen, wird bis heute kontrovers diskutiert. Der »Verein Südtiroler Geschichte« erinnert jedenfalls seit 2018 in Bozen in Form einer Dauerausstellung mit dem Titel »BAS – Opfer für die Freiheit« an dessen Geschichte.[38]

Erst 1992, also geschlagene 20 Jahre nach seiner Ratifizierung, teilte die italienische Regierung der österreichischen mit, dass nun alle Bestimmungen und Abmachungen des Südtirol-Pakets umgesetzt und verwirklicht seien. Daraufhin sprachen sich – von der Regierung in Wien dazu befragt – über 90 Prozent der Delegierten der »Südtiroler Volkspartei« (SVP) dafür aus, dass Österreich den Streit für beendet erklärt. Auch der Tiroler Landtag in Innsbruck beschloss diese Empfehlung. Österreich gab daraufhin im Juni 1992 gegenüber Italien und der UNO die sogenannte »Streitbeilegungserklärung« ab[39], mit der zumindest ein formaler politischer Schlussstrich unter diesen Konflikt gezogen wurde.

Die rechtliche Stellung der deutschen Sprache in Südtirol wurde durch das Zweite Autonomiestatut geregelt. Sie ist seit seiner Verabschiedung in der gesamten Region Trentino-Südtirol und somit auch in der Provinz Bozen bzw. Südtirol allerdings wiederum nur rein formal der italienischen Sprache gleichgestellt. Der Artikel 99 des Statuts lautet dementsprechend: »Die deutsche Sprache ist in der Region der italienischen Sprache, die die amtliche Staatssprache ist, gleichgestellt. In den Akten mit Gesetzeskraft und immer dann, wenn dieses Statut eine zweisprachige Fassung vorsieht, ist der italienische Wortlaut maßgebend.«[40]

Auch wenn seitdem rein formal weitreichende Autonomierechte Südtirols verwirklicht wurden, ist zu konstatieren, dass auf den Ämtern, bei Gericht oder auch in den Arztpraxen immer häufiger nur Italienisch gesprochen wird, obwohl die deutsche Sprache der italienischen – wie eben betont – offiziell ja gleichgestellt ist.[41] Ein erster Lösungsansatz für die Praxis wäre beispielsweise, den einzelnen Bezirken und Gemeinden mehr Entscheidungsfreiheit in Sprachbelangen zu ermöglichen. So wäre es denkbar, neben mehrsprachigen Gemeinden nach dem Territorialprinzip – je nach entsprechendem Bevölkerungsverhältnis – auch amtlich einsprachige deutsche, italienische und ladinische Gebiete zu etablieren. Einen Orientierungspunkt könnte bei derartigen Überlegungen die mehrsprachige Schweiz als eine gelungene Willensnation bieten.

Auch in Finanzangelegenheiten ist Südtirol, übrigens die Region mit dem höchsten Pro-Kopf-Einkommen Italiens[42], einer Unberechenbarkeit Italiens ausgeliefert. So griff während der Finanzkrise 2008 der damalige Ministerpräsident Mario Monti mit seinen Sparmaßnahmen massiv in diese Autonomie ein, indem er forderte, dass sich Südtirol mit über 100 Millionen Euro an der Sanierung des italienischen Staatshaushaltes beteiligen sollte bei gleichzeitiger Anhebung der Steuern auf Immobilien, Einkommen und Konsumgüter.[43]

Gegen derartige Praktiken regt sich nach wie vor Widerstand. Schon 2009 führten die »Andreas-Hofer-Feiern« zum Gedenken an die Tiroler Volkserhebung von 1809 zu einem weiteren Auftrieb der Sezessionsbewegung mit dem Ziel eines Südtiroler Freistaats bzw. einer Rückgliederung an Österreich und der Wiedervereinigung mit Nordtirol.[44] Die deutschen Oppositionsparteien im Bozener Landtag, so u. a. die »Freiheitlichen« und die »Süd-Tiroler Freiheit«, plädieren nach dem Motto »Los von Rom« unmissverständlich für eine »Rückkehr zum Vaterland Österreich« oder für einen

»Freistaat Südtirol«; Forderungen, die auch von den örtlichen Schützenverbänden und zunehmend von jungen Südtirolern geteilt werden.[45] Auch Wirtschaftsvertreter stießen in das gleiche Horn. Thomas Widmann, Wirtschaftslandesrat der SVP, schlug vor, Südtirol solle sich mit 15 Milliarden Euro von Italien »freikaufen«, um im Gegenzug die »Vollautonomie« zu erlangen.[46] In einem 2011 im Südtiroler Landtag gefassten Beschluss hieß es dann auch nicht von ungefähr, »man werde sich jeder weiteren finanziellen Belastung und Beschneidung der erworbenen Rechte des Landes Südtirol durch Sparmaßnahmen der italienischen Regierung widersetzen.«[47] In einer 2013 selbst durchgeführten Abstimmung über die Ausübung des Südtiroler Selbstbestimmungsrechts gelang es der von Eva Klotz, Tochter des Freiheitskämpfers Georg Klotz, gegründeten Partei »Süd-Tiroler Freiheit«, eine Beteiligung von rund 61 000 Menschen mit einer Zustimmungsrate von ca. 56 000 Stimmen zu erreichen. Eine vergleichbare Zielsetzung wurde von Eva Klotz auch auf dem Parteitag der »Süd-Tiroler Freiheit« im Oktober 2018 ausgegeben, als sie betonte, dass »unser Land [...] nur sicher [sei], wenn es unabhängig ist von Italien«.[48] Weitere Parolen lauten »Freiheit für Südtirol«, »Südtirol ist nicht Italien« oder »Los von Rom«. 2017 hatte die »Süd-Tiroler Freiheit« laut italienischen Medienberichten ein »Merkheft« für Schüler vorgestellt, in dem eine Landkarte zu finden ist, die Südtirol als Teil der Republik Österreich darstellt, um so die »Verbundenheit Südtirols mit Österreich zu demonstrieren«.[49] 2000 dieser Merkhefte sollten kostenlos an Schüler in ganz Tirol und Südtirol verteilt werden, verbunden mit dem Ziel, dass sie so ihre Heimat besser kennenlernen. Auf einer Pressekonferenz erklärte der Mitbegründer und Fraktionsvorsitzende der Partei, Sven Knoll, dass »Südtirol eben nicht mehr als Teil Italiens eingezeichnet (ist), damit sich die Schüler an diesen Anblick gewöhnen und auch daran gewöhnen, dass Südtirol nicht Italien ist«.[50]

Gleichwohl spiegeln beispielsweise auch die Wetterkarten in der (Nord-) Tiroler *Kronen Zeitung* und in den Südtiroler *Dolomiten* den Gedanken, ja den Willen für die Einheit Tirols wider.

Unabhängig davon unterstrich auch Luis Durnwalder, langjähriger Landeshauptmann (entspricht in Deutschland dem Amt eines Ministerpräsidenten) Südtirols und Vorsitzender der christdemokratischen »Südtiroler Volkspartei«, dass man »als Minderheit in Italien [...] die Autonomie immer wieder mit besonderem Einsatz verteidigen« müsse.[51]

Zuletzt wurde der Wahlsieg von Giorgia Meloni 2022 von zahlreichen Südtirolern mit Argwohn und Sorge aufgenommen, steht doch eine endgültige und auch organisatorische Eingliederung Südtirols in den italienischen Staat traditionell auf der Agenda der italienischen Rechten. So empfahl Meloni vor einigen Jahren Südtirolern, die sich mit Italien nicht identifizieren können, die Auswanderung nach Österreich.[52] Eine daraufhin von Vertretern des Südtiroler Schützenbundes ins Leben gerufene Initiative »iatz!« (jetzt) fordert auch mit Blick auf das neue Haushaltsgesetz Italiens, eine »Exit-Strategie« für Südtirol zu entwerfen. Konkret heißt es in einer Stellungnahme dieser Initiative zum Wahlsieg Melonis:

> »Nationalistische Kräfte, immer öfter aber auch interethnische und linke Bewegungen, arbeiten mit Nachdruck daran, zentrale Pfeiler unserer Autonomie zu untergraben. Eine Landespolitik, die hier nachgibt, gefährdet unsere Zukunft als österreichische Minderheit deutscher und ladinischer Sprache und Kultur im fremden Nationalstaat Italien. [...] Südtirol als autonome Region hätte alles Recht der Welt, sich von dieser Schuldenfahrt abzukoppeln, bevor es zu spät ist. Jetzt schon müssten alternative Finanzgesetze angedacht werden, damit die öffentlichen Finanzen und die Schulden vom Staat losgelöst und unabhängig sind.«[53]

Nach ihrem Wahlsieg äußerte sich Meloni zwar moderater und sprach sogar von weiteren Autonomiezugeständnissen, wobei Kritiker darin – durchaus nicht zu Unrecht – nur ein politisches Kalkül sehen. Für die Initiative »iatz!« ist die Lösung ohnehin klar. »Los von Rom«, heißt es: »Denn oft ist es viel zu früh zu spät.«[54]

Unabhängig von all diesen Diskussionen verdeutlicht die folgende Tabelle, welche die Verteilung der Sprachgruppenzugehörigkeit der letzten 40 Jahre in Prozent darstellt[55], dass nach wie vor gut zwei Drittel der Bevölkerung deutschsprachig sind und somit einen nicht infrage zu stellenden Anspruch auf eine umfassende Autonomie besitzen.

Sprache	**1981**	**1991**	**2001**	**2011**
Deutsch	66,4	68	69,1	69,4
Italienisch	29,4	27,6	26,4	26
Ladinisch	4,2	4,3	4,3	4,5

Dass sich die meisten Südtiroler aktuell völlig zu Recht nicht als Italiener fühlen, hat also viel mit der Zwangsangliederung ihres Landes an Italien zu tun. So gilt auch die italienische Lebensart in weiten Teilen der Südtiroler Bevölkerung bis heute als verpönt.[56] Allein die 7000 Mitglieder der Südtiroler Schützen pflegen die Tiroler Traditionen bis in die Gegenwart. Für Unmut in Südtirol sorgen zudem bis jetzt regelmäßige Äußerungen italienischer Politiker, z. B. die des früheren Staatspräsidenten Napolitano, der im Jahr 2011 in einem Schreiben alle deutschsprachigen Südtiroler als Italiener bezeichnet hatte. Der Widerspruch durch den Südtiroler Schützenbund folgte vollkommen zu Recht mit dem Hinweis auf den Pass »als einziges verbindendes Element mit den Bewohnern Altitaliens« auf der Stelle.[57] Zudem kündigte der Südtiroler Schützenbund zuletzt an, das Thema der Ortsnamensgebung in den Blickpunkt der öffentlichen Debatte stellen zu wollen.[58] Es könne nicht sein, dass man die Südtiroler Autonomie als weltbeste darstellt, wenn die deutschen und ladinischen Ortsnamen keine amtliche Gültigkeit haben, sondern nur geduldet sind. Bedenklich werde es, so ein Vertreter des Schützenbundes, wenn »die Kulturnation Italien in Südtirol auf willkürlich erfundene und vor 100 Jahren verordnete Orts- und Flurnamen beharrt, die darauf ausgelegt sind, die Identität eines Landes nationalistisch umzudeuten oder zu fälschen. Eine ehrliche und friedliche Auseinandersetzung mit der Thematik ist daher mehr als nur notwendig: Unrecht verjährt nicht und wird auch nicht zu Recht, weil es lange genug existiert hat oder das Leben im Unrecht bequemer und gewissermaßen opportuner erscheint.«[59]

Alles Indizien, dass bis heute vor Ort dieser vermeintlich rein sprachliche, aber vor allem doch als ethnisch einzustufender Konflikt im Sinne des Selbstbestimmungsrechts der Völker noch lange nicht als endgültig beigelegt bezeichnet werden kann. Einem diesbezüglich dezidiert beobachtenden Besucher Merans, Sterzings, Brixens oder anderer Orte Südtirols dürfte der auf vielfältige Weise betriebene und der Weltöffentlichkeit dokumentierte Freiheitskampf der Südtiroler daher auch nicht verborgen bleiben.

Problematisch ist hinsichtlich des Selbstbestimmungsrechts der Südtiroler Artikel 5 der italienischen Verfassung, der die Unteilbarkeit der Republik Italien als unantastbar definiert.[60] Es ist davon auszugehen, dass im Falle von entsprechenden Volksabstimmungen bzw. Gesetzesvorlagen diese vom italienischen Verfassungsgericht als verfassungswidrig eingestuft würden.[61] Bleibt die Frage im Raum stehen, ob ein konfrontativer Weg politisch und gesellschaftlich zielführend und wünschenswert ist. Erfolgversprechender dürfte der Weg der »Besonnenheit und der politischen Kreativität [sein], um die vorhandenen Möglichkeiten voll auszuschöpfen, Möglichkeiten, die demokratiepolitisch abgesichert sind und auf einen langfristig angelegten Verhandlungsweg bauen. Hier stünde Südtirol eine große Palette an demokratischen Instrumenten zur Verfügung, die zwar politische Reaktionen erwarten lassen, aber nicht allzu große Repressionen institutioneller und wirtschaftlicher Natur verursachen würden.«[62] Langfristiges Ziel könnte also eine konsensuale Sezession Südtirols sein.

Abschließend soll nun anhand eines Interviews, das der Autor mit Eva Klotz als eine der zentralen – sowohl im historischen wie im aktuellen politischen Sinne zu verstehenden – Protagonistin der Süd-Tiroler Freiheit geführt hat, die Südtirol-Problematik in authentischer und offen-ehrlicher Form zusammengefasst werden.[63]

Wie beurteilen Sie die aktuelle Lage Südtirols im Hinblick auf Autonomie bzw. Unabhängigkeit der dort lebenden Deutschen?

Um es gleich direkt zu sagen, für die Südtiroler geht es nicht um Autonomie, sondern um die Selbstbestimmung. Rechtlich gesehen ist in unserem Fall alles gegeben, was den Anspruch auf eine Selbstbestimmung ausmacht. Als Ziel sehe ich ganz persönlich die Wiedervereinigung Tirols. Es handelt sich um ein Gebiet eines Volkes mit eigener Kultur und Sprache. Schließlich wurde der Süden ja durch einen ungerechten Geheimvertrag völkerrechtswidrig vom Mutterland Österreich und unseren Brüdern und Schwestern im Norden abgetrennt, ohne dass das Volk darüber hätte abstimmen können.

Das, was heute als Autonomie für Südtirol bezeichnet wird, ist lediglich ein Akt der Dezentralisierung. Der Staat mischt sich dennoch in alles ein. Selbst Kleinigkeiten wie die Anzahl der Betten in Hotels werden vom Staat beschlossen. Deswegen spreche ich hier auch vom »Killerschwert« der Autonomie, da sich diese nach Artikel 4 des Autonomiestatuts an sogenannten »nationalen Interessen« Italiens – übrigens ein sehr dehnbarer Begriff – halten muss. Es gibt zwar eine primäre Gesetzgebung in Südtirol, aber auch hier kann der italienische Staat intervenieren. D. h., Südtirol muss alles in Rom beantragen, seien es Fragen, welche die deutschen Schulen betreffen oder anderes. Rom mischt sich in alles ein. Infolge ständiger Regierungswechsel in Italien kommen Leute an die Macht, die keinerlei Bezug zum Subsidiaritätsprinzip und zum Föderalismus haben. Eine echte Autonomie umfasst Aspekte wie die Steuerhoheit, die Polizeihoheit oder die Verwaltungshoheit, aber faktisch muss bei jeder Kleinigkeit in Rom nachgefragt und von dort alles abgesegnet werden. Das gilt auch für Fragen der Einwanderung nach Südtirol. Unsere ethnischen Anliegen bleiben dabei auf der Strecke. Der heutigen Führungsspitze der Südtiroler Volkspartei (SVP) geht es vor allem darum, wiedergewählt zu werden und die Mehrheit zu halten. Landeshauptmann Kompatscher ist hinsichtlich seiner Haltung zu wesentlichen ethnischen Fragen ein ausgesprochener Schwachmatiker. Er biedert sich bei den Italienern an und versagt in der Volkstumspolitik.

Ist Ihrer Ansicht nach der Autonomiestatus Südtirols durch das 1972 abgeschlossene sogenannte »Südtirol-Paket« angemessen umgesetzt?

Es hätte bereits 1974 voll erfüllt sein müssen. Nehmen wir hier als Beispiel den Proporz, d. h., dass Stellen im öffentlichen Dienst entsprechend dem Anteil der jeweiligen Volksgruppen zu vergeben sind. Das italienische Schulamt hat noch einen Tag, bevor das Proporzprinzip in Kraft getreten ist, eine große Zahl Italiener entgegen den ethnischen Mehrheitsverhältnissen eingestellt. In 50 Prozent der Autonomiezuständigkeit hat seitdem der italienische Staat eingegriffen.

Alfons Benedikter[64], für mich der eigentliche Vater des Autonomiestatuts, war ein weitsichtiger Kopf und unnachgiebiger Verhandler. Er wusste genau, worauf es ankam. Vor ihm hatte Rom einen derartigen Respekt, dass es immer wieder hieß, bitte nicht wieder Benedikter. Eine der Säulen des Autonomiestatuts ist für uns der Gebrauch der deutschen Sprache. Als Süd-Tiroler Freiheit haben wir ein Faltblatt gestaltet, das auf das Recht des Gebrauchs der deutschen Sprache im Alltag verweist. Nicht zuletzt heißt es im Autonomiestatut, dass auf Verlangen der Bürger die staatlichen Einrichtungen deren Muttersprache gebrauchen müssen. Mir ist es z. B. persönlich dreimal passiert, dass mich eine Polizeistreife angehalten hat und mir das verbriefte Recht auf Gebrauch meiner deutschen Muttersprache verweigert wurde. So hapert es an der Umsetzung im Alltag bis heute, obwohl die deutsche Sprache in Südtirol der italienischen gleichgestellt ist. Auch seitens Südtiroler Parteien, so z. B. durch die Grünen, die gemischtsprachige Schulen fordern, gibt es Angriffe gegen das Südtirol-Paket, um es weichzuspülen.

Ich wurde zwischen 1983 bis 2014 insgesamt sieben Mal in den Südtiroler Landtag gewählt und habe mit meinen Freunden von der Süd-Tiroler Freiheit dafür gesorgt, dass das Feuer erhalten blieb, dass unsere Anliegen in der Diskussion bleiben, zumal viele Medien, insbesondere der Staatsfunk, unsere Interessen untergebuttert haben. Ich gehe davon aus, dass die Personen, die noch ein Tiroler Bewusstsein haben, innerhalb der medialen Landschaft leider in der Minderheit sind.

Der im Paket vereinbarte Proporz ist bis heute nicht umgesetzt. Gerade in den hohen übergeordneten staatlichen Institutionen bei Gericht und der Polizei hapert es hier noch deutlich. Das ethnische Verhältnis zwischen

Deutschen und Italienern beträgt dort bis heute 50 zu 50 Prozent. Wir haben zwar formal das Recht, überall im Umgang mit den Behörden unsere Sprache zu gebrauchen, aber im internen Behördengebrauch dominiert das Italienische, sodass es – entgegen dem Proporzprinzip – die Verwaltungssprache darstellt. Um in den öffentlichen Dienst aufgenommen zu werden, ist zudem eine Zweisprachigkeitsprüfung erforderlich. Bei Bewerbern für den öffentlichen Dienst handelt es sich jedoch oft um echte Italiener, die über die sogenannte »deutschen Liste«, also die Posten, die für Deutsche reserviert sind, ihre Stellen bekommen und als »Deutsche« bei den Zweisprachigkeitsprüfungen antreten. Bei Volkszählungen haben sie sich als Deutsche erklärt, um so mittels des Proporzes der deutschen Liste die begehrten Plätze zu erhalten, zumal man wählen kann, in welcher Sprache man die Prüfung absolvieren möchte.

Wir Südtiroler sind aber nicht nur eine Sprachengruppe, sondern vielmehr – gemäß Artikel 1 des UN-Völkerrechtspaktes von 1966 – eine eigene Volksgruppe. Das verdeutlichen – historisch betrachtet – die Willenserklärung aller Südtiroler Bürgermeister aus dem Jahr 1919 und die 1945 durchgeführte große Unterschriftenaktion, die den Willen einer Wiedervereinigung mit Nordtirol und einer Rückkehr nach Österreich deutlich zum Ausdruck brachten. Auch die Ladiner haben sich dafür ausgesprochen.

Ein weiteres Problem in diesem Zusammenhang ist auch, dass in unseren Schulen das Fach Geschichte ziemlich untergeht. Insbesondere die Geschichte Südtirols geht kaum über den Zweiten Weltkrieg hinaus.

Würden Sie mir die zentralen politischen Ziele der »Süd-Tiroler Freiheit« (STF) darstellen und erläutern, wie Sie diese umsetzen bzw. verwirklichen möchten? Wie schätzen Sie diesbezüglich die Rolle der »Südtiroler Volkspartei« (SVP) als quasi staatstragende »Volkspartei« ein?

Erstes Ziel ist die Ausübung des Selbstbestimmungsrechts. Dabei gibt es drei Möglichkeiten: Erstens ob es innerhalb Italiens verbleibt, zweitens ob es mit Nordtirol wiedervereinigt wird und somit an Österreich zurückkehrt oder drittens als eigener souveräner Staat in Europa analog zum Referendum der Katalanen.

Daraus wird abgeleitet, dass wir als Volksgruppe bzw. Volk überleben, bis sich die Möglichkeit für ein Selbstbestimmungsrecht auftut. Das bedeutet eine Stärkung des kulturellen, historischen Bewusstseins. Grundlage dafür ist der Erhalt der deutschen Sprache. Ich gehe davon aus, dass Italien jährlich Umfragen durchführt, um festzustellen, wie die politische Einstellung der Südtiroler ist. Es hat sich das bisher schon so viel kosten lassen, Südtirol im Staatsverband zu halten, dass es auch jetzt sicher keinerlei finanziellen Aufwand scheuen wird, mit Südtirol diesen aus seiner Sicht weißen Fleck zu tilgen. Italien ist bewusst, dass, solange die deutsche Kultur vorherrscht, es eine Abstimmung in Südtirol verlieren wird. Sobald Italien darüber eine gewisse Sicherheit erlangt, dass die Sprachverwendung sich in seinem Sinne entwickeln sollte, würde es eine Abstimmung über den Status von Südtirol einleiten in der Hoffnung, dass diese in seinem Sinne ausfallen wird. Es dürfte dann wesentlich schwieriger sein, eine Mehrheit für eine Südtiroler Unabhängigkeit zu erlangen.

Hinweisen möchte ich an dieser Stelle auf den 1974 gegründeten Südtiroler Heimatbund, eine Vereinigung ehemaliger Südtiroler politischer Häftlinge. Letztere hatten ihre bürgerlichen Rechte verloren, sie durften weder das aktive noch das passive Wahlrecht ausüben, ihre Häuser waren z. T. mit hohen Hypotheken belastet und sie waren mehr oder weniger aus der politischen Gemeinschaft ausgeschlossen. Der Heimatbund unterstützte die politischen Häftlinge in finanzieller Form und legte sein Hauptaugenmerk auf die Selbstbestimmung der Südtiroler, was aber erst ab 1977 in deutlicher Form ausgesprochen werden konnte. Für Italien galt eine solche Haltung als ein »Anschlag auf die Einheit des Staates«.

Unsere bzw. meine Haltung zur »Südtiroler Volkspartei« lässt sich mit der Bezeichnung »Südtiroler Verzichtspartei« auf den Punkt bringen.

Wie beurteilen Sie rückblickend die Aktionen Ihres Vaters Georg Klotz bzw. des Befreiungsausschusses Südtirol (BAS) – dessen Mitglieder Sie ja als Freiheitskämpfer bezeichnen – in den 60er-Jahren? Haben sie sich Ihrer Ansicht nach gelohnt und waren sie in dieser Form gerechtfertigt?

Seine Handlungen waren notwendig und gerechtfertigt, vor allem da sie sich niemals gegen Menschen, sondern nur gegen Objekte bzw. Symbole des Staates richteten. »Wenn wir jetzt nicht lauter werden, hört uns die Welt nicht mehr«, war das Motto der Pusterer Buben, die ihre Handlungen nicht aus Abenteuerlust oder anderen dubiosen Motiven vollzogen, schließlich besaßen sie alle Familie mit vielen kleinen Kindern. Mein Vater wurde im Herbst 1945 aus amerikanischer Kriegsgefangenschaft entlassen. Da waren die früheren Faschisten immer noch als Beamte auf ihren Posten tätig. Sie sind Faschisten geblieben, auch wenn sie sich über Nacht ein demokratisches Mäntelchen umgehängt hatten.

Die massivste italienische Zuwanderung erfolgte nicht, wie meist angenommen, während des Faschismus, sondern zwischen 1945 und 1961 (ab 1961 ging diese zurück). Ein wesentlicher Grund war, dass nach 1945 viele Betriebe und Unternehmen in Südtirol künstlich ins Leben gerufen wurden, die vorher schon geplant waren, denen sich gleichzeitig ein eigenes Wohnviertel für die zuziehenden Italiener anschloss. Die Deutschen besaßen zu dieser Zeit kaum Rechte/Chancen, auf öffentliche Posten zu kommen. Auch aus diesen Gründen wanderte beispielsweise ein Drittel der späteren Volksschulabsolventen aus meiner Klasse bzw. Schule nach Bayern, Baden-Württemberg oder in die Schweiz aus. Für Italien war so etwas natürlich damals ein Vorteil. Es wäre ja nur noch eine Frage der Zeit gewesen, wenn wir Südtiroler in der Minderheit gewesen wären. Rom hätte sich nicht mehr um unsere Autonomie kümmern müssen. All das waren wesentliche Motive für meinen Vater und seine Mitstreiter, den Befreiungsausschuss für Südtirol zu gründen.

Da Italien immer am längeren Hebel saß und alle Mittel und Tricks zur Verfügung hatte, die Südtiroler in ihren Rechten einzuschränken, war mein Vater daher der festen Überzeugung, dass es nicht nur einen großen Schlag wie die Feuernacht vom Juli 1961 brauchte, um die italienische Zuwanderung zu stoppen, sondern langfristige Maßnahmen und Aktionen. Ab September 1961 war die italienische Regierung schließlich dann auch zu Verhandlungen bereit, was vorher nie der Fall war. Italien hatte die Südtirolfrage immer als inneritalienische Angelegenheit betrachtet, die Österreich nichts angehe. So erließ es eine Einreisesperre für österreichische Minister und Landeshauptleute [Ministerpräsidenten].

Nach der Feuernacht, an der mein Vater selbst nicht beteiligt war, wurde er übrigens als Erster verhaftet und fünf Tage und Nächte ohne Essen und Trinken kreuzverhört. Er kannte nur zu gut die Methoden der Italiener, die vor Psychoterror nicht zurückschreckten, und trat die Flucht an.

Insgesamt drei Mitglieder des Befreiungsausschusses Südtirol – und somit Mitstreiter meines Vaters – verstarben an den Folgen der Folter im Gefängnis: der 28-jährige Franz Höfler, Sepp Kerschbaumer und Anton Gostner. Die angewandten Verhörmethoden waren zu 100 Prozent Folter, was ein Armutszeugnis für eine Kulturnation wie Italien war. Das Buch *Die Schändung der Menschenwürde in Südtirol* verdeutlicht diese Ereignisse eindrucksvoll anhand aus dem Gefängnis geschmuggelter Beschreibungen und Darstellungen der Gefangenen. Eine der schlimmsten Foltermethoden war dabei die sogenannte »Cassetta«.

Mich würde auch Ihre Einschätzung der italienischen Staatsgewalt bzw. deren Reaktion auf den Freiheitskampf der Südtiroler interessieren.

Es passiert leider immer noch mehrfach täglich, dass wir Südtiroler Schwierigkeiten mit unserer Sprache in unserer eigenen Heimat haben. Wir sind nach wie vor Demütigungen ohne Ende ausgesetzt. Wir fühlen uns nicht nur diskriminiert, wir sind es. Und das täglich.

Ein weiteres Beispiel im Umgang mit uns seitens des italienischen Staates: Im Rahmen der Sitzung der KSZE in Wien 1986 wurde ein Dokument von Dr. Eduard Stoll verfasst, das von 17 Vertretern Südtirols – unter anderem auch von mir – unterzeichnet war. Eine siebenköpfige Abordnung dieser Gruppe war in Wien mit dem Transparent »Selbstbestimmung für Südtirol« dabei. Die Kernaussage des Dokuments war lediglich, dass die Forderung nach Selbstbestimmung ein Friedenselement darstelle. 1987 wurde daraufhin ein Haftbefehl gegen uns sieben Prostierende wegen Schädigung des Ansehens Italiens im Ausland erlassen. Meine Kollegen wurden teilweise verhaftet bzw. unter Hausarrest gestellt. Ultralinke italienische Gruppen haben daraufhin in Bozen vor dem Siegesdenkmal bzw. vor dem Gerichtsgebäude für uns demonstriert. Das war der letzte aggressive Versuch Italiens, die Selbstbestimmungsbewegung in Südtirol einzuschüchtern. Das ist aber nicht gelungen, weil auch italienische Medien Kritik an dem Vorgehen des Staates geübt und auf die KSZE-Schlussakte verwiesen haben.

Oder: Wir haben einmal ein Plakat mit der italienischen Fahne aufgehängt, kombiniert mit einem Besen als ein »Kehraus«-Symbol und dahinter die Fahne Südtirols. Die italienische Regierung sah darin eine Verunglimpfung staatlicher Symbole und somit als politischen Angriff, begriff aber nicht, dass »Kehraus« ein deutscher Faschingsbrauch ist, den wir auf diesem Plakat dargestellt haben. Die Italiener verstehen solche Bräuche leider nicht. Die Schwierigkeiten sind somit vor allem in der unterschiedlichen Mentalität der Südtiroler und der Italiener begründet.

Noch einmal zurück zur Gegenwart: Ordnen Sie doch bitte die aktuelle Politik der Regierung Meloni bzw. deren Maßnahmen gegenüber Südtirol ein. Gerne auch im Vergleich zur Epoche des Faschismus.

Der erste große Betrug bzw. die erste große Ungerechtigkeit war, Südtirol mit dem Trentino zusammenzulegen, sodass innerhalb dieser autonomen Region die Italiener eine Zweidrittel-Mehrheit bildeten. Auch nach dem Zweiten Weltkrieg war eine ethnische Säuberung in Südtirol angesagt, was für viele faschistische italienische Politiker nach wie vor das Ziel ist. Heute wendet die italienische Regierung allerdings nicht mehr die eben skizzierten drastischen Knüppelmethoden, sondern subtilere Mittel an, um Landesgesetze auszuhebeln und unsere Identität anzugreifen. So gibt es für Italien nach wie vor kein Rütteln an den während der Faschistenzeit umbenannten Ortsnamen. Hier setzt Italien auf einen Gewöhnungseffekt. Bis heute gibt es in Südtirol viele Faschisten. Meloni entsendet in wichtige Kommissionen italienische Ultranationalisten, die sich mit Fragen der Südtiroler Autonomie befassen. Kompatscher als Vorsitzendem der Provinzregierung fehlt bezüglich derartiger Fragen und Probleme jegliches Gespür. Er ist nicht nur zu schwach, sondern auch italophil bis in die Knochen, zudem auch noch ein Spezi von Matteo Renzi, dem ehemaligen Ministerpräsidenten Italiens. In solchen Momenten rächt es sich, dass wir Deutschen eben eher »Kumpeltypen« sind, statt konsequent eigene Interessen zu verfolgen. Ein aktuelles Beispiel: Erst gestern [12. April 2023] stellte die Süd-Tiroler Freiheit im Landtag den Antrag (Begehrensantrag), die faschistischen Dekrete aus den Jahren 1923, 1940 und 1942 bezüglich der Orts-, Flur- und Gewässernamen außer Kraft zu setzen. Leider stimmte die SVP dagegen. Selbst ein italienischer Gefängnisgeistlicher agierte hier nach dem Prinzip »Ich bin zuerst Italiener, dann Christ«.

Wie würden Sie die aktuellen Beziehungen Südtirols zu Deutschland und Österreich charakterisieren? Erfahren die Südtiroler Unterstützung durch Berlin und Wien (beispielsweise durch die FPÖ)?

Franz Josef Strauß hat zu seiner Zeit getan, was er konnte, wie Spendenaktionen oder das Kulturwerk für Südtirol. Zu mehr hatte Deutschland aber auch nicht das Recht.

Österreich hingegen war und ist die völkerrechtlich anerkannte und legitimierte Schutzmacht für Südtirol und hat diesbezüglich zwar auf finanzieller und bildungspolitischer Ebene (Universitäten) unheimlich viel getan, politisch aber versagt mit der Ausnahme von Bruno Kreisky, der sich als Außenminister von 1959 bis 1966 für unsere Anliegen besonders einsetzte.

Italien hat auf den verschiedensten Wegen, z. B. über die Botschafter, einen immensen Druck auf Österreich aufgebaut. So blockierte es auch über Jahre den EG-Beitritt Österreichs. Italien drängte auch darauf, 1992 vor der UNO den Streit um die Südtiroler Autonomie offiziell für beendet zu erklären. Der mehrfache Ministerpräsident Giulio Andreotti bestand darauf, dass es sich in der Südtirolfrage um eine inneritalienische Angelegenheit handele.

In Österreich bemühen wir uns seit jeher um Kontakte zu allen im Parlament vertretenen Parteien, weil Südtirol alle angeht. In letzter Zeit greift vor allem die FPÖ unsere Anliegen auf. Daher haben wir auch die Aktion für die zusätzliche österreichische Staatsbürgerschaft, die 2018 von der damaligen ÖVP-FPÖ-Regierung unter Bundeskanzler Kurz initiiert worden war, durch eine Unterschriftensammlung unterstützt. Insgesamt haben wir damals über 20 000 Unterschriften in Österreich gesammelt und dem österreichischen Parlament übergeben. Wir bzw. das Projekt standen auch kurz vor dem Erfolg, bis die Ibiza-Affäre um Christian Strache zum Ende der ÖVP-FPÖ-Koalition führte. Für uns war dies eine große Enttäuschung, ja ein rabenschwarzer Tag, als das Projekt scheiterte.[65]

In welcher Form und Intensität pflegen Sie und Ihre Partei Kontakte zu anderen Unabhängigkeits- und Freiheitsbewegungen in Europa?

Die Süd-Tiroler Freiheit (STF) ist Mitglied der Europäischen Freien Allianz, der u. a. auch die SNP, die Unabhängigkeitsbewegung der Korsen usw. angehören. Im Südtiroler Landtag verfügt die STF derzeit übrigens über zwei Abgeordnete.

Eine abschließende Frage mit Blick in die Zukunft: Wie schätzen Sie grundsätzlich die Chancen auf das Selbstbestimmungsrecht der Völker und die künftige Rolle und Bedeutung von Nationen bzw. Nationalstaaten ein?

Ich bin überzeugt, dass die Idee des Nationalstaats nicht überleben kann, allein schon aus wirtschaftlichen Gründen sind über kurz oder lang die Nationalstaaten nicht überlebensfähig. Vielmehr zeigen Föderalismus und das Subsidiaritätsprinzip (u. a. am Beispiel der Schweiz), wie es funktionieren kann.

Ziel muss ein Europa der Regionen sein; Regionen, die durchaus auch unterschiedlich sein können. Dies kann aber nur auf Grundlage des Prinzips der Selbstbestimmung geschehen und nur auf freiwilliger und demokratischer Basis entschieden werden.

Die Frage ist leider nur, ob wir als Südtiroler so lange warten können bzw. ob wir dann noch über genügend Substanz verfügen, wenn sich das Regionalprinzip in Europa etablieren sollte. Mit der SVP ist es allerdings sehr schwierig, solche Prozesse anzustoßen. Sie verfügt über eine Mehrheit aufgrund ihrer großen Lobby bei Wirtschaftsverbänden oder dem Bauernbund. Unseren Leuten, also den Mitgliedern und Anhängern der STF, drohen hingegen manchmal Nachteile und deshalb haben sie verständlicherweise oft Angst, sich politisch zu exponieren. Opposition muss man sich leider leisten können.

Wir wollen nicht nur kritisieren, sondern los von Rom. Wir haben es nämlich hinsichtlich unserer Historie, unserer Kunst und Kultur nicht notwendig gehabt, auf Italien zu warten.

2. Spanien: Katalonien und das Baskenland

Ist Spanien eine Nation?[66] Für die konservative Volkspartei »Partido Popular« (PP) stellt(e) sich eine derartige aus ihrer Sicht »anstößige« Frage nicht. In der Realität sieht die Sache dann doch etwas anders aus. Denn in den drei sich als »historische Nationen« definierenden Regionen Katalonien, Baskenland und Galicien existieren seit Jahrzehnten mehr oder weniger starke Autonomie- oder gar Unabhängigkeitsbewegungen.[67] Die Abspaltung eines Autonomiegebietes ist zwar in der spanischen Verfassung ebenso wenig vorgesehen wie ein regionales Selbstbestimmungsrecht[68], dennoch gibt es offiziell für das erstgenannte Ziel zwei Möglichkeiten: ein Referendum im ganzen Land oder eine Verfassungsänderung durch das spanische Parlament.[69] Trotz dieser Hürden ist Spanien gleich in zweifacher Hinsicht von Sezessionsbestrebungen betroffen: Insbesondere in **Katalonien** gab und gibt es eine breite politische und von der Bevölkerung gestützte Unabhängigkeitsbestrebung mit entsprechend großer Bedeutung. »Katalonien ist meine Heimat. Und Katalonien ist nicht Spanien«, betont auch der langjährige Erfolgstrainer u.a. von Bayern München, Pep Guardiola, und unterstützt offen eine Abspaltung Kataloniens von Spanien.[70]

Katalonien ist politisch betrachtet seit 1978 eine von 17 autonomen Gemeinschaften Spaniens und gilt aufgrund seiner historischen und kulturellen Besonderheiten neben dem Baskenland und Galicien als eine der »historischen Autonomen Gemeinschaften«. Kataloniens historische Ursprünge reichen mit der Grafschaft Barcelona bis in das 9. Jahrhundert zurück. So ist es alles andere als verwunderlich, dass der sogenannte »Katalanismus« als katalanischer Nationalismus[71] als kulturelle und politische Strömung die Anerkennung einer politischen, sprachlichen und kulturellen Eigenständigkeit Kataloniens bzw. der Gemeinschaft katalanischsprachiger Länder fordert. Als Ursache[72] für den Katalanismus wird von vielen Katalanen der Verlust der historischen Rechte Kataloniens etwa seit Beginn des 18. Jahrhunderts angesehen. Bereits im 17. Jahrhundert kam es zum Aufstand der Schnitter gegen die habsburgisch-spanische Herrschaft, dessen Erinnerung als Symbol des Widerstands des katalanischen Volkes für den Katalanismus eine bis heute tragende Rolle spielt. Das in diesem Zusammenhang entstandene sogenannte Schnitterlied ist seit 1931 auf Beschluss der Generalitat, d.h. der Selbstverwaltung der autonomen Region Katalonien, die offizielle Nationalhymne Kataloniens. Es stellt einen eindringlichen Appell an alle Katalanen dar, ihr Land, ihr Volk und ihre Werte zu verteidigen. Davon konnte sich der Autor während seines Besuchs der Olympischen Sommerspiele 1992 in Barcelona selbst ein eindrucksvolles

Karte 14 Spanien und die nach Unabhängigkeit strebenden Regionen Katalonien im Nordosten und Baskenland im Norden

Bild machen. Im Rahmen eines unter englischen, US-amerikanischen, rumänischen, angolanischen und deutschen Sportfans spontan ausgetragenen »Gesangswettbewerbs« der jeweiligen Nationalhymnen weigerten sich die einheimischen Besucher »Espana, Espana«, die spanische Hymne, zu singen. Erst nach dem Rufen »Katalonia, Katalonia« sang die Menge daraufhin voller Inbrunst das Schnitterlied.

Im Spanischen Erbfolgekrieg (1700–1713), in dem es um die Thronfolge nach dem Tod des kinderlos gebliebenen Karl II. ging, unterstützten die meisten Katalanen den Habsburger Thronprätendenten Erzherzog Karl, allerdings vergeblich, gegen den Bourbonen Philipp von Anjou. Letzterer ging als Sieger hervor und verbot nach der Eroberung Barcelonas am 11. September 1714 – ein im Katalanismus zum nationalen Trauma erhobenes Datum – die meisten Institutionen und Sonderrechte in Katalonien und schaffte dessen eigenständige Ständeversammlung ab.

Während der sich im 19. Jahrhundert verschärfenden und in den Karlistenkriegen[73] ausbrechenden Gegensätze zwischen zentralistischen Modernisierungsbestrebungen und die spanische Monarchie stützenden liberalen Kräfte auf der einen und der eher konservativen Volksbewegung des Carlismus, der neben einem militant-katholischen Antiliberalismus auch die Wahrung der nationalen Eigenarten und historischen Rechte der spanischen Völker verteidigen wollte, auf der anderen Seite erhielt die katalanische Nationalbewegung in Form der romantisch geprägten Bewegung der Renaixença, (katalanisch für »Wiedergeburt« bzw. auch »Katalanische Renaissance«), die sich philologisch, historisch und national am katalanischen Mittelalter orientierte und eine Wiederbelebung der katalanischen Sprache und Literatur vornahm, neuen Auftrieb. Sie wird heute als frühe Ausprägung des Katalanismus angesehen.

Zur politischen Bewegung wurde der Katalanismus dann spätestens 1882, als mit den »Grundsätzen von Manresa«, einem wichtigen Dokument der katalanischen Autonomiegeschichte, die Wiedereinsetzung der althergebrachten »Constitucions de Catalunya« gefordert wurde, einer von der katalanischen Ständeversammlung bestätigten Gesetzessammlung, die Katalonien von 1283 bis 1714 ein hohes Maß an Selbstbestimmung gesichert hatte. Die Unterdrückung der katalanischen Sprache, Kultur und Institutionen erreichte im 20. Jahrhundert mit der Diktatur von Primo de Rivera in den 1920er-Jahren und dann besonders nach dem Sieg Francos im Spanischen Bürgerkrieg ihren Höhepunkt. Dieser setzte als glühender spanischer Nationalist die schon seit Jahrhunderten von den Militärs vertretene »Ein-Spanien-Politik« um, welche den Regionen nicht einmal die geringste Autonomie in politischer, kultureller oder sprachlicher Hinsicht gewährte, weil darin eine Gefahr für die Einheit Spaniens gesehen wurde.

Der moderne Katalanismus versteht sich deshalb auch als Gegenbewegung zur von Franco vertretenen Doktrin eines zentralistischen spanischen Einheitsstaats. Der Katalanismus betrachtet Katalonien bis heute als Nation und fordert für die Katalanen das Selbstbestimmungsrecht der Völker. Das spanische Parlament räumte Katalonien am 30. März 2006 weitgehende Vollmachten in der Steuergesetzgebung und im Justizwesen ein und erkannte Katalonien als »Nation« an.[74]

Unterschiede innerhalb des Katalanismus betreffen allerdings den Grad einer angestrebten Wiedererlangung historischer Rechte bzw. einer Umsetzung darüber hinausgehender Ziele. Manche Vertreter plädieren nur für eine Ausweitung der Selbstverwaltung im Rahmen des bestehenden Autonomiestatuts im Sinne eines zunehmenden Föderalismus Spaniens, andere Vertreter hingegen streben die vollständige Unabhängigkeit des katalanischen Volkes in einer eigenen Republik an.[75] 2008 äußerte der damalige stellvertretende katalonische Ministerpräsident Carod-Rovira in einem Interview mit der *FAZ*, dass Katalonien einen eigenen Staat benötige, da

Karte 15 Die Autonome Gemeinschaft Katalonien

es schon seit dem Mittelalter eine Nation verkörpere. Ein multinationales Spanien sei nicht lebensfähig. Allerdings strebe er bei der Umsetzung seiner Ziele friedliche und demokratische Mittel an – im Gegensatz zu Krieg und Gewalt im Kosovo.[76] Nach der Wirtschaftskrise 2009/10 wurden derartige Forderungen in verstärktem Maße geäußert, u. a. vom damaligen Präsidenten des Weltklassevereins FC Barcelona, Joan Laporta, der sich am katalanischen Nationalfeiertag ausdrücklich für einen eigenen Staat aussprach.[77] Die konservative Volkspartei (PP) klagte wiederum gegen den Autonomiestatus Kataloniens.[78] Im Jahr 2010 entschied das spanische Verfassungsgericht, die Beschreibung Kataloniens als »Nation« habe keine »Gesetzeskraft«, eine Bevorzugung des Katalanischen in Kommunalverwaltungen sei nicht zulässig. Diese Gerichtsentscheidung führte im Juli 2010 zu Massenkundgebungen in Barcelona. Demonstrationen mit bis zu 1,5 Millionen

Menschen zwangen die katalanischen Parteien im Herbst 2012 zu einer Parlamentsresolution zugunsten des Selbstbestimmungsrechts. Nicht nur von weit über der Hälfte der Katalanen wurde schon damals dieser Schritt unterstützt, sondern auch seitens der Wirtschaft. Laut einer Umfrage 2012 sprachen sich rund 67 Prozent der kleinen und mittleren Unternehmen für einen unabhängigen Staat aus und selbst die Großindustrie war diesbezüglich nicht abgeneigt. »Die Strategie der Zentralregierung passt nicht zu den katalanischen Bedürfnissen«, erklärte damals beispielsweise Carles Sumarroca, Chef des multinationalen Baukonzerns Comsa Emte und Vorsitzender des Wirtschaftsverbands.[79] Ein Pharmaunternehmer wurde noch deutlicher, indem er betonte: »In einem unabhängigen Staat ginge es uns besser.«[80] So sehr allerdings der Wunsch nach einem eigenen unabhängigen Staat auch artikuliert wurde, galt und gilt parallel der Grundsatz eines Verbleibs in der EU. Auf dieser Grundlage wurde 2014 versucht, ein Referendum ähnlich wie in Schottland durchzuführen, was jedoch von der spanischen Regierung verboten wurde. Bei der Regionalwahl im September 2015 gewann dann eine Koalition aus linken und rechten Nationalisten die absolute Mehrheit, die sich im November 2015 dafür aussprach, die Unabhängigkeit von Spanien anzustreben. So rief zum Schluss ihrer Antrittsrede die katalanische Parlamentspräsidentin Carmen Forcadell aus: »Es lebe die katalanische Republik.«[81]

Am 1. Oktober 2017[82] fand schließlich in Katalonien ein zwar umstrittenes, aber dennoch demokratisch durchgeführtes Unabhängigkeitsreferendum statt, bei dem nach katalanischen Angaben rund 90 Prozent der Wähler für eine Unabhängigkeit stimmten (dies allerdings bei einer Wahlbeteiligung von nur 42,3 Prozent). Es folgte die sogenannte »Katalonien-Krise«, als am 27. Oktober 2017 das katalanische Parlament für die einseitige Unabhängigkeitserklärung Kataloniens stimmte, die von der internationalen Staatengemeinschaft allerdings nicht anerkannt wurde. Auch die spanische Regierung erklärte diesen Akt als nicht rechtskräftig und setzte die Regionalregierung unter Carles Puigdemont und das Parlament ab. Die Eigenverwaltung der Region Katalonien wurde ausgesetzt, sodass Katalonien anschließend unter Zwangsverwaltung aus Madrid stand. Puigdemont und weitere Separatisten wurden für ihre Rolle bei der Organisation des Referendums angeklagt, woraufhin dieser und vier seiner Minister ins Ausland flohen und sich bis heute im Exil in Brüssel befinden.[83]

Aus den Neuwahlen zum Regionalparlament vom 21. Dezember 2017[84] gingen die Unabhängigkeitsbefürworter wieder als Sieger hervor. Die Regierungsbildung zog sich hin, da die Spitzenkandidaten sich entweder in Untersuchungshaft befanden oder im Exil weilten. Am 14. Mai 2018 hat das

Abb. 16 Die Unabhängigkeitsflagge findet sich auf Schritt und Tritt in Barcelona, aber auch in vielen Städten in den Regionen Katalonien und Aragonien.

katalanische Regionalparlament Quim Torra zum Regionalpräsidenten gewählt, der nach Neuwahlen 2022 von Pere Aragonès abgelöst wurde. Seine Regierung aus einer Koalition der beiden großen Unabhängigkeitsparteien – seiner Republikanischen Linken Kataloniens (ERC) und Gemeinsam für Katalonien (JxCat) – kämpft weiterhin für ein unabhängiges Katalonien und die Amnestie für alle, die wegen der Durchführung des Unabhängigkeitsreferendums im Oktober 2017 juristisch verfolgt werden. Die Katalonien-Krise schwelt also weiter und bestimmt dementsprechend auch das politische Geschehen in Spanien.

Das **Baskenland**[85] ist seit 1979 eine Autonome Gemeinschaft in Spanien, die aus den drei Provinzen Gipuzkoa, Biskaya und Álava besteht. Sie ist damit nicht identisch mit dem Baskenland im kulturellen Sinne, zu dem auch das französische Baskenland und die vor allem in ihrem Nordwesten baskisch geprägte spanische »Autonome Region Navarra« zählen. Trotz des Autonomiestatuts existiert in der Autonomen Gemeinschaft Baskenland eine aktive Unabhängigkeitsbewegung. Mehrere baskische Parteien und die terroristische Untergrundorganisation ETA traten bzw. treten für die Unabhängigkeit eines vereinten Baskenlandes unter Einschluss Navarras und der baskischen historischen Territorien in Frankreich ein.

Die Basken sind eine der ältesten Volksgruppen Europas mit einer einzigartigen Kultur und Geschichte sowie einer Sprache, die sich als nichtindogermanische Sprache erheblich von allen anderen Sprachen Europas unterscheidet.

Zwischen dem 10. und 16. Jahrhundert existierte bereits das Königreich Navarra, das sämtliche heutige baskischen Provinzen sowie die heutige gleichnamige autonome Region umfasste. Es verkörpert für die militanten baskischen Nationalisten nach wie vor die territorialen Umrisse für einen unabhängigen baskischen Staat. Einen ersten Schub erhielt der baskische Nationalismus mit dem Aufkommen der Industrialisierung. Im Baskenland – bis dahin überwiegend agrarisch geprägt – entstand nun aufgrund des Vorkommens von Steinkohle und Eisenerz eine Schwerindustrie, die zu einer verstärkten Zuwanderung nichtbaskischer Menschen aus anderen Teilen Spaniens führte.

Wie schon im Falle Kataloniens ist auch beim Baskenland der Grund für die Eskalation des Konflikts mit dem spanischen Zentralstaat im spanischen Bürgerkrieg zu verorten. Analog zum Katalanischen wurde auch die Bekämpfung des Baskischen rücksichtslos betrieben. So wurde den Basken der Gebrauch ihrer Sprache verboten und ihnen u. a. ein Aufstieg in hohe öffentliche Ämter verwehrt.

Die schon 1895 gegründete nationalistische »Eusko Alderdi Jeltzalea – Partido Nacionalista Vasco« (EAJ-PNV, »Baskische Nationalistische Partei«) schürte nach ihrer Entstehung zwar zunächst die Vorbehalte gegenüber den Zuwanderern, trat aber in erster Linie für einen unabhängigen baskischen Staat ein. Hierzu beruft sie sich bis heute auf das Selbstbestimmungsrecht der Völker und will eine Volksabstimmung durchführen, in der die Bevölkerung des Baskenlandes frei über ihre politische Zukunft entscheiden kann. Seit 1979 ist die EAJ-PNV die stärkste politische Kraft in der Autonomen Gemeinschaft Baskenland und stellte dort bis zum Regierungswechsel 2009 ebenfalls durchgehend den Regierungschef, zuletzt war dies Juan José Ibarretxe.

Allerdings gewährt das Autonomiestatut dem Baskenland so weitreichende Rechte wie kaum einer anderen spanischen Provinz.[86] So wird Baskisch an den Schulen unterrichtet, das Baskenland besitzt seine eigene Polizei und darf sogar selbst seine Steuern erheben. Dadurch kam es, wie schon an anderer Stelle erwähnt, zum endgültigen Bruch zwischen den radikalen Vertretern der ETA und der Bevölkerung. Die verbliebene ETA beschränkte sich auf einen harten Kern von Radikalen und tauchte bis zu ihrer Selbstauflösung in den Untergrund ab.

Unabhängig davon schlug der langjährige baskische Regierungschef Ibarretxe in einem nach ihm benannten Plan[87] vor, das Autonomiestatut von 1979 zu reformieren, um mehr Unabhängigkeit zu erlangen und letzt-

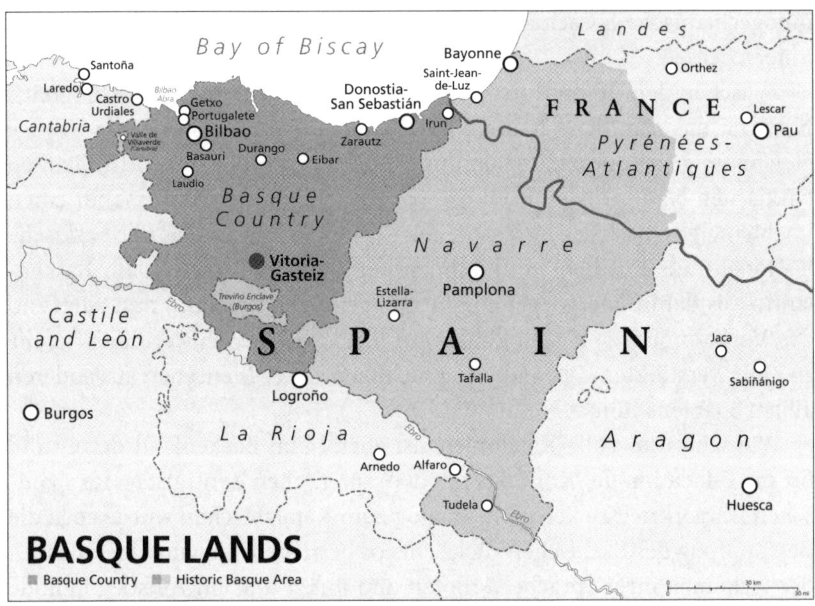

Karte 16 Das Baskenland, bestehend aus der gleichnamigen Autonomen Gemeinschaft, der Autonomen Gemeinschaft Navarra und dem französischen Baskenland

endlich souverän zu werden. Der Plan sah ein neues Autonomiestatut vor, das auf drei Säulen basieren sollte: Das baskische Volk ist als ein europäisches Volk mit eigener Identität anzuerkennen, es besitze das Recht, seine Zukunft selbst zu entscheiden im Sinne des Rechts auf Selbstbestimmung, und die Entscheidungen der Bürger jeder Region des Baskenlandes (Autonome Gemeinschaft Baskenland, Navarra, französisches Baskenland) sollen von den anderen Völkern Europas akzeptiert werden.

Darüber hinaus wurden eine Reihe von Reformen angestrebt, wie u. a. eine autonome Gerichtsbarkeit, eine direkte Repräsentation des Baskenlandes in der EU, die Anerkennung der baskischen Bürgerschaft und Nationalität aller Einwohner dieser Gemeinschaft, damit diese die doppelte, also die spanische und die baskische Staatsbürgerschaft erlangen können, offizielle baskische Sportauswahlen und die ausschließliche Kompetenz in der öffentlichen Verwaltung, Bildung, Kultur, Sport, Sprachpolitik, Finanzen, Wohnungsbau, Umwelt, Infrastruktur, Transport, öffentlichen Sicherheit, Arbeit und Sozialversicherung.

Dieser Plan hätte also die bestehenden Autonomierechte des Baskenlandes nochmals umfassend ausgeweitet und so zu einer weitgehenden

Unabhängigkeit des Baskenlandes in Form einer De facto-Konföderation mit Spanien geführt. Nachdem das Vorhaben von Ibarretxe am 25. Oktober 2003 im baskischen Parlament vorgestellt und von diesem am 30. Dezember 2004 mit der absoluten Mehrheit von 39 zu 35 Stimmen angenommen worden war, verbunden mit der Entscheidung, ihn an das spanische Parlament weiterzuleiten, wurde er dort jedoch am 1. Februar 2005 mit einer überwältigenden Mehrheit von 313 Nein-Stimmen zu 29 Ja-Stimmen bei 2 Enthaltungen abgelehnt. Auch drei Jahre später lehnte das spanische Verfassungsgericht einen erneuten Anlauf von Ibarretxe ab. Seine beabsichtigte Volksbefragung über ein Selbstbestimmungsrecht wurde für verfassungswidrig erklärt.[88]

Bis heute muss sich also das Baskenland mit seinem seit 1979 bestehenden Autonomiestatus zufriedengeben, wobei der seit 2011 herrschende Frieden im eigenen Land von den Basken ebenso geschätzt wird wie ihre in den letzten Jahren gewonnene Eigenständigkeit innerhalb Spaniens.

Ein von der Zeitschrift *Wir selbst* geführtes Interview[89] mit der baskischen Politikerin Mireia Zarate Agirre veranschaulicht in differenzierter und ausführlicher Form die derzeitige Lage und Positionierung der baskischen Nationalbewegung und sei von daher an dieser Stelle abschließend in gekürzter Form zitiert. Frau Agirre ist die Vorsitzende der Sabino Arana-Stiftung, deren Hauptaufgabe ist, das Wissen um die baskische Geschichte, Kultur und Identität zu bewahren, um der baskischen Nation zu Selbstbehauptung und Selbstverwaltung zu verhelfen. Zuvor saß sie als Mitglied der EAJ-PNV, der Baskischen Nationalistischen Partei, die seit 1979 die stärkste politische Kraft im spanischen Teil des Baskenlandes ist, im baskischen Parlament. Die EAJ-PNV setzt sich seitdem für eine stark ausgeweitete Autonomie des Baskenlandes ein, teils sogar für eine völlige Unabhängigkeit von Spanien.

[…] **Was bedeutet Nationalismus für Sie?**

Der moderne baskische Nationalismus wurde – obwohl es bereits lange zuvor schon Hinweise auf die baskische Nation als ein Volk mit nationalen Merkmalen gab – Ende des 19. Jahrhunderts geboren. In der zweiten Hälfte dieses Jahrhunderts verband sich der Nationalismus mit der Idee der Freiheit, mit der Freiheit der Völker, die großen Imperien unterworfen waren, welche ihre nationalen Einzigartigkeiten unterdrückten. Diese Idee eines Befreiungsnationalismus entstand in der Hochphase der Romantik im 19. Jahrhundert, in der sowohl das Bewusstsein von Individualität als auch Nationalgefühle verstärkt aufkamen. Später wurden diese Ideen missbraucht, weil viele im Namen des Nationalismus Gobineaus Theorie von der Hierarchie der Rassen aufgriffen, welche manche Intellektuelle in ihrem Denken beeinflusste und letztlich von Hitler in die Tat umgesetzt wurde. […] Zudem sorgt der Begriff des Nationalismus im heutigen Europa für einige Verwirrung, denn der baskische Nationalismus ist von Grund auf pro-europäisch und damit der Gegensatz zu äußerst rechten Positionen in Europa, die sich ebenfalls Nationalisten nennen. Folglich gibt es einen Nationalismus, der die eigene Identität verteidigt, der inklusiv, offen und kosmopolitisch ist und einen Gegensatz zu der anderen Vorstellung von Nationalismus darstellt, einem geschlossenen, exklusiven und fremdenfeindlichen Nationalismus. Die Vorstellung von Nationalismus hat sich also […] verändert und birgt viele verschiedene Interpretationen, abhängig von den historischen und kulturellen Gegebenheiten, in denen der Begriff entstand und sich wandelte. In diesem Sinne ähnelt der baskische Nationalismus am ehesten dem Konzept des Patriotismus, der in Amerika und auch in großen Teilen Europas existiert. Das Eigene zu lieben bedeutet nicht, das Fremde abzuwerten.

[…] **Wer ist das baskische Volk? Was macht euch einzigartig, was bildet eure Identität als Nation oder Volk?**

Wir sind ein Volk, das zwischen dem französischen und spanischen Staat beheimatet ist, ein Volk, das objektiv betrachtet alle Bedingungen für seine Definition als Nation erfüllt: Wir sind eine Gruppe von Personen, die die gleiche Geschichte, Sprache, das gleiche Gebiet, die Kultur und ethnische Abstammung teilen und die sich ihrer nationalen Zusammengehörigkeit bewusst sind.

Als Nation entsprechen unsere Ursprünge und unser Wesen eher der deutschen Vorstellung einer natürlichen und kulturellen Nation aus dem 18. und 19. Jahrhundert. Wilhelm von Humboldt unterstreicht in seinen Schriften zu den Basken, die er nach seinem Besuch und seinen Untersuchungen in unserem Land 1801 herausbrachte, die auffälligen Merkmale der Basken auf beiden Seiten der Grenze und kommt zu dem Schluss: »Nie ist mir ein Volk vorgekommen, das einen so echt nationalen Charakter, eine sich schon auf den ersten Anblick so originell ankündigende Physiognomie behalten hat.« Auf der anderen Seite ist das baskische Volk heutzutage ein sehr vielseitiges Volk mit sehr unterschiedlichen Empfindungen zur nationalen Zugehörigkeit unter seinen Angehörigen. In diesem Sinne müssen wir auch den mächtigen Einfluss von Spanien und Frankreich berücksichtigen, wenn es um unsere kollektive Identität geht. […] Daher erachten wir Basken es für wichtig, die – uns bislang verweigerte – Möglichkeit zu haben, unseren kollektiven Willen, über unsere eigene Zukunft zu entscheiden, frei auszudrücken.

Die Geschichte der Basken ist auch geprägt von Gewalt und Unterdrückung. Wie ist heutzutage in Spanien das Verhältnis zwischen der baskischen und der spanischen Bevölkerung?

Zum Glück ist die politisch motivierte, terroristische Gewalt inzwischen aus dem Baskenland verschwunden. Hass und Misstrauen gehen zurück und wir haben eine neue Stufe einer friedlichen Umgebung erreicht, in der sich auch die Beziehungen zwischen den Basken untereinander verbessert haben. Wie in anderen Ländern wird es auch hier immer eine radikale Minderheit geben, die das demokratische System bekämpft. In unserem Bestreben nach mehr Selbstverwaltung und dem Wunsch der spanischen Regierung, so viel politische Macht wie möglich zu bewahren, auch im Kontext der Errichtung eines souveränen Europas, wird es aber immer demokratische Dispute geben.

[Wir] sahen [...] unter anderem auch Graffiti-Sprüche, die Amnestie für die ETA-Aktivisten fordern. Wie ist die aktuelle Politik der führenden baskischen Partei EAJ-PNV hinsichtlich dieses heiklen Themas und wie wird sich der Umgang mit ihnen in den nächsten Jahren entwickeln?

Die Position der EAJ-PNV ist geleitet von der Achtung der Menschenrechte aller und von den Prinzipien Wahrheit, Gerechtigkeit und Wiedergutmachung. Im Hinblick auf die ETA-Gefängnisinsassen bedeutet dies, dass die EAJ-PNV den Insassen Anwälte stellt, die sich bemühen, sie näher an oder in baskische Gefängnisse zu verlagern, damit sie näher bei ihren Familien sein können, vor allem um die Familien der Insassen nicht mitzubestrafen. ETA-Aktivisten und ihre politische Entourage werden aufgefordert, mehr Empathie und Zeichen des Mitgefühls mit den Opfern und ihren Familien zu zeigen und zu erkennen, welchen enormen und irreversiblen Schaden sie ihnen zugefügt haben. Wichtig ist, dass wir alle – auch der spanische Staat, der diesen schmutzigen Krieg auf kriminelle Weise für seine Zwecke missbraucht hat – mutige Schritte in Richtung einer Versöhnung gehen.

Die Basken in Spanien haben sich bereits eine beachtliche Autonomie erkämpft. Wie ist die Situation andererseits bei den Basken in Frankreich?

Die Situation und der institutionelle Schutz der Basken in Frankreich sind sehr fragil, was insbesondere am tief verwurzelten französischen Zentralismus liegt. Dennoch gibt es dort – zum ersten Mal in der modernen Geschichte – seit 2017 eine Institution, zur Zeit noch mit wenigen Befugnissen ausgestattet, die die Basken des Nordens zusammenbringt. Im Zusammenhang mit der globalen Tendenz des Erwachens der Identitäten ergreift die Minderheit der Basken im französischen Staat nun vielfältige öffentliche Initiativen, um ihr baskisches Nationalbewusstsein zu nähren und ihre eigene Identität zu bewahren.

Gibt es auch gemeinsame Ziele oder Projekte von den Basken in Spanien und denen in Frankreich, um ein Bewusstsein für ihre gemeinsame ethnische Identität zu schaffen?

Die kontinentalen und halbinsularen Basken, die zuvor mehrere Jahrhunderte mit dem Rücken zueinander gelebt haben, haben nun in einem Europa ohne Grenzkontrollen ihre Beziehungen wieder verstärkt. Es gibt zahlreiche gemeinsame multidisziplinäre Projekte, die bereits dazu beigetragen haben, die Zusammenarbeit zwischen diesen beiden Realitäten desselben Volkes zu verstärken. Diese Kooperation hat auch das Zusammengehörigkeitsgefühl der baskischen Nation insgesamt verstärkt. In Zukunft werden wir uns für eine Konföderation der baskischen Gebiete einsetzen, die auf dem Respekt für die Bedürfnisse jeder der Provinzen, Regionen und Gemeinschaften basiert, die dieses Land bilden.

Welche Ziele verfolgt Ihre Partei für die Basken in Spanien? Mehr Autonomie? Oder sogar eines Tages eine Volksabstimmung für einen eigenen souveränen Staat? Welches sind Ihre realistischen Hoffnungen für die Zukunft?

Uns ist es wichtig, im Rahmen der intrinsischen Vielfalt unseres Volkes das Nationalbewusstsein unserer Mitbürger zu bewahren und zu stärken. Zu diesem Zweck ist es essenziell wichtig, eigene Institutionen zu haben mit einer mächtigen Selbstverwaltung, die die Bürger schützt und die Identitätsmerkmale herausstellt, die unser Volk ausmachen. Wir sehen die Zukunft unseres Volkes eingebettet in ein föderales Europa, das respektvoll mit den Völkern umgeht, aus denen es besteht, in einer Föderation, in der unser Land zum politischen Subjekt wird, das den anderen Nationen des Kontinents gleichgestellt ist.

Basken, Katalanen, Flamen, Sorben, Schotten – allein in Europa gibt es allerhand Völker ohne einen eigenen Staat, teils sogar ohne Autonomierechte. Wie lautet Ihre Hoffnung und Vorstellung für diese Völker?

Diese Völker und kulturellen Gemeinschaften haben Europa seit Anbeginn der Geschichte geformt und ihren Beitrag zur europäischen Seele geleistet. Ich glaube, dass die Sorben als nationale und kulturelle Minderheit bezeichnet werden können, die von einer Reihe von Rechten darin unterstützt wird, ihre kulturelle Identität zu entwickeln und zu stärken, um ihr Verschwinden zu verhindern. Die Flamen, die Katalanen … sie sind weder künstliche Gebilde noch bloße rechtlich-politische Strukturen, die nach bewaffneten Konflikten entstanden sind. Sie sind alte, natürliche, genuine und vielfältige Nationen, die für ihr Überleben in einer globalisierten Welt kämpfen, die versucht, alles zu homogenisieren. Im derzeitigen Europa der Staaten betrachten viele der genannten Völker es als die richtige Vorgehensweise, die Basis ihrer nationalen Existenz zu bewahren, indem sie zu einem Nationalstaat werden.

Da unsere Zeitschrift *Wir selbst* ein besonderes Augenmerk auf ethnische Minderheiten und volkliche Identität legt, wird uns oft entgegengehalten, das Volk sei nur ein soziales Konstrukt, ja sogar ein veraltetes Konstrukt ohne jegliche Relevanz für die heutige Politik. Was würden Sie jemandem entgegnen, der so argumentiert?

[…] In einer Welt, die proklamiert, wie wichtig die Bewahrung der Diversität in allen Ökosystemen ist, ist es doch ebenso wichtig, sich auch die Wirklichkeit der kulturellen Gemeinschaften bewusst zu machen, die schließlich auch die Vielfalt und den Reichtum unseres Kontinents ausmachen. Es handelt sich hier um intime, zutiefst persönliche Angelegenheiten wie die Sprache, die direkt verknüpft sind mit dem Individuum und seinen Rechten. Angehörige eines Volkes würden in ihrer Gemeinschaft nicht als Teil derselben erkannt werden, wenn diese kulturellen Errungenschaften, die sie von Kindesbeinen an begleiten, verschwänden. Das sind hochaktuelle Themen, denn eine der Reaktionen auf eine Globalisierung mit uniformierenden Tendenzen, die die Souveränität der Staaten zu untergraben versucht, ist ein Erwachen der ethnischen Identitäten. Identitäten, die zuvor von den Imperien und Nationalstaaten unterdrückt und versteckt wurden, die die Vielfalt der menschlichen Kulturen und Kenntnisse zu einer einzigen dominanten Kultur zu vereinheitlichen trachten.

3. Frankreich: Korsika[90]

Auch auf Korsika fordern Nationalisten eine größere Autonomie für die Insel, z. T. auch deren staatliche Unabhängigkeit von Frankreich. Im Zuge dessen gab es immer wieder terroristische Anschläge durch Separatisten. So las man beinahe regelmäßig in Zeitungen Nachrichten wie diese: »Bombenanschlag auf Korsika«, »Hilfsplan soll Korsen beschwichtigen«, »Korsen bieten Frieden an«, »Waffenruhe beendet«, »Präfekt auf Korsika ermordet« usw. Welches sind die Hintergründe?

Im Laufe der Geschichte wurde Korsika immer wieder von fremden Völkern bzw. Staaten erobert, so u.a. von Römern, Pisanern, Genuesen und Franzosen. Diese beuteten die Insel aus und verfolgten lediglich ihre eigenen Interessen.[91] Im Jahr 1077 fiel die Insel an das Bistum von Pisa. 1284 schlug die Republik Genua Pisa und erhielt als Kriegsbeute Korsika. Nach zahlreichen weiteren Konflikten und kriegerischen Auseinandersetzungen um die Insel, auf die hier im Detail nicht eingegangen werden kann, fiel nach einem weiteren Waffenstillstand 1556 die Insel mit Ausnahme von Bastia an die Franzosen. Drei Jahre später allerdings wurde Korsika im Frieden von Cateau-Cambrésis wieder der Banco di San Giorgio, einem 1407 gegründeten Finanzinstitut der Seerepublik Genua, zugesprochen, die es umgehend wieder unter ihre politische Hoheit stellte. Die Korsen wurden weiter unterdrückt und ausgenutzt, wodurch der Ruf nach Souveränität lauter wurde und immer mehr Widerstand aufkeimte. 1729 erhoben sie sich gegen die genuesische Herrschaft aufgrund einer neu eingeführten Herdsteuer. Schließlich entschied Genua, Frankreich um Hilfe zu ersuchen, und im Juli 1737 wurde ein Vertrag unterzeichnet, mit dem der französische König sich verpflichtete, Ordnung unter den Korsen herzustellen. Im Frieden von Aachen 1748 wurde Korsika dann erneut Genua zugesprochen, aber die französische Garnison blieb vor Ort. Die Existenz einer kurzlebigen korsischen Republik von 1758 bis 1769 hing dann einzig und allein von der Haltung Frankreichs ab. Eine 1764 auf der Insel gelandete französische Expedition besetzte mit Einverständnis Genuas drei der Genueser Festungen. Genua wurde allmählich klar, dass es in den langwierigen Auseinandersetzungen den Kürzeren gezogen hatte, und unterzeichnete am 15. Mai 1768 einen Vertrag, mit dem es die französische Oberhoheit über die Insel anerkannte. Die Korsen, zur Unabhängigkeit entschlossen, standen nun einem gewaltigeren Feind als der altersschwachen Republik Genua gegenüber. Trotz aller Tapferkeit unterlagen sie letztlich 1769 den zahlmäßig überlegenen Franzosen, sodass Korsika von Frankreich besetzt und nach der Französischen Revolution ein französisches Département wurde. Da in Frankreich als zentralistischer Staat die wesentlichen Entscheidungen in Paris getroffen werden, führt(e) dies immer wieder zu Unverständnis bei großen Teilen der einheimischen Bevölkerung der ärmsten Region Frankreichs.

Die Spannungen verschärften sich dann deutlich ab 1962, als sich 16 000 Algerienfranzosen auf Korsika niederließen, die finanziell und in Form von Land von der 1957 gegründeten SOMIVAC (Gesellschaft für die agrikulturelle Entwicklung Korsikas) unterstützt wurden; Privilegien, die den Korsen vorenthalten wurden und die sich daher nicht gänzlich zu Unrecht von Paris betrogen fühlten. 1967 wurde die »Action pour la Renaissance de la Corse« (ARC = Aktion für die Wiedergeburt Korsikas) gegründet, die allerdings nach einer bewaffneten Auseinandersetzung mit der Polizei 1975 verboten wurde. Sie forderte von Paris, wie auch die 1968 ins Leben gerufene »Front Régionaliste Corse« (FRC), über die politische, ökonomische und ökologische Entwicklung Korsikas selbst bestimmen zu können. Seither ist der Nationalismus auf Korsika nicht mehr zu ignorieren, wobei die Autonomisten dabei allerdings verschiedene Ziele verfolgen.

Grundsätzlich fordern sie von Paris mehr Autonomie, um Fragen und Probleme, die nur Korsika betreffen, im Sinne des Subsidiaritätsprinzips vor Ort selbst lösen zu können. Weiterhin treten sie für die Bewahrung ihrer eigenständigen Kultur ein und möchten diese auch in das Bildungs- und Erziehungssystem integrieren. Zu guter Letzt setzen sie sich für den Schutz ihrer Heimat ein und möchten eine »Balearisierung«, also eine Zubetonierung der korsischen Küste, verhindern.

Um ihren Zielen Nachdruck zu verleihen, legten die radikalen Vertreter einer Autonomiebewegung immer wieder Sprengsätze[92], die sich in erster Linie gegen SOMIVAC-Projekte und zunehmend auch gegen touristische Anlagen von Festlandfranzosen richteten. Für die meisten Anschläge war die FLNC, die »Frontu di Liberazione Naziunale Corsu« (französisch: »Front de Libération Nationale de la Corse« = Korsische Nationale Befreiungsfront) verantwortlich.[93] In den 1970er- und 1980er-Jahren nahm die Zahl der Anschläge, die insbesondere durch die sogenannte »Revolutionssteuer«, quasi eine mafiöse Schutzgelderpressung, finanziert wurden, immer mehr zu. Waren es 1974 noch deren 40, stiegen sie 1976 auf 400 und 1982 auf 800. Ziele waren vor allem die Villen wohlhabender Franzosen und Ferienhäuser. 1983, nach 146 Attentaten allein gegen touristische Einrichtungen von Festlandfranzosen, wurde die FLNC zwar offiziell verboten, was aber deren gewaltsame Aktivitäten nicht unterbinden konnte.

Parallel dazu führten die Gewaltakte zu politischen Erfolgen für die Insel. 1982 erlaubte Paris die Gründung eines Regionalparlamentes[94] – übrigens das erste in Frankreich, das in der Tourismuspolitik, der Landwirtschaft und den Bewässerungsprojekten Entscheidungsbefugnis besaß. 1991 wurde im französischen Parlament die »Existenz des Korsischen Volkes als Teil des französischen Volkes« mit 297 gegen 275 Stimmen angenommen. Die neogaullistische RPR, die sich gegen die Entscheidung ausgesprochen hatte, zog daraufhin vor den Verfassungsrat, der feststellte, dass »die französische Verfassung keinerlei Unterschiede bezüglich Herkunft, Rasse und

Karte 17 Die Insel Korsika nördlich von Sardinien gelegen

Religion« vornehme. Die Antwort der Korsen folgte umgehend: Bei den Wahlen ins Regionalparlament erhielten die Autonomisten 20 Prozent der Stimmen. Anfang 1996, nach einer weiteren Welle der Gewalt[95], trafen sich Vertreter der französischen Regierung, u.a. auch Premierminister Juppé, heimlich mit den Terroristen und offiziell mit der Regionalversammlung, um über das korsische Problem zu verhandeln. Es wurde beschlossen, Korsika für fünf Jahre den Status einer Art Freihandelszone zuzubilligen.

Ein Referendum zu mehr Autonomie, das die französische Regierung 2003 auf der Insel durchführen ließ, wurde allerdings von der Mehrheit der Korsen knapp abgelehnt. Auch bei den Regionalwahlen 2004 errangen die Nationalisten lediglich 8 der 51 Sitze im Parlament in Ajaccio. Nachdem aber 2014 die FLNC erklärt hatte, nicht mehr länger mit Gewalt für die Unabhängigkeit kämpfen zu wollen[96], gelang es einer Einheitsliste gemäßigter korsisch-nationalistischer Gruppen bei der Regionalwahl Ende 2015, stärkste Kraft im korsischen Parlament zu werden. Der Separatist Gilles Simeoni wurde Regierungschef und mit Jean-Guy Talamoni wurde ein Präsident gewählt, der für einen unabhängigen Staat Korsika eintritt. »Korsika ist keine Verwaltungseinheit eines anderen Landes. Es ist dazu berufen, eine eigene Nation zu sein«, so Talamoni zur *Süddeutschen Zeitung*.[97] Bei den Wahlen im Dezember 2017 baute das korsisch-nationale Bündnis »Pè a Corsica« (Für Korsika) unter Simeoni und Talamoni mit 56,5 Prozent der Stimmen und 41 der 63 Sitze seine Mehrheit im Regionalparlament weiter aus.[98] Bei den Regionalwahlen 2021 erzielten die radikaleren Befürworter einer möglichen Unabhängigkeit Kosikas jedoch ein schlechtes Ergebnis, sodass Talamoni sein Parlamentsmandat verlor und Simeoni seitdem allein regiert.[99]

Im Frühjahr 2022 kehrte allerdings die Gewalt zurück.[100] Nach der Ermordung des inhaftierten Nationalisten Yvan Colonna, der 1998 den französischen Präfekten Claude Erignac in Ajaccio auf offener Straße erschossen hatte[101], kam es zu Protesten auf Korsika, die zum Teil in Gewalt umschlugen. Colonna wird nämlich von vielen Korsen verehrt. So ist sein Porträt häufig auf korsischen Häusern und den Gebäuden der Universität Corte abgebildet.[102] Auch die FLNC sorgte mit einem Video, in dem sie der Regionalregierung unter Simeoni mit der Rückkehr der »kämpferischen Nächte« drohte, für Aufsehen.[103]

Die Forderung nach weitgehender Autonomie bzw. einer Unabhängigkeit ist somit wieder da, doch die korsische Bevölkerung ist bei diesem Thema zerstritten. Laut Aussage des korsisch-stämmigen Politologen Benedetti[104] lehnten die meisten der rund 350 000 Korsen eine Unabhängigkeit zwar fast vollständig ab, eine große Mehrheit befürwortete aber eine weitgehendere Autonomie mit umfassenderen Befugnissen. Viele Probleme des Alltags, wie z. B. die Frage der teuren Mieten und die hohen Preise für Häuser und andere Immobilien, könne man auf Korsika selbst besser regeln als im fernen Paris, so das nachvollziehbare Argument. Zwar verfügt die Insel schon über Sonderrechte, so darf sie beispielsweise ihre Flughäfen und Häfen selbst verwalten, aber Korsika möchte auch eigene Gesetze erlassen und eine Steuer auf Zweitwohnungen erheben, die rund 40 Prozent des Wohnbestandes ausmachen. Korsische Jugendliche finden nämlich schwer Wohnraum und sind häufiger arbeitslos als Gleichaltrige auf dem Festland. Auch der Chef der korsischen Territorialverwaltung, Gilles Simeoni, fordert nach eigener Aussage »seit einem halben Jahrhundert einen vollen Autonomie-Status«.[105] Der sei Konsens auf der Insel. Polizei, Armee, Justiz sollten zentral bleiben, Finanz- und Wirtschaftsfragen, Soziales und Angelegenheiten der eigenen Sprache hingegen bei Korsika liegen.

4. Großbritannien: Schottland

Aktive Unabhängigkeitsbewegungen existieren in Großbritannien vor allem in Schottland[106], mit dem England am 1. Mai 1707 das Vereinigte Königreich ins Leben gerufen hatte. Die Parlamente von Schottland und England wurden durch den sogenannten »Act of Union« vereint. Doch die Vernunftehe war bei vielen Schotten eher unbeliebt. Von einer »Hochzeit mit einer Laus«, einem Parasiten also, soll damals die Rede gewesen sein.[107] Eine »Liebesheirat war es nicht«, so der *Spiegel* 2014. Das einfache Volk ging auf die Barrikaden, in mehreren Städten kam es zu Protestkundgebungen, sodass das schottische Parlament das Kriegsrecht verhängte, um die Lage unter Kontrolle zu bringen. »Dem Zorn des Mobs entfloh der Bürgermeister von Glasgow nur um Haaresbreite: indem er eilig in einen Schrank sprang.«[108]

Die damaligen Unruhen waren durchaus verständlich, schließlich kann das frühere Königreich Schottland auf eine lange Tradition von Eigenständigkeit zurückblicken. 843 gegründet und seit 1603 in Personalunion mit dem Königreich England, war es bis zur Verabschiedung des Vereinigungsgesetzes im Jahre 1707 ein eigener Staat. Aber auch nach der Vereinigung mit England existierten viele schottische Institutionen weiter, beispielsweise die Bank of Scotland oder die Church of Scotland. Auch in zahlreichen internationalen Sportverbänden, insbesondere im Fußball, ist Schottland als eigenständiges Mitglied vertreten. Nicht nur aus diesen Gründen bewahren die Schotten sich bis heute ein ausgeprägtes regionales Selbstbewusstsein, das sich in Fußballderbys gegen den südlichen Nachbarn entsprechend bemerkbar macht.

Die Forderung nach einer eigenständigen Regierung für Schottland wurde dann erstmals wieder in den 1920er-Jahren erhoben, woraufhin London 1928 einen Staatssekretär für Schottland mit dem Rang eines Kabinettsmitgliedes einsetzte. Im Zuge dieses ersten Schrittes in Richtung einer verwaltungsmäßigen Lockerung von London wurde ihm die Leitung der Bereiche Gesundheit, Landwirtschaft und Erziehung für Schottland übertragen. Bei den Unterhauswahlen im Februar und Oktober 1974 erzielte die 1934 gegründete autonomistische »Scottish National Party« (SNP) 22 bzw. 30 Prozent der schottischen Wählerstimmen und wurde damit dort zweitstärkste Partei. Unter dem Druck der SNP stimmte die britische Labour-Regierung einer Volksabstimmung über begrenzte Selbstbestimmung zu.

Nachdem 1979 das Referendum zur Dezentralisierung mit dem Ziel eines eigenen schottischen Parlaments aufgrund einer zu geringen Wahlbeteiligung noch gescheitert war, sprachen sich im September 1997 in einer Volksabstimmung dann 74 Prozent der schottischen Wähler für eine Teilautonomie ihres Landes aus, sodass am 6. Mai 1999 nach 300 Jahren wieder ein schottisches Parlament gewählt wurde, dessen Gesetzgebungskompetenz sich auf die Gebiete Justiz, Bildung, Gesundheitswesen, Kommunalrecht, Soziales, Wohnungswesen, Wirtschaftsentwicklung, Umwelt, Landwirtschaft, Fischerei und Forstwirtschaft, Sport, Kunst und Kultur und verschiedene Bereiche des Transportwesens erstreckt.

Die SNP, die ab 2007 stärkste Partei im schottischen Parlament war, strebte seitdem ein Referendum über die Unabhängigkeit Schottlands an, das nach dem Erfolg der SNP bei den Wahlen im Mai 2011, bei denen die Partei die absolute Mehrheit der Sitze erringen konnte, durch den damaligen schottischen Regierungschef Alex Salmond in die Wege geleitet und für den 18. September 2014 terminiert wurde.[109] Allerdings stimmten bei einer Wahlbeteiligung von 84,59 Prozent 55,3 Prozent der Schotten gegen eine Abspaltung vom Vereinigten Königreich, nur in vier der 32 Bezirke errangen die Befürworter der Unabhängigkeit die Mehrheit.[110] Für die »Nein«-Wähler war insbesondere die Beibehaltung des britischen Pfundes für ihre Entscheidung ausschlaggebend.

Wäre das Referendum erfolgreich gewesen, hätte sich die staatsrechtliche Frage nach dem Fortbestand oder der Rechtsnachfolge des Vereinigten Königreichs Großbritannien und Nordirland gestellt. Hier gab es drei mögliche staats- und völkerrechtliche Szenarien:

Erstens eine Sezession: Dabei hätte die Unabhängigkeit Schottlands eine Abspaltung vom Vereinigten Königreich dargestellt. Das restliche Vereinigte Königreich (»Rest-Großbritannien«) wäre dann identisch mit dem bisherigen Vereinigten Königreich gewesen, d. h., es hätte mit einem kleineren Territorium fortbestanden und Schottland wäre ein neuer unabhängiger Staat gewesen, der alle internationalen Verträge hätte neu aushandeln müssen.

Zweitens eine Trennung: Durch die Unabhängigkeit Schottlands wäre das Vereinigte Königreich in zwei Staaten auseinandergebrochen, die beide mehr oder weniger gleichberechtigte Rechtsnachfolger des Vereinigten Königreichs gewesen wären.

Drittens eine Auflösung bzw. Dismembration: Das Vereinigte Königreich hätte sich als Rechtssubjekt aufgelöst und mit Schottland und dem restlichen Großbritannien wären zwei völlig neue Nachfolgestaaten entstanden, die alle internationalen Verträge hätten neu aushandeln müssen (vgl. die Trennung der Tschechoslowakei in die zwei gleichberechtigten Nachfolgestaaten Tschechien und Slowakei).

Von diesen drei Möglichkeiten wurden sowohl von schottischer als auch gesamt-britischer Seite nur die ersten beiden ernsthaft diskutiert. Die britische Regierung vertrat den ersten Rechtsstandpunkt, während die schottische Regierung kein offizielles Statement zu dieser Frage abgegeben hatte, aber in zahlreichen öffentlichen Äußerungen über die internationale Einbindung eines unabhängigen Schottlands hatte erkennen lassen, dass sie den zweiten Standpunkt vertrat.[111]

Das wichtigste Argument der Befürworter einer Unabhängigkeit Schottlands war bzw. ist seine Selbstbestimmung und damit auch die selbstständige Verwaltung der Einnahmen aus der Ölförderung, die bislang direkt nach London fließen. Ein unabhängiges Schottland könnte zudem selbstständig über eine NATO-Mitgliedschaft entscheiden und nach dem Brexit Großbritanniens wieder der EU beitreten.

Die Unabhängigkeitsgegner argumentieren hingegen gerne mit historischen und kulturellen Gemeinsamkeiten zwischen England und Schottland, z. B. die gemeinsame Erfahrung der Reformation und der Empire-Werdung. Weiterhin sehen sie wirtschaftliche Nachteile für ein unabhängiges Schottland, weil durch die Unabhängigkeit bisherige Stützungsmaßnahmen durch die britische Zentralregierung wegfallen würden und dies nicht mit den steigenden Öleinnahmen kompensiert werden könne.[112]

Dennoch gab bis zuletzt die im Februar 2023 zurückgetretene schottische Regierungschefin Nicola Sturgeon nicht auf und schmiedete weiterhin eifrig Pläne für ein erneutes Referendum. So beschloss am 25. Juni 2016 die schottische Regierung als Reaktion auf das Ergebnis des Brexits, ein zweites Unabhängigkeitsreferendum anzustreben, was allerdings am 14. Januar 2020 vom damaligen britischen Premierminister Boris Johnson abgelehnt wurde. Nachdem dann im November 2022 auch das oberste Gericht des Vereinigten Königreichs, der Supreme Court, einen weiteren Versuch, über ein Referendum die schottische Unabhängigkeit in die Wege zu leiten, auf unbestimmte Zeit abgelehnt hatte und auch der britische Premierminister Rishi Sunak einem zweiten Referendum seine Zustimmung verweigert, liegen derzeit alle Unabhängigkeitspläne auf Eis.[113] So müssen sich ohne die Zustimmung Londons Sturgeon bzw. ihr Nachfolger und die schottischen Dudelsackbläser wohl noch eine geraume Zeit gedulden, bis sie möglicherweise als unabhängiger Staat wieder – so deren Wunsch – einen Beitritt in die EU in die Wege leiten können. Die Parlamentswahlen 2024 sollen nun, falls eine Mehrheit der Schotten bei den Pro-Unabhängigkeitsparteien ihr Kreuz machen sollte, als ein klares Mandat gewertet werden, dem London dann entsprechen müsse, so zuletzt die Argumentation Sturgeons, die nach ihrem plötzlichen Rücktritt allerdings nicht nur die SNP, sondern auch die schottische Unabhängigkeitsbewegung als Ganzes tief erschütterte. Laut derzeitigen Umfragen lehnt eine Mehrheit der Schotten die Abspaltung ihres Landes von Großbritannien ab, sodass der Karren des Unabhängigkeitsprojekts erst einmal festgefahren ist.

Selbst in Wales, wo seit 100 Jahren die Labour-Party regiert, gibt es erstmals seit Jahrzehnten Diskussionen über eine Loslösung von England. Also sollte man aufpassen, nicht dass aus Großbritannien in ein paar Jahren am Ende ein Klein-England wird.

5. Belgien: Flandern

In Belgien[114], das durch eine Sezession vom Königreich der Vereinigten Niederlande 1831 als Staat entstanden war, verstehen sich die meisten Menschen nicht als Bürger einer Nation. Vielmehr gibt es seit Jahrzehnten starke Unabhängigkeitsbestrebungen der Flamen, vertreten v. a. durch die nationalpatriotischen Parteien »Vlaams Belang« (der ehemalige »Vlaams Block«), die in den 1990er- und 2000er-Jahren in Flandern eine der drei stimmenstärksten Parteien war, und durch die »Nieuw-Vlaamse Alliantie« (= »Neue Flämische Allianz«, N-VA), die seit 2010 die stärkste Kraft im belgischen Parlament ist und von 2014 bis 2018 an der Regierung beteiligt war. Bei den Parlamentswahlen 2019 verlor die N-VA zwar an Stimmen, was aber durch Gewinne aufseiten der Vlaams Belang mehr als kompensiert wurde, sodass die flämisch-nationalpatriotischen Parteien fast die Hälfte aller flämischen Abgeordneten in der belgischen Abgeordnetenkammer stellen.

Für Bart de Wever, der Vorsitzende der NV-A, ist die Sachlage recht eindeutig.[115] Ohne die Wallonen seien die Flamen besser dran, denn seit Jahren fließe ein Teil des flämischen Wohlstands in den französischsprachigen Landesteil Belgiens. Allein die sechste Staatsreform vom vergangenen Jahr habe für einen neuen »traurigen Höhepunkt« der Umverteilung gesorgt. Es gehe dabei um rund 4,6 Milliarden Euro oder – so die N-VA – jährlich um über 1500 Euro für jede flämische Familie. Als Konsequenz fordert sie die Selbstbestimmung bis hin zur Unabhängigkeit als »Republik Flandern«.

Zum einen sind dabei Flanderns Sezessionsgelüste also – wie von der N-VA betont – ökonomischer Natur. Im 19. Jahrhundert profitierte, begünstigt durch seine erheblichen Steinkohlevorkommen, zunächst Flanderns südliche Nachbarregion, die Wallonie, von der Industriellen Revolution, während sich in Flandern selbst nur Gent zu einem Industriezentrum von in erster Linie textilverarbeitenden Unternehmen entwickeln konnte, sodass es im weiteren Verlauf wirtschaftlich zunehmend abgehängt wurde. Traditionell war also Wallonien mit seiner Montanindustrie der reichere

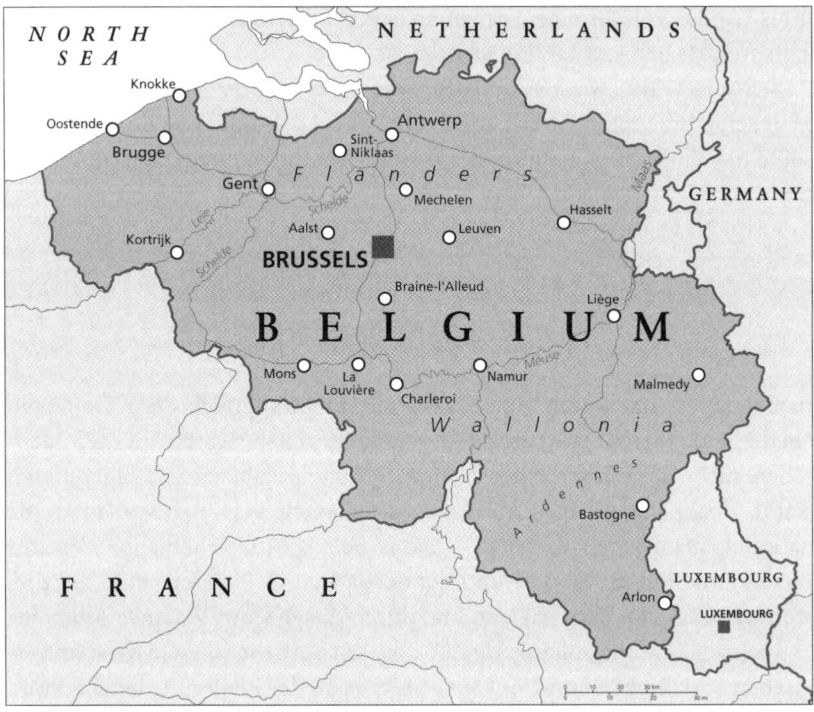

Karte 18 Belgien mit den Regionen Flandern im Norden und der Wallonie im Süden

Teil Belgiens. Mit der Entstehung einer an Dienstleistungen orientierten Wirtschaft und der Verlagerung der Industrie hin zur Petrochemie wurde aber für zahlreiche Investoren Flandern mit seinem Hafen von Antwerpen und einer gut ausgebildeten Arbeiterklasse mit niedrigen Lohnforderungen lukrativer, verbunden mit der Konsequenz, dass in den 1950er- und 1960er-Jahren die flämische Wirtschaft viel schneller wuchs als die wallonische. Während in den ländlichen Gebieten Flanderns kleine und mittelständische Unternehmen Nutznießer vom einsetzenden Strukturwandel waren und sich so die Region in den Bereichen der Infrastruktur, des Bildungswesens und der Dienstleistungsbranchen weiter positiv entwickelte und modernisierte, hatte Wallonien seit den 1960er-Jahren mit einem wirtschaftlichen Niedergang zu kämpfen und versuchte erfolglos, seine auf der Schwerindustrie basierende Wirtschaft zu reformieren. Flandern, das sich nun zum wirtschaftlich führenden Teil Belgiens gemausert hatte, profitiert nach wie vor vom bis heute andauernden Strukturwandel, u.a. auch als weltweit führendes Zentrum für Handel und Verarbeitung von Diamanten. Im Vergleich zum BIP der EU erreichte Flandern beispielsweise im Jahr 2017 120 Prozent des Durchschnitts (Belgien 116 Prozent; Wallonien 84 Prozent).[116]

Das zweite zentrale Motiv flämischer Separatismusbestrebungen ist auf der sprachlichen und damit einhergehend auch auf der sozialen Ebene zu verorten und liegt historisch tiefer begründet im sogenannten flämisch-wallonischen Konflikt; ein seit der Existenz Belgiens andauernder Streit zwischen seinen niederländisch- und seinen französischsprachigen Einwohnern in Flandern bzw. in Wallonien.

Als Reaktion auf die diffusen Sprachverhältnisse im vormaligen Vereinigten Königreich der Niederlande wurde im neu entstandenen belgischen Staat lediglich die französische Sprache als alleinige Amtssprache eingeführt, und zwar auch für die niederländischsprachigen Flamen.[117] Französisch wurde alleinige Verwaltungssprache in der Armee, im Parlament und im Schulunterricht. Niederländisch bzw. Flämisch galt hingegen als die »Sprache der Holländer« und »der Bauern«. In Flandern wurden die niederländischen Dialekte nur in der Grundschule benutzt, ab der Sekundarstufe wurde dann nur auf Französisch unterrichtet, während Flämisch zunehmend als Schimpfwort für die germanischen Mundarten der nördlichen Landesteile benutzt wurde.

Zunächst wurde die Herabstufung der niederländischen Sprache von den gebildeten und führenden Kreisen nicht als Problem empfunden, weil diese selbst auch französisch sprachen. Erst langsam entstand eine »Flämische Bewegung«, die sich gegen die Unterdrückung ihrer Sprache wehrte, zuerst in den Kreisen gebildeter Kleinbürger.

Ende des 19. Jahrhunderts griffen Politiker verschiedener Parteien diese Idee auf und strebten eine Aufwertung der niederländischen Sprache an. Ein Meilenstein war dabei die Einrichtung des zweisprachigen Unterrichts in Flandern auf dem Niveau der Sekundarstufe. 1873 erlangte das Niederländisch die administrative Gleichstellung in den flämischen Provinzen und 1898 wurde bestimmt, dass alle offiziellen Dokumente in zwei Sprachen abgefasst sein müssen.[118]

Ungeachtet dieser Fortschritte verschärfte der Erste Weltkrieg den Konflikt weiter. Zahlreiche Flamen in der belgischen Armee erlebten, wie ihre nur französisch sprechenden Offiziere ihre Sprache missachteten. Der Sprachenkonflikt stellte sich hier insofern auch als soziale Kluft dar. Daraus schuf die flämische Bewegung den Mythos, dass viele einfache flämische Soldaten in den Schützengräben wegen Verständigungsschwierigkeiten mit ihren französisch sprechenden Befehlshabern sterben mussten. Weiterhin kollaborierten zahlreiche Flamen mit der deutschen Besatzungsmacht. Da diese nach dem Krieg von der französisch sprechenden belgischen Obrigkeit streng bestraft wurden, wurde auch die flämische Bewegung immer stärker politisiert.

In verschiedenen Parteien setzten sich jetzt wichtige Politiker für den amtlichen Gebrauch des Niederländischen ein. Zu einem Meilenstein ihres Selbstbehauptungskampfes wurde die Entscheidung, dass an der größten Universität Flanderns, der Universität Gent, seit 1930 auf Niederländisch statt wie zuvor auf Französisch unterrichtet wird. Die flämische Bewegung hatte in dieser Phase auch einen emanzipatorischen Charakter, da die Forderung nach Gleichberechtigung des Niederländischen auch mit der Bildung der verarmten flämischen Arbeiterschaft verknüpft wurde. Im Verlauf der 1930er-Jahre forderten schließlich viele Mitglieder der flämischen Bewegung die Herauslösung aus dem französisch beherrschten belgischen Staat und eine Hinwendung zum nationalen Sprachraum.

1960 machten schwere Streiks gegen eine Reihe von Sparmaßnahmen der Regierung deutlich, dass die zwei Sprachgruppen auf wirtschaftlichem Gebiet mehr Autonomie wünschten. Deshalb wurde 1962 von einer Kommission die Sprachgrenze zwischen dem Niederländischen und dem Französischen festgelegt und Belgien offiziell in drei einsprachige Gebiete – Flandern, Wallonien und die »Deutschsprachige Gemeinschaft« (DG) – und ein zweisprachiges Gebiet Brüssel eingeteilt. In den nächsten Jahrzehnten lösten der Status von Brüssel – ursprünglich niederländischsprachig, mittlerweile mit französischsprachiger Mehrheit – und die Zugehörigkeit einzelner Gemeinden zu einem bestimmten Sprachgebiet zahlreiche Konflikte aus. Volkszählungen, welche die gesprochene Sprache der Einwohner erheben könnten, sind daher seit 1961 verboten.

Mit insgesamt sechs Staatsreformen seit 1970 wurde Belgien bis 1993 sukzessive zu einem föderalen Staat umgebaut und damit einhergehend wurden viele Kompetenzen auf die Regionen verlagert.[119]

Die politischen Parteien haben sich dabei in flämische und wallonische Regionalparteien aufgeteilt, die nur ihre jeweils eigene Sprachbevölkerung ansprechen. Es gibt zwar eine Zusammenarbeit mit der »ideologischen Schwesterpartei« aus der jeweils anderen Landeshälfte, aber in den vergangenen Jahrzehnten sind die politischen Meinungsunterschiede größer geworden, was zuletzt regelmäßig die Regierungsbildung in Belgien erschwert hat.

Da die Steuerhoheit und die Ausgestaltung der sozialen Sicherungssysteme z. B. Renten- und Arbeitslosenversicherung, nach wie vor beim belgischen Zentralstaat liegen, sind die dadurch stattfindenden Transfers für die flämisch-patriotischen Parteien N-VA und Vlaams Belang wesentliche Kritikpunkte. Sie fordern eine Aufspaltung der sozialen Sicherungssysteme, was von den französischsprachigen Parteien jedoch strikt abgelehnt wird. Nach einer Studie der Katholischen Universität Löwen gab es im Jahr 2009 Nettotransfers in Höhe von 6,08 Milliarden Euro von Flandern an die beiden anderen Regionen (5,8 Milliarden Euro an Wallonien, 280 Millionen Euro an Brüssel), hiervon entfielen 3,86 Milliarden Euro auf die sozialen Sicherungssysteme.

Letztlich streben sowohl Vlaams Belang wie auch die N-VA ein unabhängiges Flandern an. Auf dem Weg dorthin fordert Letztere als eine Zwischenetappe die Umwandlung Belgiens in eine Konföderation. Belgien solle demnach aus den beiden Gliedstaaten Flandern und Wallonien bestehen, die prinzipiell alle Angelegenheiten selbst regeln. Brüssel und die DG sollen dabei einen Sonderstatus erhalten.

Die rund 77 000 Angehörigen der DG leben in den ehemaligen deutschen Kreisen Eupen und Malmedy, die nach dem Ersten Weltkrieg infolge einer mehr als fragwürdigen und entgegen den Vertragsbestimmungen nicht geheim durchgeführten »Volksabstimmung«, bei der zudem die deutschen Einwohner von der belgischen Besatzungsmacht massiv unter Druck gesetzt wurden, im September 1920 an Belgien fielen. Die DG gilt im flämisch-wallonischen Streit oft als der lachende Dritte. Sie gehört zwar zur wallonischen Region, stellt aber eine eigenständige Sprachgemeinschaft mit den gleichen Rechten wie die großen Gemeinschaften der Flamen und Wallonen dar und kann somit selbst über ihre Schulen und Bildungseinrichtungen bestimmen. Zudem hat sie von der wallonischen Region noch weitere zusätzliche Kompetenzen z. B. im Bereich Arbeitsmarkt oder Bauwesen erhalten.[120]

Stellt sich also abschließend die Frage, ob Belgien wirklich eine sogenannte Willensnation ist, eine Nation, die 1830/31 wirklich vom Volk aus gegründet wurde, oder nicht doch vielmehr ein Kunstgebilde ohne jegliches Nationalgefühl, das im Sinne geopolitischer Interessen u. a. Großbritanniens (mit dem Ziel einer sicheren Gegenküste auf dem Festland) im 19. Jahrhundert aus der Taufe gehoben wurde.

6. Die Kurdenproblematik in der Türkei, in Syrien, Irak und Iran[121]

Ungelöst ist bis heute auch die Frage der rund 30 Millionen Kurden, die sich zu Recht als »Volk ohne Land« bezeichnen, da sich ihr Lebensraum auf fünf Staaten erstreckt, in denen sie eine ethnische Minderheit verkörpern. Mit gut 15 Mio. leben die meisten von ihnen in der Türkei, im Irak sind es 6 Mio. und im Iran 5,7 Mio. Hinzu kommen noch etwa 2 Mio. in Syrien und 0,4 Mio. in Armenien.[122]

Die wechselhafte Geschichte der Kurden verhinderte bisher den Aufbau eines eigenen Staates und führte teilweise zu massiver Unterdrückung und Vertreibung. Die unwegsame Gebirgsgegend ihres Siedlungsgebietes bildete seit jeher eine natürliche Grenzregion zwischen dem Osmanischen und dem Persischen Reich, die schlecht kontrollierbar war und teilweise bis heute ist. Daher gelang es den regionalen kurdischen Herrschern lange Zeit, eine gewisse Unabhängigkeit zu bewahren. Offene Grenzen ermöglichten ihnen gleichzeitig den ungehinderten Übertritt von einem Reich ins andere. Die kurdische Bevölkerung empfand sich bis ins 20. Jahrhundert vor allem als Angehörige bestimmter Stämme, wobei die Zugehörigkeit zum Islam vorwiegend sunnitischer Prägung ein identitätsstiftendes Element darstellt. Ein kurdisches Nationalgefühl entwickelte sich erst im Laufe des 20. Jahrhunderts unter dem Einfluss europäischer Ideen und als Reaktion auf die Zentralisierungs- und Assimilierungsbestrebungen der jeweiligen Staaten.[123]

Durch die erfolgte Nationalstaatsbildung der Perser, Türken, Araber und Armenier wurden die Kurden zur Minderheit in den jeweiligen Nationalstaaten und werden dort oftmals zur Destabilisierung des bzw. der jeweiligen Nachbarstaaten instrumentalisiert. Einigkeit besteht bei diesen Ländern letztlich nur darin, keinen eigenständigen Kurdenstaat zuzulassen.[124] Diesbezüglich kommt erschwerend hinzu, dass von einer Einheit der Kurden ebenso wenig die Rede sein kann. Vielmehr sind sie höchst verschieden und teilweise zerstritten. Statt einer einheitlichen kurdischen Sprache existieren gleich deren drei, nämlich Kurmandschi, Sorani, Zazaki, und ebenso gehören die Kurden unterschiedlichen Religionen an, nämlich den Schiiten, Sunniten, Yeziden, Aleviten und Christen. Die kurdische Gesellschaft beruht auf Clanstrukturen. Die einzelnen Clans stehen dabei häufig in Konkurrenz zueinander, oft mit der Folge gewaltsamer Auseinandersetzungen.

Bis heute werden vielen kurdischen Gruppen die grundlegenden Menschenrechte verweigert, sodass es in den letzten Jahrzehnten immer wieder zu zahlreichen Aufständen und bewaffneten Auseinandersetzungen zwischen ihnen und den jeweiligen Herrschaftssystemen im Irak, Iran, in der Türkei und in Syrien kam. So werden die Kurden im Iran trotz ihres vielfältigen Kulturgutes nicht als Volk anerkannt und ihre politischen Parteien sind verboten. Da die Kurden nicht nur eine ethnische Minderheit darstellen, sondern häufig auch sunnitischen Glaubens sind, kam es in der Vergangenheit regelmäßig zu blutigen Auseinandersetzungen zwischen Kurden und iranischen Sicherheitskräften, die in der Regel Schiiten sind[125]; insbesondere Anfang des 20. Jahrhunderts manifestierten sich die Konflikte in Form erfolgloser Aufstände seitens der Kurden gegenüber dem Schah-Regime. Auch die am 22. Januar 1946 mit Unterstützung der UdSSR gegründete kurdische »Republik Mahabad«, die über eine eigene Regierung und ein Parlament verfügte, war nur ein kurzlebiges Gebilde. Nach erfolglosen Verhandlungen zwischen der iranischen Regierung und den Kurden unter Beteiligung Großbritanniens marschierten iranische Truppen ein und setzten der Republik ein Ende.[126] Trotz aller Annäherungen und Kooperationen hinsichtlich der Kurdenfrage sind die Beziehungen zwischen der Türkei zum Iran nach wie vor ambivalenter Natur. Ankara ist und bleibt für Teheran ein militärisch und wirtschaftlich starker Konkurrent vor der eigenen Haustür. Und infolge der unterschiedlichen Parteinahme beider Staaten im syrischen Bürgerkrieg haben sich die Beziehungen zuletzt deutlich abgekühlt.

Blicken wir daher nun genauer in die Türkei. Hier gilt analog zum Nationalismuskonzept von Kemal Atatürk bis heute das Prinzip der Staatsnation, das von einer unteilbaren Einheit von Staatsgebiet und Staatsvolk ausgeht. Mit dem Vertrag von Lausanne wurden die Kurden in der Türkei nicht mehr als Minderheit betrachtet, sondern entsprechend dem islamischen Nationenbegriff als türkische Staatsangehörige verstanden. Ihnen kulturelle oder gar politische Sonderrechte zu gewähren war und ist bis heute somit aus türkischem Verständnis heraus nicht möglich. Es folgte zwar eine ganze Reihe kurdischer Aufstände zwischen 1925 und 1938, so u.a. der Ararat-Aufstand 1926–1930, diese wurden aber allesamt von der türkischen Armee niedergeschlagen.

Auch der Gebrauch der kurdischen Sprache war in der Türkei bis vor einigen Jahren verboten. In der Verfassung von 1982, die größtenteils heute noch gültig ist, hieß es dazu: »Außer Türkisch kann keine andere Sprache als Erziehungs- und Bildungssprache gelehrt werden.« Kurdischsprachige Medien waren bis 1991 verboten. Türkisch wurde gesetzlich als Muttersprache aller türkischen Staatsbürger festgelegt: »Die Muttersprache der türkischen Staatsbürger ist Türkisch. […] Jegliche Art von Aktivitäten hinsichtlich der Benutzung und der Verbreitung einer anderen Muttersprache außer Türkisch ist verboten.« Der Strafrahmen bei Verstößen gegen dieses Gesetz betrug sechs Monate bis zwei Jahre Haft.[127]

Dieser starke Assimilationsdruck, der durch die Leugnung der kurdischen Identität in Gang gesetzt wurde, führte letztlich zu weiteren heftigen Aufständen. Seit 1984 starben bei dem Guerillakrieg zwischen der kommunistisch orientierten »Arbeiterpartei Kurdistans« (PKK) – die in Deutschland als terroristische Vereinigung eingestuft ist – und dem türkischen Militär rund 35 000 Menschen, darunter allein gut 5500 unbeteiligte Zivilisten. Dieser Konflikt schien seit der Inhaftierung des PKK-Kurdenführers Abdullah Öcalan im Jahr 1999 beendet, zumal ab 2012 Friedensverhandlungen seitens der türkischen Regierung mit Öcalan bzw. der PKK geführt wurden. Zudem wurden im Zuge der Beitrittsverhandlungen der Türkei mit der EU die Rechte der Minderheiten in der Türkei verbessert. Nach den Parlamentswahlen im Juni 2015 kündigte der türkische Präsident Erdogan allerdings im Zuge des Syrienkonflikts die Friedensgespräche mit den Kurden wieder auf. Demokratisch gewählte kurdische Repräsentanten werden seitdem wieder verfolgt, PKK-Stellungen im autonomen Irakisch-Kurdistan bombardiert und die Grenzübergänge zu den Kurdengebieten Nordsyriens, wo Hunderttausende Binnenflüchtlinge vor dem Terror des Islamischen Staates (IS) Schutz gesucht haben, bleiben abgeriegelt.[128] Die türkische Regierung hat bis heute völlige Handlungsfreiheit in ihrem Vorgehen gegen kurdische Separatistenbewegungen.[129]

Die Kurdenproblematik ist aus türkischer Sicht neben Syrien weiterhin vor allem im Nordirak virulent. Dort verfügen seit dem Sturz Saddam Husseins die Kurden über politische Autonomie, einen eigenen Präsidenten, ein Parlament mit Sitz in Erbil und umfangreiche Selbstbestimmungsrechte, die auch durch die neue irakische Verfassung gewährleistet sind. In einem Referendum sprachen sich 2017 92 Prozent der Bevölkerung für einen eigenen Staat aus, deren Votum von der irakischen Regierung jedoch abgelehnt wurde.[130]

Dennoch wird der im Norden des Irak etablierte und relativ funktionierende kurdische Quasistaat seitens der Türkei nicht nur wegen der Gefahr, auf die eigene kurdische Bevölkerung als Magnet zu wirken, mit Argusaugen beobachtet, sondern gerät auch wegen des erdölreichen Gebiets um Kirkuk, einer Stadt, deren territoriale Zugehörigkeit schon nach dem Ersten Weltkrieg umstritten war, ins Visier Ankaras.

Zuvor besaßen die Kurden im Irak schon einmal zwischen 1970 bis 1974 eine begrenzte Selbstverwaltung und auch eine Beteiligung an der Regierung. 1988 und 1989 wurden allerdings in einer von Saddam Hussein befohlenen genozidalen Aktion durch die irakische Armee bis zu 180 000

Kurden ermordet und ungefähr 4000 kurdische Dörfer zerstört. Nach dem zweiten Golfkrieg 1991 verfügten die Vereinten Nationen im Irak eine Schutzzone nördlich des 36. Breitengrades. Im dritten Golfkrieg 2003 beteiligten sich kurdische Kräfte aufseiten der USA an der Eroberung nordirakischer Städte. Seitdem genießen die irakischen Kurden dort einen besonderen Status als Verbündete Washingtons. Trotz Protesten seitens der Türkei konnten die irakischen Kurden ihren Einfluss ausweiten und erreichten bei der Wahl am 30. Januar 2005 75 Sitze im Parlament.

Da der Nordirak aber auch von der PKK als Rückzugsgebiet genutzt wird, von wo aus sie Angriffe und Anschläge in der Türkei steuert, bei denen immer wieder türkische Soldaten, Polizisten, kurdische Dorfschützer und Unbeteiligte ums Leben kommen, startete im Februar 2008 die türkische Armee ihre 25. Bodenoffensive seit 1983 in den Nordirak, an der schätzungsweise 10 000 Soldaten beteiligt waren. Zudem flogen die Streitkräfte seit Mitte Dezember 2007 Luftangriffe gegen PKK-Stellungen in der Region.[131]

Auch wenn in der Türkei die linke, pro-kurdische »Demokratische Partei der Völker« (HDP), die sich als Partei aller Minderheiten versteht, als erste mehrheitlich kurdische Partei die Zehn-Prozent-Hürde bei den Parlamentswahlen im Jahre 2015 überwinden und ins Parlament einziehen konnte, ist der Konflikt bis heute nicht gelöst. Vielmehr erweist sich die im Untergrund operierende, verbotene PKK noch immer als ein dominanter politischer Faktor. Die Kurden werden so wohl noch weitere Jahrzehnte auf einen eigenen, ihre Siedlungsgebiete umfassenden Staat warten müssen, schließlich liegen sie in einem geopolitischen Hot Spot, in dem mit den USA, Russland und China die drei Großmächte und mit dem Iran und der Türkei zwei bedeutende Regionalmächte alle jeweils ihre eigenen Interessen vertreten, denen ein unabhängiges Kurdistan zuwiderlaufen würde.

7. Afrika: Azawad

Der Azawad ist der nördliche Teil Malis und bildete von 2012 bis 2013 einen von Mali de facto unabhängigen Separatstaat.[132] Konkret hatten nach dem Militärputsch vom 22. März 2012 Tuareg-Rebellen der »Nationalen Bewegung für die Befreiung von Azawad« (MNLA) das entstandene Chaos ausgenutzt und diese Region am 6. April für unabhängig erklärt.[133] Frankreich wies als ehemalige Kolonialmacht diesen Schritt jedoch zurück, ebenso erklärte auch die Afrikanische Union die Aktion für nichtig.

Der Konflikt reicht weit zurück. Vor der Kolonialzeit dominierten die Tuareg als Nomadenvolk den Handel durch die Sahara und beherrschten ein großes Wüstenreich, bis sie 1902 von französischen Kolonialtruppen geschlagen wurden. Die Grenzziehungen und Staatenbildung durch die Kolonialmächte führten dazu, dass sich das Siedlungsgebiet der Tuareg heute auf die fünf souveränen Staaten Algerien, Burkina Faso, Libyen, Niger und Mali verteilt. Nachdem Mali 1960 seine Unabhängigkeit erlangt hatte, strebten die Tuareg nach Eigenständigkeit und begehrten immer wieder auf, so in Form verschiedener erfolgloser Aufstände und Rebellionen in den 1990er-Jahren.[134] So warfen viele Tuareg der Regierung von Mali vor, dass sie versucht habe, ihr Volk auszulöschen.

Die im Januar 2012 begonnene Tuareg-Rebellion wurde von Offizieren angeführt, die in Libyen für den gestürzten Machthaber Gaddafi gekämpft hatten und später schwer bewaffnet in den Norden Malis zurückgekehrt waren. Sie verbündeten sich – trotz unterschiedlicher Ziele – aus rein pragmatischen Gründen mit islamistischen Kämpfern[135] und starteten eine Offensive gegen Mali als Gesamtstaat. Der MNLA gelang es dabei u. a., die historische Stadt Timbuktu einzunehmen, die zum UNESCO-Weltkulturerbe zählt. Die MNLA, die offensichtlich nicht über die notwendigen Fähigkeiten verfügte, geeignete Verwaltungsstrukturen, ein Rechtssystem einzuführen, den Schutz vor Gewalt zu gewährleisten und somit insgesamt die öffentliche Ordnung sicherzustellen[136], verlor daher jedoch nach und nach die Kontrolle über die zuvor eroberten Gebiete an islamistische Milizen, die dann selbst nach Eroberung des gesamten Nordens ihren bewaffneten Kampf auf die südlicheren Gebiete Malis ausweiteten. Dies führte wiederum zur Intervention Frankreichs an der Seite der malischen Zentralregierung. Französische Streitkräfte konnten mit den Truppen Malis den Vormarsch der islamistischen Milizen stoppen und alle zuvor verlorenen Gebiete zurückerobern. Seit 2013 werden zudem im Rahmen der UN-Mission MINUSMA[137] über 10 000 Blauhelmsoldaten zur Stabilisierung des Landes eingesetzt, an dem sich auch die Bundeswehr mit über 1000 Soldaten beteiligt.

VII. Faktisch erfolgte, international nicht anerkannte Sezessionen

1. Auf dem Gebiet der ehemaligen Sowjetunion: Transnistrien, Südossetien, Abchasien, Bergkarabach

Ähnlich wie die Ukraine und Weißrussland betrachtet Moskau auch Moldau bzw. Moldawien als einen potenziellen Pufferstaat. Die Küstenebene am Schwarzen Meer könnte hier, ähnlich wie die nordeuropäische Tiefebene, nämlich als mögliches Einfallstor über die Ukraine in Richtung Russland interpretiert werden, das somit seinen Einfluss in dieser Region geltend macht. Und dies ganz konkret in Form von **Transnistrien**[1] – ein schmaler Landstrich mit überwiegend russischsprachiger Bevölkerung jenseits des Dnjestr und flächenmäßig gerade einmal 40 Prozent größer als Luxemburg. Dessen prorussisch eingestellte Bevölkerung hatte sich 1991 von Moldau abgespalten. Seine De-facto-Unabhängigkeit wird durch dort stationierte russische Truppen gewährleistet – rund 1500 Soldaten als Rest der 14. Armee der Sowjetunion, die 1992 aufseiten der Separatisten in den Sezessionskrieg eingegriffen hatte.[2] Die Kontrolle über Transnistrien hat für Moskau einen großen strategischen Wert, um auch hier eine zu intensive westliche Einflussnahme auf Moldau zu unterbinden.

Werfen wir einen kurzen Blick auf die historische Entwicklung. Nach dem Krieg Russlands gegen das Osmanische Reich 1787–1792 dehnte Russland sein Territorium bzw. seinen Machtbereich bis zum Ostufer des Dnjestr aus. Zu diesem Zeitpunkt bestand die Bevölkerung in Transnistrien mehrheitlich aus Ukrainern, Rumänen und Tataren, wurde aber durch angesiedelte ukrainische und russische Kolonisten sukzessive ergänzt. Bis 1812 erwarb Russland dann das damalige Bessarabien (das heutige Moldau), das mit seiner überwiegend rumänischen Bevölkerung nach dem Ersten Weltkrieg an Rumänien fiel, wohingegen das Gebiet östlich des Dnjestr, also das Gebiet des heutigen Transnistriens, als Teil der Sozialistischen Sowjetrepublik Ukraine bei der neu gegründeten UdSSR verblieb. Dort setzte sich die Einwanderung von Russen und Ukrainern fort, wodurch sich der Anteil der ethnischen Rumänen insbesondere in den Städten weiter verminderte.

1940 annektierte die Sowjetunion das seit 1918 zu Rumänien gehörende Bessarabien und gründete auf dessen Boden, vereinigt mit dem heutigen Transnistrien, die Moldauische Sozialistische Sowjetrepublik (MSSR), die dann wiederum während des Zweiten Weltkriegs zwischen 1941 und 1944 zu Rumänien gehörte. Nach dem Zweiten Weltkrieg wurden die Grenzen von 1940 wiederhergestellt. Transnistrien als Teil der MSSR (eine von 15 Teilrepubliken der UdSSR) entwickelte sich während der Zugehörigkeit zur Sowjetunion zu einem bedeutenden Industriestandort und war das wirtschaftliche Rückgrat Moldaus.

Im Zuge des Zerfallsprozesses der UdSSR entstand in Moldau ein rumänisch-moldauischer Nationalismus, innerhalb dessen die Partei »Frontul Popular din Moldova« (Volksfront Moldaus) eine besondere Rolle spielte. Schon 1989 wurde in der MSSR Russisch als Amtssprache abgeschafft und Rumänisch (Moldauisch) zur einzigen offiziellen Sprache erklärt und auf das lateinische Alphabet umgestellt. Die MSSR erklärte schließlich im Juni 1990 ihre Unabhängigkeit und am 27. August 1991 ihre offizielle staatliche Souveränität. Gleichzeitig wurde mit der Rumänisierung des öffentlichen Lebens begonnen, was neben der Abschaffung des Russischen als Amtssprache zu großen Protesten besonders im Ost- und Nordteil des Landes führte, wo Russisch die Sprache der Mehrheit der Bevölkerung war. In der Folgezeit kam es immer häufiger zur Diskriminierung von Minderheiten in Moldau. Personen nicht-moldauischer Herkunft wurden innerhalb weniger Monate aus fast allen größeren kulturellen Institutionen verdrängt.[3] In Transnistrien und der Region Gagausien bildeten sich Bürgerrechtsgruppen, die eine Wiedereinführung des Russischen als Amtssprache und eine regionale Autonomie forderten, die von der Regierung der MSSR verboten wurde, woraufhin die Spannungen zwischen den Ethnien weiter zunahmen. Teile der nationalistischen »Frontul Popular« forderten die Ausweisung zugewanderter Russen und anderer Minderheiten, zudem wurde auch eine Vereinigung mit Rumänien diskutiert.[4] Nicht von ungefähr sahen die russischsprachigen Bevölkerungsgruppen ihre Rechte durch die neue nationalistische Politik Moldaus als massiv bedroht an. In Transnistrien stellte sich der Fabrikdirektor Igor Smirnow an die Spitze einer Souveränitätsbewegung, wobei die Schaffung eines unabhängigen Transnistriens zunächst nur eine von zahlreichen Forderungen war und die Wiedereinführung des Russischen als Amtssprache höhere Priorität genoss. Zu diesem Zeitpunkt wurden auch erstmals die Grenzen des heutigen Transnistriens festgelegt mit dem Dnjestr als Grenze zu Moldau.

Am 2. September 1990 erklärte Transnistrien als »Transnistrische Moldauische Sozialistische Sowjetrepublik« seine Unabhängigkeit von Moldau und verfolgte zunächst das Ziel, als eigenständige Sowjetrepublik innerhalb der UdSSR anerkannt zu werden. Auch Gagausien versuchte, sich angesichts der politischen Entwicklung von Moldau abzuspalten, und bemühte

Karte 19 Moldawien und Transnistrien.
Republik Moldau mit der Hauptstadt Chisinau und Transnistrien (Eigenbezeichnung »Pridnestrowische Moldauische Republik«), ein umstrittener und international nicht anerkannter abtrünniger Staat mit der Hauptstadt Tiraspol.

sich ebenfalls um die Anerkennung als eigene Sowjetrepublik. In einem zuvor durchgeführten Referendum sprachen sich 95,8 Prozent der Abstimmenden dafür aus. Nach dem gescheiterten Putsch im August 1991 gegen Gorbatschow war der Zerfall der Sowjetunion nicht mehr aufzuhalten. Die MSSR erklärte, wie eben schon erwähnt, noch im selben Monat als Republik Moldau ihre endgültige Unabhängigkeit und versuchte, den Anschluss an Rumänien zu verwirklichen.

Transnistrien, das den Putsch zur Erhaltung der Union unterstützt hatte, rief 1991 ebenfalls seine vollständige Unabhängigkeit aus mit dem Ziel, einen eigenen Staat aufzubauen. Jeglicher Verbleib bei Moldau wurde strikt abgelehnt. Noch im gleichen Jahr fand die erste Präsidentschaftswahl statt, bei der sich Smirnow durchsetzen konnte, und in einem am 1. Dezember durchgeführten zweiten Referendum votierten 97,8 Prozent der Wähler für eine vollständige Unabhängigkeit. Moldau akzeptierte allerdings die einseitige Abspaltung Transnistriens nicht, sondern betrachtete es weiterhin als Teil seines Territoriums und beabsichtigte, die Region mit einem Militäreinsatz zurückzuerobern. Es erhielt unter anderem Waffen und Unterstützung von Rumänien.[5] Daraufhin begann auch Transnistrien mit dem Aufbau eigener Milizen.

Am 1. März 1992 startete Moldau, auf dessen Seite zahlreiche rumänische Freiwillige kämpften, eine Offensive mit seiner ca. 30 000 Mann starken Armee gegen Transnistrien mit seinen rund 12 000 Milizionären, die von russischen und zum Teil ukrainischen Freiwilligen und Kosaken unterstützt wurden. Die Situation eskalierte in einem Krieg mit über 1000 Toten, der schließlich am 25. Juli 1992 durch das Eingreifen der auf transnistrischem Territorium stationierten russischen 14. Armee unter Führung von General Alexander Lebed beendet wurde und zur De-facto-Unabhängigkeit von Transnistrien führte.

Verhandlungen zur Lösung des Konflikts führten bislang zu keinem Erfolg, sodass sich beide Seiten inzwischen mit dem Status quo weitgehend arrangiert haben.

Transnistrien versteht sich also als unabhängiger Staat, der allerdings international bislang von keinem anderen Staat anerkannt wird und formal völkerrechtlich nach wie vor zu Moldau gehört. Ungeachtet dessen hat es seine staatlichen Strukturen in den letzten Jahrzehnten stabilisiert und damit Tatsachen geschaffen, die nicht ignoriert werden können. Es verfügt über eine eigene Verwaltung, einen eigenen Regierungsapparat und mit dem transnistrischen Rubel über eine eigene Währung; zudem vergibt es eigene Pässe und gründete eine eigene Universität. Seit 2001 ist Transnistrien zudem Mitglied der Gemeinschaft nicht anerkannter Staaten.

Alle bedeutenden politischen Gruppierungen und Parteien in Transnistrien, auch aus der Opposition, unterstützen die Unabhängigkeit. Es gibt keine nennenswerte politische Bewegung, die eine Wiedervereinigung mit Moldau fordert, vielmehr ist fast die gesamte politische Landschaft Transnistriens durch eine russlandfreundliche Haltung geprägt. Auch in der Bevölkerung bildete sich, unabhängig von der ethnischen Herkunft, immer stärker eine eigene transnistrische Identität heraus, die besonders bei der jüngeren Generation verankert ist.[6] So wurde im Zuge einer Volksabstimmung am 17. September 2006 mit 97,1 Prozent gegen den »Unabhängigkeitsverzicht Transnistriens« und für die »Beibehaltung der Unabhängigkeit« gestimmt sowie eine spätere Vereinigung mit der Russischen Föderation gebilligt. Letzter Punkt wird allerdings weiterhin kontrovers diskutiert. Rund 50 Prozent der Bevölkerung befürworteten 2014 einen solchen Schritt, wohingegen ca. ein Drittel einen eigenen Staat bevorzugten. Eine Rückkehr zu Moldau forderten im Jahr 2014 lediglich weniger als 15 Prozent der Bevölkerung.[7]

Vergleichbare Beispiele und Ereignisse finden wir auch im **Kaukasus**.[8] Dieser bildete in Zeiten des Zarenreichs und der Sowjetunion eine wichtige natürliche Grenze, stellt aber auch mit über 50 Völkern eine extreme ethnische und religiöse Gemengelage dar. Dabei kommt dem Kaukasus als Brücke von Europa nach Asien eine Schlüsselfunktion zu. Allein aus diesem Grund, aber auch um einem zunehmenden türkischen Einfluss zu begegnen, wird Russland seinen dortigen Einfluss zu behaupten und seine territoriale Integrität zu bewahren suchen. Diese Gefahr drohte in massiver Form mit der Unabhängigkeitserklärung der russischen Teilrepublik Tschetschenien 1991, die aber in zwei Kriegen (1994–1996 und 1999–2009) im russischen Staatsverband gehalten werden konnte.

Von den nach 1991 unabhängig gewordenen Staaten sind insbesondere die beiden christlichen Länder Georgien und Armenien von Sezessionsbestrebungen, allerdings in unterschiedlicher Form, betroffen.

Georgien wurde von ethnischen Konflikten erfasst, als 1992 **Abchasien** und **Südossetien** ihre Unabhängigkeit erklärten und dies zu Sezessionskriegen führte. Seit 1994 bzw. 1992 sind dort sogenannte russische »Friedenstruppen« stationiert. Georgien, das seit diesem Zeitpunkt faktisch keine Kontrolle über beide Regionen ausübt, versuchte unter Präsident Michail Saakaschwili im August 2008, Südossetien mit militärischen Mitteln zurückzugewinnen, und brach einen Krieg mit Russland vom Zaun, den es dann innerhalb weniger Tage verlor.[9] In der Folge erkannte Russland die Unabhängigkeit Abchasiens und Südossetiens an und stattete die Bewohner mit russischen Pässen aus. Beide »Staaten« werden derzeit darüber hi-

Karte 20 Georgien in den Grenzen von 1991. Abchasien liegt im Nordosten um Sukhumi am Schwarzen Meer, Südossetien liegt nordwestlich der Stadt Tiflis

naus jedoch nur von Nicaragua, Venezuela und Nauru sowie – bezogen auf Abchasien – von Tuvalu anerkannt.

Das russische Vorgehen 2008 im kurzen Krieg gegen Georgien war auch als eine Warnung an die NATO zu verstehen, von einer weiteren Expansion durch eine Aufnahme Georgiens abzusehen, ähnlich wie bei Russlands Intervention in der Ukraine.

Das christliche Armenien, eingezwängt zwischen seinen feindlichen Nachbarn Türkei und Aserbaidschan, befindet sich seit seiner Unabhängigkeit in einer ausgeprägten sicherheitspolitischen und wirtschaftlichen Abhängigkeit von Russland. Dabei kommt Moskau mittlerweile auch der Konflikt zwischen Armenien und Aserbaidschan um **Nagornyj Karabach** (bzw. **Bergkarabach**) zugute. Um dessen Geschichte verstehen zu können, müssen wir mehr als 100 Jahre zurückblicken.

In der Folge des Bürgerkrieges nach der russischen Revolution von 1917 wurden beide nur wenige Monate mehr oder weniger unabhängig gewordenen Länder im April bzw. Dezember 1920 von den russischen Bolschewiki erobert, in Sowjetrepubliken umgewandelt, 1922 gemeinsam mit Georgien zur Transkaukasischen Föderativen Sowjetrepublik zwangsvereinigt und in die UdSSR integriert. Zur Befriedung der dort herrschenden nationalen

Karte 21 Aserbaidschan in den Grenzen von 1991. Die nach dem Eroberungskrieg von Aserbaidschan im September 2023 nicht mehr existierende Region Bergkarabach befand sich rund um die Stadt Agdam.

und ethnischen Konflikte wurde seitens der Bolschewiki den Armeniern das mehrheitlich armenisch besiedelte Bergkarabach angeboten, eine Region, die von Armenien und Aserbaidschan gleichermaßen beansprucht wurde. Diese Entscheidung wurde allerdings schon kurz darauf revidiert und Bergkarabach verblieb in der Folge als seit 1923 autonomes Gebiet bei Aserbaidschan.

Schon vor dem Zerfall der Sowjetunion nahm der Konflikt wieder an Schärfe zu. Es kam regelmäßig zu ethnischen Diskriminierungen der Armenier durch die Aseris. Angesichts nur geringer Aussichten auf einen effektiven Minderheitenschutz eskalierte der Konflikt im Februar 1988, als der Gebietssowjet von Bergkarabach die Obersten Sowjets von Aserbaidschan, Armenien und der UdSSR anrief und die Übertragung dieses Gebiets an Armenien forderte.[10] Daraufhin – und nachdem zuvor Aseris aus Bergkarabach vertrieben worden waren – kam es in Aserbaidschan zu Massakern an der armenischen Minderheit, vor allem in der Stadt Sumgait. Die Führung der Sowjetunion zögerte, gegenüber Armenien irgendwelche Zugeständnisse bezüglich Bergkarabachs zu machen – aus Angst, »damit die

Büchse der Pandora für vergleichbare territoriale Ansprüche zu öffnen«[11]. Im Juli 1988 entschied die sowjetische Führung, dass das Gebiet Teil Aserbaidschans bleiben solle und im November 1989 erhielt Baku die volle Kontrolle darüber offiziell zurück. Dennoch eskalierte der Konflikt weiter, da Armenien die Annexion Bergkarabachs erklärte.[12] Nachdem Armenien und Aserbaidschan, wie die anderen Sowjetrepubliken auch, am 21. September bzw. 30. August 1991 ihre Unabhängigkeit erklärt hatten, votierte daraufhin im September 1991 die überwiegend armenische, völkerrechtlich aber nach wie vor zu Aserbaidschan gehörende Region Bergkarabach ebenfalls für ihre Unabhängigkeit und konstituierte sich als Republik, die allerdings von keinem Staat anerkannt wurde. Infolge dieser Abspaltung von Aserbaidschan wurden die Armenier Bergkarabachs von 1992 bis 1994 in einen Unabhängigkeitskrieg gegen Aserbaidschan gedrängt, in dem sie – von Armenien unterstützt – ihre Unabhängigkeit erfolgreich verteidigten und darüber hinaus mit armenischen Truppen auch noch die Städte Agdam und Fisoli samt Umland eroberten; insgesamt ein Fünftel des aserbaidschanischen Territoriums.[13] Nachdem anschließend der Konflikt jahrelang eingefroren war, gelang es Aserbaidschan nach umfangreicher Aufrüstung v. a. durch die Türkei, in einem kurzen Krieg zwischen September und November 2020 die Armenier zu großen Teilen aus Nagornyj Karabach und den umliegenden Gebieten zu vertreiben. Die Waffenstillstandsvereinbarung vom November 2020 sah einen Korridor zwischen Aserbaidschan und seiner Exklave Nachitschewan quer durch Armenien vor. Damit verfügte die Türkei faktisch über eine Landbrücke zum Kaspischen Meer und den turkstämmigen Staaten Zentralasiens und weitete so ihre Einflusssphäre im Kaukasus weiter aus.

Aber auch Russland ging aus diesem Konflikt nicht nur als diplomatischer Sieger hervor, indem es seine Position in Armenien ausgebaut hat, ohne dabei seine Beziehungen zu Aserbaidschan zu gefährden, sondern auch unter militärischen Gesichtspunkten. Knapp 2000 Mann russischer Friedenstruppen wurden entlang der Kontaktlinie in Nagornyj Karabach und entlang des Latschin-Korridors, der die Verbindung zu Armenien darstellt, stationiert. Damit ist Russland in allen drei Kaukasusstaaten militärisch präsent und kann jederzeit seinen Einfluss geltend machen.

Zuletzt flammte der Konflikt wieder im September 2022[14] auf, als Aserbaidschans Streitkräfte armenische Stellungen in Grenznähe auf international anerkanntem armenischem Gebiet beschossen, was eine klare Verletzung seiner territorialen Integrität bedeutete. Dabei kamen auch schwere Waffen wie Artillerie und Raketenwerfer zum Einsatz. Auf armenischer Seite wurden mehrere kleine Armeebasen zerstört. Dem armenischen Verteidigungsministerium zufolge wurden darüber hinaus auch zivile Einrichtungen wie Schulen und Kindergärten getroffen. Hintergrund dieser Eskalation ist, dass Aserbaidschan zum einen einen Korridor durch armenisches Territorium zu seiner Exklave Nachitschewan und damit auch zu seinem engsten Verbündeten, der Türkei, anstrebt. Durch Geländegewinne in Armenien könnte Aserbaidschan zum anderen versuchen, den vollständigen armenischen Abzug aus Bergkarabach zu erzwingen, und so die Kontrolle über das Gebiet erlangen.

Baku nutzte jedenfalls eine günstige Gelegenheit, denn Russland, der wichtigste militärische Verbündete Armeniens, hat infolge des Ukraine-Kriegs seine Schutztruppen weitgehend aus Armenien abgezogen und damit natürlich die armenische Position deutlich geschwächt.

2. Somaliland

1884 schloss Großbritannien im Somaligebiet Verträge mit verschiedenen lokalen Clans und errichtete so sein Protektorat Britisch-Somaliland, das als Militärstützpunkt und Versorgungsstation für Schiffe genutzt wurde. An einer umfangreicheren Kontrolle und Entwicklung ihrer neuen Kolonie hingegen waren die Briten – im Unterschied zu den Italienern im angrenzenden Italienisch-Somaliland – kaum interessiert. Sie beschränkten sich weitgehend auf eine indirekte Herrschaft über das Gebiet, investierten kaum in seine Entwicklung und griffen wenig in die inneren Verhältnisse ein. So blieben beispielsweise lokale Strukturen wie die Ältestenräte weitgehend erhalten. Zugleich blieb vor allem das Landesinnere schwach entwickelt. Nicht alle Clans unterstellten sich der britischen Fremdherrschaft widerstandslos. Für Unmut sorgte dabei insbesondere der 1897 festgelegte Grenzvertrag zu Abessinien, der dessen Hoheit über den von Somalis bewohnten Ogaden einschließlich des bedeutenden Weidelandes im Haud-Gebiet anerkannte. Zwischen 1899 und 1920 kam es zu einem religiös und nationalistisch motivierten Guerillakrieg gegen die Kolonialherrschaft, in dessen Verlauf – verbunden mit einer Hungersnot 1911/12 – etwa ein Drittel der Bevölkerung umkam.

Während des Zweiten Weltkriegs eroberten die Briten Italienisch-Somaliland und unterstellten es bis 1950 einer Militärverwaltung, bis sie es anschließend als Treuhandgebiet an Italien zurückgaben, während Britisch-Somaliland als Kolonie bei Großbritannien verblieb.

Als die Unabhängigkeit Italienisch-Somalilands für den 1. Juli 1960 angesetzt war, forderte auch Britisch-Somaliland seine eigene rasche Unabhängigkeit, um eine Vereinigung mit Italienisch-Somaliland als ersten Schritt zur Einigung aller Somali in einem Staat zu erreichen. Innerhalb von zwei Monaten wurde die Unabhängigkeit vorbereitet und schließlich am 26. Juni 1960 gewährt, fünf Tage später erfolgte am 1. Juli der Zusammenschluss mit Italienisch-Somaliland zum Staat Somalia.

Allerdings fühlten sich bald viele Bewohner des früheren britischen Gebietes im Gesamtgebilde Somalia benachteiligt. Die nationale Integration bereitete Schwierigkeiten, da sich Nord- und Südsomalia in Entwicklungsstand, Bildungs- und Verwaltungsstrukturen unterschieden. Nach Ansicht vieler Nordsomalier unternahm der wirtschaftlich, politisch und demografisch dominierende Süden wenig, um diese Unterschiede zu beseitigen und die Entwicklung des Nordens zu fördern. 1961 wurde die neue somalische Verfassung im Süden von der großen Mehrheit der Bevölkerung angenommen, im Norden aber von weniger als 50 Prozent unterstützt.[15] Im selben Jahr revoltierten Offiziere im Norden erfolglos gegen den Zusammenschluss mit dem Süden. Nachdem 1969 in Mogadischu Siad Barre die Macht ergriffen und eine autoritäre Regierung errichtet hatte, gründete sich 1981 die Rebellenbewegung »Somali National Movemen« (SNM), die in Nordsomalia einen bewaffneten Kampf gegen die Regierung begann, deren reguläre Armee mit Repressionsmaßnahmen reagierte, die in der Bombardierung der Städte Burao und Hargeysa 1988 gipfelten. Hierbei kamen etwa 50 000 Menschen um, 400 000 wurden intern vertrieben, weitere 400 000 flohen über die Grenze in Flüchtlingslager im äthiopischen Ogaden[16] oder nach Dschibuti. 1991 gelang zwar verschiedenen Rebellenbewegungen die Entmachtung Barres, der nach dem Ende des Kalten Krieges von den Amerikanern als Verbündeter fallen gelassen worden war, aber Konflikte zwischen Clans und Kriegsherren verhinderten die Bildung einer stabilen Nachfolgeregierung. Vielmehr führte der bis heute in Süd- und Zentralsomalia andauernde Bürgerkrieg zum Zerfall des Landes und zu einer ersten, allerdings gescheiterten Blauhelmmission der Bundeswehr von März 1993 bis März 1994.

Die SNM initiierte derweil einen Versöhnungsprozess der nordsomalischen Clans. Auf einer Versammlung von Clan-Ältesten unter Federführung der SNM wurde 1991 in Burao die einseitige Unabhängigkeitserklärung Somalilands zusammen mit einer »Nationalen Charta« verabschiedet, der zufolge die SNM für die nächsten zwei Jahre die Regierungsgewalt ausüben sollte. Anschließend sollte eine neue Verfassung ausgearbeitet werden, unter der die Macht an eine gewählte Regierung übergehen würde. Die SNM zerfiel jedoch bald darauf in einander bekämpfende Fraktionen und es kam wie im übrigen Somalia zu Clan-Konflikten, bis 1992 ein Waffenstillstandsabkommen unterzeichnet wurde. 1993 wurden auf einer wei-

Karte 22 Somalia und das international nicht anerkannte, faktisch aber unabhängige Somaliland

teren Konferenz eine neue nationale Charta und ein Friedensabkommen verabschiedet. Eine zivile Regierung mit einem Zwei-Kammern-Parlament wurde eingerichtet. 1994 bis 1996 flammten erneut Auseinandersetzungen auf, Angehörige des Dir-Clans, die Somalilands Autorität nicht anerkennen wollten, riefen kurzfristig ihre eigene »Republik Awdal« aus. Eine weitere Konferenz 1996 führte dann aber zum seither andauernden Frieden in Somaliland. 2001 wurde eine Verfassung in einem Referendum deutlich angenommen. 2002 fanden Kommunalwahlen und 2005 Parlamentswahlen statt.

Während, wie erwähnt, große Teile von Somalia bis heute in Bürgerkrieg und Anarchie versunken sind, blieb es nach Beilegung der Konflikte 1996 einzig im faktisch unabhängigen – formal und völkerrechtlich aber nach wie vor nicht anerkannten – Somaliland friedlich und stabil. Somaliland verstand es dabei, »nicht nur den inneren Frieden zu wahren, sondern auch eine einigermaßen stabile Demokratie einzurichten – eine beachtliche Leistung im regionalen Kontext«[17]. Das Erfolgsbeispiel Somalilands trug dazu bei, dass sich 1998 Puntland im Nordosten unter Führung des Harti-Darod-Clans zum autonomen Teilstaat innerhalb des Failed State Somalias erklärte und eine eigene Regionalregierung bildete.

Somaliland bemüht sich nach wie vor um eine internationale Anerkennung seiner de facto bestehenden Unabhängigkeit. Für Aufregung sorgte dabei kurzzeitig eine offizielle Mitteilung Kenias im Juni 2019, in der es Somaliland als »Staat« (englisch country) bezeichnete, was laut offiziellen Behörden des faktisch nicht mehr existenten Somalias eine Anerkennung Somalilandes impliziert hätte.[18]

Somaliland ist Mitglied der »Unrepresented Nations and Peoples Organization« (UNPO)[19] und hat 2005 einen Antrag auf Mitgliedschaft in der Afrikanischen Union gestellt. Mit dem angrenzenden Äthiopien unterhält es gute (wirtschaftliche) Beziehungen, die aber dennoch bislang nicht zu einer Anerkennung durch Addis Abeba geführt haben. Andere Staaten der Region lehnen aus verschiedenen Gründen eine Anerkennung ebenfalls ab. Die internationale Gemeinschaft unterstützt mehrheitlich eine – aktuell eher utopische – Wiedervereinigung und Befriedung Somalias unter einer Bundesregierung Somalias, welche ihrerseits weiterhin die Wiedereingliederung Somalilands anstrebt. Am 9. September 2020 nahm Somaliland diplomatische Beziehungen zum ebenfalls international nicht voll diplomatisch anerkannten Taiwan (Republik China) auf, was wiederum auf scharfe Kritik der Volksrepublik China stieß.

Mit der im Osten angrenzenden, sich 1998 für autonom erklärten Region Puntland bestehen Differenzen bezüglich der Zugehörigkeit zweier Regionen, wobei sich Somaliland auf den früheren kolonialen Grenzverlauf von Britisch-Somaliland beruft. Die Bevölkerung des umstrittenen Gebietes ist teils zu Somaliland, teils zu Puntland loyal und lehnt zum Teil auch beide ab. Seit 2002 kam es daher verschiedentlich zu Zusammenstößen. Zudem erklärte sich in diesem Grenzgebiet 2007 Maakhir als weiterer Teilstaat von Somaliland wie von Puntland für unabhängig. Dieser ungelöste Gebietsstreit ist ein weiterer Grund, weshalb die internationale Gemeinschaft Somaliland bis dato nicht anerkennt.

Ungeachtet dessen verdient es Somaliland, als unabhängiger Staat auch offiziell völkerrechtlich anerkannt zu werden. Mit seinen 3,5 Millionen Einwohnern hat es demokratische Strukturen etabliert, wovon zahlreiche Staaten nicht nur in Afrika Lichtjahre entfernt sind. So darf die Presse kritisch berichten, es existieren drei Parteien und die letzten Regierungswechsel fanden in demokratischer Form statt. Kein Wunder, dass es Hunderttausende Bürgerkriegsflüchtlinge aus dem international nach wie vor anerkannten Failed State Somalia nach Somaliland gezogen hat.

3. Nordzypern

Die sogenannte »Türkische Republik Nordzypern« betrachtet sich seit der Besetzung durch türkische Truppen 1974 und insbesondere seit der Proklamation ihrer Staatsgründung am 15. November 1983 nicht mehr als Teil der Republik Zypern, sondern als eine eigene Republik. Sie wird aber international nur von der Türkei anerkannt. Auch die EU geht nach wie vor von der Unteilbarkeit der Insel aus. Damit stellt das Gebiet der Türkischen Republik Nordzypern ein Sondergebiet der EU dar.[20]

Wie kam es nun zu dieser vertrackten Situation?

Im 1960 von Großbritannien unabhängig gewordenen Zypern war eine Gleichberechtigung der griechischen und türkischen Volksgruppe vorgesehen. In der Verfassung wurden daher der türkischen Volksgruppe feste Repräsentationsrechte eingeräumt, so erhielt der immer von der türkischen Seite zu stellende Vizepräsident umfassende Vetorechte. Weiterhin sollten Großbritannien, Griechenland und die Türkei als Garantiemächte fungieren.

Aufgrund verfassungsrechtlicher Kontroversen kam es allerdings 1963/1964 zwischen Zyperntürken und Zyperngriechen zu einem ersten bewaffneten Konflikt, der zwar durch eine Intervention von UN-Truppen beendet werden konnte, in dessen Folge es aber zu einer zunehmenden räumlichen Trennung der beiden Volksgruppen kam. Während die zyperngriechischen Nationalisten nun mit Macht den Anschluss der Insel an Griechenland anstrebten, zielte die Politik der zyperntürkischen Nationalisten auf eine Teilung Zyperns.

Nachdem am 15. Juli 1974 die Militärjunta in Griechenland einen Putschversuch zyperngriechischer Offiziere gegen Präsident Makarios mit dem Ziel eines Anschlusses Zyperns an Griechenland unterstützt hatte, nahm die Türkei dies zum Anlass, unter Berufung auf den Londoner Garantievertrag von 1959 militärisch zu intervenieren.[21] Türkische Streitkräfte besetzten am 20. Juli 1974 den Norden der Insel. Zur Rechtfertigung berief sich die Türkei auf ihren Status als Garantiemacht. 162 000 Zyperngriechen, die mit insgesamt 506 000 Bewohnern 79 Prozent der Inselbevölkerung stellten, wurden aus dem nun besetzten Teil Zyperns vertrieben oder flohen. Anschließend mussten rund 48 000 Zyperntürken, die mit insgesamt 118 000 Bewohnern etwa 19 Prozent der Inselbevölkerung ausmachten, den Süden der Insel verlassen.[22] Am 13. Februar 1975 rief der zyperntürkische Politiker Rauf Denktaş den »Türkischen Föderativstaat von Zypern« aus, der ein Teilstaat eines künftigen zyprischen Bundesstaates sein sollte. Allerdings wurde diese durchaus sinnvolle Kompromisslösung nicht nur von der zyperngriechischen Seite, sondern leider auch von der internationalen Staatengemeinschaft abgelehnt.[23]

So war es dann nicht allzu verwunderlich, dass gut acht Jahre später die türkische Seite mit einer radikaleren Lösung vollendete Tatsachen zu schaffen suchte, indem am 15. November 1983 das Parlament des »Türkischen Föderativstaats von Zypern« unter Berufung auf das Selbstbestimmungsrecht der Völker die Unabhängigkeit ausrief.[24]

Drei Tage später erklärte der UN-Sicherheitsrat diesen Akt für rechtsungültig, da eine Unabhängigkeit Nordzyperns mit dem Gründungsvertrag der Republik Zypern und dem damit zusammenhängenden Garantievertrag unvereinbar sei.[25] Eine weitere Resolution im Sinne einer Nichtanerkennung wurde am 13. Mai beschlossen.[26] Lediglich die Türkei anerkannte das Selbstbestimmungsrecht der Völker als rechtliche Grundlage für die Unabhängigkeitserklärung, während die Staaten des Sicherheitsrats dies überwiegend aus völkerrechtlichen Gründen, aber auch als Verstoß gegen die Zypern-Resolutionen ablehnten.[27]

Zwar stimmten am 24. April 2004 in einer Volksabstimmung in der »Türkischen Republik Nordzypern« 65 Prozent für den Plan des damaligen UN-Generalsekretärs Kofi Annan, der die Wiedervereinigung der Insel in Form eines Bundesstaats aus zwei Zonen vorsah und so einen gemeinsamen Beitritt in die EU ermöglichen sollte; da er aber von den Zyperngriechen abgelehnt wurde, trat am 1. Mai 2004 faktisch auch nur der Südteil der

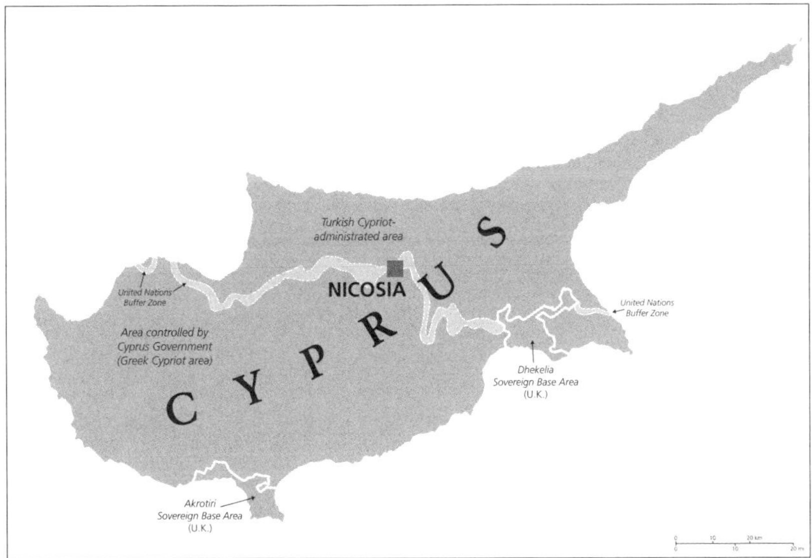

Karte 23 Zypern und der von der Türkei seit 1974 besetzte Nordteil der Insel – die international nicht anerkannt sogenannte Türkische Republik Nordzypern

Insel der EU bei. Immerhin wurde die sogenannte »Green Line« – also die demilitarisierte Zone zwischen beiden Landesteilen – nicht als EU-Außengrenze definiert, sodass Güter und vor allem Personen erstmals die Grenze auch vom Norden in den Süden passieren konnten, was bis dahin vom Südteil nicht geduldet worden war. Damit blieb die EU bei ihrer Position, dass sie völkerrechtlich von der Aufnahme der Gesamtinsel ausgeht und den Norden als Bestandteil der Republik Zypern sieht. Diese Sichtweise wird auch nach wie vor von der internationalen Staatengemeinschaft geteilt. Die »Türkische Republik Nordzypern« betrachtet sich hingegen als souveräner Staat, in dem allerdings die türkische Armee mit 36 000 Soldaten präsent ist.[28] Eine einvernehmliche Lösung des Konflikts ist gerade auch im Hinblick auf die Dauerfeindschaft zwischen Griechenland und der Türkei in nächster Zukunft nicht absehbar.

VIII. Gescheiterte Sezessionen

1. Kurzlebige Staaten

a. Konföderierte Staaten von Amerika (Südstaaten)

Ein bekannter und hinsichtlich seiner Folgen äußerst gravierender Fall einer politischen Sezession war die Trennung der Südstaaten von den Vereinigten Staaten im Jahr 1860/61 und die Bildung der »Konföderierten Staaten von Amerika« (Confederate States of America, CSA), die jedoch von keinem anderen Land anerkannt wurden.

Vor einer weiteren Betrachtung sei allerdings der Hinweis erlaubt, dass trotz der historisch und politisch herausragenden Bedeutung des Sezessionskriegs dieser hier aufgrund seiner komplexen und umfassenden Bandbreite nur in Form eines kurzen Überblicks dargestellt werden kann.

Die Hintergründe der Sezession der Südstaaten sind in der unterschiedlichen demografischen, wirtschaftlichen, politischen und religiösen Entwicklung der einzelnen US-Bundesstaaten und der damit einhergehenden gesellschaftlich-ökonomischen Teilung der USA in Bundesstaaten, die Sklavenhaltung aus wirtschaftlichen Gründen erlaubten, und solche, die es verboten, zu suchen. Insbesondere der Norden erlebte um die Mitte des 19. Jahrhunderts einen folgenreichen Strukturwandel, indem er auch in hohem Maße von der zunehmenden Einwanderung europäischer Siedler profitierte, was auch die Industrialisierung speziell im Nordosten entsprechend forcierte. Zwei Drittel der gesamten nicht-agrarischen Erzeugnisse der USA stammten kurz vor dem Sezessionskrieg aus dieser Region.[1] Der Süden hingegen war und blieb mit seiner Plantagenwirtschaft (Erdnusse, Zuckerrohr, Tabak, Baumwolle) sehr stark agrarisch geprägt und setzte aus wirtschaftlichen Gründen weiterhin auf die Sklavenhaltung, die von den Plantagenbesitzern zudem noch ausgeweitet wurde. Die überwiegend für den Export nach Europa bestimmten Güter wie Baumwolle, Tabak, Reis und Rohrzucker sicherten zwar den Großgrundbesitzern entsprechende Gewinne, manifestierten aber umfassende Monokulturen und verhinderten dadurch den Aufbau einer diversifizierenden Industrie im Süden, der somit in immer stärkere Abhängigkeit von den Industrieerzeugnissen aus dem Norden geriet.[2] Fast zwangsläufig entstanden aus diesen Umständen wirtschaftspolitische Konflikte, wobei das Problem der Sklavenhaltung als einer der wichtigsten Gründe für die Sezession angesehen werden muss. Die Auseinandersetzungen wurden darüber hinaus auch von grundlegenden Fragen geprägt, nämlich welche Befugnisse die Bundesregierung gegenüber den Bundesstaaten haben sollte. Die Südstaaten befürchteten hier langfristig den Verlust ihrer Rechte und setzten sich bis zu ihrer Abspaltung für die Beibehaltung eines starken Föderalismus ein. In den Nordstaaten hingegen wurde das quasi feudale System im Süden mit einer wirtschaftlich und politisch dominierenden kleinen Schicht von Großgrund- und Sklavenbesitzern an der Spitze als eine Bedrohung für die Demokratie angesehen. Da die Staaten im Norden die Sklaverei nach und nach offiziell abschafften und die Bewegung zur vollständigen Abschaffung der Sklaverei immer stärker wurde, verschärfte sich der Konflikt weiter. Nach der Aufnahme Missouris als Sklavenhalterstaat 1821 in die Union wurde gleichzeitig festgelegt, dass nördlich des 36. Breitengrads mit Ausnahme Missouris keine Sklaverei in den Territorien (also zu den USA gehörenden Gebieten, die aber noch keine offiziellen Staaten waren) erlaubt sei.[3] Seit den 1830er-Jahren bewegten sich die Nord- und Südstaaten immer stärker in verschiedene Richtungen und betonten dabei auch ihre Andersartigkeit.[4] Laut William Price war dies der Beginn des Sezessionskriegs als »a cold war and moved toward the inevitable conflict somewhere between 1850 and 1860«[5]. Je stärker die Rhetorik der die Sklavenhaltung ablehnenden Staaten an Aggressivität zunahm, umso mehr löste dies im Süden als Retourkutsche eine Idealisierung des dortigen Wertesystems aus. Das oft skrupellose Profitdenken der Nordstaaten und die damit einhergehende Ausbeutung der abhängigen Lohnarbeiterschaft kontrastierten die südlichen Bundesstaaten mit einer aus ihrer Sicht intakten Welt, in der Sklavenhalter und Sklaven in einem wechselseitigen verantwortungsvollen und loyalen Verhältnis stünden.[6] Das Fass zum Überlaufen brachte aus Sicht der Südstaaten dann die Wahl Abraham Lincolns, ein entschiedener Gegner der Sklaverei, zum Präsidenten (1861–1865). Daraufhin erklärte South Carolina am 20. Dezember 1860 seinen Austritt aus der Union. Es folgten kurz danach im Januar 1861 die Staaten Mississippi, Florida, Alabama, Georgia und Louisiana. Am 4. Februar 1861 konstituierte sich ein Provisorischer Kongress aus Vertretern dieser Staaten, die sich zu den »Konföderierten Staaten von Amerika« (Confederate States of America, CSA) zusammenschlossen. Hauptstadt wurde zuerst Montgomery, das nach dem Beitritt Virginias von Richmond abgelöst wurde. Texas, dessen Abspaltung durch die Bevölkerung am 23. Februar per Referendum gebilligt worden war, war der letzte Staat, der am 2. März 1861 noch vor dem Amtsantritt Abraham Lincolns und dem Beginn des Sezessionskrieges aus den USA aus- und den CSA beitrat. Bald darauf traten auch Virginia, Arkansas, North Carolina und Tennessee aus der Union aus und schlossen sich der Südstaaten-Konföderation an, die somit 11 der 15 Staaten, in denen Sklaverei erlaubt war, umfasste. Die CSA erhoben auch Anspruch auf Missouri und Kentucky (daher auch die 13 Sterne in der Flagge der Konföderation statt nur 11), deren politische Loslösung aus dem Bund der Vereinigten Staaten jedoch nie eindeutig geregelt wurde. Die am 11. März 1861 verabschiedete Verfassung der CSA war der Verfassung der USA sehr ähnlich – bis auf die ausdrückliche Erlaubnis der Sklaverei. Präsident des neuen Staates wurde Jefferson Davis.

Die Union verweigerte dem Süden jedoch die Anerkennung, ebenso wenig erfolgte eine internationale Anerkennung der CSA. Großbritannien war zu diesem Schritt erst bereit, wenn der Süden den Sezessionskrieg für sich entschieden hätte. Dieser begann kurz nach der Abspaltung. Die Union hatte über das Land verstreut Truppen in Forts stationiert, von denen einige im Süden lagen. Anlass für den Kriegsausbruch war der Beschuss von Fort Sumter in der Nähe von Charleston in South Carolina, das von Truppen der Union besetzt war. Im nun folgenden Sezessionskrieg, in dem die Südstaaten ohne Unterstützung von außen langfristig nur geringe Erfolgsaussichten gegen die industriell fortgeschrittenere und bevölkerungsreichere Union hatten, der 90 Prozent der gesamten Industriekapazität zur Verfügung stand[7], erzielten die konföderierten Truppen zu Beginn allerdings mehrere teils verlustreiche, aber äußerst beachtenswerte Siege. Besonders die Nord-Virginia-Armee unter dem Befehl von General Robert Edward Lee zeigte sich den Truppen der Nordstaaten mehr als gewachsen, wenn auch die Bundestruppen teils tief in das Territorium der Konföderation eindrangen. Die Südstaaten hielten mit viel Tapferkeit und Opfermut vier Jahre lang durch, wobei dies nicht nur aus dem Mut der Verzweiflung geschah, sondern auch darauf basierte, dass die überwältigende Mehrheit der weißen Südstaatler dem eigenen Gesellschafts- und Wirtschaftssystem (ganz im Gegensatz zu der Bevölkerung des Nordens) innerlich verbunden war und somit in der Behauptung der Unabhängigkeit und Eigenstaatlichkeit als CAS ein Ziel sahen, das alle Entbehrungen und Opfer lohnte.[8] Das Jahr 1863 brachte schließlich den Wendepunkt im Krieg, als im Juli sowohl das strategisch wichtige Vicksburg im Westen fiel als auch General Lee in der Schlacht von Gettysburg besiegt wurde. Der Süden, der nun endgültig in der Defensive war, wurde schließlich von dem an Menschen- und Rüstungspotenzial weit überlegenen Norden geschlagen. General Lee kapitulierte am 9. April 1865 vor dem Nordstaatengeneral Ulysses Grant. Mit dieser Niederlage zerbrach die Konföderation, worauf die sezessionistischen Südstaaten zwischen 1866 und 1870 wieder – oft mit fragwürdigen Mitteln – in die Union eingegliedert wurden. Dabei wurde die weiße Bevölkerung des Südens um ein Zehntel dezimiert und die dortige Wirtschaft mehr oder weniger zum Erliegen gebracht.[9] Es dauerte fast ein Menschenalter, bis hier der alte Leistungsstand wieder erreicht wurde.

Die Zeit des Bürgerkriegs und der sogenannten Reconstruction[10], also die unter z. T. massiven Repressionen gegenüber der Bevölkerung vorgenommene sogenannte »Wiedereingliederung« der Südstaaten in die Union, haben das regionale Gefühl der Südstaatler nachhaltig geprägt. Erst 1868 erlangten sieben, 1870 die restlichen vier Südstaaten ihre Wiederzulassung als Bundesstaaten der USA und wiederum erst 1877 zogen die letzten Besatzungstruppen aus dem Süden ab.[11] Die bis heute nachvollziehbare regionale Verbundenheit und Identifikation mit den Werten der Konföderation wird wegen der damaligen Sklavenhaltung derzeit mehr als kontrovers aufgenommen, kann an dieser Stelle aber nicht weiter diskutiert werden.

Festzuhalten bleibt aber, dass der Sezessionskrieg der erste moderne[12] und totale Krieg war, in dem alle verfügbaren Ressourcen an Menschen und Material auf beiden Seiten eingesetzt wurden, um den Erfolg zu erringen. Am Ende waren insgesamt über 600 000 Tote, davon 360 000 aufseiten der Union und 260 000 aufseiten der CSA zu verzeichnen. Damit stellt er – trotz der beiden Weltkriege, des Korea- und des Vietnamkriegs zusammengenommen – den verlustreichsten Krieg in der Geschichte der USA dar.

b. Afrika: Katanga und Biafra

Blicken wir in diesem Zusammenhang noch einmal nach Afrika und nehmen zwei dort ebenfalls gescheiterte Sezessionsversuche genauer unter die Lupe, die heute zwar weitgehend in Vergessenheit geraten sind, zu ihrer Zeit jedoch – wenn auch emotional in höchst unterschiedlicher Weise – im Fokus der Weltöffentlichkeit standen.

Katanga

Gehen wir zuerst in den Kongo bzw. in die heutige »Demokratische Republik Kongo« (das ehemalige Zaire von 1971 bis 1998) und dort ganz konkret in die ehemalige Provinz Katanga. Deren Name dürfte den meisten Lesern wohl kaum noch geläufig sein. Vielleicht mag sich der eine oder andere

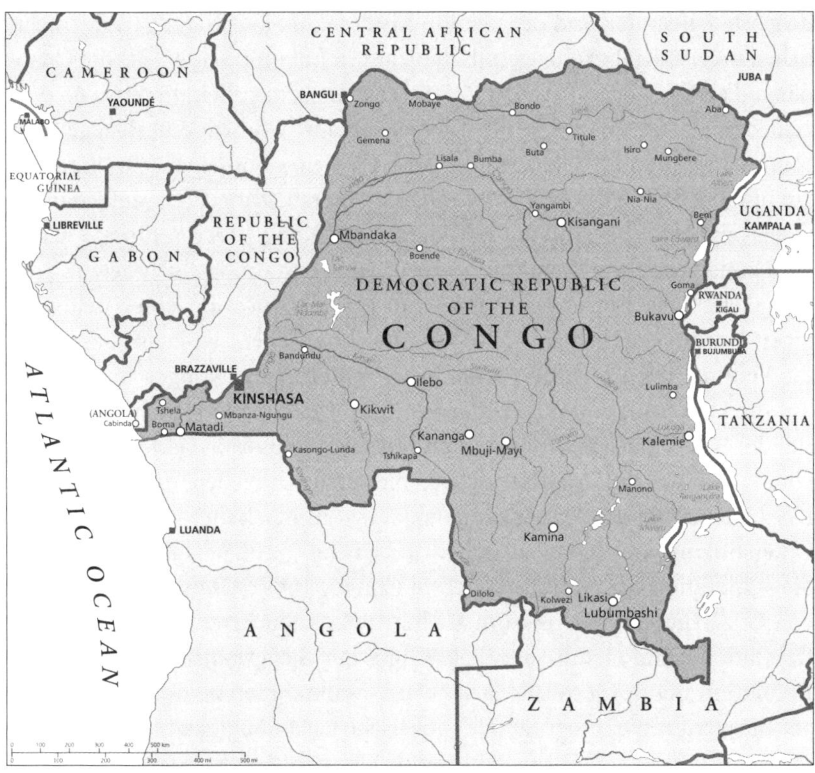

Karte 24 Die seit 1960 unabhängige Demokratische Republik Kongo. Katanga liegt im südöstlichen Teil des Landes

allenfalls noch an den gleichnamigen englischen Kriegsfilm aus dem Jahr 1968 erinnern, in dem die Schauspieler Rod Taylor und Peter Carsten den deutschen Söldner Willy Krüger und den noch immer von der NS-Ideologie überzeugten Hauptmann Henlein verkörperten. Krüger erhielt dabei den Auftrag, in der Provinz Katanga mit einem von ihm befehligten Trupp von Regierungssoldaten Diamanten und weiße Bürger in Sicherheit zu bringen, mit ungewissem Ausgang dieser Mission. Nun aber weg von der Fiktion und hin zu den Fakten.

Die ehemalige Kolonie Belgisch-Kongo wurde am 30. Juni 1960 unabhängig und versank nach dem überstürzten Abzug der ehemaligen Kolonialherren alsbald im Chaos, was die sogenannten Kongokrise[13] von 1960 bis 1963 auslöste. Nur elf Tage nach der von massiven Unruhen begleiteten Unabhängigkeit des Kongo[14] erklärte der Regionalpräsident der Provinz Katanga, Moïse Tschombé, mit Unterstützung westlicher Geheimdienste, belgischer Beamter und der »Union Minière du Haut Katanga«, der staatlichen belgischen Bergbaugesellschaft, am 11. Juli 1960 seinerseits die Unabhängigkeit der rohstoffreichen Provinz. Katanga, das allein für etwa 60 Prozent der Staatseinnahmen des Kongo aufkam[15], führte eine Flagge, eine Nationalhymne und später eine eigene Währung und eigene Briefmarken ein und bat die belgische Regierung um Unterstützung.[16] Daraufhin intervenierten belgische Truppen in Katanga und Kongo. Deren Einsatz wurde vom kongolesischen Premierminister Patrice Lumumba als Verletzung der kongolesischen Souveränität abgelehnt und als Invasion eines unabhängigen Landes durch die alte Kolonialmacht gesehen, weshalb dieser nun die Vereinten Nationen um Hilfe bat: Die Regierung Kongos forderte somit die UNO auf, gegen die Intervention Belgiens vorzugehen. Daraufhin rief der Sicherheitsrat der Vereinten Nationen Brüssel in seiner Resolution vom 14. Juli 1960 auf, sich aus dem Gebiet zurückzuziehen, und autorisierte UN-Generalsekretär Dag Hammerskjöld zu militärischer und technischer Unterstützung der Kongolesischen Regierung.[17] Am 15. Juli 1960 begann die »Opération des Nations Unies au Congo« (ONUC) mit einem Einsatz von UN-Truppen, der bis zum 30. Juni 1964 andauerte. In einer weiteren Resolution vom 22. Juli 1960 bekräftigte der Sicherheitsrat seine frühere Resolution und forderte alle Staaten auf, Maßnahmen zu unterlassen, welche die territoriale Integrität oder politische Unabhängigkeit Kongos unterminieren könnten.[18] Davon unbeeindruckt gab sich Katanga mit seinem Präsidenten Tschombé, der weiter an engen Beziehungen zu Belgien interessiert war, am 4. August 1960 eine eigene Verfassung und ersuchte die internationale Gemeinschaft um Anerkennung als souveräner Staat. Obwohl das Volk Katangas einen Anspruch auf Selbstbestimmung geltend machte und alle Kriterien der Staatlichkeit – Territorium, Bevölkerung und Regierung entsprechend der Drei-Elemente-Lehre – erfüllte, erkannte kein Staat Katanga an – eine natürlich mehr als schlechte Voraussetzung für ein dauerhaftes Überleben.

UN-Generalsekretär Dag Hammerskjöld kam schließlich am 18. September 1961 aus ungeklärten Gründen beim Absturz seines Flugzeugs im Grenzgebiet zwischen der abtrünnigen Provinz Katanga und Nordrhodesien, dem heutigen Sambia, ums Leben, als er sich auf dem Weg nach Ndola zu Friedensverhandlungen mit Moïse Tschombé befand.[19] Erst am 20. September 1961 konnte der UN-Beauftragte Khiary einen Waffenstillstand aushandeln.[20] Gestützt auf eine weitere Resolution des Sicherheitsrates vom 24. November 1961[21], verfolgte der neue Generalsekretär U Thant ein Programm zur Beendung der Sezession. Diese Entscheidung war von den Überlegungen geleitet, keinen Präzedenzfall zu schaffen und die äußerst schwache Ökonomie Kongos mithilfe der wohlhabenden Provinz Katanga, die reich an Kupfer, Kobalt, Zink, Uran und Gold war, aufrechtzuerhalten. UN-Blauhelme beendeten in Katanga-Feldzügen bis 1963 die Sezession Tschombés. Mit der Einnahme der Provinz Orientale durch kongolesische Regierungstruppen wurde die Einheit des Staates wiederhergestellt.

Letztlich wollten die Vereinten Nationen also nicht nur ein Auseinanderbrechen des Kongo, sondern mehr noch ein nicht mehr steuerbares Chaos von Staatsgründungen und Kriegen in Afrika verhindern. Zudem ist fraglich, inwieweit hier wirklich ein ethnisch homogenes Volk einen eigenen unabhängigen Staat angestrebt hatte oder ob es sich nicht vielmehr um eine rein wirtschaftlich-finanziell motivierte Sezession eines unzufriedenen Regionalmachthabers (Tschombé) handelte, der zudem noch auf die Unterstützung von Truppen der ehemaligen Kolonialmacht Belgien angewiesen war.

Biafra

Ganz anders der zweite Fall: Heute vollkommen vergessen, lieferte diese abtrünnige Provinz Ende der 1960er-Jahre dramatische Schlagzeilen und schreckliche Bilder. Das verhungernde »Biafra-Kind« ist zu jener Zeit das Thema in allen Medien und wurde zu Recht zum Symbol für Elend und Chaos in der damals so bezeichneten »Dritten Welt«.[22] Golo Mann appellierte angesichts der damaligen Tatenlosigkeit der reichen westlichen Staaten bzw. der Nichteinmischung in den Konflikt gerade im Bezug auf die BR Deutschland:

> »Wütet die Hungersnot in Biafra bis zu ihrem natürlichen Ende, ohne daß etwas Entscheidendes dagegen geschieht, dann wird sie sich anderswo wiederholen, mit oder ohne Krieg, und wird die ›Ruhe unseres Lebens‹ nicht stören; stumpf wie die Steine […] werden wir am Fernsehen immer die gleichen Bilder an uns vorüberziehen sehen, bis, auf irgendeine Art, das Schicksal uns selber wohlverdientermaßen zermalmt. Denn eine zivilisierte Menschheit, welche solches ›gelassen‹ hinnähme, würde sicher zum Schluß sich selber ruinieren.«[23]

1960 erlangte die bis dahin britische Kolonie Nigeria, heute der bevölkerungsreichste Staat Afrikas, ihre Unabhängigkeit. Der Vielvölkerstaat Nigeria[24] wurde zu diesem Zeitpunkt von drei großen ethnischen Gruppen, die geografisch getrennt und sprachlich sowie kulturell divergent waren, dominiert: im Norden die moslemischen Volksgruppen der Hausa und Fulani und im Südosten des Landes die christlichen Igbo (früher als Ibo bezeichnet). Darüber hinaus herrschte ein wirtschaftliches Ungleichgewicht zwischen den Regionen Nigerias, denn der Südosten, damals die Provinz Biafra, war ökonomisch, u.a. aufgrund der Erdölvorkommen im Niger-Delta, besser entwickelt als der Norden. Problematisch war weiterhin, dass innerhalb der großen Regionen Nigerias viele kleinere ethnische Gruppen lebten, die wiederum eine andere Sprache und Kultur pflegten. Nigeria war (und ist es bis heute) – trotz seiner föderalen Struktur als Bundesstaat – eine sehr fragile Konstruktion, wie frühere Sezessionsdrohungen[25] verschiedener Volksgruppen verdeutlichen, die jedoch vor allem eingesetzt wurden, um konkrete politische Ziele zu erreichen und damit die anderen Gruppen zu dominieren. Nicht zuletzt dadurch war in Nigeria ein ethnisch äußerst feindseliges Klima entstanden, das zu der Entstehung der Sezessionsbestrebung in Biafra[26] beigetragen hat.

Am 15. Januar 1966 kam es schließlich zu einem Militärputsch, der überwiegend von Igbos durchgeführt wurde und bei dem der damalige Präsident Nigerias getötet wurde. Die neue Regierung etablierte mittels einer Verfassungsänderung eine unitaristische Struktur, was zu einer großen Unzufriedenheit bei den anderen ethnischen Gruppen v.a. im Norden, aber auch im Süden des Landes und zu gewaltsamen Übergriffen auf Igbos führte. Ergebnis war ein zweiter Militärputsch, quasi ein Gegenputsch, am 29. Juli 1966, diesmal von Offizieren des Nordens durchgeführt, bei dem ebenfalls der Präsident getötet und durch einen neuen Präsidenten ersetzt wurde. Im Zuge des Gegenputsches kam es im Norden von Nigeria durch die Hausa und Fulani zu Pogromen gegen die Igbos, in deren Verlauf bis Oktober 1966 rund 30 000 getötet wurden. Zwei Millionen Igbos flohen daraufhin in die Ostregion des Landes. Um den Staat vor der drohenden Anarchie zu retten, trafen sich Vertreter aller Regionen zu einer Konferenz über die nigerianische Verfassung. Man einigte sich zunächst darauf, jeder Region ein Sezessionsrecht zuzubilligen, solange die Zukunft Nigerias hierdurch nicht beeinträchtigt würde. Später änderte der Präsident seine Auffassung und trat für ein vereinigtes Nigeria mit einer starken Zentralregierung ein. Weitere Verhandlungen, dabei fortwährend von gewaltsamen Übergriffen auf Igbos begleitet, führten zu keiner Einigung.

Vor diesem Hintergrund erklärte der Militärgouverneur der Ostregion Nigerias sowie spätere Oberbefehlshaber der Streitkräfte Biafras, Chukwuemeka Odumegwu Ojukwu, der ein Igbo war, am 30. Mai 1967 Biafra für unabhängig.[27] Er und seine Mitstreiter sahen angesichts der Grausamkeiten des faktischen Bürgerkrieges keine Zukunft mehr für einen politischen

Karte 25 Das seit 1960 unabhängige Nigeria. Biafra liegt östlich des Nigers, die Stadt Enugu umfassend und an den Atlantik reichend

Verbleib Biafras in Nigeria. Der neue Staat, dessen Hauptstadt Enugu wurde, besaß eine Nationalhymne, eine eigene Währung und gab eigene Briefmarken heraus. International wurde er jedoch nur von den vier afrikanischen Staaten Tansania, Zaire (die heutige DR Kongo), der Elfenbeinküste und Gabun sowie – als einzigem nichtafrikanischen Land – Haiti anerkannt. Dieser Umstand der faktischen Nichtanerkennung war selbstverständlich ein erhebliches Manko, u. a. im Hinblick auf eine dringend benötigte militärische Unterstützung zur Sicherung der Unabhängigkeit, und wirkte sich dementsprechend negativ aus. Denn schon am 6. Juli 1967 erfolgte der erste Angriff Nigerias, als seine Truppen den Niger überschritten und in Biafra einfielen. Damit begann der sogenannte Biafra-Krieg, den die nigerianische Regierung unter dem auf zahlreichen Plakaten zu lesenden Motto »To Keep Nigeria One is a Task that Must be Done«[28] führte. Unterstützung erfuhren die Igbos hier insbesondere durch Frankreich, das Anfang August 1968 Biafra zwar nicht völkerrechtlich, aber de facto anerkannte[29] und, ähnlich wie die Volksrepublik China, Portugal und die Schweiz, den jungen Staat mit Waffenlieferungen unterstützte, während die ehemalige Kolonialmacht Großbritannien, die USA und die UdSSR den Norden entsprechend stärkten.

Der Krieg währte rund 30 Monate und endete im Januar 1970 mit der Kapitulation Biafras. Mindestens eine Million Menschen – manchen Schätzungen zufolge mehr als zwei Millionen – kamen in ihm um, obwohl das Rote Kreuz eine der größten Hilfsaktionen im Kampf gegen Hunger und Tod organisiert hatte.[30] Maßnahmen der nigerianischen Seite wie die Verhängung einer Blockade über Biafra, die zu verbreitetem Hunger unter der Zivilbevölkerung führte, sowie diverse Übergriffe gegen Igbo-Zivilisten lassen sich zusammen mit den Massakern von 1966 durchaus als Völkermord an den Igbos einstufen, zu dem Nigeria gegriffen habe, »um Rest-Biafra zu bezwingen«.[31] Letztlich ist bis heute nicht hundertprozentig geklärt, ob die Hungersnot eine ungewollte Folge des Kriegs war oder ob die nigerianische Regierung die Katastrophe herbeiführte, indem sie Lebensmittellieferungen nach Biafra blockierte.[32] Auch der nigerianische Wissenschaftler Yusuf Baba-Gar kann diese Frage nicht sicher beantworten, betont aber: »Ich glaube, der Krieg wurde nicht nur mit Waffen geführt.«[33] Nachdem die nigerianische Armee fast alle Häfen und Flugplätze erobert hatte, verfügte sie schließlich über die notwendigen Mittel, um die Versorgung der Bevölkerung zu verhindern. Dennoch befassten sich die Vereinten Nationen, immer noch unter dem Eindruck des Debakels der Kongo-Krise stehend, nicht mit dem Krieg in Nigeria und entschieden sich gegen eine Intervention. »Das kann man als Desinteresse interpretieren«, konstatiert Baba-Gar nicht zu Unrecht. Das Erdöl sei den Großmächten wichtiger gewesen, für die der nigerianische Zentralstaat als sicherer Partner galt.[34]

Der Krieg endete schließlich am 12. Januar 1970 mit der Niederlage Biafras, das am 15. Januar wieder in den nigerianischen Staat eingegliedert wurde. Biafras Wirtschaft war zerstört und brauchte mehrere Jahre, um sich wieder zu normalisieren. Chukwuemeka Odumegwu Ojukwu, der Anführer der Republik Biafra, war wenige Tage vor Kriegsende an die Elfenbeinküste geflohen und kehrte erst 1982 im Zuge einer Generalamnestie zurück. Die nigeranische Regierung verkündete: »Keine Sieger, keine Verlierer«: »In defeat the Biafrans met not reprisals and crushing humiliation, as had been expected, but only the hand of reconciliation from the victors. An amnesty was extended to all who had fought against the federal government; Biafran rebels were reabsorbed in the federal army; Igbo civil servants returned to their posts in the government, and Igbo property in the North and other regions was restored to its owners. No reparations were demanded; no medals for service in the war were awarded.«[35] Ungeachtet dessen hatten die Igbos aber auf viele Jahre hinaus keine Chance, in der Hierarchie von Verwaltung und Streitkräften aufzusteigen.

Das damals von Biafra beanspruchte Gebiet, die ehemalige Ostregion, ist seit seiner Niederlage auf die nigerianischen Bundesstaaten Abia, AkwaIbom, Anambra, Bayelsa, Edo, Cross River, Ebonyi, Enugu, Delta, Imo und Rivers aufgeteilt.

»Radio Biafra London«, die »Bilie Human Right Organisation« und das »Council of Indigeneous People of Biafra« setzen sich allerdings bis heute für die Wiedererrichtung eines eigenen Staates ein. Des Weiteren kämpft die Untergrundorganisation »Movement for the Actualization of the Sovereign State of Biafra« (MASSOB – »Bewegung für die Verwirklichung eines souveränen Staates Biafra«) bis heute für die Unabhängigkeit Biafras.

Die innenpolitischen Unruhen um das zur Biafra-Region gehörende Nigerdelta bestehen also nach wie vor in unterschiedlicher Intensität und Form fort. So wurde beispielsweise im Oktober 2005 der Separatistenführer Ralph Uwazuruike verhaftet, der ebenfalls öffentlich einen Staat Biafra gefordert hatte. Auch in jüngster Zeit wurden wieder vermehrt Rufe nach einem unabhängigen Biafra laut.[36] Denn vom Ölreichtum ihrer Heimat haben die dort lebenden Menschen nichts außer einem infolge der von in erster Linie westlichen Energiekonzernen wie Shell betriebenen Ölförderung verdreckten und zerstörten Land, verseuchtes Wasser, Krankheiten und Korruption. Da dadurch auf Dauer die Lebensgrundlage der einheimischen Bevölkerung existenziell bedroht ist, ruft mittlerweile – durchaus nachvollziehbar – die Bewegung »Indigenous People of Biafra« (IPOB) sogar wieder zum bewaffneten Kampf auf. Die Regierung Nigerias geht hingegen brutal gegen Verdächtige vor. Die Gesellschaft für bedrohte Völker (GfbV) berichtet immer wieder von massiven Menschenrechtsverletzungen bis hin zum Mord durch Sicherheitskräfte. Am 31. Juli 2020 trat daher konsequenterweise die Unabhängigkeitsbewegung MASSOB der »Unrepresented Nations and Peoples Organization« (UNPO) bei.[37]

Im Gegensatz zur Sezession Katangas, die in erster Linie aus ökonomischen Interessen und mit Unterstützung nichtafrikanischer Länder erfolgte – hier ist insbesondere die Ex-Kolonialmacht Belgien zu erwähnen –, handelte es sich bei der Unabhängigkeitsbestrebung Biafras um den verzeifelten Versuch eines christlichen innovativen Volkes, auf diesem Wege der Diskriminierung und Unterdrückung v. a. durch die moslemischen Fulani zu entgehen, die – so damals Imanuel Geiß – »ihre mittelalterliche Feudaldespotie im Norden und damit ihre ausschlaggebende Macht in ganz Nigeria zu konservieren«[38] beabsichtigten. Die Igbos konnten sich also sehr wohl auf das Selbstbestimmungsrecht der Völker berufen. Mit 14 Millionen Einwohnern, die neben den neun Millionen Igbos auch weitere kleinere ethnische Gruppen einschlossen, war Biafra[39] damals alles anders als ein Zwergstaat.

Vielmehr wäre er aufgrund der Ölvorkommen im Nigerdelta und weiterer Bodenschätze (Kohle, Zinn) wie auch im Hinblick auf eine vergleichsweise gute Infrastruktur, so einem 26 000 km gut ausgebauten Straßennetz, Eisenbahnlinien, einem fortgeschrittenen Wasserversorgungs- und Elektrifizierungsprogramm sowie der Industrie- und Hafenstadt Port Harcourt[40], auch in wirtschaftlicher Hinsicht als Staat problemlos lebensfähig gewesen. Nach einer damals geläufigen Definition von Günter Decker[41] hätte Biafra zweifelsohne über eine Menschengruppe, die sich durch Merkmale wie eine weitgehend räumliche Geschlossenheit des Siedlungsgebiets, eine gemeinsame Abstammung und Sprache sowie kulturelle Traditionen definiert, verfügt und daher das Recht auf einen eigenen Staat besessen. Leider haben hier – aus welchen Gründen auch immer, über die wir hier besser nicht diskutieren – die damals noch einflussreichen »westlichen« demokratischen Staaten (Frankreich einmal ausgenommen) versagt und eine freiheitliche fortschrittliche Demokratie als Vorbild für ganz »Schwarzafrika« verhindert.

Die erfolglosen Sezessionsbestrebungen Katangas und vor allem Biafras in den Jahren 1960–1970 stellen insofern »Anomalien der UN-Praxis«[42] – nämlich die Unverletzlichkeit der bestehenden Grenzen – dar, als dass ein verzweifeltes Volk (die Igbos) oder die Bevölkerung (hier speziell bezogen auf Katanga) einen Anspruch auf Selbstbestimmung geltend machen konnte, den auch die UN rechtlich, aber auch faktisch (v.a. bezüglich Biafras) nicht infrage zu stellen vermochte. Und dennoch unternahmen die internationalen »Blauhelme« nichts, um einem Völkermord (Biafra) entgegenzutreten.[43] Somit können sie als anschaulicher Beleg gerade im Fall von Biafra für die Sezessionsfeindlichkeit des von der UNO bis heute in diesem Sinne praktizierten Völkerrechts angeführt werden – und das ohne Rücksicht auf Verluste gerade auch bei der Zivilbevölkerung. Ein nachdenkenswerter Aspekt vor allem für diejenigen Vertreter einer moralgeleiteten Außen-und Sicherheitspolitik.

2. Misslungene Sezessionsbestrebungen

a. Québec

Québec ist die einzige Region des nordamerikanischen Festlandes mit einer französischsprachigen Mehrheit. Die dortige Souveränitätsbewegung[44] ist eine Bewegung, deren Ziel es ist, auf Grundlage des Selbstbestimmungsrechts der Völker die Sezession Québecs von Kanada voranzutreiben und einen unabhängigen Staat zu gründen. Dementsprechende Begründungen sind historisch-national geprägt. So behaupten die Anhänger der Unabhängigkeitsbewegung, dass die einzigartige Kultur und die französischsprachige Mehrheit (78 Prozent der Provinzbevölkerung) von der Assimilierung durch das übrige Kanada bzw. durch die anglophone Kultur im Allgemeinen bedroht seien; der beste Weg zur Bewahrung von Sprache, Identität und Kultur liege daher in der Schaffung einer unabhängigen politischen Einheit. Religiöse Unterschiede – angesichts einer katholischen Mehrheit in Québec – werden ebenfalls zur Rechtfertigung einer Abspaltung herangezogen wie auch historische Argumente:

Nach der französischen Kolonisierung Kanadas ab 1608 und der Etablierung des sogenannten Neufrankreichs gab es ständige Rivalitäten zwischen französischen und britischen Siedlern, die schließlich in eine militärische Auseinandersetzung zwischen Großbritannien und Frankreich innerhalb des Siebenjährigen Kriegs[45] von 1756–1763 mündeten. Dabei wurde das bisherige Neufrankreich 1760 von den Briten erobert und 1763 durch den Vertrag von Paris britische Kolonie. Infolgedessen seien, so die national gesinnten und auf Unabhängigkeit bedachten Vertreter Québecs, die Frankokanadier, durch spätere britische Einwanderungswellen unterdrückt worden, was somit den Québecern bzw. Québecois das Recht auf Selbstbestimmung einräume.

Seitdem bilden die Spannungen zwischen der frankophonen, katholischen Bevölkerung Québecs und der überwiegend anglophonen, protestantischen Bevölkerung des übrigen Kanadas ein zentrales Thema. Verschärft wurde der Konflikt durch das Verfassungsgesetz von 1791, der das britische Rechtssystem einführte, und durch das Unionsgesetz von 1840, das die kulturelle und sprachliche Assimilation der Frankokanadier an die britische Kultur erzwingen sollte. Auch nationalistische Gruppen außerhalb Québecs setzten sich seitdem für die kulturelle Identität Québecs ein. Die Auseinandersetzungen und die unterschiedlichen politischen Meinungen führten zum Aufkommen eines neuen Nationalismus, des sogenannten »Klerikal-Nationalismus«.

Befürworter einer Souveränität für Québec sind bis heute der Ansicht, dass die Beziehungen zwischen Québec und dem übrigen Kanada nicht den besten sozialen, politischen und wirtschaftlichen Entwicklungsinteressen Québecs entsprächen. Darüber hinaus würde Québec ohne die angemessene Anerkennung seiner kulturellen Eigenheiten zugunsten der englischsprachigen Mehrheit chronisch benachteiligt. Eines der wichtigsten kulturellen Argumente für eine Unabhängigkeit lautet, dass dann die

Québecer eine nationale Staatsbürgerschaft besäßen, was das Problem ihrer kulturellen Identität im nordamerikanischen Kontext lösen würde. Ebenso wird angeführt, dass die Kultur der Quebécois und ihr kollektives Gedächtnis durch die Schaffung eines unabhängigen Québec angemessen geschützt würden, insbesondere gegen die kulturelle Aneignung durch andere Nationen; als Beispiel wird dabei häufig die Änderung der kanadischen Nationalhymne genannt, die ursprünglich ein französisch-kanadisches patriotisches Lied war, das von der anglophonen Mehrheit Kanadas übernommen wurde. Ein unabhängiges Québec würde auch die französische Sprache in Québec als die Sprache der dortigen Mehrheit angemessen schützen.

Seit der Gründung Kanadas im Jahr 1867 bildet Québec eine von zehn Provinzen dieses föderalen Staates, der seit 1969 offiziell ein zweisprachiges Land ist. Innerhalb Kanadas prosperierte Québec als ein industrieller Schwerpunkt und durchlief mit dem wirtschaftlichen Aufschwung in den 50er- und 60er-Jahren des 20. Jahrhunderts einen tief greifenden sozialen und wirtschaftlichen Wandel, geprägt von der Säkularisierung der Gesellschaft und der Schaffung eines Wohlfahrtsstaates bei gleichzeitiger Zunahme des kulturellen Selbstbewusstseins der Bevölkerung. Diese sogenannte »Stille Revolution« ermöglichte der mehrheitlich französischsprachigen Bevölkerung, die Kontrolle über die Wirtschaft ihrer eigenen Provinz zu übernehmen, und führte dazu, dass sich die frankophonen Einwohner vom Einfluss der englischsprachigen Elite emanzipierten, die zuvor die dortige Wirtschaft dominiert hatte.

Sie betrachteten sich in zunehmendem Maße nicht mehr als französische Kanadier, sondern entwickelten eine neue, positiver besetzte Identität als Québecer (Québécois), die nicht mehr auf das Mutterland Frankreich fokussiert ist. Der Wunsch nach staatlicher Unabhängigkeit wurde im Zuge dieses Prozesses lauter.

Als 1967 der damalige französische Staatspräsident Charles de Gaulle die Weltausstellung in Montreal besuchte, rief er einer großen Menschenmenge vor dem Rathaus zu: »Vive le Québec libre!« (»Es lebe das freie Québec!«). Dies verärgerte einserseits die kanadische Bundesregierung und bestärkte andererseits die wachsende Unabhängigkeitsbewegung, sich für eine Abspaltung Québecs einzusetzen. 1968 wurde die separatistische »Parti Québécois« (PQ) gegründet, die den Begriff Souveränität als die »Befugnis eines Staates, alle seine Steuern zu erheben, über alle seine Gesetze abzustimmen und alle seine Verträge zu unterzeichnen« definierte. Zudem verübte eine kleine Gruppierung marxistischer Separatisten, die »Front de libération du Québec« (FLQ), in zunehmendem Maße Bombenanschläge und weitere Gewaltakte wie Entführungen von Politikern. 1976 gewann die PQ bei

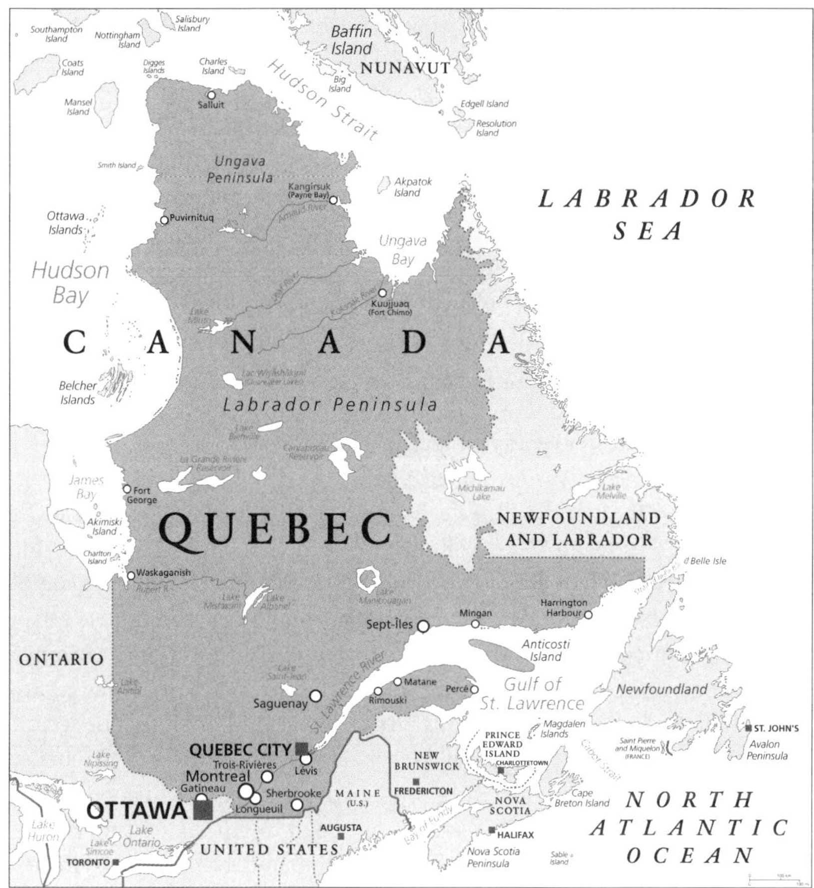

Karte 26 Die kanadische Provinz Québec

einer hohen Wahlbeteiligung mit 41,4 Prozent erstmals in der Provinz die Wahlen zur Nationalversammlung.

Die Furcht vor dem Untergang der französischen Tradition Québecs führte dann 1980 zu einer ersten Volksabstimmung über Unabhängigkeitsverhandlungen mit Kanada, nachdem die Befürworter einer Unabhängigkeit, die Souveränisten, auf ihrem siebten Nationalkongress im Juni 1979 eine entsprechende Strategie verabschiedet hatten. Die PQ sprach sich dabei für eine Assoziation zwischen einem unabhängigen Québec und dem übrigen Kanada in Form einer Währungs- und Zollunion sowie gemeinsamen politischen Institutionen zur Verwaltung der Beziehungen zwischen den beiden Ländern aus. Das wichtigste Vorbild für die Gestaltung der Beziehungen zwischen einem souveränen Québec und dem übrigen Kanada, bei denen die politischen Bindungen gelockert, die wirtschaftlichen jedoch beibehalten werden sollten, war die Europäische Gemeinschaft.

Diese Souveränitätsassoziation wurde der Bevölkerung von Québec 1980 im Rahmen des Referendums vorgeschlagen, allerdings von knapp 60 Prozent der Québecer Wählerschaft insbesondere aus ökonomischen Motiven abgelehnt. Das Referendum scheiterte aber auch daran, weil ein großer Teil der Québecer Bevölkerung auf die – allerdings nicht eingehaltenen – Versprechungen des damaligen kanadischen Premierministers Pierre Trudeau vertraute, nach der es bei Ablehnung des Referendums zu einer Verfassungsreform kommen sollte, durch die der Konflikt zwischen Québec und der Bundesregierung endgültig geklärt werde.

Diese gescheiterte Abstimmung bildete die Grundlage für das Referendum von 1995, in dem die Idee der Souveränitätsassoziation nun insoweit konkretisiert wurde, als Québec Kanada erst die neue wirtschaftliche und politische Partnerschaft anbieten würde, bevor es seine Unabhängigkeit final erklärt. Dieses Mal verloren die Souveränisten in einer besonders knappen Abstimmung mit 50,6 Prozent zu 49,4 Prozent; nur 53 498 Stimmen von mehr als 4 700 000 machten die Niederlage aus. Wie beim vorangegangenen Referendum lehnte die englischsprachige Minderheit in Québec die Souveränität mit überwältigender Mehrheit (etwa 90 Prozent) ab, ebenso einige indigene Völker, wobei insbesondere die Cree ihr Recht auf den Verbleib ihrer Gebiete innerhalb Kanadas betonten. Mehr als 96 Prozent der Inuit und Cree stimmten bei dem Referendum mit Nein. Eine Mehrheit fand die Unabhängigkeitsidee vor allem unter den Frankophonen (ca. 60 Prozent). Das Abstimmungsergebnis führte über den üblichen Québec-Nationalismus auch zu xenophoben Strömungen, die das Scheitern des Referendums auf die englischsprachigen Québecer zurückführten. Der damalige Premierminister von Québec, Jacques Parizeau, dessen Regierung die Souveränität unterstützte, führte die Niederlage auf »Geld und ethnische Stimmen« zurück. Eine Untersuchung kam 2007 zu dem Schluss, dass das anti-separatistische, föderalistische Lager für seine Anti-Unabhängigkeits-Kampagne etwa 500 000 Dollar ausgegeben und damit gegen das Wahlgesetz von Québec verstoßen hatte. Dieses sah zu diesem Zeitpunkt eine Begrenzung der Wahlkampfausgaben auf 3000 kanadische Dollar vor.

Für den Fall eines positiven Ausgangs eines weiteren derartigen Plebiszits entschied der Oberste Gerichtshof Kanadas am 20. August 1998, dass weder kanadisches noch internationales Recht eine einseitige Abspaltung Québecs von Kanada erlauben würde. Aus völkerrechtlicher Perspektive seien die Voraussetzungen eines auf das Selbstbestimmungsrecht der Völker gegründeten Sezessionsrechts nicht erfüllt. Aus verfassungsrechtlicher Perspektive verbiete das Zusammenspiel der vier Prinzipien Föderalismus, Demokratie, Rechtsstaatlichkeit sowie Minderheitenschutz eine einseitige Sezession. Vielmehr bedürfe es hierzu einer Verfassungsänderung. Allerdings ergebe sich aus dem Prinzip des Föderalismus in Verbindung mit dem Demokratieprinzip wiederum, dass sowohl die Bundesregierung als auch die übrigen Provinzen Kanadas mit Québec in Unabhängigkeitsverhandlungen einzutreten haben, sollte eine klare Mehrheit der Bevölkerung Québecs für eine Sezession votieren. Bei diesen Verhandlungen seien die Interessen Kanadas und aller Provinzen sowie insbesondere die Rechte von Minderheiten zu berücksichtigen.

1999 verabschiedete das kanadische Parlament den sogenannten »Clarity Act«, ein Gesetz, das eine Mehrheit der Wahlberechtigten im Sinne einer absoluten Mehrheit erfordert, um Sezessionsgespräche auszulösen, und nicht nur eine Mehrheit der Stimmen (einfache Mehrheit) wie zuvor. Von Souveränisten wird es jedoch weithin als unrechtmäßig betrachtet, da nach deren Ansicht allein Québec das Recht habe, die Bedingungen für seine Abspaltung zu bestimmen. Der Oberste Gerichtshof Kanadas wurde im Jahr 2000 mit der Angelegenheit betraut und erklärte einerseits, dass das Gesetz verfassungskonform und andererseits, dass Québec ebenso wie Kanada teilbar sei.

Umfragedaten vom Juni 2009 zeigten, dass die Unterstützung für eine Abspaltung von Québec zu diesem Zeitpunkt deutlich an Rückhalt verloren hatte und eine Sezession in naher Zukunft unwahrscheinlich ist. 32 Prozent der Québecer empfanden ihre Provinz für ausreichend souverän und befürworteten einen Verbleib bei Kanada; 28 Prozent sprachen sich für eine Abspaltung aus und 30 Prozent waren der Meinung, dass Québec zwar über mehr Souveränität verfügen, aber Teil Kanadas bleiben sollte.

Die anderen neun Provinzen Kanadas haben sich im Laufe der Jahrzehnte grundsätzlich gegen die Souveränität Québecs ausgesprochen. Dabei lehnen auch die Frankophonen außerhalb von Québec die Souveränität oder jede Form der nationalen Anerkennung von Québec ab. Innerhalb Québecs sprechen sich besonders die anglophone Minderheit in Montreal und die Einwanderer gegen eine Sezession aus. Diese Gruppen stimmten – wie schon erwähnt – während des 1995er Referendums mit »Nein«. Wenngleich eine Unabhängigkeit aus wirtschaftlichen und politischen Gründen abgelehnt wird, so sind auch andere Gründe gegen eine Souveränität Québecs verbreitet. Viele Gegner der Souveränitätsbewegung betrachten das Projekt aufgrund der Ablehnung von Nicht-Frankophonen als »ethnisch exklusiv«.

Der Bewegung wird vermehrt ihre Legitimität dahingehend abgesprochen, dass sie die in Québec lebenden kanadischen Ureinwohner nicht repräsentiere. Es herrscht dabei die Besorgnis, dass Québec als eigener Nationalstaat die Verträge und Vereinbarungen missachten würde, die zwischen den Ureinwohnern und der britischen Krone unterzeichnet wurden und nun von der kanadischen Bundesregierung aufrechterhalten werden. Diese Position wird von der Parti Québécois bestritten; sie behauptet, ihr Ziel sei allumfassend und im Wesentlichen staatsbürgerlicher Natur.

Am 27. November 2006 nahm das kanadische Unterhaus mit 266 zu 16 Stimmen einen Antrag an, in dem anerkannt wird, dass »die Quebécois eine Nation in einem vereinten Kanada bilden«. Dennoch gilt für die Mehrheit der Politiker in Québec das Problem des politischen Status ihrer Provinz bis heute als nicht gelöst, auch wenn die Unabhängigkeitsbewegung seit dem nur knapp gescheiterten Referendum von 1995 – wie schon gesagt – deutlich an Schwung verloren hat. Meinungsumfragen zeigen, dass sich in der Bevölkerung derzeit ein gewisser Überdruss breitzumachen scheint.[46]

b. Tschetschenien

Der Russisch-Tschetschenische Konflikt ist ein jahrhundertealter Konflikt zwischen den russischen und verschiedenen nationalistischen und islamischen tschetschenischen Kräften.[47] Russland hatte zunächst wenig Interesse am Nordkaukasus außer als geostrategisches Verbindungsstück zu seinem Verbündeten Georgien. Die durch die russischen Aktivitäten in der Region ausgelösten Spannungen führten 1785 jedoch zu einer Revolte von Tschetschenen gegen die russische Präsenz, gefolgt von weiteren Zusammenstößen. 1801 annektierte Russland formell Georgien, was seine Aktivitäten, die Region zu befrieden, verstärkte, bis diese schließlich im Ausbruch des Kaukasuskriegs 1817 mündeten.

Brutale Kriegstaktiken der Russen einschließlich Wirtschaftskrieg, Kollektivbestrafung und Deportationen waren zunächst erfolgreich, wurden dann aber als kontraproduktiv angesehen, da sie den russischen Einfluss auf die tschetschenische Gesellschaft und Kultur praktisch beendeten und eine dauerhafte Feindschaft der Tschetschenen hervorriefen. Somit war es eine logische Konsequenz, dass während des Krimkriegs (1853–1856) die muslimischen Tschetschenen sich auf die Seite des Osmanischen Reichs schlugen, sich dabei allerdings aufgrund interner Stammeskonflikte selbst schwächten. Russland gelang es erst 1862, die tschetschenischen Rebellen zu unterwerfen. Die ihnen versprochene Autonomie war jedoch recht

Karte 27 Die russische Teilrepublik Tschetschenien mit ihrer Hauptstadt Grosny

schnell Makulatur, als Tschetschenien und das umliegende Gebiet inklusive des Nordens Dagestans Russland angegliedert wurden. Nach der Oktoberrevolution 1917 gründeten die Bergvölker des Nordkaukasus eine kurzlebige, nur bis 1921 bestehende Bergrepublik.

Die jüngsten Auseinandersetzungen zwischen Russland und den Tschetschenen fanden dann in den 1990er-Jahren statt. Tschetschenien – völkerrechtlich nach wie vor ein Teil von Russland – erklärte sich als Tschetschenische Republik Itschkerien 1991 für unabhängig von der damaligen Sowjetunion und auch von Russland.[48]

Im Herbst 1994 unterstützte Russland einen Putsch des pro-russischen Politikers Umar Awturchanow, der jedoch scheiterte. Bei den Versuchen,

Awturchanow und dessen Unterstützer aus Grosny zu befreien, wurden bis zu 70 russische Soldaten und pro-russische Milizionäre gefangen genommen und ein Kampfhubschrauber über Grosny abgeschossen. Daraufhin stellte der russische Präsident Jelzin den Tschetschenen ein Ultimatum, das sie jedoch verstreichen ließen. Am 11. Dezember 1994 begann damit der Erste Tschetschenienkrieg[49]. Ursprünglich plante Russland, die abtrünnige Republik innerhalb weniger Tage einzunehmen und anschließend wieder einzugliedern, der Feldzug entwickelte sich jedoch zum Desaster. Nach anfänglichen Erfolgen gestaltete sich bereits die Einnahme Grosnys als verlustreich und langwierig. Die russische Kampfmoral war von Anfang an gering, die tschetschenischen Kräfte erhielten massive Unterstützung aus dem Ausland, besonders aus der islamischen Welt, und wechselten zur Guerillakriegsführung. Im August 1996 gelang es den Tschetschenen, Grosny zurückzuerobern, wobei die russische Armee mehrere Hundert Soldaten verlor und eine demütigende Niederlage erlitt. Daraufhin schloss Russland, vertreten durch General Alexander Lebed, einen Friedensvertrag mit Tschetschenien und zog sich zurück. Tschetschenien bewahrte sich dadurch bis 1999 eine De-facto-Unabhängigkeit, auch wenn der Vertrag die Eigenstaatlichkeit des Landes offiziell nicht bestätigte.

Der Krieg hatte auch auf tschetschenischer Seite viele Opfer gefordert und zu einer massiven Verschlechterung der wirtschaftlichen Lage geführt. Die Folge war eine Radikalisierung weiter Teile der tschetschenischen Gesellschaft und Führung. Der saudi-arabische Wahhabismus gewann bei ihr ebenso an Einfluss wie dschihadistische Ideen. Nicht von ungefähr wurde zwischen 1996 und 1999 die Scharia eingeführt. Allesamt Entwicklungen, die auch auf die Nachbarrepubliken innerhalb Russlands ausstrahlten. So hatte beispielsweise am 21. Mai 1998 eine wahhabitische Gruppe versucht, das Dagestaner Regierungsgebäude zu stürmen. Ein Terroranschlag in Machatschkala, der Hauptstadt der benachbarten russischen Republik Dagestan, am 4. September, bei dem 17 Personen ums Leben kamen, wurde ebenso tschetschenischen Terroristen angelastet wie die Tötung des als gemäßigt geltenden Oberhauptes der Muslime Dagestans, Mufti Said Muhammad Abubakarow. Am 7. August 1999 marschierten wahhabitische Einheiten in Dagestan ein, um es einem islamisch-fundamentalistischen Kalifatstaat anzuschließen, der langfristig den ganzen Nordkaukasus umfassen sollte, woraufhin es zu schweren Gefechten mit der russischen Armee kam, die bis Ende September 1999 die tschetschenischen Verbände aus Dagestan vertreiben konnte. Parallel dazu kam es immer wieder zu Terroranschlägen innerhalb Russlands, so z. B. in Moskau und in Wolgograd, die tschetschenischen Separatisten zur Last gelegt wurden.

1999 kündigte Wladimir Putin, russischer Ministerpräsident, eine militärische Lösung des Tschetschenien-Konfliktes an, um einmal – so die russische Argumentation – den Versuch von Islamisten, das Land zu einem »Gottesstaat« umzufunktionieren, zu vereiteln, aber natürlich auch, um es wieder unter die vollständige Kontrolle der russischen Zentralregierung zu stellen. Am 1. Oktober 1999 marschierte die russische Armee in Tschetschenien ein und begann mit einer breit angelegten sogenannten »Antiterror-Operation« den Zweiten Tschetschenienkrieg.[50] Im Gegensatz zu seinem Vorgänger gelang es Putin, die Kämpfe schnell zu beenden und Tschetschenien vollständig unter russische Kontrolle zu bringen. Dabei wurde 2000 die Hauptstadt Grosny fast völlig zerstört. Die Existenz des bis dahin de facto unabhängigen Staates wurde damit beendet und die Region erhielt wieder den Status einer autonomen Republik innerhalb Russlands. Die heute noch aktive Rebellenbewegung in Tschetschenien hält allerdings noch an dem Terminus »Tschetschenische Republik Itschkerien« fest. Offiziell für beendet erklärt wurde der Zweite Tschetschenienkrieg von russischer Seite erst 2009.

Bei einer Volksbefragung im März 2003 stimmten laut offiziellem Ergebnis 95,5 Prozent der Bevölkerung für einen Verbleib in der Russischen Föderation. Trotzdem wurden in der Folge weitere Anschläge, u. a. in Moskau, von tschetschenischen Terroristen verübt.

Seit März 2007 ist Ramsan Kadyrow, der Sohn des 2004 bei einem Bombenanschlag getöteten prorussischen Präsidenten Achmad Kadyrow, Präsident des Landes, das er als loayler Anhänger Putins autokratisch regiert; so werden ihm schwere Menschenrechtsverletzungen vorgeworfen. In der Tschetschenischen Republik ist es allerdings im sozioökonomischen Bereich in den letzten Jahren zu starken Verbesserungen gekommen, auch die Gewalt hat merklich abgenommen.

c. Tamilenbewegung in Sri Lanka

Auch Ferieninseln und Urlaubsparadiese sind nicht vor Sezessionsbestrebungen gefeit, wie der äußerst blutige und heftige Bürgerkrieg[51] in Sri Lanka drastisch veranschaulicht. Zwischen 1983 bis 2009 versuchten tamilische Separatisten, vor allem die »Liberation Tigers of Tamil Eelam« (LTTE), für die tamilischen Siedlungsgebiete im Norden und Osten vom ansonsten singhalesisch dominierten Inselstaat Sri Lanka einen unabhängigen Staat »Tamil Eelam« zu erreichen. Am 18. Mai 2009 endete dieser Konflikt mit dem vollständigen militärischen Sieg der sri-lankischen Regierungstruppen über die LTTE. Die Zahl der Todesopfer während des Krieges zwischen 1983 und 2009 wird auf 80 000 bis 100 000 geschätzt.[52]

Die zwei größten Bevölkerungsgruppen in Sri Lanka sind die vorwiegend buddhistischen Singhalesen und die meist hinduistischen Tamilen. Über 2000 Jahre existierten teilweise parallel singhalesische und tamilische Königreiche auf der Insel, ohne dass es zu größeren Konflikten kam. Während der britischen Kolonialherrschaft wurden dann zahlreiche indische Tamilen auf Ceylon angesiedelt, die als Arbeitskräfte auf den Teeplantagen benötigt wurden. Dadurch stieg der Anteil der Tamilen an der Gesamtbevölkerung im Laufe der Zeit von 12 auf 18 Prozent an. Dies führte bereits 1840 wegen des unterschiedlichen Glaubens zu ersten Spannungen mit der alteingesessenen Bevölkerung.

Nach der Unabhängigkeit Ceylons 1948 kam es immer wieder zu Ausschreitungen gegen Tamilen, bei denen sich, zunächst in Studentenkreisen, langsam Widerstand formierte. Ab 1970 waren die Tamilen erheblichen Benachteiligungen im Bildungssystem ausgesetzt; zudem empfanden sie die 1972 erfolgte Änderung des Staatsnamens in Sri Lanka als pro-buddhistisch. Nicht zu Unrecht – schließlich wurde der Buddhismus zur bevorzugten Religion und Sinhala die einzige offizielle Sprache. Die Tamilen fühlten sich von der singhalesischen Bevölkerung und Regierung unterdrückt und diskriminiert, sodass sich der Konflikt zwischen den beiden Volksgruppen in den folgenden Jahren weiter zuspitzte. Verschiedene politische Parteien und Organisationen schlossen sich in dieser Zeit zur »Tamil United Liberation Front« (TULF) zusammen, die den eben schon erwähnten eigenen Tamilenstaat (Tamil Eelam) im Norden und Osten der Insel forderte.

Als Beginn des Bürgerkriegs wird meist der 23. Juli 1983 angenommen, als bei einem Anschlag auf eine Militäreinrichtung im Norden der Insel 13 Soldaten getötet wurden und es danach zu landesweiten Pogromen gegen die tamilische Minderheit kam. In deren Verlauf wurden, vor allem in den Gebieten mit singhalesischer Bevölkerungsmehrheit, zwischen 1000 und 5000 Tamilen ermordet und mindestens 100 000 zur Flucht in andere Landesteile gezwungen, wobei ein großer Teil des tamilischen Eigentums in singhalesische Hände überging. Die Täter wurden z.T. von Politikern aufgehetzt und Mitglieder von Polizei und Militär beteiligten sich an den Ausschreitungen. Auf Seite der Tamilen gewann bald die LTTE die Oberhand, indem sie andere separatistische tamilische Gruppierungen rigoros bekämpfte. Im Bürgerkrieg konnte sie dann als stärkste militärische Kraft auch schnell die politische Führung einnehmen. Die LTTE nutzte dabei das indische Festland immer wieder als Ausgangsbasis und Rückzugsraum und sri-lankisch-tamilische Flüchtlinge fanden in Indien eine neue Heimat. Da-

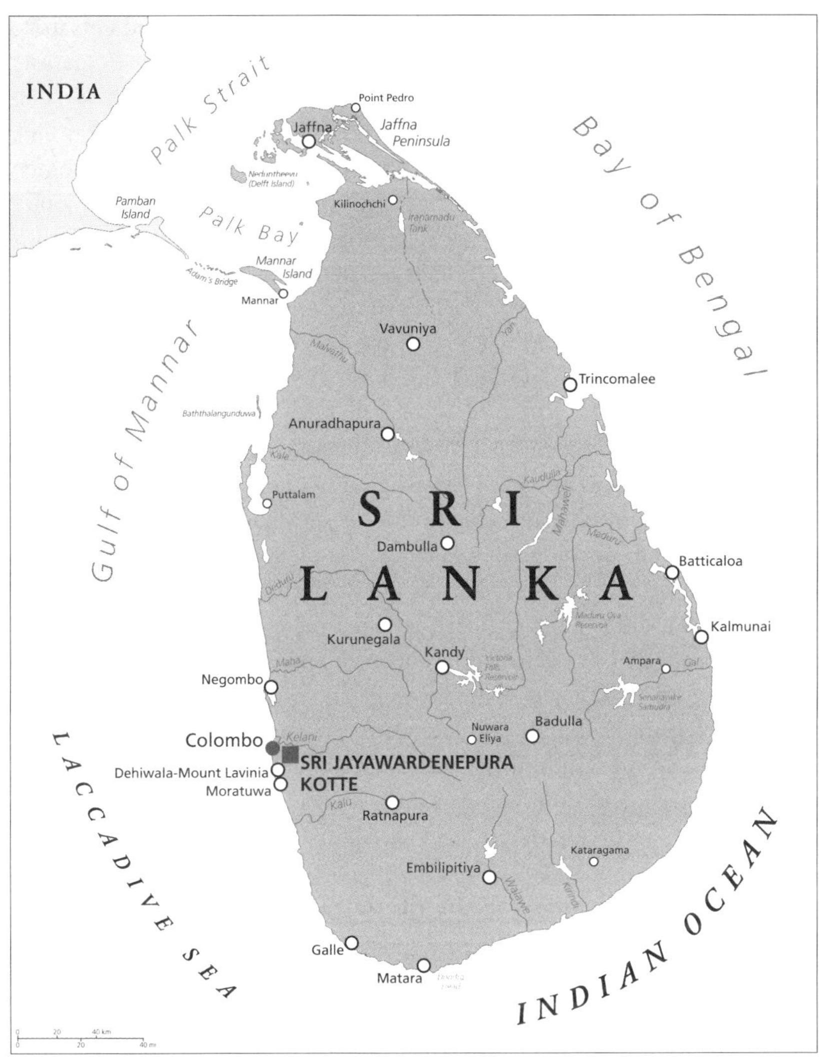

Karte 28 Sri Lanka. Die Tamilengebiete befinden sich ganz im Norden und z. T. auch im Osten der Insel

durch sah Indien jedoch die regionale Sicherheit gefährdet und entsandte schließlich 1987 mit UN-Mandat und unter Zustimmung der Regierung Sri Lankas Friedenstruppen auf die Insel. Ein Friedensvertrag sah vor, den Tamilen in ihrem Siedlungsgebiet im Norden und Osten Sri Lankas eine eingeschränkte Autonomie zu gewähren.[53] Die LTTE startete jedoch einen blutigen Guerillakrieg gegen die Friedenstruppen, der ca. 1500 Todesopfer aufseiten der Inder forderte, sodass sich Indien nach 32 Monaten auf Druck der sri-lankischen Regierung erfolglos aus dem Konflikt und aus Sri Lanka zurückzog. Der LTTE hingegen gelangen in der Folgezeit ihre beiden aufsehenerregendsten Aktionen, nämlich die Ermordung des sri-lankischen Regierungschefs Premadasa und des indischen Premierministers Rajiv Gandhi.

Militärisch erreichte die LTTE zwischenzeitlich eine Pattsituation. Das von ihr im klimatisch weniger begünstigten trockenen Norden und Nordosten der Insel kontrollierte Gebiet war in dieser Phase politisch und administrativ autonom, sodass man von einem De-facto-Staat sprechen konnte, der logischerweise von der sri-lankischen Regierung nicht anerkannt wurde. Zudem war die LTTE nicht stark genug, um die sri-lankische Regierung zur Annahme ihrer Friedensbedingungen zu zwingen. Nach einer Reorganisation der sri-lankischen Armee 1996 gelang es dieser immerhin, die im Norden gelegene Halbinsel Jaffna zu erobern, nicht jedoch die LTTE zu zerstören, die weiterhin in ihrer Guerillataktik aus dem Dschungel heraus operierte, durch den hinterhältigen Einsatz von Selbstmordattentaten und Bombenanschlägen allerdings viele ausländische Sympathien verspielte und zu Recht 1997 von den USA als terroristische Vereinigung eingestuft wurde. Erst 2006 konnte sich die EU zu diesem mehr als überfälligen Schritt entschließen.[54]

Zwar entspannte sich nach dem Abschluss eines Waffenstillstands im Februar 2002 und der Aufnahme von Friedensverhandlungen die Lage für die kommenden Jahre, doch schon im Juli 2006 erklärte die LTTE die Vereinbarungen für nichtig, da die sri-lankische Armee regelmäßig tamilische Gebiete bombardiere. Am 2. Januar 2008 kündigte die Regierung dann offiziell den 2002 beschlossenen Waffenstillstand[55] und eroberte seitdem bis Anfang 2009 die meisten von den Tamilen besetzten Gebiete, darunter auch mit Kilinochchi die Hochburg der LTTE, zurück.[56]

Nachdem bei der Flucht vor Regierungstruppen der Rebellenführer der LTTE, Velupillai Prabhakaran wie auch die gesamte Führungselite der LTTE am 18. Mai 2009 erschossen worden waren,[57] brach der Widerstand dieser terroristischen Separatistenbewegung endgültig zusammen, sodass einen Tag später Staatspräsident Rajapaksa das offizielle Ende des Bürgerkriegs verkünden konnte. Auch wenn er wenig Interesse an einer Aufarbeitung des Konfliktes zeigte[58], herrscht seitdem auf der Insel weitgehend Ruhe, auch der Tourismus hat wieder deutlich an Fahrt aufgenommen und stellt einen wichtigen Wirtschaftszweig dar.[59]

d. Südjemen

1994 scheiterte in einem kurzen Bürgerkrieg (Mai bis Juli) die Sezession der früheren sozialistischen Demokratischen Volksrepublik Jemen, unterstützt von Saudi-Arabien und Oman, vom jemenitischen Gesamtstaat[60], nachdem es erst vier Jahre zuvor zur Vereinigung mit der Jemenitischen Arabischen Republik gekommen war. Dessen Präsident Salih hatte im Zuge der Vereinigung erklärt: »Gemeinsame Sprache, Religion und Geschichte zwangen uns zur Wiedervereinigung.«[61] Westlichen Diplomaten gegenüber räumte er aber den eigentlichen Grund für die Fusion von Nord- und Südjemen ein, nämlich die jüngst erschlossenen Erdölvorkommen im Süden.[62]

Sein Gegenpart, Ali Salim al-Bid, seit 1986 Vorsitzender der den Süden bestimmenden Sozialistischen Partei und nach der Vereinigung Vizepräsident der Republik, sah seinen Landesteil nicht nur um Millionengewinne betrogen, sondern fühlte sich auch persönlich gedemütigt, da das gemeinsame, aber von Abgeordneten des Nordens dominierte Parlament durch eine Verfassungsänderung seinem Amt die Bedeutung genommen habe.

Zur weiteren Eskalation trugen zum einen die Kampfbereitschaft der Stämme bei, insbesondere aber die nicht vollzogene Vereinigung der beiden Armeen. Trotz eines gemeinsamen Verteidigungsministeriums behielten der Norden und der Süden jeweils das Oberkommando über ihre eigenen Truppen. Als Mitglieder der Präsidialgarde im Nordjemen stationierte südjemenitische Armee-Einheiten attackierten, war der Bürgerkrieg, den der Süden verlor, dann nicht mehr zu vermeiden. Im Militärmuseum von Sanaa, das der Autor 2006 noch besuchen konnte, werden die südjeminitischen Einheiten und deren damalige Repräsentanten in extrem einseitiger Darstellung als extremistische Separatisten, die es militärisch zu vernichten galt, beschrieben.

Ein eindrucksvolles Negativbeispiel nicht nur dafür, dass der Sieger die Geschichte schreibt, sondern auch für eine einseitige Machtpolitik des Nordens und ein ausgeprägtes Desinteresse an einer politischen und gesellschaftlichen Integration des ehemaligen Gegners in den Gesamtstaat (im Gegensatz beispielsweise zum Umgang mit Biafra nach dessen Niederlage im Sezessionskrieg gegen Nigeria). So verwundert es auch nicht, dass Al-

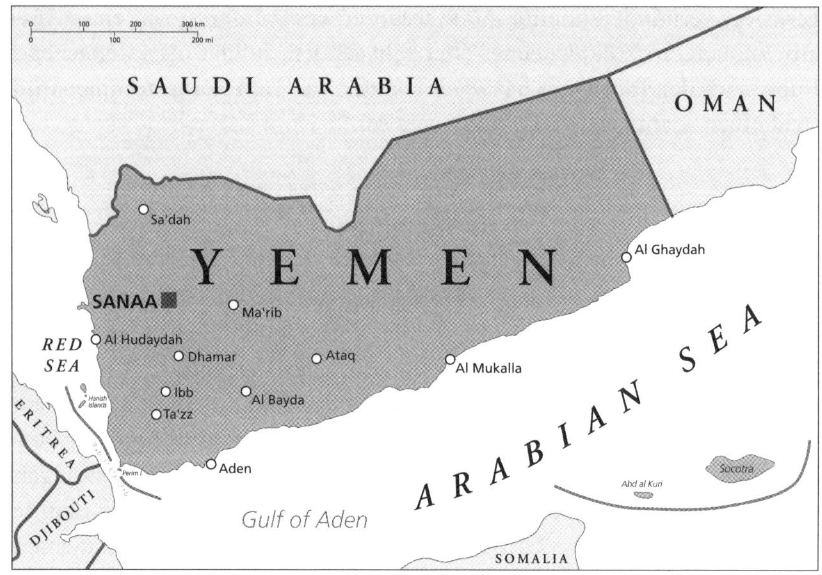

Karte 29 Der seit 1990 vereinigte Jemen.
Südjemen erstreckte sich von Aden bis in den Osten des Landes

Bid in Anknüpfung an den Bürgerkrieg von 1994 nach wie vor eine Sezession des Südjemens betreibt. Faktisch ist der Jemen heute infolge eines erneuten, seit 2015 währenden Bürgerkriegs[63] zwischen den von Saudi-Arabien und den Vereinigten Arabischen Emiraten unterstützten Regierungstruppen und den schiitischen Huthi-Rebellen, hinter denen der Iran steht, zu einem Failed State geworden.

IX. Sonderfälle

1. Taiwan

Kein Fall von Sezession liegt im Falle des Taiwan-Konflikts vor. Taiwan[1] hat sich zwar als Republik China infolge des Chinesischen Bürgerkrieges, den die nationalchinesische Kuomintang unter Führung von Chiang Kai-shek gegen Maos Kommunisten verloren hatte, von Kontinentalchina gelöst, jedoch verstehen sich bis heute beide chinesische Staaten laut ihrer Verfassung als rechtmäßige Vertreter Chinas.

Nach der Ausrufung der Volksrepublik China 1949 vertrat zunächst die Republik China den chinesischen Staat bei den Vereinten Nationen und war auch ständiges Mitglied des UN-Sicherheitsrats. Als Folge der Ein-China-Politik seitens der Volksrepublik brachen aber immer mehr Staaten ihre diplomatischen Beziehungen zur Republik China ab, die 1971 mit der UN-Resolution 2758 auch ihre UN-Mitgliedschaft an die Volksrepublik abgeben musste. 1979 beendeten schließlich auch die USA ihre diplomatischen Kontakte, nachdem sie offizielle Beziehungen zu Peking aufgenommen hatten. Gegenwärtig unterhält Taiwan als Republik China nur noch zu 14 Ländern, überwiegend Insel- oder Kleinstaaten, offizielle diplomatische Beziehungen, die zuletzt im Dezember 2021 auch Nicaragua abgebrochen hat.

Die völkerrechtliche Stellung der Republik China ist bis heute umstritten. So betrachtet die Volksrepublik China Taiwan seither, obwohl sie die Insel selbst nie beherrscht hat, als »unabtrennbaren Bestandteil des chinesischen Territoriums«, während sich die Republik China auf Taiwan weiterhin als souveränen Staat sieht, von dem sich wiederum Festlandchina »abgespalten« habe.

Dieser ungeklärte Zustand bedroht seitdem die Stabilität und Sicherheit im asiatisch-pazifischen Raum, da die Volksrepublik den Inselstaat als eine abtrünnige Provinz bezeichnet und an der Wiedervereinigung festhält. »Taiwan ist ein Teil des geheiligten Territoriums der Volksrepublik China. Es ist die heilige Pflicht des ganzen chinesischen Volkes, einschließlich der Landsleute in Taiwan, die große Aufgabe der Wiedervereinigung des Vaterlandes zu vollbringen«, heißt es in der Präambel der chinesischen Verfassung.[2] Taiwan lehnte umgekehrt die von Peking proklamierte »Ein-China-Politik«[3] ab und entwickelte seit 1999 die Zwei-Staaten-Theorie[4], die vorsieht, dass die Volksrepublik (Festlandchina) und die Republik China (Nationalchina) normale bilaterale Beziehungen unter souveränen Staaten aufnehmen. Als Vorbild für diese Theorie diente unter anderem die Beziehung zwischen der Bundesrepublik Deutschland und der DDR, die zwar zwei souveräne Staaten, dennoch aber gemeinsam als Deutschland eine Nation verkörperten. Der damalige taiwanischen Präsident Lee Teng-hui war 1999 von der *Deutschen Welle* in Taipeh interviewt und dabei u.a. zu den gespannten Beziehungen zwischen seinem Land und der VR China befragt worden. Diesbezüglich äußerte er, dass diese »besondere Staat-zu-Staat-Beziehungen« seien, und bezeichnete Taiwan als eigenständige Nation. Damit hatte Lee eine politische Bombe gezündet, denn seine Formulierung lag hart an der Grenze zu einer Unabhängigkeitserklärung. Das Interview[5] verdeutlicht in anschaulicher Weise die prekäre Lage des Inselstaates gegenüber Peking:

Herr Präsident, Taiwans Wirtschaft ist eine weltweit bewunderte wirtschaftliche Erfolgsgeschichte. Ein anderer Erfolg war in den letzten Jahren Taiwans eindrucksvoller Fortschritt, eine wirkliche Demokratie zu sein. Aber Sie werden von Pekings Regierung als eine »abtrünnige Provinz« betrachtet. Das ist eine Ursache ständiger Spannung und von Drohungen vom Festland gegen Ihre Insel. Wie kommen Sie mit diesen Gefahren zurecht?

Die historische Realität ist, dass die Volksrepublik China nach ihrer Gründung 1949 niemals die Herrschaft über Taiwan, die Pescadoren-Inselgruppe, Quemoy und Matsu ausgeübt hat, Gebiete, die der Verwaltungskontrolle der Republik China unterstehen. Seit der Verfassungsänderung von 1991 sind die Beziehungen über die Straße von Taiwan hinweg als Beziehung zwischen Staaten definiert, mindestens aber als Beziehung besonderer Art zwischen Staaten. Es gibt also nicht eine legale Regierung und eine Rebellenclique oder eine interne Beziehung zwischen einer Zentralregierung und einer Regionalregierung innerhalb des einen Chinas. Es entspricht deshalb weder der historischen noch der rechtlichen Realität, wenn Taiwan von der Regierung in Peking als »abtrünnige Provinz« bezeichnet wird. Angesichts der Entwicklung der Lage in der Taiwan-Straße treiben wir auch weiterhin den bilateralen Austausch voran, fördern in positiver Weise den gegenseitigen Dialog und Verhandlungen, intensivieren außerdem die Verbesserung unseres demokratischen Systems und streben nach einem stabilen Wirtschaftswachstum. Wir sind der Auffassung, dass aus dem Austausch heraus gegenseitiges Vertrauen erwachsen kann und dass aus dem gegenseitigen Vertrauen stabile Beziehungen aufgebaut werden

Karte 30 Der unabhängige Staat Taiwan, der von der Volksrepublik China als abtrünnige Provinz betrachtet wird

können. Das ist die effektivste Weise, um eine Krise zu vermeiden. Taiwan und das chinesische Festland sollten für beide Seiten gewinnbringende Beziehungen des gegenseitigen Vorteils und Nutzens aufbauen.

Taiwan zu einem unabhängigen Staat zu erklären scheint keine realistische Option zu sein. Pekings »Modell Ein Land – Zwei Systeme« ist für die Mehrheit der Menschen in Taiwan nicht akzeptabel. Gibt es irgendeinen Kompromiss zwischen diesen beiden Positionen? Und wenn es ihn gibt, wie sieht der aus?

Zur Lösung der bilateralen Beziehung kann man nicht einfach nur die Standpunkte »Wiedervereinigung oder Unabhängigkeit« diskutieren, denn der Kernpunkt liegt in der Unterschiedlichkeit der »Systeme«. Von der Angleichung der Systeme aus kann man schrittweise eine politische Vereinigung in Angriff nehmen. Wir möchten den Status quo beibehalten und auf dieser Basis mit Festlandchina eine friedliche Lage aufrechterhalten.

Die Behandlung Hongkongs seit seiner Rückgabe durch die Britten im Sommer 1997 als ein Sonderverwaltungsgebiet und die Zukunft Macaos nach seiner Übergabe von den Portugiesen im Dezember diesen Jahres könne von der Volksrepublik China als eine Generalprobe für die friedliche Übernahme Taiwans eines Tages betrachtet werden. Ist dies für die übrige Welt auch ein verlockendes Konzept? Schließlich würde man ein chinesisches Problem loswerden, das ansonsten eine ständige Gefahr darstellt – zumindest in Ihrer Region.

Der wahre Grund für den Einfluss der China-Frage auf die Sicherheit in dieser Region liegt nicht in der Rückgabe Hongkongs, Macaos oder Taiwans an China. Die Republik China ist auf Taiwan keine Kolonie irgendeines Landes und darin unterscheidet sich Taiwan auch von Hongkong und Macao. Der Kern des Problems ist, dass das chinesische Festland den Nationalismus betont und bei seinem System keine Demokratisierung vollzogen hat. Das Festland hat uns nicht nur verbal attackiert und mit Gewalt einzuschüchtern versucht, sondern hat auch nie auf die Option der Gewaltanwendung gegen Taiwan verzichtet. International unterdrücken sie uns, wo sie nur können. Das Modell »Ein Land – Zwei Systeme«, welches das Festland Hongkong und Macao versprochen hat, hat auf Taiwan nicht die geringste Anziehungskraft. Der Hauptgrund dafür ist, dass »Ein Land – Zwei Systeme« ein Widerspruch in sich ist. Es widerspricht den demokratischen Grundprinzipien und leugnet außerdem die Existenz der Republik China.

Wenn alles schiefgeht und die Spannungen auf beiden Seiten der Straße zwischen Taiwan und dem chinesischen Festland außer Kontrolle geraten und es zu militärischen Aktionen kommt: Worauf und auf wen – abgesehen von den Taiwanesen selbst – würden Sie sich in einem solchen Krieg für Ihre Verteidigung verlassen?

Wir betonen, dass die bilateralen Probleme nur auf friedliche Weise gelöst werden sollen und nicht mit Gewalt. Das ist das Ziel, das wir immer energisch verfolgt haben, und unser Standpunkt, an dem wir festhalten. Außerdem ist das die Hoffnung der internationalen Gemeinschaft. Die internationale Gemeinschaft sollte dafür sorgen, dass Festland-China auf die Anwendung von Gewalt gegenüber Taiwan verzichtet, den Konflikt mit friedlichen Mitteln löst, damit wir gemeinsam die Stabilität der Region schützen. Außer der untrennbaren Beziehung zwischen der Stärkung der

Stabilität in der Taiwan-Straße und des Friedens in der asiatisch-pazifischen Region legt unser Land auch sehr großes Gewicht auf die Zusammenarbeit mit den Vereinigten Staaten von Amerika. In den letzten Jahren haben die USA Taiwan immer mit den zur Verteidigung notwendigen militärischen Ausrüstungen versorgt und der Austausch der beiden Länder in Wirtschaft, Kultur und Technologie hat sich auch stetig vergrößert. Auf absehbare Zeit werden die Beziehungen einer Sicherheitszusammenarbeit zwischen Taiwan und den USA weiterhin einer der wichtigsten Faktoren sein, welche die Stabilität in der Taiwan-Straße gewährleisten.

Die Vereinigten Staaten von Amerika und andere westliche Länder werden angezogen von vermuteten riesigen Märkten in der Volksrepublik China. Das wird ihre Unterstützung für Taiwans politische Position unvermeidlich verringern. Bedeutet dies nicht düstere Aussichten für Taiwans Zukunft?

Wir haben Verständnis dafür, das in den letzten Jahren die Länder der Welt aus Erwägung des Eigennutzes heraus die Wirtschafts- und Handelsbeziehungen mit dem chinesischen Festland verstärkt und ausgebaut haben. Die Wirtschafts- und Handelsbeziehungen zwischen Taiwan und den USA sowie anderen westlichen Staaten sind aber auch sehr eng, das ist nicht zu übersehen. Gegenüber den Ungewissheiten des chinesischen Festlandes verläuft die Entwicklung Taiwans recht gesund und stabil. Taiwans Bedeutung liegt in zwei Bereichen: zum einen in der Wahrung von Demokratie und Menschenrechten, zum anderen in der strategisch wichtigen Position im Westpazifik. Heutzutage wird allgemein auf Demokratie und Menschenrechte großer Wert gelegt. Bei den Hoffnungen gegenüber dem Festland ist das auch der Fall. Außerdem kontrolliert Taiwan durch seine geografische Lage den Seeverkehr im Westpazifik. Das ist für die USA, Japan und die Staaten Südostasiens von großer Bedeutung. Deshalb spielt Taiwan zweifellos in den Beziehungen über die Taiwan-Straße hinweg oder bei der regionalen Stabilität eine wichtige Rolle.

Trotz des tiefen politischen Grabens zwischen Taipeh und Peking ist Taiwans Wirtschaft stark in der Wirtschaft der Volksrepublik China engagiert mit Investitionen im Wert von mehr als 25 Milliarden US-Dollar. So auf dem Festland eingebunden zu sein setzt Taiwan wirtschaftlicher Erpressung durch Peking aus. Wie könnten Sie einen solchen Schritt der Pekinger Führung überhaupt verhindern?

Ein grundlegender Punkt ist, dass die Wirtschaft Taiwans und die des Festlandes nicht in einem Konkurrenzverhältnis stehen, sondern sich gegenseitig ergänzen. Ich habe einmal angeregt, dass die Beziehungen über die Taiwan-Straße der politischen Richtlinie »Eile mit Weile, mit Standhaftigkeit kommt man weiter« folgen sollten. Großinvestitionen mit einem Umfang über 50 Millionen US-Dollar müssen noch vorsichtiger beurteilt werden. Wir hoffen, dass die Unternehmen »in Taiwan verwurzelt« bleiben und damit Taiwans Wirtschaftsentwicklung stärken. [...]

Die VR China reagierte daraufhin entsprechend aggressiv mit der Bekanntmachung, dass sie die Technik zum Bau von Neutronenbomben besitze.[6] Chinas Verteidigungsminister Chi Haotian unterstrich zudem die Pekinger Sichtweise, wonach es sich bei Taiwan um eine »chinesische Provinz« handele. Da in zunehmendem Maße taiwanesische Politiker betonen, dass Taiwan auch ganz offiziell seine Unabhängigkeit proklamieren könne – ein Akt, den die Volksrepublik wiederum als Kriegsgrund definiert –, verabschiedete Peking 2005 ein Antisezessionsgesetz, das eine politische wie militärische Bekämpfung von vermeintlichen Separatisten ermöglicht. Dies vedeutlicht die Entschlossenheit der VR China, eine Unabhängigkeit Taiwans keinesfalls anzuerkennen. Die Tatsache aber, dass die Republik China auf Taiwan über ein eigenes Hoheitsgebiet, eigene Hoheitszeichen, Hymne, Währung und Staatsgewalt verfügt und somit alle Kriterien der Drei-Elemente-Lehre mehr als erfüllt, unterstreicht eine eigene Identität, die sich grundlegend von der Identität der Volksrepublik China unterscheidet. Außerdem gelangten – historisch betrachtet – die von der Republik China heute kontrollierten Gebiete nie unter die Gebietshoheit der Volksrepublik China.

Juristische Argumente[7] sowohl für den Anspruch der Republik China als auch der Volksrepublik China auf Taiwan lauten u. a., dass Taiwan seit der Zeit der Qing-Dynastie (1644–1911) Teil des chinesischen Territoriums war, Japan, das Taiwan seit dem ersten chinesisch-japanischen Krieg seit 1895 beherrschte, bei seiner Kapitulation akzeptierte, dass die Souveränität Chinas über Taiwan nach dem Zweiten Weltkrieg wiederherzustellen sei und die Übernahme der Souveränität über Taiwan am 25. Oktober 1945 (also knapp vier Jahre vor der Gründung der Volksrepublik) durch die Republik China unwidersprochen geblieben sei.

Zahlreiche weitere Argumente für den Anspruch der Republik China auf Taiwan liegen auf der Hand. Unabhängig davon, dass das Gebilde auf Taiwan, wie schon erwähnt, den Anforderungen der sogenannten Drei-Elemente-Lehre Jellineks sowie der Konvention von Montevideo vom 26. Dezember 1933 entspricht, besteht die Republik China seit ihrer Gründung 1911 ohne Unterbrechung fort, wenn auch derzeit lokalisiert auf das stark verkleinerte Staatsgebiet der Hauptinsel Taiwan sowie einige kleinere

Inseln. Auch hat die VR China, wie schon erwähnt, zu keinem Zeitpunkt tatsächlich ihre Staatsgewalt über die Insel Taiwan ausgeübt.[8] Der 1952 zwischen den USA und Japan abgeschlossene Friedensvertrag von San Francisco hatte für Taiwan lediglich dadurch Relevanz, dass er die Souveränität Japans wiederherstellte. Am Tag des Inkrafttretens konnte Japan als gleichberechtigter Staat die Insel Taiwan und den Penghu-Archipel an das Empfängerland, die Republik China, abtreten.[9] Nach dem Grundsatz des Uti possidetis[10] war damals die Republik China legaler Souverän über Taiwan, da sie die Insel zum Zeitpunkt des Inkrafttretens des Vertrags von Taipeh 1952 kontrollierte. Japan verzichtete darin auf alle Besitzansprüche hinsichtlich Taiwan, die Spratly-Inseln, die Pescadoren und die Paracel-Inseln und umgekehrt die Republik China auf jegliche Reparationsforderungen an Japan. Außerdem hat nach dem Zweiten Weltkrieg bis heute kein Staat außer dem Bürgerkriegsgegner VR China die Souveränität der Republik China über Taiwan angefochten, was den Souveränitätsanspruch der Republik China ebenfalls unterstreicht. Auch erkennen die USA durch den 1955 mit der Republik China geschlossenen Verteidigungsvertrag deren Souveränität über Taiwan implizit an.

Die Argumente für einen Anspruch der VR China auf Taiwan fallen hingegen deutlich dürftiger aus. Peking erkennt die von der Qing-Regierung im 19. Jahrhundert abgeschlossenen sogenannten ungleichen Verträge und somit auch den Vertrag von Shimonoseki, der den ersten chinesisch-japanischen Krieg (1894–1895) beendete und u.a. die Abtretung Taiwans an Japans beinhaltete, grundsätzlich nicht an. Daher war Taiwan aus Sicht der Volksrepublik immer ein Teil Chinas und somit ab 1912 auch von der Republik China als Nachfolgestaat der Qing-Dynastie. Die VR China ist, bestätigt durch die Resolution 2758 der UN-Generalversammlung, ihrerseits rechtmäßiger Nachfolgestaat der Republik China und hat somit aus ihrer Sicht mit der Souveränität über Festlandchina auch die rechtmäßige Souveränität über Taiwan übernommen. Setzt man also eine grundsätzliche Einheit Chinas voraus, so ist die VR China infolge der erfolgreichen Revolution von 1949 die Rechtsnachfolgerin der Republik China und wird als solche auch international anerkannt.

Der ungelöste Taiwan-Konflikt erschwert der Republik China den Beitritt zu internationalen Organisationen und die Teilnahme an internationalen Veranstaltungen. Somit ist Taiwan außenpolitisch mittlerweile weitgehend isoliert, zumal da Peking aufgrund seiner »Ein-China-Politik« von seinen diplomatischen Partnern verlangt, mit Taipeh keine offiziellen Beziehungen zu unterhalten, eine Politik, die an die Hallstein-Doktrin der BR Deutschland in den 1950er- und 1960er-Jahren erinnert. Als beispielsweise

Panama 2017 diplomatische Beziehungen zur Volksrepublik China aufnahm, beendete es gleichzeitig die bis dahin bestehende Anerkennung der Republik China.

Welche Konsequenzen ein Abweichen von der »Ein-China-Politik« für andere Staaten haben kann, wurde im Juli 2022 deutlich, als Litauen erklärte, dass in seiner Hauptstadt Vilnius die erste diplomatische Taiwan-Vertretung eröffnet wird, die den Namen Taiwan auch offiziell im Namen trägt und nicht wie in den anderen europäischen Hauptstädten üblich nur »Taipeh Vertretung« heißt. Die Reaktion Chinas folgte prompt, indem es seinen Botschafter aus Litauen abzog.[11]

Die USA hingegen, die bis 1979 die Inselrepublik diplomatisch anerkannt hatten, verpflichten sich durch den »Taiwan Relations Act« von 1979, Taipeh auch weiterhin militärisch zum Erhalt seiner Verteidigungsfähigkeit zu unterstützen. Natürlich bleibt offen, ob und wenn ja, in welchem Maße Washington Taiwan bei einer militärischen Aktion oder gar einem Invasionsversuch seitens der Volksrepublik zur Hilfe käme.

Jedenfalls verfolgt seit der Amtsübernahme von Staatspräsident Xi Jinping im Jahr 2013 Peking wieder einen deutlich aggressiveren Kurs gegenüber Taiwan und strebt eine evtl. auch gewaltsame Eingliederung der Insel in den eigenen Herrschaftsbereich an.

Trotz aller diplomatischen Isolierung ist es Taiwan gelungen, diverse Kontakte und Handelsbeziehungen zu pflegen und auszubauen. Hilfreich war und ist dabei eine Strategie, die in der Diplomatie in den vergangenen Jahren an Bedeutung gewonnen hat, die sogenannte »City Diplomacy«. Taiwan positioniert sich dabei weniger als Land, sondern vielmehr mit seiner Hauptstadt Taipeh, sodass dort, wo Beziehungen wirtschaftlicher oder soziokultureller Art zu anderen Staaten aufgebaut werden sollen, dann eher mit der Hauptstadt im Titel oder im Namen gearbeitet wurde anstatt mit Taiwan an sich.[12]

2. Westsahara

Ein weiterer Konflikt findet sich mitten in der Wüste in Nordwestafrika.[13] Konkret handelt es sich um die Besetzung der Westsahara durch Marokko seit 1976.[14] Welchen Status das südlich von Marokko gelegene Territorium hat, ist seither umstritten. Die UNO kritisiert die Annexion als unrechtmäßig. Unabhängig davon kontrolliert Marokko einen Großteil des Gebiets und nutzt es wirtschaftlich.

Blicken wir kurz zurück: Die Probleme reichen bis in das Jahr 1884 zurück[15], als im Rahmen der »Kongo-Konferenz« die Westsahara an Spanien fiel.

Seitdem war die Westsahara eine spanische Kolonie, doch das Mutterland verband mit ihr zunächst jedoch weder politische noch ökonomische Interessen. Dies änderte sich erst grundlegend, als in den 1960er-Jahren eine spanische Gesellschaft mit dem Abbau der großen Phosphatvorkommen von Bou Craa begann, die wenige Jahre zuvor durch Zufall entdeckt worden waren und zu den wichtigsten Bestandteilen moderner Düngemittel zählen. Zudem existieren dort Öl- und Gasvorkommen und die Küste der Westsahara ist eines der fischreichsten Gewässer der Welt.

In der Zwischenzeit entstanden Unabhängigkeitsbewegungen, parallel dazu brachten Marokko und Mauretanien die Westsahara-Frage 1963 vor den Entkolonialisierungsausschuss der UNO, deren Vollversammlung 1965 Spanien in einer ersten Resolution aufforderte, die Westsahara zu entkolonialisieren und der Bevölkerung das Recht auf Selbstbestimmung zu gewähren. Schließlich forderte die Generalversammlung der Vereinten Nationen in ihrer Resolution 2229 (XXI) von 1966 Spanien auf, in der Westsahara ein Referendum unter Aufsicht der UN abzuhalten. Ungeachtet der Proteste Marokkos und Mauretaniens, die historische Ansprüche auf das Territorium geltend machten, wiederholte die Generalversammlung diese Position in weiteren Resolutionen. 1967 erklärte sich Spanien schließlich dazu bereit, ein Referendum über den Status der Westsahara durchzuführen. Als es dessen Durchführung immer weiter hinauszögerte, gründete am 10. Mai 1973 eine Gruppe ehemaliger Studenten die Befreiungsbewegung Frente Polisario[16] (»Volksfront zur Befreiung von Saguía el-Hamra und Río de Oro«), die mit dem Ziel der staatlichen Unabhängigkeit der Westsahara einen bewaffneten Kampf gegen die spanische Herrschaft begann. Auf einen gemeinsamen Antrag des damaligen marokkanischen Königs Hassan II. und Mauretaniens hin sollte schließlich ein Jahr später der Internationale Gerichtshof (IGH) das Problem klären:

> »I. Was Western Sahara (…) at the time of colonization by Spain a territory belonging to no one (terra nullius)? If the answer to the first question is in the negative, II. What were the legal ties between this territory and the Kingdom of Marocco and the Mauritianian entity?«[17]

Der IGH gab in seinem Gutachten zur Westsahara vom 16. Oktober 1975 auf die erste Frage eine negative und auf die zweite Frage folgende Antwort:

> »The materials and information presented to the Court show the existence, at the time of Spanish colonization, of legal ties of allegiance between the Sultan of Morocco and some of the tribes living in the territory of Western Sahara. They equally show the existence of rights, including some rights relating to the land, which constituted legal ties between the Mauritanian entity, as understood by the Court, and the territory of Western Sahara. On the other hand, the Court's conclusion is that the materials and information presented to it do not establish any tie of territorial sovereignty between the territory of Western Sahara and the Kingdom of Morocco or the Mauritanian entity. Thus the Court has not found legal ties of such a nature as might affect the application of resolution 1514 (XV) in the decolonization of Western Sahara and, in particular, of the principle of self-determination through the free and genuine expression of the will of the peoples of the Territory (...).«[18]

Der IGH sprach also der »sahrauischen Bevölkerung« das Recht auf Selbstbestimmung zu. Spanien wurde aufgefordert, ein Referendum zu organisieren, damit das »sahrauische Volk« selbst über die Zukunft der Westsahara entscheiden könne. Infolge des IGH-Gutachtens vereinbarten Spanien, Marokko und Mauretanien eine gemeinsame Interimsverwaltung der Westsahara und das Ende der spanischen Präsenz für den 26. Februar 1976. Der Bevölkerung garantierten sie ein Mitspracherecht in Angelegenheiten der Gesetzgebung. Ungeachtet der Übereinkunft wollten Mauretanien und insbesondere Marokko vollendete Tatsachen schaffen und marschierten mit Truppen teilweise in das Gebiet ein, um ein Eingreifen Algeriens zu verhindern und zudem Polisario-Kräfte zu binden. Kurz danach rief König Hassan II. rund 350 000 Teilnehmer zum sogenannten »Grünen Marsch« (vom 6. bis 10. November) auf, die an mehreren Stellen die marokkanisch-westsaharische Grenze überschritten und einige Kilometer tief in westsaharisches Gebiet vorstießen, um so den marokkanischen Anspruch auf das Territorium zu untermauern. Im Februar 1976 hatten die letzten spanischen Truppen die Westsahara verlassen. Reguläre marokkanische und mauretanische Einheiten rückten anschließend in die Westsahara ein. Marokko besetzte den Nordteil, Mauretanien den Süden. Daraufhin flohen bis zu 200 000 Sahrauis über die Grenze in die algerische Provinz Tindouf, wo sie bis heute in fünf Lagern leben, ungeachtet der Tatsache, dass die UNO-Vollversammlung zwei weitere Resolutionen verabschiedete, in denen weiterhin die Möglichkeit der Selbstbestimmung der Bevölkerung der Westsahara, der Sahraui, gefordert wurde.

Die westsaharische Widerstandsbewegung Polisario rief im Zuge ihres bewaffneten Kampfes am 24. Februar 1976 die »Demokratische Arabische

Karte 31 Die von Marokko seit 1975 größtenteils besetzte und annektierte Westsahara

Republik Sahara« (DARS) aus, die bis heute von vielen Staaten als rechtmäßige Vertreterin der Westsahara anerkannt ist. Weiterhin führte sie – unterstützt von Algerien – einen jahrelangen Krieg gegen Marokko und Mauretanien, in dessen Ergebnis sich im August 1979 das kriegsmüde Mauretanien unter Aufgabe seiner Ansprüche aus dem Gebiet zurückzog, während Marokkos Truppen nicht nur in der Westsahara verblieben, sondern nun auch in deren Südteil einrückten und zwischen 1980 und 1987 einen militärisch befestigten 2700 Kilometer langen Wall zur sogenannten »Freien Zone«, die von der Polisario kontrolliert wird, errichteten.[19] Unter Protest Marokkos erkannte die Mehrheit der Mitglieder der »Organization of African Unity« (OAU) allerdings im Jahr 1980 die DARS als rechtmäßige Regierung Westsaharas an, wenngleich von ehemals ungefähr 80 Staaten etwa 30 ihre Anerkennung wieder zurückgezogen oder bis zu einer Konfliktlösung suspendiert haben, sodass die DARS, die seit 1984 auch Mitglied der heutigen Afrikanischen Union ist, derzeit nur von rund 50 Staaten anerkannt wird. Einen Sitz bei den Vereinten Nationen hingegen hat die DARS nicht. Voraussetzung dafür wäre ein entsprechendes Referendum, über dessen Modalitäten sich Marokko und die Polisario jedoch bislang nicht einigen konnten, sodass der Konflikt bis heute andauert, auch wenn 1991 zumindest ein von den UN vermittelter Waffenstillstand die Kämpfe beendete und in der Folge eine UN-Friedensmission ins Leben gerufen wurde.

Faktisch ist das Gebiet der Westsahara derzeit geteilt in einen größeren westlichen Bereich unter der Kontrolle von Marokko (ca. 70 Prozent mit allen wichtigen Städten und den Phosphorvorkommen) sowie einen östlichen und südlichen, auch freie Zone genannt, unter der Kontrolle der Polisario.

Die Vereinten Nationen bemühen sich auf der Grundlage des Selbstbestimmungsrechts der Völker weiterhin um eine Lösung der Westsahara-Frage. Danach sollte sich das Volk der Sahraui im Rahmen eines Referendums für die Unabhängigkeit in einem eigenen Staat oder den Anschluss an Marokko entscheiden. Die praktische Durchführung des Referendums bereitet nicht nur wegen der schwierigen Erfassung der Stimmen der Nomadenstämme in der Sahara Probleme, sondern auch wegen der mittlerweile starken Besiedelung des Gebiets durch Marokkaner. Es lässt also bis heute auf sich warten, u. a. weil darüber gestritten wird, ob auch die etwa 150 000 Sahrauis abstimmen dürfen, die seit 40 Jahren in Flüchtlingslagern in Algerien leben. Da die Ermittlung der Abstimmungsberechtigten für den Ausgang des Referendums aber von großer Bedeutung sein kann, ist sie für die Lösung der Westsahara-Frage entscheidend. Somit wird dieser Konflikt sicherlich noch einige Jahre, wenn nicht gar Jahrzehnte auf eine offizielle Entscheidung warten müssen, zumal Marokko mittlerweile Fakten geschaffen hat, die möglicherweise in ein völkerrechtliches Gewohnheitsrecht übergehen werden.

X. Fazit

In Europa und weltweit kämpfen nach wie vor kleinere und größere ethnische Gruppen um ihr Recht auf Selbstbestimmung und staatliche Unabhängigkeit. Wie kann es diesen Völkern bzw. Nationen gelingen, unabhängig zu werden und einen eigenen Staat zu gründen?

Dabei ist zu bedenken, dass Völker historisch gewachsene Sprach-, Kultur-, Abstammungs- und Schicksalsgemeinschaften sind, die Menschen in besonderer Weise zu Solidarität befähigen, sie zu politischen Einheiten streben lassen und sich im Idealfall ethnische Identitäten zu Nationalstaaten formieren.

Eine Voraussetzung dafür ist das Bestehen eines nach Unabhängigkeit strebenden Territoriums, dessen Definition sehr unterschiedlich sein kann. In der Regel existiert eine historisch gewachsene ethnische oder kulturelle Struktur, die von den dort lebenden Menschen als etwas Gemeinsames wahrgenommen wird und identitätsbildend wirkt. Dabei muss ein unabhängig werdender Staat nicht zwangsläufig ethnisch homogen sein, wie das Beispiel Belgiens als ein zwar gemischtsprachiger Staat, der sich aber hinsichtlich seiner katholisch geprägten Bevölkerung von den protestantischen Niederlanden unterschied, ja verdeutlicht – ungeachtet aller innewohnenden Probleme.

Völkerrechtlich ist der Begriff »Unabhängigkeit« umstritten, da es keine einheitliche Praxis gibt, wie eine staatliche Eigenständigkeit zu erlangen ist. Zwei Faktoren sind aber entscheidend: Ein künftiger Staat muss über eine innere Souveränität verfügen, um so in der Lage zu sein, ein stabiles Rechtssystem und eine funktionierende Gesellschaftsordnung zu etablieren. Um aber auch die völkerrechtlich erforderliche äußere Souveränität erlangen zu können, ist es von entscheidender Bedeutung, dass möglichst viele und auch international gewichtige andere Staaten den neuen Staat anerkennen. Andernfalls handelt es sich nämlich sonst lediglich um sogenannte »De-facto-Staaten«, die zwar innerlich souverän sind und alle erforderlichen Parameter eines funktionstüchtigen Staates aufweisen, aber von der internationalen Staatengemeinschaft nicht anerkannt werden, wie beispielsweise Transnistrien oder Somaliland.

Die Vielfalt der Völker dieser Erde bedeutet im Rahmen der dargestellten Ereignisse und Prozesse nicht nur einen ungeheuren kulturellen Reichtum, der unbedingt erhaltenswert ist, sondern gleichzeitig auch einen positiven

Wettbewerb auf den verschiedensten Ebenen bezüglich der für das künftige Schicksal der Menschheit entscheidenden Fragen und Herausforderungen.

Der sogenannte Westen ist allerdings nach wie vor im eigenen Interesse darauf bedacht – berücksichtigt man vor allem die Situation in Großbritannien, Spanien, Belgien, Frankreich oder Italien –, keine Begehrlichkeiten von nationalen Minderheiten, Volksgruppen oder autonomen Republiken auf Abspaltung zu wecken. Vielmehr sollten die betroffenen Staaten ein ureigenes Interesse daran haben, die auf ihrem Gebiet lebenden Volksgruppen gut zu behandeln, d.h., ihnen Minderheitenschutz und -rechte, möglicherweise auch Autonomie zu gewähren. Die Unversehrtheit der Staaten bildet hier die Basis solcher Forderungen.

Was ist aber, wenn eine Volksgruppe sich nicht mehr von »ihrem« Staat vertreten, ja gar diskriminiert und unterdrückt fühlt? Gilt dann der Volkswille, sollte er sich in einem Referendum äußern, so wie in den Fällen des Südsudans und Osttimors konsequenterweise und im Interesse der bedrängten bzw. bedrohten Völker richtigerweise praktiziert?

In den zurückliegenden 200 Jahren gab es weltweit insgesamt rund 400 Sezessionsbewegungen, wovon 60 nach wie vor aktiv sind.[1] Die meisten verschwanden nach einer gewissen Zeit wieder von der Bildfläche, manche Bewegungen halten länger durch, während andere sich mit einer begrenzten Autonomie innerhalb eines bestehenden Staates zufriedengeben. Nur einer geringen Minderheit gelang es, erfolgreich als souveräner Staat internationale Anerkennung zu erfahren und Mitglied der Vereinten Nationen zu werden.

Grund für dieses Phänomen ist, dass es bis heute keine internationale Instanz gibt, die das legitime Recht auf Selbstbestimmung als wesentlichen Bestandteil des Völkerrechts durchsetzen könnte. Der Wunsch nach berechtigter nationaler Eigenständigkeit ist leider derzeit nichts wert, solange es keine – meist militärische – Unterstützung von außen gibt. Ohne eine NATO-Intervention hätte das Kosovo sicherlich nicht seine Unabhängigkeit erlangt. Und auch Bosnien-Herzegowina würde als ein Quasi-Protektorat der EU und künstliches Gebilde ohne fremde Hilfe von außen nicht existieren. Selbst der Papiertiger UNO konnte durch garantierte und dann auch korrekt durchgeführte Referenden drangsalierte oder gar in ihrer Existenz bedrohte Völker (z.B. Osttimor) in ihre Freiheit und Unabhängigkeit führen. Erfolgreich waren Sezessionsbewegungen nach 1945 also in erster Linie dank internationalem Druck oder auch aufgrund der Schwäche der Staaten, von denen sie sich trennen wollten.

Leider werden derartige Fälle international nach wie vor mit unterschiedlichem Maß gemessen. Oft entscheiden insbesondere geopolitische

Interessen der großen Nationen über eine Intervention zugunsten von nationalen Minderheiten – oder eben nicht. Die Geschichte verdeutlicht allerdings, dass erfolgreiche Sezessionen aufgrund einer nach wie vor bestehenden Aversion der Staatenwelt gegen Abspaltungen eher selten sind. Am ehesten gelingen sie im Kontext von großen geopolitischen Verschiebungen wie nach dem Ersten Weltkrieg oder nach dem Ende des Kalten Krieges.

Noch immer gilt aber ungeachtet dieser Feststellungen die Tatsache, dass die Nation auf politisch-gesellschaftlicher Ebene eine zentrale, ja unverzichtbare Rolle spielt, so u.a. als Solidar- und Verantwortungsgemeinschaft bzw. grundsätzlich als Basis für alle demokratischen Prozesse, die, sollen sie denn funktionieren, mehr denn je auf Homogenität, Einheit bzw. Gemeinschaft aller Beteiligten in einem funktionierenden Nationalstaat angewiesen sind und sein werden. Das heißt jedoch nicht, konträre Meinungen oder verschiedene Herkünfte in Abrede stellen zu wollen; nein, dieser Aspekt stellt überhaupt kein Problem dar, sondern ist vielmehr sogar ein Gewinn. Allerdings nur unter der Prämisse, dass eine gemeinsame Basis, eine gemeinsame Position bzw. Haltung – um den aktuell so inflationär gebrauchten Begriff hier einmal zu verwenden – aller in einem Staats- bzw. Gemeinwesen Beteiligten hinsichtlich unverzichtbarer ethischer Werte und rechtlicher, sozialer oder ökonomischer Voraussetzungen – ganz im Sinne einer von Renan beschriebenen Willensnation – für ein einträgliches Miteinander gegeben ist. Das setzt trotz allem zuerst das Beherrschen einer gemeinsamen Sprache voraus, in unserem Land ist dies die deutsche Sprache. Weiterhin ist ein kultureller Konsens vonnöten. Dies schließt unabdingbar die grundlegenden Ideen der Menschen- und Bürgerrechte ein, auf die sich alle aufgeklärten Menschen selbstverständlich einigen sollten. Die Nation steht dabei einer freiheitlichen Entwicklung bzw. Gesellschaft nicht im Wege, vielmehr ist sie eine dafür konstituierende Voraussetzung – denken wir nur bezogen auf Deutschland an einen funktionierenden Sozialstaat. Die Nation ist also auch künftig eine bedeutende Variante kollektiver Identität, eine Form von Gemeinschaftserfahrung, von Zusammengehörigkeit, ohne die unsere pluralistischen Gesellschaften auseinanderfallen würden und ohne die eine demokratische Ordnung keinen Bestand hätte, weil gerade diese auf ein Minimum an anerkannten Grundnormen angewiesen ist oder, um mit dem herausragenden deutschen Staatsrechtler Ernst-Wolfgang Böckenförde zu sprechen: »Der freiheitliche, säkularisierte Staat lebt von Voraussetzungen, die er selbst nicht garantieren kann.«

Anmerkungen

Einleitung

1 Vgl. Seifert, F.-F.: Das Selbstbestimmungsrecht der Sri Lanka-Tamilen zwischen Sezession und Integration. Stuttgart 2000, S. 80; Vgl. Dördelmann, G.: Rechtsethische Rechtfertigung der Sezession von Staaten. Dissertation Erfurt 2002. Abgerufen unter: https://d-nb.info/966434986/342002, S. 57.
2 Schaller, C.: Sezession und Anerkennung. Völkerrechtliche Überlegungen zum Umgang mit territorialen Abspaltungsprozessen. Studie der Stiftung Wissenschaft und Politik, Berlin 2009, S. 5.
3 Ebd., S. 6 u. S. 9.
4 https://www.faz.net/aktuell/wirtschaft/zur-politischen-oekonomie-von-sezessionen-15289188-p2.html (abgerufen am 20. 2. 2023).
5 Vgl. Kocka, J.: Nationalismus in Europa – ein Blick zurück und voraus, in: *Die Zeit* Nr. 49/2002.
6 Vgl. dazu Kap. V. 1 f.

I. Definitionen und Begriffe – Nation, Volk und Nationalismus

1 Vgl. dazu u. a. Weichlein, S.: Nationalbewegungen und Nationalismus in Europa, Darmstadt ²2012, S. 53–57.
2 Meinecke, F.: Weltbürgertum und Nationalstaat, München/Berlin 1919.
3 Siehe dazu auf S. 16 f. die Gedanken von Ernst Renan.
4 Vgl. Meinecke, Weltbürgertum und Nationalstaat, S. 1–7.
5 Als Irredentismus wurde ursprünglich die nationale italienische Ideologie bezeichnet, deren Ziel nach der Einigung Italiens 1861 die Angliederung der unter österreichischer Herrschaft verbliebenen italienisch besiedelten Gebiete war. Das beanspruchte Gebiet im Ausland wird »Irredenta«, das unbefreite, unerlöste bzw. verlorene Gebiet genannt. Heute versteht man unter Irredentismus die Zusammenführung möglichst aller Vertreter einer bestimmten Ethnie in einen Staat mit festen Territorialgrenzen. Diese Ideologie war (oder ist) Teil vieler Panbewegungen, wie des Pangermanismus, des Panslawismus oder des Panturanismus (eine pseudohistorische Ideologie, die einen gemeinsamen Ursprung der Turkvölker, Finno-Ugrier, Mongolen und mandschu-tungusischen Völker annimmt).
6 Grataloup, C.: Die Erfindung der Kontinente. Eine Geschichte der Darstellung der Welt. Dt. Ausgabe, Darmstadt 2021, S. 188.
7 Herder, J. G.: Ideen zur Philosophie der Geschichte der Menschheit, Bd. 1. Berlin/Weimar 1965, S. 368 f., zit. nach: J. Rohlfes: Staat und Nation im 19. Jahrhundert. Historisch-politische Weltkunde, Stuttgart 1990, S. 26.

8 Renan, E.: Qu'est-ce qu'une nation? Was ist eine Nation?, in: Vogt, H.: Nationalismus gestern und heute, Opladen 1967, S. 138–143.
9 »Die Nationen sind nichts Ewiges. Sie haben einmal angefangen, sie werden enden.«
10 Renan, E.: Qu'est-ce qu'une nation? Paris 1882, in: Vogt, Nationalismus gestern und heute, S. 138–143.
11 Siehe z. B. Hobsbawm, E.: Nationen und Nationalismus. Mythos und Realität seit 1780, Frankfurt 1991, S. 20–24.
12 Siehe dazu Anderson, B.: Die Erfindung der Nation. Zur Karriere eines erfolgreichen Konzeptes, Frankfurt 5. Auflage 1993.
13 So z. B. China und Indien.
14 Anderson, Die Erfindung der Nation, S. 15–17.
15 Siehe dazu Gellner, E.: Nationalismus und Moderne, Berlin 1991.
16 Ebd., S. 33.
17 Ebd., S. 89.
18 Ebd., S. 91–95.
19 Ebd., S. 16.
20 Hobsbawm, Nationen, S. 24.
21 Grataloup, Erfindung der Kontinente, S. 188.
22 Ebd., S. 189.
23 Vgl. Meinecke, F.: Weltbürgertum und Nationalstaat, S. 1.
24 Ebd., S. 1 ff.
25 Lemberg, E.: Nationalismus, Bd. 2. Reinbek 1964, S. 52 f.
26 Vgl. dazu Weichlein, Nationalbewegungen, S. 112–137; zu deutschen Mythen vgl. Dorn,T.: Deutsch, nicht dumpf. Ein Leitfaden für aufgeklärte Patrioten, München 2018, S. 301–313.
27 So z. B. die Verehrung Bismarcks als Gründer des Deutschen Reiches 1870/71, der Freiheitskampf der Deutschen gegen Napoleon, der Rütli-Schwur und Wilhelm Tell als Grundlage für die Entstehung der Eidgenossenschaft bzw. der Schweiz, Jeanne d'Arc als Befreierin Frankreichs gegenüber England, der serbische Amselfeldmythos; Russland als das »Dritte Rom« usw.
28 Siehe hierzu z. B. eine Serie im *Spiegel*: »Die Erfindung der Deutschen. Wie wir wurden, was wir sind.« Auftakt in: *Der Spiegel* Nr. 4/2007, S 46–62. Darin heißt es in der Einleitung auf S. 46: »Der Nationalstaat ist kein natürliches Ergebnis der Zeitläufte, sondern eine Erfindung.«
29 Vgl. Thaler, P.: Der Stand der mitteleuropäischen Nationstheorie aus internationaler Sicht, in: *Zeitschrift für Politik*, Nr. 43/1996, S. 23–32, hier S. 29.
30 Sönke Neitzel in einem Interview für die Zeitschrift *Geschichte betrifft uns* (GBU) Nr. 4/2009: Nationalismus und nationale Identität im 19. Jahrhundert. »Was ist des Deutschen Vaterland?«, Aachen 2007, S. 6.
31 Ebd.
32 So der Historiker Dieter Langewiesche im Interview mit dem *Spiegel* Nr. 4/2007, S. 64.
33 Weber, M.: Wirtschaft und Gesellschaft [1921], Tübingen 5. Auflage 1980, S. 528.
34 So der Historiker Dieter Langewiesche im Interview mit dem *Spiegel* Nr. 4/2007, S. 66.
35 Interview mit Sönke Neitzel (vgl. Anm. 30), S. 5.

36 Dies betont auch die Decleration on Principles of International Law concerning Friendly Relations and Co-opertaion among States in accordance with the Charter oft he United Nations, Resolution 2625 der UN-Generalversammlung vom 24.10.1970.
37 Als Maßstab mag hier z. B. der HDI dienen.
38 https://de.wikipedia.org/wiki/Indonesien (abgerufen am 20.2.2023).
39 Decker, G.: Das Selbstbestimmungsrecht der Nationen, Göttingen 1955.
40 Vgl. Anderson, Die Erfindung der Nation. Siehe auch Francis, E. K.: Ethnos und Demos. Soziologische Beiträge zur Volkstheorie, Berlin 1965, S. 87.
41 Luhmann, N.: Die Politik der Gesellschaft, hg. von A. Kieserling, Frankfurt 2000, S. 366.
42 Echternkamp, J./Müller, O.: Perspektiven einer politik- und kulturgeschichtlichen Nationalismusforschung. Einleitung, in: Dies. (Hg.): Die Politik der Nation. Deutscher Nationalismus in Krieg und Krisen 1760 bis 1960, München 2002, S. 1–24, hier S. 9.
43 Heckmann, F.: Ethnische Minderheiten, Volk und Nation. Soziologie inter-ethnischer Beziehungen, Stuttgart 1992, S. 48 f.
44 Vgl. hierzu Salzborn, S.: Geteilte Erinnerung. Die deutsch-tschechischen Beziehungen und die sudetendeutsche Vergangenheit. Frankfurt 2008, S. 20: »Weil die Angehörigen der deutschen Minderheit staatlicherseits als deutsch sprechende Tschechoslowaken angesehen wurden, erhielten sie ebenso wenig gesonderte [Volks-]Gruppenrechte wie alle anderen Bürger der Tschechoslowakei. Teil dieses Demokratieverständnisses war es, dass die Sudetendeutschen ungehindert – wie alle anderen auch – durch eigene Parteien ihre Interessen im parlamentarischen System vertreten konnten.«
45 Zit. nach: Jung, F. J.: Eine bewegte und bewegende Zeit, in: N. Kartmann/D. Schipanski (Hg.): Hessen und Thüringen. Umbruch und Neuanfang 1989/90, Frankfurt 2007, S. 103–110, hier S. 109.
46 Siehe dazu Jung, F. J.: Die letzten Tage der Teilung. Wie die deutsche Einheit gelang. Freiburg 2010, S. 28 f., Wallmann, W.: Im Licht der Paulskirche. Memoiren eines Politischen, Potsdam 2002, S. 185.
47 Dass seit 2018 ein gegenläufiger Trend zu verzeichnen ist, liegt in verschiedenen Ursachen begründet, die hier nicht weiter diskutiert werden sollen.
48 Das Ernst Moritz Arndt Buch. Eine Auswahl der Werke. Stuttgart 1925, S. 249–251.
49 Siehe zu dieser Diskussion beispielsweise Dorn, Deutsch, nicht dumpf, S. 31–61.
50 Grundlegend u. a. Wehler, H.-U.: Nationalismus, Geschichte, Formen, Folgen. München ^{2}2001; Dann, O.: Nation und Nationalismus in Deutschland 1770–1990, München 1993.
51 Grataloup, Erfindung der Kontinente, S. 188.
52 Siehe dazu z.B. List, F.: Das nationale System der politischen Ökonomie, Stuttgart 1841.
53 Vgl. Hobsbawm, E.: Die Blütezeit des Kapitals: Eine Kulturgeschichte der Jahre 1848–1875 (Das lange 19. Jahrhundert, Bd. 1), Darmstadt 2017, S. 105 ff.
54 Vgl. Dann, Nation und Nationalismus, S. 18.
55 Vgl. Nohlen, D./Grotz, F. (Hg.): Kleines Lexikon der Politik, München 6. Auflage 2015, S. 404.

56 Siehe dazu Backes, U.: Extremistische Ideologien, in: E. Jesse/T. Mannewitz (Hg.): Extremismusforschung. Handbuch für Wissenschaft und Praxis, Baden-Baden 2018, S. 99–160; Griffin, R.: Faschismus. Eine Einführung in die vergleichende Faschismusforschung, Stuttgart 2020, S. 77–83.

57 Alter, P.: Nationalismus, München/Zürich 1994, S. 17–20.

58 Siehe zum Stichwort »Verfassungspatriotismus« Brissa, E.: Flagge zeigen. Warum wir gerade jetzt Schwarz-Rot-Gold brauchen, München 2021, S. 43–98.

II. Definitionen und Begriffe – Sezessionen im Spannungsfeld zwischen Selbstbestimmungsrecht und Wahrung territorialer Integrität

1 Vgl. Berna, H.: A liberal theory of secession, in Political Studies 1984, S. 21–31.

2 Siehe Artikel 2, Ziff. 4 der UN-Charta.

3 Vgl. Ott, M.: Das Recht auf Sezession als Ausfluss des Selbstbestimmungsrechts der Völker, Berlin 2008, S. 41.

4 Vgl. Kälin, A.: Die Frage des Rechts auf Sezession und die Anerkennung von aus (einseitigen) Sezessionen hervorgegangenen neuen Staaten, in: *Schweizerische Zeitschrift für internationales und europäisches Recht*, 19 (2009), S. 481–489, hier S. 482.

5 Siehe zum Folgenden Arnold, S.: Rechtfertigung der Sezession von Staaten (Justification of the Secession of States). Bachelor-Arbeit TU Darmstadt, Grin-Verlag München/Ravensburg 2010. https://www.grin.com/document/179210 (abgerufen am 28.11.2022).

6 Ebd.; Buchanan, A.: Justice, Legitimacy and Self-Determination (Oxford Political Theory), Oxford 2004, S. 338.

7 Vgl. Dördelmann, Rechtsethische Rechtfertigung, S. 42.

8 Aus dem Lateinischen von »dis membrum« (»entzweites Körperlied«, übersetzt als Zerstückelung, Aufteilung).

9 Vgl. Kälin, Recht auf Sezession, S. 82.

10 Vgl. Ipsen, K.: Völkerrecht. Ein Studienbuch, München 4. Auflage 1999, S. 421.

11 Vgl. Kälin, Recht auf Sezession, hier S. 481.

12 Siehe dazu auch Arnold, Rechtfertigung der Sezession; vgl. Weinstock, D.: Constitutionalizing the Right to Secede. *The Journal of Political Philosophy* 9 (2001), S. 182–203, hier S. 182 f.

13 Vgl. Arnold, Rechtfertigung der Sezession; Buchanan, Justice, S. 334 ff.

14 Vgl. Kälin, Recht auf Sezession, S. 488.

15 Brilmayer, L.: Secession and Self-Determination: A Territorial Interpretation, *Yale Journal of International Law* 16 (1991), S. 177–202, hier S. 183.

16 Dördelmann, Rechtsethische Rechtfertigung, S. 24.

17 Vgl. Kälin, Recht auf Sezession, S. 482.

18 Vortrag zum Thema Völkerrecht und Sezessionen von A. Paulus vor dem Wissenschaftsdienst des Bundestags 2015 (Völkerrecht und Sezessionen – Legitimität nur für Einigungswillige? – Verfassungsblog, abgerufen am 11.11.2022)

19 Vgl. Schaller, Sezession, S. 8.

20 Siehe z. B. Herdegen, M.: Völkerrecht, München 4. Auflage 2005.
21 Vgl. Paulus, Völkerrecht (Völkerrecht und Sezessionen – Legitimität nur für Einigungswillige? – Verfassungsblog).
22 Dördelmann, Rechtsethische Rechtfertigung, S. 24.
23 Ebd.; Ott, Recht auf Sezession, S. 40.
24 Vgl. Paulus, Völkerrecht (Völkerrecht und Sezessionen – Legitimität nur für Einigungswillige? – Verfassungsblog).
25 Vgl. Bentzien, J.: Die völkerrechtlichen Schranken der nationalen Souveränität im 21. Jahrhundert, Frankfurt 2007, S. 45; siehe auch Thürer, D.: Das Selbstbestimmungsrecht der Völker, Bern 1976.
26 Siehe Lenin, W. I.: Über das Selbstbestimmungsrecht der Nationen, in: Ausgewählte Werke, Bd. I., Berlin 1970, S. 687 (Original: Februar/März 1914).
27 Decker, G.: Das Selbstbestimmungsrecht der Nationen, Göttingen 1955, S. 167 ff.; Brühl-Moser, D.: Die Entwicklung des Selbstbestimmungsrechts der Völker unter besonderer Berücksichtigung seines innerstaatlich-demokratischen Aspekts und seiner Bedeutung für den Minderheitenschutz, Basel/Frankfurt 1994, S. 20 f.
28 Charter of the United Nations: Chapter I. Purposes and Principles, in: http://www.un.org/en/documents/charter/chapter1.shtml: Stand: 30. 11. 2022
29 Vgl. Kälin, Recht auf Sezession, S. 483; Brilmayer, Secession, S. 181 f.
30 International Convent on Civil and Political Rights: Part I, in: http://www2.ohchr.org/english/law/ccpr.htm; Stand: 12. 08. 2010 sowie International Convent on Economic, Social and Cultural Rights: Part I, in: http://www2.ohchr.org/english/law/cescr.htm; Stand: 30. 11. 2022. »Article 1:
1. All peoples have the right of self-determination. By virtue of that right they freely determine their political status and freely pursue their economic, social and cultural development. (…)
3. The States Parties to the present Covenant, including those having responsibility for the administration of Non-Self-Governing and Trust Territories, shall promote the realization of the right of self-determination, and shall respect that right, in conformity with the provisions of the Charter of the United Nations.«
31 Vgl. Kälin, Recht auf Sezession, S. 483 f.; Brilmayer, Secession, S. 182.
32 General Assembly Resolution 2625 (XXV): Declaration on Principles of International Law concerning Friendly Relations and Co-operation among States in accordance with the Charter of the United Nations, in: http://www.oosa.unvienna.org/pdf/gares/ARES_25_2625E.pdf; Stand: 30. 11. 2022.
33 Vgl. Kann Südtirol Staat? 40 Antworten für eine unabhängige Zukunft, Bozen 2023, S. 15.
34 Vgl. Schaller, Sezession, S. 15 ff.
35 Vgl. Kälin, Recht auf Sezession, S. 481 f.
36 Art. 2 Abs. 4, Charter of the United Nations: Chapter I. Purposes and Principles, in: http://www.un.org/en/documents/charter/chapter1.shtml; Stand: 30. 11. 2022.
37 Vgl. Dördelmann, Rechtsethische Rechtfertigung, S. 38 f.
38 Ebd., S. 39.
39 1514 (XV). Erklärung über die Gewährung der Unabhängigkeit an koloniale Länder und Völker. Resolution der Generalversammlung, verabschiedet am 14. Dezember 1960.

40 Vgl. Kälin, Recht auf Sezession, S. 485.
41 General Assembly Resolution 2625 (XXV): Declaration on Principles of International Law concerning Friendly Relations and Co-operation among States in accordance with the Charter of the United Nations, in: http://www.oosa.unvienna.org/pdf/gares/ARES_25_2625E.pdf; Stand: 30. 11. 2022.
42 Vgl. Heintze, H.-J.: Selbstbestimmungsrecht und Minderheitenrechte im Völkerrecht. Herausforderungen an den globalen und regionalen Menschenrechtsschutz. Baden-Baden 1994, S. 88.
43 Vgl. Kälin, Recht auf Sezession, S. 485 und 494.
44 Vgl. Heintze, Selbstbestimmungsrecht, S. 41.
45 »Wir, die Völker der Vereinten Nationen.« Charter of the United Nations: Chapter I. Purposes and Principles, in: http://www.un.org/en/documents/charter/chapter1.shtml; Stand: 30. 11. 2022. Vgl. Dördelman, Rechtsethische Rechtfertigung, S. 31.
46 Vgl. Kälin, Recht auf Sezession, S. 489.
47 Ebd., S. 491; Dördelmann, Rechtsethische Rechtfertigung, S. 30 ff.
48 Vgl. Kälin, Recht auf Sezession, S. 490.
49 Ebd., S. 488.
50 Ebd., S. 486 ff.; Dördelmann, Rechtsethische Rechtfertigung, S. 24; Schaller, Sezession, S. 6.
51 Vgl. dazu auch Schaller, Sezession, S. 18 ff.
52 Vgl. Kälin, Recht auf Sezession, S. 497.
53 Paulus, Völkerrecht (Völkerrecht und Sezessionen – Legitimität nur für Einigungswillige? – Verfassungsblog).
54 Ebd.
55 Ebd.
56 Vgl. Schaller, Sezession, S. 6 u. 23 ff.
57 Siehe zum Folgenden https://www.faz.net/aktuell/wirtschaft/warum-sezessionen-moeglich-sein-muessen-kommentar-15303654.html; https://www.faz.net/aktuell/wirtschaft/zur-politischen-oekonomie-von-sezessionen-15289188-p2.html (abgerufen am 11. 11. 2021); Alesina, A./Spolaore, E.: The Size of Nations, Cambridge 2003.
58 Vgl. Kälin, Recht auf Sezession, S. 498; Heintze, Selbstbestimmungsrecht, S. 88; Buchanan, Justice, S. 338.
59 Vgl. Kann Südtirol Staat?, S. 46.
60 https://www.unpo.org/downloads/428.pdf (abgerufen am 15. 12. 2022).
61 https://unpo.org/section/2/1 (abgerufen am 15. 12. 2022).
62 Siehe zum Folgenden Dördelmann, Rechtsethische Rechtfertigung, S. 51–57.
63 Art. 32, Abs. 2, Art. 35, Abs. 1, Art. 93, Abs. 1 (Rechte und Pflichten des Bundes und der Länder).
64 Vgl. Bauer, H.: Die Bundestreue, Tübingen 1992, S. 243 ff.
65 Ebd., S. 305.
66 Ebd., S. 306.
67 Ebd., S. 304.
68 Ebd., S. 342 ff.
69 Das Interview wurde am 19. 4. 2023 durch den Autor mit Florian Weber geführt.

III. Ursachen für Sezessionen und Separatismus

1 Siehe dazu https://www.faz.net/aktuell/wirtschaft/warum-sezessionen-moeglich-sein-muessen-kommentar-15303654.html (abgerufen am 22.12.2023).

2 Vgl. *Neue Zürcher Zeitung* vom 23. Oktober 2012, S. 5.

IV. Freiheitskämpfer oder Terroristen?

1 Siehe zum Folgenden Reuter, J.: Zur Geschichte der UÇK, in: J. Reuter/K. Clewing (Hg.): Der Kosovo Konflikt. Ursachen – Verlauf – Perspektiven, Klagenfurt 2000; https://de.wikipedia.org/wiki/U%C3%87K (abgerufen am 11.1.2023).

2 Vgl. Effenberger, W.: Schwarzbuch EU & NATO. Warum die Welt keinen Frieden findet. Höhr-Grenzhausen [2]2020, S. 237; Biermann, R.: Der Weg in Krise und Krieg (1989–1998), in: Chiari, B./Keßelring, A. (Hg.): Wegweiser zur Geschichte. Kosovo, Paderborn/München/Wien/Zürich [3]2008, S. 73–84, hier S. 78.

3 Vgl. Effenberger, Schwarzbuch, S. 237. Zur Rolle der albanisch-kosovarischen Diaspora siehe auch Kretsi, G.: Die Rolle der Diaspora in den 1990er Jahren, in: Chiari, B./Keßelring, A. (Hg.): Wegweiser zur Geschichte. Kosovo, Paderborn/München/Wien/Zürich [3]2008, S. 191–200.

4 https://www.nzz.ch/international/das-heer-der-kriegsveteranen-waechst-in-kosovo-ld.1414242 (abgerufen am 11.1.2023).

5 Zit nach Effenberger, Schwarzbuch, S. 237.

6 Ebd., S. 244f.

7 Zur KFOR siehe Reinhardt, K.: KFOR. Streitkräfte für den Frieden. Tagebuchaufzeichnungen als deutscher Kommandeur im Kosovo, Frankfurt [2]2002.

8 https://www.icty.org/case/haradinaj/4 (abgerufen am 11.1.2023). Vgl. auch Keßelring, A.: Kriegsverbrechen im Kosovo-Krieg 1998/99, in: B. Chiari/A. Keßelring (Hg.): Wegweiser zur Geschichte. Kosovo, Paderborn/München/Wien/Zürich [3]2008, S. 215–217, hier S. 216.

9 https://www.faz.net/aktuell/politik/ausland/un-kriegsverbrechertribunal-frueherer-u-k-fuehrer-haradinaj-freigesprochen-11975822.html (abgerufen am 11.1.2023).

10 del Ponte, C.: Im Namen der Anklage. Meine Jagd auf Kriegsverbrecher und die Suche nach Gerechtigkeit, Frankfurt 2009.

11 https://www.diepresse.com/376363/aufregung-um-angeblichen-organ-handel-der-uck-rebellen?_vl_backlink=/home/politik/index.do; https://www.tagesanzeiger.ch/hashim-thaci-moerder-und-organhaendler-276750679355 (beide abgerufen am 11.1.2023).

12 Vgl. *Preußische Allgemeine Zeitung* vom 28. April 2023.

13 https://de.wikipedia.org/wiki/Euskadi_Ta_Askatasuna (abgerufen am 18.1.2023).

14 Josemari Lorenzo Espinosa: Der revolutionäre Nationalismus – historische Analyse eines 1966 in der Zeitschrift *Branka* herausgegebenen Textes von Federico Krutwig, 20. Juni 2013 – Originaltext: Nacionalismo Revolucionario, Zeitschrift *Branka*, nr. 1 (April 1966), Ediciones Vascas in der Ausgabe von 1979.

15 https://www.faz.net/aktuell/politik/ausland/spanien-eta-kuendigt-permanenten-waffenstillstand-auf-1437364.html (abgerufen am 18. 1. 2023).
16 https://www.dw.com/de/wie-sich-die-eta-aufl%C3%B6sen-will/a-16404128 (abgerufen am 18. 1. 2023).
17 https://www.spiegel.de/politik/ausland/eta-baskische-untergrundorganisation-gibt-ihre-aufloesung-bekannt-a-1205847.html; https://orf.at/v2/stories/2432600; https://www.nzz.ch/schweiz/eta-gibt-aufloesung-in-genf-bekannt-ld.1382719?reduced=true (alle abgerufen am 11. 1. 2023).
18 Siehe dazu z.B. Coffey, P.: This Day in Irish History, Dublin 2021, S. 117 f.
19 Vgl. dazu den Artikel von D. Körtel in der *Jungen Freiheit* vom 16. August 2019; Duffy, S. u. a. (Hg.): Atlas of Irish History, [3]2011 Dublin, S. 128 ff.
20 Ebd.
21 Vgl. A Pocket History of Northern Ireland, Dublin 2019, S. 144 f.
22 Vgl. dazu Coffey, This Day in Irish History, S. 45 f.; Tröger, B.: Eine folgenreiche Eskalation, in: DAMALS 1/2007, S. 8–11, und den Artikel von M. Schmidt in der *Jungen Freiheit* vom 27. Januar 2012.
23 Vgl. Tröder, Eskalation, S. 11.
24 O'Brien, B.: The Long War – The IRA and Sinn Féin, Dublin 1995, S. 128.
25 Ebd., S. 23.
26 Vgl. dazu Duffy, Atlas of Irish History, S. 130 f.
27 https://www.theguardian.com/politics/2005/jul/28/northernireland.devolution3 (abgerufen am 10. 2. 2023).

V. Erfolgreiche Sezessionen und Staatsgründungen

1 Siehe zu dieser Problematik den Beitrag unter https://www.deutschlandfunk.de/de-facto-staaten-das-schicksal-von-laendern-ohne-100.html (abgerufen am 25. 1. 2023).
2 Vgl. zu den Nationalbwegungen im 19. Jahrhundert z.B. Rohlfes, J.: Staat und Nation im 19. Jahrhundert, Stuttgart 1990, S. 45 ff.
3 Vgl. zum Folgenden Driessen, C.: Geschichte Belgiens. Die gespaltene Nation, Regensburg 2018, S. 12 u. 105 ff.
4 Vgl. dazu ausführlich Kap. V. 1 g.
5 Siehe zu Imperien: Münkler, H.: Imperien, Berlin [3]2005, hier insbesondere die S. 11–34.
6 Vgl. Keßelring, A. (Hg.): Wegweiser zur Geschichte. Bosnien-Herzegowina, Paderborn/München/Wien/Zürich [2]2007, S. 29.
7 Vgl. Alexander, M./Stökl, G.: Russische Geschichte, Stuttgart 2009, S. 453–460.
8 Ebd., S. 455 ff.
9 Vgl. Oswald, I.: Nationalitätenkonflikte im östlichen Teil Europas, Berlin 1993, S. 9
10 Vgl. Alexander/Stökl, Russische Geschichte, S. 462 f.
11 Vgl. dazu Keßelring, A., Bosnien-Herzegowina, S. 30–41.
12 Vgl. Münkler, H.: Kriegssplitter. Die Evolution der Gewalt im 20. und 21. Jahrhundert, Darmstadt 2015, S. 291.
13 Vgl. Alexander/Stökl, Russische Geschichte, S. 584 f.

14 Ebd., S. 585.
15 Ebd.
16 Vgl. Münkler, Kriegssplitter, S. 340.
17 Ebd., S. 341.
18 Vgl. dazu Corney, P./Pokorny, J.: Kurze Geschichte der böhmischen Länder bis zum Jahr 2004, Prag 2008, S. 38 ff.
19 Ebd., S. 85.
20 Vgl. *Neue Zeit* vom 31. 12. 1992.
21 Vgl. Schmidt-Hartmann, E.: Eine Scheidung aus Ratlosigkeit, in: Das Parlament vom 3. Juli 1992, S. 15; Schwarz, K.-P.: Ende der Bindestrich-Föderation, in: *FAZ* vom 31. Dezember 2012.
22 Vgl. Corney/Pokorny, Kurze Geschichte, S. 85.
23 Vgl. Schäfer, T.: Die Russen behielten das Sagen, in: *Junge Freiheit* vom 23. Dezember 2022, S. 20.
24 Mummelthey, R.: Die Frage nach der Richtung, in: *Junge Freiheit* vom 2. Dezember 2022, S. 20.
25 Ebd.
26 Vgl. Schäfer, Die Russen behielten das Sagen; Alexander/Stökl, Russische Geschichte, S. 759–772; Kappeler, A.: Ungleiche Brüder. Russen und Ukrainer. Vom Mittelalter bis zur Gegenwart, München 2017, S. 190–196.
27 Vgl. Kappeler, Ungleiche Brüder, S. 196.
28 Dazu grundlegend Meissner, B. (Hg.): Die baltischen Nationen: Estland, Lettland, Litauen, hg. vom Arbeitskreis für Nationalitäten- u. Regionalprobleme in der Sowjetunion, Ostmittel- und Südosteuropa in Verbindung mit der Deutschen Gesellschaft für Osteuropakunde und der Südosteuropa-Gesellschaft. Köln 1990; Garleff, M.: Die baltischen Länder: Estland, Lettland, Litauen vom Mittelalter bis zur Gegenwart, Regensburg 2001; Hellmann, M.: Grundzüge der Geschichte Litauens, Darmstadt 1986.
29 https://www.bpb.de/kurz-knapp/hintergrund-aktuell/338777/vor-30-jahren-estland-und-lettland-erklaeren-unabhaengigkeit/ (abgerufen am 20.01.2023).
30 Ebd.
31 https://www.planet-wissen.de/kultur/baltische_staaten/lettland/pwiediesingenderevolution100.html (abgerufen am 20. 1. 2023).
32 https://www.bpb.de/kurz-knapp/hintergrund-aktuell/202394/litauen-30-jahre-unabhaengigkeit-von-der-sowjetunion/ (abgerufen am 20. 1. 2023).
33 Vgl. Fischer Weltalmanach 2019, S. 160, 291.
34 https://www.bpb.de/kurz-knapp/hintergrund-aktuell/338777/vor-30-jahren-estland-und-lettland-erklaeren-unabhaengigkeit/ (abgerufen am 20. 1. 2023).
35 Vgl. z. B. die *FAZ* vom 24. Juni 1993.
36 Vgl. Boden, M.: Nationalitäten, Minderheiten und ethnische Konflikte in Europa. Ursprünge, Entwicklungen, Krisenherde. Ein Handbuch, München 1993, S. 180.
37 Vgl. Jeschonnek, F. K. Die Russische Förderation, in: Osteuropa – Konflikte verstehen, hg. von Dittmann, A./Riemer, R./Teicht, A., Baden-Baden 2018, S. 269–304, hier S. 278.
38 Vgl. Kappeler, Ungleiche Brüder, S. 26 f.
39 Vgl. Kappeler, A.: Kleine Geschichte der Ukraine, München 4. Auflage 2014, S. 30.

40 Siehe dazu Kappeler, Ungleiche Brüder, S. 27–34.
41 Ebd., S. 33.
42 Zit. nach ebd.; siehe auch https://de.wikipedia.org/wiki/Unabh%C3%A4ngigkeitserkl%C3%A4rung_der_Ukraine (abgerufen am 14.12.2022).
43 Einen stichwortartigen Überblick gibt Boden, Nationalitätten, S. 308 f. Ausführlich Kappeler, Ungleiche Brüder, S. 35–53.
44 Siehe dazu Hildermeier, M.: Geschichte Russlands. Vom Mittelalter bis zur Oktoberrevolution, München 2013, S. 269 ff. und 531 ff.
45 Münkler, Kriegssplitter, S. 294. Zur Debatte bezüglich einer ukrainischen Nation siehe Baberowski, J.: Zwischen den Imperien, in: *Die Zeit* vom 13.3.2014; Brandt, P.: Die Ukraine – Nation im Werden oder gescheiterte Nationsbildung?, in: *Neue Gesellschaft*/Frankfurter Hefte, 4/2015, S. 17–22.
46 »Militärisch-politische Übersichtskarte von Mitteleuropa« vom Februar 1919 von F. Lange, hg. von D. Reimer, Berlin.
47 Vgl. Davies, F.: Die Ukraine im Jahr 1923. Gescheiterte Staatsbildung und die Krise des ukrainischen Nationalismus, in: N. Hannig/D. Mares (Hg.): Krise. Wie 1923 die Welt erschütterte, Darmstadt 2022, S. 142–157, hier S. 143.
48 Ebd.
49 Ebd., S. 145 f.
50 Vgl. Alexander/Stökl, Russische Geschichte, S. 586.
51 Vgl. Alexander/Stökl, Russische Geschichte, S. 586 f.
52 Vgl. Davies, Ukraine im Jahr 1923, S. 148.
53 Vgl. https://www.nzz.ch/feuilleton/holodomor-was-die-hungersnot-ukrainern-und-russen-bedeutet-ld.1678340?utm (abgerufen am 21.2.2023).
54 Vgl. Kappeler, Kleine Geschichte der Ukraine, S. 200.
55 Vgl. https://www.welt.de/geschichte/zweiter-weltkrieg/article122152364/Stalins-brutalstes-Mordwerkzeug-war-der-Hunger.html (abgerufen am 21.2.2023).
56 Vgl. https://www.deutschlandfunk.de/mord-durch-hunger-100.html (abgerufen am 21.2.2023).
57 Vgl. Kappeler, Kleine Geschichte der Ukraine, S. 274.
58 Vgl. dazu Kappeler, Ungleiche Brüder, S. 83.
59 Vgl. Mummelthey, Frage nach der Richtung.
60 Vgl. Kunze, T./Vogel, T.: Das Ende des Imperiums, Berlin 2015, S. 168.
61 Kappeler, Ungleiche Brüder, S. 198.
62 Zit. nach ebd., S. 198.
63 Ebd., S. 198 f.
64 Vgl. dazu die Karte bei Barnes, I.: Ruheloses Russland. 3000 Jahre Geschichte in Karten, Darmstadt 2016, S. 196.
65 Vgl. Mummelthey, Frage nach der Richtung.
66 Vgl. Boden, Nationalitäten, S. 307 und 309; vgl. Kappeler, Ungleiche Brüder, S. 203.
67 Vgl. Boden, Nationalitäten, S. 310.
68 Ebd., S. 311.
69 Vgl. Kappeler, Ungleiche Brüder, S. 203.
70 Ebd., S. 217 ff.
71 Vgl. Friedman, G.: Die nächsten 100 Jahre. Die Weltordnung der Zukunft, Frankfurt 2009, S. 127.

72 Vgl. »Votum über Krim unter Zwang«, in: *FAZ* vom 27. Januar 2015, S. 5.
73 Zit. nach Kappeler, Ungleiche Brüder, S. 225.
74 Ebd.
75 Vgl. Kappeler, Ungleiche Brüder, S. 225.
76 Siehe dazu u.a. Fritsch, R. v.: Russlands Weg. Als Botschafter in Moskau, Berlin 2020, S. 85–148.
77 Marshall, T.: Die Macht der Geographie. Wie sich Weltpolitik anhand von 10 Karten erklären lässt, München 4. Auflage 2016, S. 33f.
78 Vgl. Barnes, Ruheloses Russland, S. 200f., zur politischen Entwicklung der Eingliederung der Krim in Russland siehe auch Fritsch, Russlands Weg, S. 53–84.
79 https://www.welt.de/newsticker/dpa_nt/infoline_nt/thema_nt/article131986171/Das-Minsker-OSZE-Protokoll-fuer-eine-Feuerpause.html (abgerufen am 14.12.2022).
80 https://www.un.org/depts/german/sr/sr_14-15/sr2202.pdf (abgerufen am 14.12.2022).
81 Grundlegend zum Krieg und seiner Vorgeschichte Sasse, G.: Der Krieg gegen die Ukraine. Hintergründe, Ereignisse, Folgen, München 2022.
82 https://www.n-tv.de/politik/Unterzeichnet-mit-vorgehaltener-Waffe-article23143867.htm (abgerufen am 14.12.2022).
83 https://www.spiegel.de/ausland/ukraine-wladimir-putin-erkennt-unabhaengigkeit-der-volksrepubliken-donezk-und-luhansk-an-a-d06e5aa2-afe1-4689-9dae-1dfoeofd9dc3 (abgerufen am 14.12.2022).
84 Vgl. Pleiner, H.: Die strategische Lage zum Jahreswechsel, in: *Österreichische Militärische Zeitschrift*, Nr. 1/2023, S. 3–13, hier S. 10.
85 Siehe zum Folgenden: Grosch, M.: Weißrussland. Eigenständig oder russischer Vasall? in: Osteuropa – Konflikte verstehen, hg. von Dittmann, A./Riemer, R./Teicht, A., Baden-Baden 2018, S. 225–250.
86 http://www.laenderdaten.de/geographie/grenzen.aspx (abgerufen am 13.12.2022).
87 Vgl. Chiari, B.: Staat ohne Nation, in: *Zeitschrift für Innere Führung* 3/2016, S. 25–31, hier S. 29.
88 Vgl. Stölting, E.: Eine Weltmacht zerbricht. Nationalitäten und Religionen in der UdSSR, Frankfurt [3]1991, S. 65.
89 Ebd., S. 68.
90 Ebd.
91 Ebd.
92 Vgl. Mackow, J.: Russlands Beziehungen zu seinen »slawischen Brüdern« Ukraine und Belarus, in: *Aus Politik und Zeitgeschichte* Nr. 16/17/2003, S. 31–38; hier S. 35.
93 http://countrymeters.info/dc/Belarus (abgerufen am 21.1.2023).
94 Vgl. Brüggemann, M.: Zwischen Anlehnung an Russland und Eigenständigkeit: Zur Sprachpolitik in Belarus, in: *Europa ethnica*, 3–4, 2014, S. 88–94.
95 http://www.gutefrage.net/frage/in-wie-unterscheiden-sich-weissrussisch-und-russisch (abgerufen am 13.12.2022).
96 Vgl. Zaprudski, S.: Language policy in the Republic of Belarus in the 1990s http://www.belarusguide.com/culture1/literature/Belarusian_Language_Prosecution_in_Belarus.htm (abgerufen am 22.12.2022).
97 Vgl. Stölting, Eine Weltmacht zerbricht, S. 70.
98 Ebd.
99 http://www.chf.de/benzolring/archiv/uw-1103a.html (abgerufen am 14.12.2022).

100 Vgl. Brüggemann, Zwischen Anlehnung an Russland, S. 93.
101 Vgl. Mackow, Russlands Beziehungen, S. 37.
102 Vgl. zum Folgenden Grosch, M.: Geopolitische Machtspiele. Wie China, Russland und die USA sich in Stellung bringen und Europa immer stärker ins Abseits gerät, Reinbek 2022, S. 95–115.
103 Siehe dazu M. Koller/K. Clewing: Vom christlichen Mittelalter bis zum 18. Jahrhundert, in: Wegweiser zur Geschichte: Bosnien-Herzegowina, hg. vom MGFA. Ferdinand Schöningh, Paderborn u. a. [2]2007, S. 13–20, hier S. 14.
104 Zit. nach: H. D. Pohl: Zu Garasanins Nacertanje. Ein Beitrag zur Geschichte Serbiens, in: Die Slawische Sprache, Bd. 29 (1992), S. 55 ff. (S. 977 ff. serbokroatisches Original). Abgedruckt in: Geschichte und Geschehen. Ernst Klett Schulbuchverlag, Leipzig 2005, S. 503.
105 Der Illyrismus war eine kulturelle, ethnische und politische Nationalbewegung der Kroaten zwischen ca. 1830–1848, die bezogen auf die Südslawen innerhalb der Donaumonarchie die panslawistische Idee artikulierte und darauf folgend die Einheit aller Südslawen innerhalb eines autonomen bis unabhängigen Staates propagierte. Die illyrische Bewegung beschränkte sich im Wesentlichen auf die Kroaten, hatte bei den Slowenen nur wenige und bei den Serben kaum Anhänger. Somit wirkte sie primär als Teilmoment der kroatischen Nationsbildung.
106 Stiglmayer, A.: Das Ende Jugoslawiens. Informationen zur politischen Bildung aktuell, hg. von der BpB, Bonn 1992, S. 5.
107 Siehe dazu grundlegend Sundhausen, H.: Geschichte Jugoslawiens 1918–1980, Stuttgart 1982.
108 Vgl. dazu Goldstein, I.: Croatia. A History, London 4. Auflage 2019, S. 108–117.
109 Siehe dazu Sundhausen, H.: Auswirkungen des Zweiten Weltkriegs, in: Keßelring, A. (Hg.): Wegweiser zur Geschichte. Bosnien-Herzegowina, Paderborn/München/Wien/Zürich [2]2007, S. 105–117; Goldstein, Croatia, S. 131–151.
110 Vgl. zum Folgenden: Surculija, Z: Jugoslawien als Vielvölkerstaat. Das Beieinander von mehreren Völkern und die föderative Ordnung in Jugoslawien, in: *Beiträge zur Konfliktforschung* 1/1981, Köln, S. 79–102, hier S. 79–89.
111 Ebd.
112 Ebd., S. 79, 83 f., 89 f.
113 Ebd., S. 79.
114 So lag z. B. die Analphabetenquote in Slowenien 1948 bei 2,4 Prozent, im Kosovo jedoch bei 62,5 Prozent, während das BIP in Slowenien mehr als doppelt so hoch war wie im Kosovo.
115 Vgl. dazu Calic, M.-J.: Gescheiterte Idee: Gründe für den Zerfall Jugoslawiens, in: Keßelring, A. (Hg.): Wegweiser zur Geschichte. Bosnien-Herzegowina, Paderborn/München/Wien/Zürich [2]2007, S. 137–145; Calic, M.-J.: Das Ende Jugoslawiens. Informationen zur politischen Bildung, Informationen aktuell. Hg. von der Bundeszentrale für politische Bildung, Bonn 1996.
116 Aus der Rede von Slobodan Milošević anlässlich der 600-jährigen Gedächtnisfeier der »Schlacht auf dem Amselfeld« am 28. Juni 1989. Zit. nach Hartmann, R.: Die glorreichen Sieger. Die Wende in Belgrad und die wundersame Ehrenrettung deutscher Angriffskrieger, Berlin 2001, S. 74 ff.
117 Die Verfassung der Republik Kroatien, Zagreb 1991, S. 33 ff. Zit. nach Geschichte

und Geschehen, Klett Verlag, Leipzig 2005, S. 506 f. Siehe auch den bereinigten Text vom 16. Juni 2010, inoffizielle Übersetzung im Auftrag des Auslandsbüros Kroatien der Konrad-Adenauer-Stiftung e.V., Zagreb 2011.

118 Geiss, I.: Das alte, neue Pulverfass Europas: Explosives Gemenge von Völkern, Religionen und Kulturen, in: *Das Parlament* Nr. 10/11, 28. 2./6. 3. 1992, S. 16.

119 Ebd.

120 *Herborner Tageblatt* vom 29. Juni 1991.

121 Siehe zur Belagerung und Zerstörung von Vukovar Mappes-Niediek, N.: Krieg in Europa. Der Zerfall Jugoslawiens und der überforderte Kontinent, Berlin 2022, S. 98–108.

122 Vgl. dazu u. a. Goldstein, Croatia, S. 253 f.

123 Ebd., S. 253.

124 Vgl. dazu Finlan, A.: The Collapse of Yugoslawia 1991–99, London 2022, S. 56–58.

125 Siehe dazu Melcic, D.: Kriegsverbrechen. Srebrenica 1995, in: Keßelring, A. (Hg.): Wegweiser zur Geschichte. Bosnien-Herzegowina, Paderborn/München/Wien/Zürich [2]2007, S. 147–156; Mappes-Niediek, Krieg in Europa, S. 262–278.

126 Rhein-Main-Presse, 12. Juli 2011, S. 3.

127 Siehe dazu Keßelring, Bosnien-Herzegowina, S. 81–91.

128 Siehe dazu Sundhausen, H.: Der serbisch Kosov-Mythos, in: Chiari,B./Keßelring, A. (Hg.): Wegweiser zur Geschichte. Kosovo. Paderborn/München/Wien/Zürich [3]2008, S. 165–174; Janjetovic, Z.: Kosovo – Das »heilige Land« der Serben, in: Chiari, B./Keßelring, A. (Hg.): Wegweiser zur Geschichte. Kosovo, Paderborn/München/Wien/Zürich [3]2008, S. 175–180.

129 Zur Rolle der NATO im Kosovo-Krieg siehe Scholl-Latour, P.: Der Fluch des neuen Jahrtausends. Eine Bilanz, München 2002, S. 32–45, 105–111; zur damaligen Lage im Kosovo siehe: Amt für Geoinformationswesen der Bundeswehr (Hg.): Militärische Landesinformation für Einsatzkontingente. Kosovo. Ausgabe 12/2009, Euskirchen 2009.

130 Vgl. Nolte, G.: Kein Recht auf Abspaltung, in *FAZ* vom 13.Februar 2008.

131 Vgl. Wittkowsky, A.: Der Stabilitätspakt für Südosteuropa und die »führende Rolle« der Europäischen Union, in: *Aus Politik und Zeitgeschichte*, Nr. 29–30/2000, S. 3–13.

132 Vgl. Nolte, Kein Recht auf Abspaltung.

133 Bei der Volkszählung 2011 bezeichneten sich knapp 45 Prozent als Montenegriner, 28,73 Prozent als Serben, 8,65 Prozent als Bosniaken und knapp 5 Prozent als Albaner.

134 Vgl. *Neue Zürcher Zeitung* vom 18. März 2022, S. 8.

135 Ebd.

136 Vgl. dazu Seidt, H.-U.: Friedensordnung oder Destabilisierung? Balkanpolitik in europäischer Verantwortung, in: Thiele, R./Seidt, H.-U. (Hg.): Herausforderung Zukunft. Deutsche Sicherheitspolitik in und für Europa, Frankfurt 1999, S. 106–125, hier S. 125 ff.

137 Das Interview ist in »Geschichte betrifft uns« – Vielvölkerstaat Jugoslawien. Konflik und Krieg vor unserer Haustür, Nr. 3/2014, S. 24 f. zu finden.

138 Vgl. den Beitrag von Kohrs, C./Diekmann, P.: Angst vor neuem Krieg – In Putins Auftrag? Serbien zündelt am Balkan (t-online.de vom 15. 1. 2023; abgerufen am 16. 1. 2023).

139 Ebd.
140 Der Autor besuchte zuletzt im Sommer 2022 Bosnien-Herzegowina und Sarajevo.
141 Siehe Tourflyer vom Sommer 2022.
142 Besuch des Autors in Sarajevo am 29. und 30. August 2022.
143 Tourflyer Sarajevo vom Sommer 2022.
144 Siehe Website des kosovarischen Außenministeriums: Countries Recognitions.
145 »The night the US bombed a Chinese embassy«: https://www.bbc.com/news/world-europe-48134881 (abgerufen am 8. 2. 2023).
146 Vgl. den Artikel von Martens, M.: Gefahr im Norden des Kosovos, in: *FAZ* vom 5. Dezember 2022.
147 https://www.faz.net/aktuell/politik/ausland/serbien-und-kosovo-einigen-sich-im-streit-um-nummernschilder-18483572.html; https://www.tagesschau.de/ausland/europa/kosovo-serbien-eu-101.html; https://www.merkur.de/politik/grenze-kosovo-news-serbien-aktuell-militaer-panzer-spannung-eskalation-91971611. html (alle abgerufen am 7. 2. 2023).
148 Vgl. den Beitrag von Martens, M.: Die Schilder des Anstoßes, in: *FAZ* vom 29. September 2021.
149 https://www.deutschlandfunk.de/entspannung-in-sicht-kosovo-serbien-streit-um-autoschilder-100.html (abgerufen am 7. 2. 2023); vgl. Martens, Gefahr im Norden des Kosovos, in: *FAZ* vom 5. Dezember 2022.
150 Heftige Auseinandersetzung im Norden Kosovos – DW – 30. 5. 2023. https://www.dw.com/de/heftige-auseinandersetzung-im-norden-kosovos/video-65773246#:~:text=Am%2023.,wurden%20daher%20albanische%20B%C3%BCrgermeister%20gew%C3%A4hlt.
151 Vgl. Kohrs, C./Diekmann, P.: Angst vor neuem Krieg; vgl. *FAZ* vom 12. Dezember 2022.
152 https://www.merkur.de/politik/grenze-kosovo-news-serbien-aktuell-militaer-panzer-spannung-eskalation-91971611.html (abgerufen am 7. 2. 2023).
153 Vgl. Kohrs, C./Diekmann, P.: Angst vor neuem Krieg.
154 https://www.tagesschau.de/ausland/europa/kosovo-antrag-eu-103.html (abgerufen am 8. 2. 2023).
155 Zit. nach Martens, M.: Wir werden kämpfen, in: *FAZ* vom 12. Dezember 2022.
156 Vgl. dazu u. a. Duffy, Atlas of Irish History, S. 58–63.
157 Ebd., S. 62 f.
158 Ebd., S. 92 f.
159 Vgl. Beckett, J. C.: Geschichte Irlands, Stuttgart 1982, S. 196 f.
160 Zur Entwicklung des Gälischen vgl. Duffy, Atlas of Irish History, S. 94 f.
161 Hyde, D.: The Revival of Irish Literature and other Addresses, London [2]1894, S. 117 ff. (dt. Übersetzung durch B. Hadden), zit. nach Weidinger, D.: Nation – Nationalismus – Nationale Identität, Bonn 1998, S. 31 f.
162 Gemeint sind die Kelten.
163 Hyde, The Revival of Irish Literature; S. 117 ff.
164 Duffy, Atlas of Irish History, S. 114.
165 Ebd., S. 110 f.
166 Ebd., S. 112 f.
167 Ebd., S. 114.

168 Vgl. Coffey, This Day, S. 24.
169 Vgl. Duffy, Atlas of Irish History, S. 114.
170 Vgl. Coffey, This Day, S. 175 f.
171 Ebd., S. 313 f.
172 Ebd., S. 331.
173 Vgl. Duffy, Atlas of Irish History, S. 128 f.
174 Ebd., S. 128.
175 Ebd., S. 130.
176 Vgl. *Junge Freiheit* vom 14. April 2023.
177 Siehe A Pocket History of Northern Ireland, Dublin 2019, S. 110 f.
178 Laut Volkszählung von 2021. Siehe dazu https://www.spiegel.de/ausland/nordirland-laut-volkszaehlung-erstmals-mehr-katholiken-als-protestanten-a-33046f10-bd98-4523-92d7-4553e2e5e368 und https://www.faz.net/aktuell/politik/ausland/nordirland-erstmals-mehr-katholiken-als-protestanten-laut-volkszaehlung-18334938.html (beide abgerufen am 24.5.2023).
179 https://www.derstandard.de/story/2000146588616/katholische-partei-gewann-erstmals-kommunalwahl-in-nordirland (abgerufen am 24.5.2023).
180 Ebd.
181 Vgl. zum Folgenden: Grosch, M.: Schrei nach Freiheit, in: *Information für die Truppe. Zeitschrift für Innere Führung*, hg. vom BMVg, Nr. 5/2000, S. 24–27; ausführlich Schicho, W.: Geschichte Afrikas, Stuttgart 2010, S. 100–127.
182 Vgl. Schicho, Geschichte Afrikas, S. 124; Ansprenger, Afrika, S. 30, Marshall, T.: Abschottung. Die neue Macht der Mauern, München 2020 (engl. Originalausgabe London 2018), S. 199.
183 Vgl. Schicho, S. 124; Marshall, S. 223.
184 Siehe zum Folgenden den ausführlichen Artikel in *Allgemeine Zeitung* vom 31. Juli 2009 (https://web.archive.org/web/20090803203158/http://www.az.com.na/politik/namibias-vergessene-politische-gefangene.90127.php, abgerufen am 15.12.2022).
185 Vgl. Stamps and Stories. 50 Geschichten zu Briefmarken-Motiven Namibias, Bd. 1. Windhoek 2012, S. 79.
186 Vgl. Halbach, A.J.: Namibia. Wirschaft, Politik, Gesellschaft nach zehn Jahren Unabhängigkeit, Windhoek 2000, S. 73 f.
187 Vgl. Lindorf, J.: Tabellarische Chronik von Südwestafrika-Namibia, Windhoek 2010, S. 103.
188 Vgl. Halbach, Namibia, S. 73.
189 Vgl. Stamps and Stories, S. 79 f.
190 Vgl. Halbach, Namibia, S. 73.
191 Der Autor besuchte diese Region zuletzt 2019 und konnte sich von der Sicherheit und Friedfertigkeit vor Ort selbst ein umfangreiches Bild machen.
192 Interview mit Phil Craig in der *Jungen Freiheit* vom 5. Mai 2023, S. 9.
193 Ebd.
194 Vgl. Marshall, Abschottung, S. 208.
195 https://www.deutschlandfunk.de/aethiopien-tigray-konflikt-100.html (abgerufen am 28.7.2023).
196 Vgl. Dördelmann, Rechtsethische Rechtfertigung, S. 16 f.

197 https://de.wikipedia.org/wiki/Geschichte_des_S%C3%BCdsudan (abgerufen am 4.1.2023).
198 http://www.sozialwiss.uni-hamburg.de/publish/Ipw/Akuf/kriege/040_sudan.htm (abgerufen am 4-1-2023).
199 Vgl. Madut Jok, J.: Sudan – Race, Religion, and Violence, London 2007, S. 72.
200 Ebd., S. 70 f.
201 Siehe dazu Chiari, B.: Der zweite Bürgerkrieg und seine Auswirkungen auf die Gesellschaften im Sudan, in: Chiari, B. (Hg.): Wegweiser zur Geschichte. Sudan, Paderborn/München/Wien/Zürich 2007, S. 51–64.
202 Vgl. Salam Sidahmed, A.: Politics and Islam in Contemporary Sudan, Richmond 1997, S. 158.
203 Vgl. Madut Jok, Sudan, S. 73–76.
204 Siehe *Neue Zürcher Zeitung* vom 9. Juli 2011; *FAZ* vom 11. Juli 2011, S. 1.
205 Vgl. *FAZ* vom 21. Juni 2011.
206 Vgl. *FAZ* vom 11. Juli 2011, S. 1.
207 Ebd.
208 Vgl. dazu z. B. die *FAZ* vom 19. August 2015 und 9. Juli 2016.
209 Vgl. *Süddeutsche Zeitung* vom 8. Juli 2011, S. 1.
210 Vgl. Berg, H. W.: Das Erbe der Großmoguln. Völkerschicksale zwischen Hindukusch und Golf von Bengalen, Hamburg 1988, S. 131 f.
211 Ebd., S. 134.
212 Ebd., S. 147.
213 Vgl. zum Folgenden: https://de.wikipedia.org/wiki/Unabh%C3%A4ngigkeitsreferendum_in_Osttimor_1999; abgerufen am 23.12.2022; Braithwaite, J./Charlesworth, H./Soaresw, A.: Networked Governance of Freedom and Tyranny: Peace in Timor-Leste. Canberra 2012 (ANU press), S. 91–110; Schlicher, M.: Intervention in Asien: Das Beispiel Osttimor – Konfliktlösung ohne ausreichende Prävention, in: Hoppe, T. (Hg.): Schutz der Menschenrechte, Zivile Einmischung und militärische Intervention – Analysen und Empfehlungen, Projektgruppe Gerechter Friede der Deutschen Kommission Justitia et Pax, Berlin 2004, S. 257–300.
214 Vgl. Schlicher, Intervention, S. Braithwaite, Networked Governance, S. 103 f.
215 Vgl. Braithwaite, S. 103 f.
216 https://www.auswaertiges-amt.de/de/aussenpolitik/laender/mongolei-node/mongolei/222840/ (abgerufen am 12.1.2023).
217 Siehe dazu Palmer, J.: Der blutige weiße Baron: Die Geschichte eines Adligen, der zum letzten Khan der Mongolei wurde, Frankfurt 2010, S. 116–144.
218 Marco Polo Reiseführer China, Ostfildern [3]1994, S. 131.
219 So z. B. auch im Reiseführer »Reisen in Tibet«, China Intercontinental Press 2003, S. 56.
220 Vgl. Klein, T.: Geschichte Chinas von 1800 bis zur Gegenwart, Paderborn/Köln/Weimar/Wien [2]2009, S. 374 f.
221 Vgl. zum Folgenden Grosch, Geopolitische Machtspiele, S. 130–133.
222 Vgl. Klein, Geschichte Chinas, S. 376.
223 Darunter ist die Herrschaft eines Staates über einen anderen, dessen Souveränität mangelhaft ausgeprägt ist, zu verstehen.
224 Vgl. Klein, Geschichte Chinas., S. 378.

225 Vgl. Marshall, Abschottung, S. 63.
226 Ebd., S. 64.
227 Siehe dazu Reichstein, A.: Der texanische Unabhängigkeitskrieg: 1835–36. Ursachen und Wirkung, Berlin 1984, S. 142 ff.; http://www.sonofthesouth.net/texas/ (abgerufen am 15. 12. 2022).
228 Hesmer, K.-H.: Flaggen und Wappen der Welt, Gütersloh/München 2008.
229 Vgl. v. Prellwitz, J.: Das »Prinzip der Nichteinmischung« als Grundlage der interamerikanischen Beziehung, in: *Zeitschrift für Politik* 1960, S. 110–133.

VI. Aktuelle und potenzielle Sezessionsbewegungen – eine exemplarische Übersicht

1 Vgl. Wieser, T./Spotts, F.: Der Fall Italien. Dauerkrise einer schwierigen Demokratie, Frankfurt 1983, S. 147.
2 Vgl. Fischer Weltalmanach 1992, Sp. 414.
3 Vgl. dazu Widmoser, E.: Südtirol. Geschichtlicher Abriß einer europäischen Frage. München 1964, S. 3–8; Gruber, A.: Geschichte Südtirols. Streifzüge durch das 20. Jahrhundert, Bozen 7. Auflage 2021, S. 15–30.
4 Vgl. Kann Südtirol Staat? 40 Antworten für eine unabhängige Zukunft, Bozen 2023, S. 18 f.
5 Ebd., S. 11.
6 Vgl. dazu Dotter, M.: Die heiligen Grenzen der Heimat, in: *FAZ* vom 3. Juni 2019, S. 6.
7 Zit. nach Lun, M.: Die Odysse beginnt, in: *Junge Freiheit* vom 9. Oktober 2020, S. 19.
8 Vgl. Mumelter, N.: Das Werden von Groß-Bozen, in: Bozen. Stadt im Umbruch. Jahrbuch des Südtiroler Kulturinstituts, Bd. 8, Bozen 1973, S. 27.
9 Vgl. Olt, R.: Sind wir hier immer noch in Italien?, in: *FAZ* vom 31. Juli 2010; vgl. Widmoser, Südtirol, S. 11; Gruber, A.: Bozen unter dem Liktorenbündel, in: Bozen. Stadt im Umbruch. Jahrbuch des Südtiroler Kulturinstituts, Bd. 8, Bozen 1973, S. 91 ff.
10 Dazu ausführlich Gruber, Geschichte Südtirols, S. 31–47; Steininger, R.: South Tyrol. A Minority Conflict oft he Twentieth Century, New Brunswick/London 2003, S. 14–20.
11 Vgl. Steinwandter, L.: »Die Sonne wird das ausbrüten«, in: *Der Burschenschafter* 1/2019, S. 13–16, hier S. 14.
12 https://www.suedtirol.de/reisefuehrer/g/geschichte-suedtirol.html (abgerufen am 19. 1. 2023); Steinwandter, »Die Sonne …«, S. 14.; Widmoser, Südtirol, S. 11–16.
13 Vgl. Gruber, Geschichte Südtirols, S. 75.
14 Vgl. dazu Leidlmaier, A.: Südtirol als sozialgeographisches Problem, in: *Tiroler Heimat* Nr. 24. Wien/Innsbruck 1960, S. 77–87; ders.: Südtirol. Wandlungen im Bevölkerungsbild im Land der Etsch, in: Jahrbuch des ÖAV, München 1967, S. 117–122.
15 Siehe dazu Steininger, South Tyrol, S. 35–39; vgl. auch Gruber, Geschichte Südtirols, S. 75, und den Beitrag in *Junge Freiheit* vom 30. September 2022, S. 20.

16 Siehe dazu Gruber, Geschichte Südtirols, S. 73–84.
17 Vgl. Widmoser, Südtirol, S. 19 ff.
18 https://www.handelsblatt.com/politik/international/ruf-nach-unabhaengigkeit-suedtirol-italien-weitgehende-autonomie/10692090-6.html (abgerufen am 19. 1. 2023).
19 Vgl. Steininger, South Tyrol, S. 77–82; Gruber, Geschichte Südtirols, S. 106.
20 Vgl. Olt, R.: Über den Tisch gezogen, in: *Junge Freiheit* vom 2. September 2016, S. 19; Widmoser, Südtirol, S. 25–31.; Steininger, South Tyrol, S. 97–111.
21 Ebd.
22 Vgl. Steinwandter, »Die Sonne …«, S. 15.
23 Klotz, E.: Georg Klotz. Freiheitskämpfer für die Einheit Tirols. Eine Biographie, Wien 5. Auflage 2021, S. 69.
24 Vgl. Gruber, Geschichte Südtirols, S. 111–127; Kann Südtirol Staat?, S. 22.
25 Klotz, Georg Klotz, S. 75.
26 Ebd., S. 75 ff.
27 Dazu grundlegend und umfassend u. a. Steininger, R.: Südtirol zwischen Diplomatie und Terror. 3 Bände. Bozen 1999; Klotz, E.: Georg Klotz, S. 69–132; Fasser, M.: Ein Tirol – zwei Welten. Das politische Erbe der Südtiroler Feuernacht von 1961, Innsbruck/Wien/Bozen 2009.
28 Zit. nach https://www.deutschlandfunkkultur.de/separatismus-in-italien-mit-bombengewalt-zum-freien-100.html (abgerufen am 19. 1. 2023).
29 Vgl. Steininger, South Tyrol, S. 122–129.
30 Vgl. Klotz, Georg Klotz, S. 105.
31 Baumgartner, E.: Von der Explosion zur engen Kooperation. Italien – Südtirol – Österreich, in: *Das Parlament* Nr. 36 vom 28. August 1992, S. 10.
32 Widmoser, Südtirol, S. 33.
33 Ebd., S. 35.
34 Zum Folgenden Zit. nach https://www.deutschlandfunkkultur.de/separatismus-in-italien-mit-bombengewalt-zum-freien-100.html (abgerufen am 19.1.2023).
35 Dazu ausführlich Althaus, J.: Als zwischen Bozen und Brenner die Bomben explodierten, in *Die Welt* vom 12.6.2021 (https://www.welt.de/geschichte/article231759543/Suedtirol-1961-Was-Terroristen-gegen-Strommasten-hatten.html (abgerufen am 19. 1. 2023); vgl. auch Steinwandter, »Die Sonne …«, S. 15; Klotz, Georg Klotz, S. 84.
36 Zit. nach *Junge Freiheit* vom 13. Januar 2023.
37 https://www.suedtirol.de/reisefuehrer/g/geschichte-suedtirol.html (abgerufen am 19. 1. 2023); vgl. Olt, Über den Tisch gezogen.
38 https://bas.tirol/die-ausstellung/; https://www.unsertirol24.com/2019/10/03/bas-ausstellung-unter-neuer-fuehrung/ (beide abgerufen am 19. 1. 2023).
39 Clementi, S./Woelk, J. (Hg.): 1992: Ende eines Streits: Zehn Jahre Streitbeilegung im Südtirolkonflikt zwischen Italien und Österreich. Baden-Baden 2003; https://www.derstandard.at/story/1305059/offizielles-ende-des-suedtirol-konfliktes (abgerufen am 19. 1. 2023).
40 Autonome Provinz Bozen-Südtirol. Das neue Autonomiestatut, hg. von der Südtiroler Landesregierung. Bozen 14. Auflage 2009, S. 101 f. (https://www.provinz.bz.it/lpa/download/statut_dt.pdf (abgerufen am 19. 1. 2023).

41 Zu verweisen ist an dieser Stelle beispielsweise auf das von der Südt-Tiroler Freiheit herausgegebene Faltblatt »Meine Muttersprache ist DEUTSCH. Ich mache von meinem Recht, DEUTSCH zu sprechen, Gebrauch«.

42 Vgl. Ankenbrand, H.: Europas rebellische Regionen, in: *Frankfurter Allgemeine Sonntagszeitung* vom 30. Juni 2013, S. 19–21, hier S. 19.

43 Ebd; https://www.handelsblatt.com/politik/international/ruf-nach-unabhaengigkeit-suedtirol-italien-weitgehende-autonomie/10692090-6.html (abgerufen am 19. 1. 2023).

44 Vgl. *FAZ* vom 16. Dezember 2011. Siehe dazu aktuell: Kann Südtirol Staat?

45 Ebd.; vgl. *Der Spiegel* 41/2012, S. 98.

46 Vgl. *Der Spiegel* 10/2012, S. 92.

47 Vgl. *FAZ* vom 16. Dezember 2011.

48 *Rheinische Post* vom 19. Oktober 2018 (https://rp-online.de/politik/ausland/separatisten-in-suedtirol-los-von-rom_aid-33919079 (abgerufen am 19. 1. 2023).

49 https://www.derstandard.de/story/2000063408214/suedtiroler-separatisten-publizieren-umstrittene-landkarte (abgerufen am 19. 1. 2023).

50 Ebd.

51 *Rheinische Post* vom 19. Oktober 2018 (https://rp-online.de/politik/ausland/separatisten-in-suedtirol-los-von-rom_aid-33919079 (abgerufen am 19.1.2023).

52 Vgl. *Junge Freiheit* vom 6. Januar 2023.

53 Zit. nach ebd.

54 Ebd.

55 https://astat.provinz.bz.it/de/aktuelles-publikationen-info.asp?news_action=300&news_image_id=1042519 (abgerufen am 19. 1. 2023).

56 https://www.suedtirol.de/reisefuehrer/g/geschichte-suedtirol.html (abgerufen am 19. 1. 2023).

57 Ebd.

58 Vgl. dazu *Deutsche Sprachwelt*, Nr. 91/2023, S. 6.

59 Ebd.

60 Vgl. Kann Südtirol Staat?, S. 55.

61 Ausführlich dazu: Ebd., S. 54–79.

62 Ebd., S. 76.

63 Das Interview wurde am 13. April 2023 durch den Autor mit Eva Klotz in Bozen im Hotel Laurin geführt.

64 Alfons Benedikter (1918–2010) war von 1948 bis 1998 für die SVP Mitglied des Südtiroler Landtags und damit gleichzeitig des Regionalrats Trentino-Südtirol, acht Jahre lang (1952–1960) Mitglied der Regionalregierung Trentino-Südtirol und 34 Jahre lang (1948–1952 und 1959–1989) Mitglied der Südtiroler Landesregierung. Er wirkte wesentlich an der Ausarbeitung und Durchsetzung der Autonomie Südtirols mit. Ende der 1980er-Jahre stellte er sich gegen den Abschluss der Verhandlungen zur Autonomie und die sogenannte Streitbeilegungserklärung Österreichs gegenüber der UNO, verließ 1989 die SVP und begründete zusammen mit Eva Klotz und Gerold Meraner die Partei »Union für Südtirol«, mit der er 1993 ein Landtags- und Regionalratsmandat erringen konnte.

65 Wie mittlerweile die Süd-Tiroler Freiheit anhand von Dokumentenmaterial enthüllte, hatte die italienische Botschaft in Wien Werner Neubauer, der von 2006–2019 für

die FPÖ im österreichischen Nationalrat und dessen Südtirol-Ausschuss saß, 1,5 Millionen Euro angeboten, damit er sich nicht weiter zugunsten der Südtiroler engagiert. Zudem wollte Italien auch andere Mitglieder des Südtirol-Ausschusses dementsprechend korrumpieren. Siehe dazu auch den Beitrag in der *PAZ* vom 2. Juni 2023, S. 6.

66 Vgl. *FAZ* vom 15. August 2005.

67 Ebd.

68 Vgl. *FAZ* vom 29. September 2015.

69 https://www.lpb-bw.de/katalonien (abgerufen am 5. 1. 2023).

70 Zit. nach https://www.handelsblatt.com/politik/international/europawahl-2014/belgien-die-wallonen-und-die-flamen-das-gespaltene-land/9732968.html (abgerufen am 12. 1. 2023).

71 Siehe dazu Schreiber, K.: Die Übersetzung der Unabhängigkeit. Wie die Katalanen es erklären, wie wir es verstehen, Dresden 2015.

72 Zur Geschichte des Konflikts siehe https://www.lpb-bw.de/katalonien#c37378 (abgerufen am 5. 1. 2023)

73 Siehe zum Folgenden Thomas, H.: Der Spanische Bürgerkrieg. Berlin 1964, S. 63–73; Bernecker, W. L.: Spanische Geschichte. Von der Reconquista bis heute. Darmstadt [2]2012, S. 117 f.; Kramer, K.: Die Geschichte Spaniens. Über die sozialen und politischen Hintergründe des Spanischen Bürgerkrieges, Berlin 1978; Lawrence, M.: Spain's First Carlist War, New York/London 2014.

74 Siehe dazu https://www.lpb-bw.de/katalonien#c37497 (abgerufen am 5. 1. 2023); https://www.school-scout.de/vorschau/73483/was-wollen-separatisten-der-traum-vom-eigenen-staat.pdf (abgerufen am 11. 1. 2023).

75 Vgl. *FAZ* vom 15. August 2005.

76 Vgl. das Interview mit J.-L. Carod-Rovira in der *FAZ* vom 7. April 2008.

77 Vgl. *FAZ* vom 19. November 2009.

78 Zum Folgenden https://www.lpb-bw.de/katalonien#c37497 (abgerufen am 5. 1. 2023); https://www.school-scout.de/vorschau/73483/was-wollen-separatisten-der-traum-vom-eigenen-staat.pdf (abgerufen am 11. 1. 2023); vgl. die *FAZ* vom 21. April 2010.

79 *FAZ* vom 3. November 2012, S. 13 und *FAZ* vom 12. September 2013, S. 4.

80 Ebd.

81 Vgl. *FAZ* vom 4. November 2015.

82 https://www.lpb-bw.de/katalonien#c37497 (abgerufen am 5.1.2023); https://www.school-scout.de/vorschau/73483/was-wollen-separatisten-der-traum-vom-eigenen-staat.pdf (abgerufen am 11. 1. 2023); *FAZ* vom 7. Oktober 2017, S. 3.

83 Vgl. Kann Südtirol Staat?, S. 42 f.

84 https://www.lpb-bw.de/katalonien#c37497 (abgerufen am 5. 1. 2023); https://www.school-scout.de/vorschau/73483/was-wollen-separatisten-der-traum-vom-eigenen-staat.pdf (abgerufen am 11. 1. 2023); *FAZ* vom 7. Oktober 2017, S. 3.

85 Siehe dazu grundlegend Niebel, I.: Das Baskenland. Geschichte und Gegenwart eines politischen Konflikts, Wien 2009; Seidel, C.: Die Basken. Ein historisches Portrait, München 2010.

86 Vgl. *Neue Zürcher Zeitung* vom 23. Oktober 2021, S. 5.

87 https://de.wikipedia.org/wiki/Plan_Ibarretxe (abgerufen am 18. 1. 2023).

88 Vgl. *FAZ* vom 15. September 2008.

89 *Wir selbst. Zeitschrift für nationale Identität.* Nr. 53/Oktober 2022, S. 88–94.

90 Siehe zum Folgenden https://www.paradisu.de/insel-infos/korsika-geschichte/korsikas unabhaengigkeitsbewegung/ (abgerufen am 5. 1. 2023).
91 https://www.goruma.de/laender/europa/korsika/geschichte (abgerufen am 28. 7. 2023).
92 Vgl. Boden, Nationalitäten, S. 102.
93 https://www.sueddeutsche.de/politik/separatisten-in-der-eu-wem-autonomie-nicht-mehr-genuegt-1.2135684-7 (abgerufen am 6. 1. 2023).
94 Vgl. Boden, Nationalitäten, S. 102.
95 Siehe die Übersicht unter https://de.wikipedia.org/wiki/Korsikakonflikt (abgerufen am 6. 1. 2023).
96 https://www.sueddeutsche.de/politik/separatisten-in-der-eu-wem-autonomie-nicht-mehr-genuegt-1.2135684-7 (abgerufen am 6. 1. 2023).
97 Ebd.
98 https://www.zeit.de/politik/ausland/2017-12/korsika-nationalisten-regionalwahl-frankreich?utm_referrer=https%3A%2F%2Fwww.google.de%2F; https://www.spiegel.de/politik/ausland/korsika-nationalisten-uebernehmen-die-macht-a-11859 36.html (beide abgerufen am 6. 1. 2023).
99 *Neue Zürcher Zeitung* vom 19. Januar 2023, S. 5.
100 Siehe zum Folgenden https://www.deutschlandfunk.de/korsika-frankreich-autonomie-unabhaengigkeit-100.html (abgerufen am 6.1.2023); *Neue Zürcher Zeitung* vom 19. Januar 2023, S. 5.
101 https://www.sueddeutsche.de/politik/separatisten-in-der-eu-wem-autonomie-nicht-mehr-genuegt-1.2135684-7 (abgerufen am 6. 1. 2023).
102 Davon konnte sich der Autor auf seiner letzten Reise nach Korsika 2021 selbst ein Bild machen.
103 *Neue Zürcher Zeitung* vom 19. Januar 2023, S. 5.
104 https://www.tagesschau.de/ausland/europa/korsika-ausschreitungen-autonomie-103.html (abgerufen am 6. 1. 2023).
105 https://www.tagesschau.de/ausland/europa/korsika-ausschreitungen-autonomie-103.html (abgerufen am 6. 1. 2023).
106 Referendum 2014: Schottland stimmt über Unabhängigkeit ab. *Handelsblatt* vom 21. März 2013; https://www.dw.com/de/schottland-auf-dem-weg-zur-unabh%C3%A4ngigkeit/a-2462480; https://www.sueddeutsche.de/meinung/schottland-england-grossbritannien-nicola-sturgeon-unabhaengigkeit-1.5612478; https://www.spiegel.de/ausland/schottland-waehlt-kommt-jetzt-der-scexit-a-9f0917cb-0002-0001-0000-000177330682?context=issue; https://www.theguardian.com/commentisfree/2019/apr/29/scottish-independence-nicola-sturgeon-snp-united-kingdom (alle abgerufen am 10. 1. 2023).
107 https://www.dw.com/de/schottland-auf-dem-weg-zur-unabh%C3%A4ngigkeit/a-2462480 (abgerufen am 10. 1. 2023).
108 https://www.spiegel.de/geschichte/schottland-referendum-wurzeln-der-england-feindschaft-a-991717.html (abgerufen am 10. 1. 2023).
109 https://www.bbc.com/news/uk-scotland-scotland-politics-20546497 (abgerufen am 10. 1. 2023).
110 https://www.bbc.com/news/events/scotland-decides/results (abgerufen am 10. 1. 2023).
111 https://publications.parliament.uk/pa/cm201213/cmselect/cmfaff/643/64302.htm (abgerufen am 10. 1. 2023).

112 https://www.spiegel.de/geschichte/schottland-referendum-wurzeln-der-england-feindschaft-a-991717.html; https://www.kleinezeitung.at/politik/3906937/Schottland-und-England_Eine-gemeinsame-Geschichte (beide abgerufen am 10. 1. 2023).

113 https://www.fr.de/politik/schottland-unabhaengigkeit-referendum-plaene-vereinigtes-koenigreich-91982051.html; https://www.deutschlandfunk.de/scexit-schottland-unabhaengigkeit-vereinigtes-koenigreich-100.html (beide abgerufen am 10. 1. 2023).

114 Siehe zum Folgenden u. a. Driessen; C.: Geschichte Belgiens – Die gespaltene Nation, Regensburg 2018; Koll, J. (Hg.): Belgien. Geschichte – Politik – Kultur – Wirtschaft. Münster 2007; Berge, F./Grasse, A.: Belgien – Zerfall oder föderales Zukunftsmodell? – Der flämisch-wallonische Konflikt und die Deutschsprachige Gemeinschaft. Regionalisierung in Europa Band 3. Opladen 2003; Siegemund; H.: Parteipolitik und »Sprachenstreit« in Belgien. Beiträge zur Politikwissenschaft Band 40, Frankfurt 1989.

115 https://www.handelsblatt.com/politik/international/europawahl-2014/belgien-die-wallonen-und-die-flamen-das-gespaltene-land/9732968.html (abgerufen am 12. 1. 2023).

116 https://ec.europa.eu/eurostat/documents/2995521/9618267/1-26022019-AP-DE.pdf/3997d4d9-4953-4ca6-9484-be0f41b4171b (abgerufen am 11. 1. 2023).

117 https://www.handelsblatt.com/politik/international/europawahl-2014/belgien-die-wallonen-und-die-flamen-das-gespaltene-land/9732968.html (abgerufen am 12. 1. 2023).

118 https://youregion-emr.eu/wp-content/uploads/2021/10/Flandern-Wallonie-friedliche-Losungen-Dr.-Ute-Schurings.pdf (abgerufen am 13. 1. 2023).

119 Vgl. Boden, Nationaliäten, S. 54.

120 https://youregion-emr.eu/wp-content/uploads/2021/10/Flandern-Wallonie-friedliche-Losungen-Dr.-Ute-Schurings.pdf

121 Siehe dazu grundlegend Deschner, G.: Die Kurden – Volk ohne Staat, München 2003; Strohmeier, M./Yalçin-Heckmann, L.: Die Kurden. Geschichte, Politik, Kultur, München 2003; weiterhin Steinbach, U.: Gesellschaft zwischen Tradition und Moderne, in: *Informationen zur politischen Bildung* Nr. 277 Türkei, Bonn 2002, S. 33–36; https://www.bpb.de/kurz-knapp/lexika/politiklexikon/17764/kurden/ (abgerufen am 23. 1. 2023); Struck, E.:Konflikte, Konfrontationen und Kooperation im östlichen Mittelmeerraum, in: *Geographische Rundschau* Nr. 48 (1996), S. 548–555, hier S. 550 f.

122 Vgl. Marshall, Abschottung, S. 145.

123 https://www.gfbv.de/de/informieren/laender-regionen-und-voelker/voelker/kurden/ (abgerufen am 23. 1. 2023).

124 Vgl. Kramer, H.: Die Türkei im Schnittpunkt der Regionen und Kulturen, in: *Geographische Rundschau* Nr. 48 (1996), S. 590–594, hier S. 590.

125 https://www.gfbv.de/de/informieren/laender-regionen-und-voelker/voelker/kurden/ (abgerufen am 23. 1. 2023).

126 Vgl. Grosch, Geopolitische Machtspiele, S. 208.

127 Gesetz Nr. 2932 vom 19. Oktober 1983 über Veröffentlichungen in anderen Sprachen als dem Türkischen, RG Nr. 18199 vom 22. Oktober 1983.; Art. 3 des Gesetzes Nr. 2932.

128 https://www.gfbv.de/de/informieren/laender-regionen-und-voelker/voelker/kurden/ (abgerufen am 23. 1. 2023).

129 https://www.faz.net/aktuell/politik/ausland/europa/tuerkei/forderung-an-die-regierung-kurden-in-der-tuerkei-wollen-selbstverwaltung-13986772.html? (abgerufen am 23. 1. 2023).

130 http://web.archive.org/web/20190719072511/https://www.sueddeutsche.de/news/politik/konflikte-iraks-kurden-stimmen-mit-grosser-mehrheit-fuer-unabhaengigkeit-dpa.urn-newsml-dpa-com-20090101-170927-99-231698 (abgerufen am 23. 1. 2023); vgl. Marshall, Abschottung, S. 146.

131 https://www.spiegel.de/politik/ausland/nordirak-pkk-berichtet-von-heftigen-gefechten-mit-tuerkischen-truppen-a-537153.html (abgerufen am 23. 1. 2023).

132 Siehe dazu Klute, G./Lecocq, B.: Separatistische Bestrebungen der Tuareg in Mali, in: Hofbauer, B./Münch, P. (Hg.): Wegweiser zur Geschichte. Mali, Paderborn/München/Wien/Zürich, [2]2016, S. 123–138.

133 Vgl. Spiegel-online vom 6. 4. 2012 (https://www.spiegel.de/politik/ausland/tuareq-in-mali-rufen-eigenen-staat-azawad-aus-a-826165.html; abgerufen am 23. 12. 2022) und ZEIT-online vom 6. April 2012 (https://www.zeit.de/politik/ausland/2012-04/mali-tuareg-unabhaengigkeit; abgerufen am 23. 12. 2022).

134 Vgl. Klute/Lecocq, Separatistische Bestrebungen, S. 125–129.

135 Ebd., S. 134.

136 Ebd., S. 135.

137 https://minusma.unmissions.org/en/file/4752/download?token=rI_WcPpF (abgerufen am 23. 12. 2022).

VII. Faktisch erfolgte, international nicht anerkannte Sezessionen

1 Vgl. dazu Dittmann, A.: Moldawien. Konfliktregion zwischen Pruth und Dnjestr, in: Osteuropa – Konflikte verstehen, hg. von Dittmann, A./Riemer, R./Teicht, A. Baden-Baden 2018, S. 251–267, hier S. 260 ff.; Götz, R./Halbach, U.: Politisches Lexikon GUS, München 1992, S. 163–167; http://www.minorityrights.org/5195/transnistria-unrecognised-state/transnistria-unrecognised-state-overview.html (abgerufen am 23. 12. 2022).

2 Vgl. *FAZ* vom 21. Dezember 2022, S. 2.

3 Vgl. King, C.: The Moldovans. Romania, Russia, and the Politics of Culture, Stanford (Hoover Inst.Pr.) 2000, S. 151.

4 Vgl. Demidirek, H.: The painful past retold Social memory in Azerbaijan and Gagauzia. Kopenhagen 1996 (http://www.anthrobase.com/Txt/D/Demirdirek_H_01.htm (abgerufen am 23. 12. 2022).

5 Vgl. Sislin, J./Pearson, F. S.: Arms and Ethnic Conflict, Lanham 2001, S. 99.

6 Vgl. Cojocaru, N.: Nationalism and Identity in Transnistria (https://www.offiziere.ch/wp-content/uploads/13511610601029813.pdf (abgerufen am 23. 12. 2022); Niutenko, O.: Regional Identity and Conflict in Transnistria since Late Communism. Prag 2013 (https://dspace.cuni.cz/bitstream/handle/20.500.11956/52707/120127727.pdf?sequence=1&isAllowed=y (abgerufen am 23. 12. 2022).

7 Vgl. die *Washington Post* vom 20. April 2014

8 Siehe dazu Informationen zur politischen Bildung aktuell 2003: Kaukasus-Region; *Aus Politik und Zeitgeschichte* 13/2009: Kaukasus; Barnes, Ruheloses Russland, S. 182–187; Chiari, B. (Hg.): Wegweiser zur Geschichte. Kaukasus. Hg. im Auftrag des MGFA, Paderborn 2008.

9 Vgl. Krone-Schmalz, G. Russland verstehen: Der Kampf um die Ukraine und die Arroganz des Westens, München 2015, S. 109 ff.

10 Vgl. Boden, Nationalitäten, S. 47.

11 Ebd.

12 Ebd.

13 Vgl. Scholl-Latour, Russland im Zangengriff, S. 141.

14 https://www.deutschlandfunk.de/konflikt-aserbaidschan-armenien-russland-100.html; https://www.kas.de/de/web/die-politische-meinung/blog/detail/-/content/9-fragen-zum-konflikt-zwischen-armenien-und-aserbaidschan (beide abgerufen am 13.1.2023).

15 http://countrystudies.us/somalia/15.htm (abgerufen am 20.12.2022).

16 https://web.archive.org/web/20050316193327/http://siteresources.worldbank.org/INTSOMALIA/Resources/conflictinsomalia.pdf (abgerufen am 20.12.2022).

17 *Neue Zürcher Zeitung* vom 17. Oktober 2005.

18 Somalia lodges protest after Kenya calls Somaliland a country News24, 1. Juli 2019 (abgerufen am 20.12.2022).

19 Vgl. dazu S. 57 f.

20 https://www.sueddeutsche.de/politik/nord-zypern-eu-beendet-isolation-1.652549; https://www.handelsblatt.com/politik/international/nach-der-verhinderten-wiedervereinigung-eu-wird-nordzypern-verstaerkt-helfen/2323428.html (beide abgerufen am 13.1.2023).

21 Zur türkischen Militäraktion vgl. Brenner, S.: Operation Atilla, in: *Militärgeschichte. Zeitschrift für historische Bildung*, Nr. 2/2016, S. 18–21.

22 Vgl. Gürel, A.: Eigentums- und Bevölkerungsfragen im geteilten Zypern, in: *Aus Politik und Zeitgeschichte*. Heft 12, 2009, S. 14.

23 Vgl. Talmon, S.: Kollektive Nichtanerkennung illegaler Staaten. Grundlagen und Rechtsfolgen einer international koordinierten Sanktion, dargestellt am Beispiel der Türkischen Republik Nord-Zypern, Tübingen 2006, S. 45–48.

24 Ebd., S. 48 f.

25 Ebd., S. 49 f. Resolution 541: »Der Sicherheitsrat,

- nachdem er die Ausführungen des Außenministers der Regierung der Republik Zypern gehört hat,
- besorgt über die Erklärung der türkisch-zypriotischen Behörden vom 15. November 1983, die besagt, dass ein unabhängiger Staat im Norden Zyperns geschaffen werden soll,
- in Anbetracht der Tatsache, dass diese Erklärung mit dem Abkommen von 1960 zur Gründung der Republik Zypern und dem Garantieabkommen von 1960 nicht vereinbar ist,
- daraus folgernd, dass der Versuch, eine »Türkische Republik Nordzypern« zu gründen ungültig ist, und zu einer Verschlechterung der Situation in Zypern beitragen wird,
- in Bekräftigung seiner Resolutionen 365 (1974) und 367 (1975),

- im Bewusstsein der Notwendigkeit einer Lösung des Zypernproblems auf der Grundlage der Mission der Guten Dienste des Generalsekretärs,
- unter Betonung seiner anhaltenden Unterstützung für die UN-Friedenstruppe in Zypern,
- mit Kenntnis der Erklärung des UN-Generalsekretärs vom 17. November 1983,

1. bedauert die Erklärung der türkisch-zypriotischen Behörden bezüglich der angeblichen Abspaltung eines Teils der Republik Zypern,
2. betrachtet die oben genannte Erklärung als rechtlich ungültig und fordert ihre Rücknahme,
3. fordert eine dringende und wirksame Umsetzung seiner Resolutionen 365 (1974) und 367 (1975),
4. ersucht den Generalsekretär in seinen Bemühungen fortzufahren, damit so bald wie möglich Fortschritte hin zu einer gerechten und dauerhaften Lösung auf Zypern erzielt werden können,
5. fordert die betroffenen Parteien zur Zusammenarbeit mit dem Generalsekretär in seinen Bemühungen auf,
6. fordert alle Staaten auf, die Souveränität, Unabhängigkeit, territoriale Integrität und Blockfreiheit der Republik Zypern zu respektieren,
7. fordert alle Staaten auf, keinen anderen zyprischen Staat als die Republik Zypern anzuerkennen,
8. fordert alle Staaten und die beiden Volksgruppen auf, von jeglichen Handlungen abzusehen, welche die Lage verschärfen könnten,
9. ersucht den Generalsekretär, den Sicherheitsrat auf dem Laufenden zu halten.«

26 Vgl. Talmon, Kollektive Nichtanerkennung, S. 50 f. Resolution 550: »Der Sicherheitsrat,

- nachdem er auf Bitten der Regierung der Republik Zypern die Situation in Zypern geprüft hat,
- nachdem er die Ausführungen des Präsidenten der Republik Zypern gehört hat,
- den Bericht des Generalsekretärs zur Kenntnis nehmend,
- seine Resolutionen 365 (1974), 367 (1975), 541 (1983) und 544 (1983) in Erinnerung rufend,
- zutiefst bedauernd, dass seine Resolutionen nicht implementiert wurden, insbesondere Resolution 541 (1983),
- zutiefst besorgt über weitere sezessionistische Handlungen im besetzten Teil der Republik Zypern, die der Resolution 541 (1983) zuwiderhandeln, namentlich der angebliche Austausch von Botschaftern zwischen der Türkei und der rechtlich ungültigen »Türkischen Republik Nordzypern« sowie das in Betracht gezogene »Referendum über die Verfassung« und die »Wahlen«, sowie andere Handlungen oder Handlungsdrohungen mit dem Ziel, den angeblichen unabhängigen Staat zu festigen und die Teilung Zyperns zu vertiefen,
- zutiefst besorgt über die jüngsten Drohungen einer Besiedlung von Varoscha durch andere Personen als seine Einwohner,
- unter Bekräftigung seiner anhaltenden Unterstützung für die UN-Friedenstruppe in Zypern,

1. unterstreicht seine Resolution 541 (1983) und fordert ihre dringende und nachhaltige Umsetzung,

2. verurteilt sämtliche sezessionistischen Handlungen, einschließlich des angeblichen Austauschs von Botschaftern zwischen der Türkei und der türkisch-zypriotischen Führung, erklärt diese für illegal und ungültig und fordert deren sofortige Rücknahme,
3. wiederholt seinen Appell an alle Staaten, die durch sezessionistische Handlungen errichtete sogenannte »Türkische Republik Nordzypern« nicht anzuerkennen und appelliert an sie, das sezessionistische Gebilde in keiner Weise Erleichterungen zu gewähren oder es zu unterstützen,
4. fordert alle Staaten auf, die Souveränität, Unabhängigkeit, territoriale Integrität und Blockfreiheit der Republik Zypern zu respektieren,
5. betrachtet Versuche in Varosha andere Personen als seine Einwohner anzusiedeln als unakzeptabel und fordert die Überstellung dieses Gebiets unter die Verwaltung der Vereinten Nationen,
6. betrachtet jeglichen Versuch der Einmischung in den Status oder die Stationierung der UN-Friedenstruppe in Zypern als Zuwiderhandlung gegen die Resolutionen der Vereinten Nationen,
7. bittet den Generalsekretär, die dringende Umsetzung der Resolution des Sicherheitsrates 541 (1983) voranzutreiben,
8. bestätigt das dem UN-Generalsekretär erteilte Mandat und bittet ihn, neue Versuche zu unternehmen hinsichtlich einer umfassenden Lösung des Zypernproblems, in Übereinstimmung mit den Prinzipien der UN-Charta und den Bestimmungen für eine solche Lösung, wie sie in den relevanten UN-Resolutionen, einschließlich Resolution 541 (1983) und der vorliegenden Resolution, festgelegt wurden,
9. fordert alle Parteien zur Zusammenarbeit mit dem Generalsekretär in seinen Bemühungen auf,
10. beschließt mit der Situation befasst zu bleiben, mit der Option, dringende und geeignete Maßnahmen zu ergreifen für den Fall der Nicht-Implementierung von Resolution 541 (1983) sowie dieser Resolution,
11. bittet den Generalsekretär, die Implementierung der vorliegenden Resolution voranzutreiben und dem Sicherheitsrat darüber zu berichten, wenn Entwicklungen dies erfordern.«

27 Vgl. Talmon, Kollektive Nichtanerkennung, S. 53–57.

28 https://web.archive.org/web/20160720084952/http://www.bundesheer.at/truppendienst/milint/td_milint-laenderinfo.php?id_c=81&table_id=7 (abgerufen am 13.1.2023).

VIII. Gescheiterte Sezessionen

1 Vgl. Rohlfes, J.: Staat und Nation im 19. Jahrhundert, Stuttgart 1990, S. 97.

2 Ebd., S. 98.

3 Vgl. dazu Nagler, J.: Territoriale Expansion, Sklavenfrage, Sezessionskrieg, Rekonstruktion, 1815–1877, in: Länderbericht USA, Bd. 1, hg. von W. P. Adams/E.-O. Czempiel/B. Ostendorf/K. L. Shell/P. B. Spahn/M. Zöller, Bonn 1992, S. 87–118, hier S. 102.

4 Ebd., S. 103.
5 Price, W. H.: The Civil War Handbock, Springfield 1961, S. 2.
6 Vgl. Nagler, J.: Territoriale Expansion, S. 103.
7 Vgl. Rohlfes, Staat und Nation, S. 105.
8 Ebd., S. 105.
9 Ebd., S. 106.
10 Siehe dazu Nagler, Territoriale Expansion, S. 108–112.
11 Vgl. Rohlfes, Staat und Nation, S. 107.
12 Vgl. u. a. Price, Ciivil War Handbock, S. 5.
13 Siehe dazu u. a. Reader, J.: Africa. A Biography oft the Continent, New York 1997, S. 649–662.
14 Vgl. Ansprenger, F.: Afrika. Eine politische Länderkunde, Berlin 6. Auflage 1968, S. 105 f.
15 Vgl. Schicho, Geschichte Afrikas, S. 154.
16 Vgl. zum Folgenden Kacza, T.: Die Kongo-Krise 1960–1965, Pfaffenweiler 1990; Gérard-Libois, J.: Katanga Secession. University of Wisconsin Press, Madison, London 1966; Dördelmann, Rechtsethische Rechtfertigung, S. 17 f.
17 15 U. N. SC OR, Supp. July-Sept. 1960, at 16, U. N. Doc. S/4387 (1960); vgl. Scholl-Latour, P.: Mord am großen Fluss. Ein Vierteljahrhundert afrikanische Unabhängigkeit, Stuttgart 1986, S. 86.
18 15 U. N. SC OR, Supp. July-Sept. 1960, at 34–35, U. N. Doc. S/4405 (1960).
19 Siehe dazu Misteli, S.: Wer tötete Dag Hammarskjöld?, in: *Neue Zürcher Zeitung* vom 22. September 2021, S. 6.
20 Vgl. Scholl-Latour, Mord am großen Fluss, S. 278 f.
21 16 U. N. SC OR, Supp. Oct.-Dec. 1961, at 148, U. N. Doc. S/5002 (1961).
22 Siehe dazu den Artikel in *Die Welt* vom 6. Juli 2017 »Als hungernde Kinder Symbole der Dritten Welt wurden«. (https://www.welt.de/geschichte/article166324755/Als-hungernde-Kinder-Symbole-der-Dritten-Welt-wurden.html (abgerufen am 16. 12. 2022). Als exemplarische zeitgenössische Darstellung sei auf die eindrucksvolle Dokumentation von Tilman Zülch und Klaus Guercke: »Biafra. Todesurteil für ein Volk? Eine Dokumentation mit einem Geleitwort von Golo Mann. Berlin 1968« verwiesen. Anhand von Augenzeugenberichten, Interviews oder von Feldpostbriefen gefallener Soldaten Biafras bietet diese aufrüttelnde und emotionale Darstellung eine hervorragende Übersicht über die damaligen Ereignisse.
23 Geleitwort von Golo Mann, in: Zülch, Biafra. Todesurteil für ein Volk?; S. 7
24 Vgl. Reader, Africa, S. 667–671.
25 Vgl. Dördelmann, Rechtsethische Rechtfertigung, S. 18 ff.
26 Siehe dazu Forsyth, F.: Biafra Story. Bericht über eine afrikanische Tragödie. aus dem Englischen von Ulrike Puttkamer. München 1976; Zülch, Biafra, S. 17–28.
27 Vgl. Reader, Africa, S. 670.
28 Ebd.
29 Vgl. Ansprenger, Afrika, S. 95; Zülch, Biafra, S. 15.
30 Vgl. Schicho, Geschichte Afrikas, S. 156.
31 Steiner, H.: Völkermord mit Beihilfe, in: *Wiener Zeitung* vom 28. Februar 1992.
32 *Die Welt* vom 6. 7. 2017.

33 Ebd.
34 Ebd.
35 Reader, Africa, S. 670.
36 *Die Welt* vom 6. 7. 2017.
37 Vgl. S. 58 f.
38 Geiß, I.: Der Krieg zwischen Nigeria und Biafra, in: Zülch, Biafra, S. 27.
39 Vgl. Zülch, Biafra, S. 14 u. 55.
40 Ebd., S. 55 und 58.
41 Decker, G.: Das Selbstbestimmungsrecht der Nationen, Göttingen 1955.
42 de Zayas, A.: Selbstbestimmungsrecht und Vereinte Nationen, S. 144–176, in: H.-J. Heintze (Hg.), Selbstbestimmungsrecht der Völker – Herausforderung der Staatenwelt, S. 154.
43 Die erschreckende Abstinenz der UNO wird im Kapitel der Jugoslawienkriege intensiv beleuchtet.
44 Vgl. zum Folgenden: Eichhorst, K.: Ethnisch-separatistische Konflikte in Kanada, Spanien und Sri Lanka (= Kieler Schriften zur politischen Wissenschaft. Band 15), Frankfurt 2005; Dördelmann, Rechtsethische Rechtfertigung, S. 22 ff.; https://de.wikipedia.org/wiki/Stille_Revolution; https://de.wikipedia.org/wiki/Souver%C3%A4nit%C3%A4tsbewegung_in_Qu%C3%A9bec (beide abgerufen am 12.12.2022).
45 Siehe dazu Bremm, K.-J.: Preußen bewegt die Welt, Darmstadt [2]2021.
46 Vgl. *Neue Zürcher Zeitung* vom 23. Oktober 2021, S. 5.
47 Osthold, C. P.: Politik und Religion in Nordkaukasien. Das Verhältnis von Islam und Widerstand am Beispiel von Tschetschenen und Inguschen (1757–1961), Wiesbaden 2019.
48 Zum Folgenden https://de.wikipedia.org/wiki/Tschetschenien (abgerufen am 19. 1. 2023).
49 Krech, H.: Der russische Krieg in Tschetschenien (1994–1996). Ein Handbuch. (Bewaffnete Konflikte nach dem Ende des Ost-West-Konfliktes, Bd. 3), Berlin [2]2000.
50 Krech, H.: Der Zweite Tschetschenien-Krieg (1999–2002). Ein Handbuch. (Bewaffnete Konflikte nach dem Ende des Ost-West-Konfliktes, Bd. 11), Berlin 2002; Rau, J.: Der Dagestan-Konflikt und die Terroranschläge in Moskau 1999. Ein Handbuch. (Bewaffnete Konflikte nach dem Ende des Ost-West-Konfliktes, Bd. 10), Berlin 2002.
51 Dazu grundlegend Rösel, J.: Der Bürgerkrieg auf Sri Lanka. Baden-Baden 1997; Eichhorst, K.: Ethnisch-separatistische Konflikte in Kanada, Spanien und Sri Lanka (= Kieler Schriften zur politischen Wissenschaft. Band 15), Frankfurt 2005.
52 Vgl. Blank, S.: Sri Lanka, Dormagen 10. Auflage 2015, S. 36; https://www.spiegel.de/politik/ausland/sri-lanka-buergerkrieg-forderte-100-000-todesopfer-a-626093.html (abgerufen am 12. 1. 2023).
53 Vgl. Blank, Sri Lanka, S. 35.
54 Ebd., S. 36 f.
55 Ebd., S. 38; http://news.bbc.co.uk/2/hi/south_asia/7168528.stm (abgerufen am 12. 1. 2023).
56 https://web.archive.org/web/20081229013535/http://www.fr-online.de/in_und_ausland/politik/aktuell/1649763_Tod-und-Vertreibung-auf-der-Ferieninsel.html (abgerufen am 12. 1. 2023).

57 https://web.archive.org/web/20090520001112/http://www.tagesschau.de/ausland/srilanka334.html (abgerufen am 12. 1. 2023).
58 Vgl. Blank, Sri Lanka, S. 38.
59 Das kann auch der Autor anhand zahlreicher Besuche in den letzten Jahren auf dieser Insel bestätigen.
60 Vgl. AlDailami, S.: Jemen. Der vergessene Krieg, München 2019, S. 55.
61 https://www.spiegel.de/politik/neues-somalia-a-adobe4c8-0002-0001-0000-000013689919?context=issue (abgerufen am 12. 1. 2023).
62 Ebd.
63 https://www.tagesschau.de/ausland/asien/uno-jemen-buergerkrieg-101.html; https://www.dw.com/de/jemen-wenig-hoffnung-auf-ein-ende-des-krieges/a-64072811 (beide abgerufen am 12. 1. 2023).

IX. Sonderfälle

1 Zu Taiwan siehe Schubert, G.: Taiwans langer Weg zur konsolidierten Demokratie, in: Fischer, D./Lackner, M. (Hg.): Länderbericht China. Geschichte – Politik – Wirtschaft – Gesellschaft. Bonn [3]2007, S. 198–223; vgl. Holslag, J.: Frieden auf Chinesisch. Warum in Asien Krieg droht. Hamburg 2015, S. 144–149; Susbielle, J.-F.: China-USA. Der programmierte Krieg, Paris 2006, deutsche Ausgabe Berlin 2007, S. 240–253.
2 Zit. nach Sommer,T.: China First. Die Welt auf dem Weg ins chinesische Jahrhundert, Hamburg [2]2019, S. 364.
3 Siehe z. B. http://german.china.org.cn/de-china/neirong/12.htm (abgerufen am 23. 1. 2023).
4 https://corporate.dw.com/de/ein-china-zwei-staaten/a-17180562 (abgerufen am 23. 1. 2023).
5 Das Interview führte Günter Knabe am 9. Juli 1999: https://corporate.dw.com/de/ein-china-zwei-staaten/a-1718056 (abgerufen am 1. 6. 2023).
6 https://www.welt.de/print-welt/article577317/China-droht-mit-der-Neutronenbombe.html (abgerufen am 23. 1. 2023).
7 Siehe dazu Weyrauch, T.: Völkerrechtliche Betrachtungen zur Existenz der Republik China. Analysen, Bewertungen und Empfehlungen, Longtai 2011.
8 Ebd., S. 28.
9 Ebd., S. 21 ff.
10 Vgl. Kap. V.2.a.
11 https://www.deutschlandfunk.de/de-facto-staaten-das-schicksal-von-laendern-ohne-100.html (abgerufen am 25. 1. 2023).
12 Ebd.
13 Zu Nordafrika siehe detailliert und grundlegend Hofbauer, M./Loch, T. (Hg.): Wegweiser zur Geschichte. Nordafrika. Hg. im Auftrag des MGFA, Paderborn 2011.
14 https://www.deutschlandfunk.de/eu-marokko-und-der-westsahara-konflikt-handel-mit-afrikas.724.de.html?dram:article_id=366913 (abgerufen am 13. 12. 22); siehe

Grosch, Geopolitische Machtspiele, S. 243 ff.; vgl. Dördelmann, Rechtsethische Rechtfertigung, S. 20 ff.

15 https://www.dw.com/de/marokko-und-die-westsahara-chronik-eines-alten-konflikts/a-55626098 (abgerufen am 14.12.22)

16 Vgl. *Junge Freiheit* vom 5.5.2023.

17 ICJ Reports 1975, 6, para 1.

18 ICJ Reports 1975, 68, para 162.

19 Vgl. Marshall, Abschottung, S. 197 f.

X. Fazit

1 *Neue Zürcher Zeitung* vom 23. Oktober 2021, S. 5.

Literaturverzeichnis

A Pocket History of the Irish Revolution. The Fight for Ireland's Independence, Dublin 2019.

A Pocket History of Northern Ireland, Dublin 2019.

AlDailami, S.: Jemen. Der vergessene Krieg, München 2019.

Alesina, A./Spolaore, E.: The Size of Nations, Cambridge 2003.

Alexander, M./Stökl, G.: Russische Geschichte, Stuttgart 2009.

Alter, P.: Nationalismus, München/Zürich 1994.

Althaus, J.: Als zwischen Bozen und Brenner die Bomben explodierten, in: *Die Welt* vom 12. 06. 2021.

Amt für Geoinformationswesen der Bundeswehr (Hg.): Militärische Landesinformation für Einsatzkontingente. Kosovo. Ausgabe 12/2009, Euskirchen 2009.

Anderson, B.: Die Erfindung der Nation. Zur Karriere eines erfolgreichen Konzeptes, Frankfurt 5. Auflage 1993.

Ankenbrand, H.: Europas rebellische Regionen, in: *Frankfurter Allgemeine Sonntagszeitung* vom 30. Juni 2013, S. 19–21.

Ansprenger, F.: Afrika. Eine politische Länderkunde, Berlin 6. Auflage 1968.

Arnold, S.: Rechtfertigung der Sezession von Staaten (Justification of the Secession of States), München/Ravensburg 2010.

Aus Politik und Zeitgeschichte 13/2009: Kaukasus.

Autonome Provinz Bozen-Südtirol. Das neue Autonomiestatut, hg. von der Südtiroler Landesregierung, Bozen 14. Auflage 2009.

Baberowski, J.: Zwischen den Imperien, in: *Die Zeit* vom 13. März 2014.

Backes, U.: Extremistische Ideologien, in: E. Jesse/T. Mannewitz (Hg.): Extremismusforschung. Handbuch für Wissenschaft und Praxis, Baden-Baden 2018, S. 99–160.

Barnes, I.: Ruheloses Russland. 3000 Jahre Geschichte in Karten, Darmstadt 2016.

Bartl, P.: Grundzüge der jugoslawischen Geschichte, Darmstadt 1985.

Bauer, H.: Die Bundestreue, Tübingen 1992.

Baumgartner, E.: Von der Explosion zur engen Kooperation. Italien – Südtirol – Österreich, in: *Das Parlamen*t Nr. 36 vom 28. August 1992, S. 10.

Beckett, J. C.: Geschichte Irlands, Stuttgart 1982.

Bentzien, J.: Die völkerrechtlichen Schranken der nationalen Souveränität im 21. Jahrhundert, Frankfurt 2007.

Berg, H. W.: Das Erbe der Großmoguln. Völkerschicksale zwischen Hindukusch und Golf von Bengalen, Hamburg 1988.

Bergbauer, H./Mann, G. (Hg.): Neugestaltung der Staatenwelt im 21. Jahrhundert.

Wie Sezession neue politische und ökonomische Strukturen schafft. Wiesbaden 2021.

Berge, F./Grasse, A.: Belgien – Zerfall oder föderales Zukunftsmodell? – Der flämisch-wallonische Konflikt und die Deutschsprachige Gemeinschaft. Regionalisierung in Europa Band 3. Opladen 2003.

Berna, H.: A Liberal Theory of Secession, in Political Studies 1984, S. 21–31.

Bernecker, W. L.: Spanische Geschichte. Von der Reconquista bis heute, Darmstadt ^{2}2012.

Biermann, R.: Der Weg in Krise und Krieg (1989–1998), in: B. Chiari/A. Keßelring (Hg.): Wegweiser zur Geschichte. Kosovo, Paderborn/München/Wien/Zürich [3]2008, S. 73–84.

Blank, S.: Sri Lanka, Dormagen 10. Auflage 2015.

Blumenwitz, D./ Meissner, B.: Das Selbstbestimmungsrecht der Völker und die deutsche Frage, Köln 1984.

Boden, M.: Nationalitäten, Minderheiten und ethnische Konflikte in Europa. Ursprünge, Entwicklungen, Krisenherde. Ein Handbuch, München 1993.

Braithwaite, J./Charlesworth, H./Soaresw, A.: Networked Governance of Freedom and Tyranny: Peace in Timor-Leste, Canberra 2012 (ANU press).

Brandt, P.: Die Ukraine – Nation im Werden oder gescheiterte Nationsbildung?, in: *Neue Gesellschaft/Frankfurter Hefte*, 4/2015, S. 17–22.

Bremm, K.-J.: Preußen bewegt die Welt, Darmstadt [2]2021.

Brenner, S.: Operation Atilla, in: *Militärgeschichte. Zeitschrift für historische Bildung*, Nr. 2/2016.

Brilmayer, L.: Secession and Self-Determination: A Territorial Interpretation, *Yale Journal of International Law* 16 (1991), S. 177–202.

Brissa, E.: Flagge zeigen. Warum wir gerade jetzt Schwarz-Rot-Gold brauchen, München 2021.

Brüggemann, M.: Zwischen Anlehnung an Russland und Eigenständigkeit: Zur Sprachpolitik in Belarus, in: *Europa ethnica*, 3–4, 2014, S. 88–94.

Brühl-Moser, D.: Die Entwicklung des Selbstbestimmungsrechts der Völker unter besonderer Berücksichtigung seines innerstaatlich-demokratischen Aspekts und seiner Bedeutung für den Minderheitenschutz, Basel/Frankfurt 1994.

Brunner, G.: Nationalitätenprobleme und Minderheitenkonflikte in Osteuropa, Gütersloh 1993.

Buchanan, A.: Justice, Legitimacy and Self-Determination (Oxford Political Theory), Oxford 2004.

Calic, M.-J.: Gescheiterte Idee: Gründe für den Zerfall Jugoslawiens, in: A. Keßelring (Hg.): Wegweiser zur Geschichte. Bosnien-Herzegowina, Paderborn/München/Wien/Zürich [2]2007, S. 137–145.

Calic, M.-J.: Das Ende Jugoslawiens. Informationen zur politischen Bildung, Informationen aktuell. Hg. von der Bundeszentrale für politische Bildung, Bonn 1996.

Chiari, B.: Staat ohne Nation, in: *Zeitschrift für Innere Führung* 3/2016, S. 25–31.

Chiari, B.: Der zweite Bürgerkrieg und seine Auswirkungen auf die Gesellschaften im Sudan, in: B. Chiari (Hg.): Wegweiser zur Geschichte. Sudan, Paderborn/München/Wien/Zürich 2007, S. 51–64.

Chiari, B. (Hg.): Wegweiser zur Geschichte. Sudan. Hg. im Auftrag des MGFA, Paderborn/München/Wien/Zürich 2007.

Chiari, B./Keßelring, A. (Hg.): Wegweiser zur Geschichte. Kosovo. Hg. im Auftrag des MGFA, Paderborn/München/Wien/Zürich [3]2008.

Chiari, B. (Hg.): Wegweiser zur Geschichte. Kaukasus. Hg. im Auftrag des MGFA, Paderborn/München/Wien/Zürich 2008.

Clementi, S./Woelk, J. (Hg.): 1992: Ende eines Streits: Zehn Jahre Streitbeilegung im Südtirolkonflikt zwischen Italien und Österreich, Baden-Baden 2003.

Coffey, P.: This Day in Irish History, Dublin 2021.

Corney, P./Pokorny, J.: Kurze Geschichte der böhmischen Länder bis zum Jahr 2004, Prag 2008.
Dann, O.: Nation und Nationalismus in Deutschland 1770–1990, München 1993.
Das Ernst Moritz Arndt Buch. Eine Auswahl der Werke, Stuttgart 1925.
Davies, F.: Die Ukraine im Jahr 1923. Gescheiterte Staatsbildung und die Krise des ukrainischen Nationalismus, in: N. Hannig/D. Mares (Hg.): Krise. Wie 1923 die Welt erschütterte, Darmstadt 2022, S. 142–157.
Decker, G.: Das Selbstbestimmungsrecht der Nationen, Göttingen 1955.
Demidirek, H.: The painful past retold Social memory in Azerbaijan and Gagauzia, Kopenhagen 1996.
Deschner, G.: Die Kurden – Volk ohne Staat, München 2003.
Die Verfassung der Republik Kroatien, Zagreb 1991.
Dittmann, A.: Moldawien. Konfliktregion zwischen Pruth und Dnjestr, in: Osteuropa – Konflikte verstehen, hg. von A. Dittmann/ R. Riemer/A. Teicht, Baden-Baden 2018, S. 251–267.
Dördelmann, G.: Rechtsethische Rechtfertigung der Sezession von Staaten. Dissertation Erfurt 2002. Abgerufen unter: https://d-nb.info/966434986/34.
Dorn,T.: Deutsch, nicht dumpf. Ein Leitfaden für aufgeklärte Patrioten, München 2018.
Dotter, M.: Die heiligen Grenzen der Heimat, in: *FAZ* vom 3. Juni 2019, S. 6.
Driessen, C.: Geschichte Belgiens. Die gespaltene Nation, Regensburg 2018.
Duffy, S. u. a. (Hg.): Atlas of Irish History, Dublin [3]2011.
Echternkamp, J./Müller, O.: Perspektiven einer politik- und kulturgeschichtlichen Nationalismusforschung. Einleitung, in: Dies. (Hg.): Die Politik der Nation. Deutscher Nationalismus in Krieg und Krisen 1760 bis 1960, München 2002, S. 1–24.
Eichhorst, K.: Ethnisch-separatistische Konflikte in Kanada, Spanien und Sri Lanka (= Kieler Schriften zur politischen Wissenschaft. Band 15), Frankfurt 2005.
Fasser, M.: Ein Tirol – zwei Welten. Das politische Erbe der Südtiroler Feuernacht von 1961, Innsbruck/Wien/Bozen 2009.
Finlan, A.: The Collapse of Yugoslavia 1991–99, London 2022.
Fischer, D./Lackner, M. (Hg.): Länderbericht China. Geschichte – Politik – Wirtschaft – Gesellschaft, Bonn [3]2007.
Fischer Weltalmanach. Verschiedene Ausgaben seit 1990.
Forsyth, F.: Biafra Story. Bericht über eine afrikanische Tragödie. Aus dem Englischen von Ulrike Puttkamer, München 1976.
Francis, E.K.: Ethnos und Demos. Soziologische Beiträge zur Volkstheorie, Berlin 1965.
Friedman, G.: Die nächsten 100 Jahre. Die Weltordnung der Zukunft, Frankfurt 2009.
Fritsch, R. v.: Russlands Weg. Als Botschafter in Moskau, Berlin 2020.
Garleff, M.: Die baltischen Länder: Estland, Lettland, Litauen vom Mittelalter bis zur Gegenwart, Regensburg 2001.
Geiss, I.: Das alte, neue Pulverfass Europas: Explosives Gemenge von Völkern, Religionen und Kulturen, in: *Das Parlament* Nr. 10/11, 28.2./6.3.1992.
Gellner, E.: Nationalismus und Moderne, Berlin 1991.
Gérard-Libois, J.: Katanga Secession. University of Wisconsin Press, Madison, London 1966.
Götz, R./Halbach, U.: Politisches Lexikon GUS, München 1992, S. 163–167.
Goldstein, I.: Croatia. A History, London 4. Auflage 2019.

Grataloup, C.: Die Erfindung der Kontinente. Eine Geschichte der Darstellung der Welt. Dt. Ausgabe, Darmstadt 2021.

Griffin, R.: Faschismus. Eine Einführung in die vergleichende Faschismusforschung, Stuttgart 2020.

Grosch, M.: Geopolitische Machtspiele. Wie China, Russland und die USA sich in Stellung bringen und Europa immer stärker ins Abseits gerät, Reinbek 2022.

Grosch, M.: Weißrussland. Eigenständig oder russischer Vasall? in: Osteuropa – Konflikte verstehen, hg. von A. Dittmann/R. Riemer/A. Teicht, Baden-Baden 2018, S. 225–250.

Grosch, M.: Schrei nach Freiheit, in: *Information für die Truppe. Zeitschrift für Innere Führung*, hg. vom BMVg, Nr. 5/2000, S. 24–27.

Gruber, A.: Geschichte Südtirols. Streifzüge durch das 20. Jahrhundert, 7. Auflage, Bozen 2007.

Gürel, A.: Eigentums- und Bevölkerungsfragen im geteilten Zypern, in: *Aus Politik und Zeitgeschichte*, Heft 12, 2009.

Halbach, A. J.: Namibia. Wirschaft, Politik, Gesellschaft nach zehn Jahren Unabhängigkeit, Windhoek 2000.

Hannig, N./Mares, D.: (Hg.): Krise. Wie 1923 die Welt erschütterte, Darmstadt 2022.

Hartmann, R.: Die glorreichen Sieger. Die Wende in Belgrad und die wundersame Ehrenrettung deutscher Angriffskrieger, Berlin 2001.

Heckmann, F.: Ethnische Minderheiten, Volk und Nation. Soziologie inter-ethnischer Beziehungen, Stuttgart 1992.

Heintze, H.-J.: Selbstbestimmungsrecht und Minderheitenrechte im Völkerrecht.

Heintze, H.-J.: Selbstbestimmungsrecht der Völker – Herausforderung der Staatenwelt, Bonn 1997.

Heintze, H.-J.: Autonomie, Selbstbestimmungsrecht der Völker und Minderheitenschutz, in: *Der Staat* Nr. 36 (1997), S. 399–425.

Hellmann, M.: Grundzüge der Geschichte Litauens, Darmstadt 1986.

Herausforderungen an den globalen und regionalen Menschenrechtsschutz, Baden-Baden 1994.

Herdegen, M.: Völkerrecht, München 4. Auflage 2005.

Herder, J. G.: Ideen zur Philosophie der Geschichte der Menschheit, Bd. 1, Berlin/Weimar 1965.

Hesmer, K.-H.: Flaggen und Wappen der Welt, Gütersloh/München 2008.

Hildermeier, M.: Geschichte Russlands. Vom Mittelalter bis zur Oktoberrevolution, München 2013.

Hobsbawm, E.: Nationen und Nationalismus. Mythos und Realität seit 1780, Frankfurt 1991.

Hobsbawm, E.: Die Blütezeit des Kapitals: Eine Kulturgeschichte der Jahre 1848–1875 (Das lange 19. Jahrhundert, Bd. 1), Darmstadt 2017.

Hofbauer, M./Loch, T. (Hg.): Wegweiser zur Geschichte. Nordafrika. Hg. im Auftrag des MGFA, Paderborn/München/Wien/Zürich 2011.

Hofbauer, B./Münch, P. (Hg.): Wegweiser zur Geschichte. Mali. Hg. im Auftrag des MGFA, Paderborn/München/Wien/Zürich ²2016.

Holslag, J.: Frieden auf Chinesisch. Warum in Asien Krieg droht, Hamburg 2015.

Hoppe, T. (Hg.): Schutz der Menschenrechte, Zivile Einmischung und militärische

Intervention – Analysen und Empfehlungen, Projektgruppe Gerechter Friede der Deutschen Kommission Justitia et Pax, Berlin 2004.

Hyde, D.: The Revival of Irish Literature and other Addresses. London [2]1894, S. 117 ff. (dt. Übersetzung durch B. Hadden).

Ihlau, O./Mayr/ W.: Minenfeld Balkan. Der unruhige Hinterhof Europas, München 2009.

Informationen zur politischen Bildung aktuell 2003: Kaukasus-Region.

Ipsen, K.: Völkerrecht. Ein Studienbuch, München 4. Auflage 1999.

Janjetovic, Z.: Kosovo – Das »heilige Land« der Serben, in: B. Chiari/A. Keßelring (Hg.): Wegweiser zur Geschichte. Kosovo, Paderborn/München/Wien/Zürich [3]2008, S. 175–180.

Jeschonnek, F.K. Die Russische Förderation, in: Osteuropa – Konflikte verstehen, hg. von A. Dittmann/R. Riemer/A. Teicht, Baden-Baden 2018, S. 269–304.

Jung, F. J.: Eine bewegte und bewegende Zeit, in: N. Kartmann/D. Schipanski (Hg.): Hessen und Thüringen. Umbruch und Neuanfang 1989/90, Frankfurt 2007, S. 103–110.

Jung, F. J.: Die letzten Tage der Teilung. Wie die deutsche Einheit gelang, Freiburg 2010.

Kacza, T.: Die Kongo-Krise 1960–1965, Pfaffenweiler 1990.

Kälin, A.: Die Frage des Rechts auf Sezession und die Anerkennung von aus (einseitigen) Sezessionen hervorgegangenen neuen Staaten, in: *Schweizerische Zeitschrift für internationales und europäisches Recht*, 19 (2009), S. 481–489.

Kann Südtirol Staat? 40 Antworten für eine unabhängige Zukunft, Bozen 2023.

Kappeler, A.: Kleine Geschichte der Ukraine, München 4. Auflage 2014.

Kappeler, A.: Ungleiche Brüder. Russen und Ukrainer. Vom Mittelalter bis zur Gegenwart, München 2017.

Kerber, K.: Jugoslawien. Hefte zur Ostkunde 3, Hannover 1963.

Keßelring, A. (Hg.): Wegweiser zur Geschichte. Bosnien-Herzegowina. Hg. im Auftrag des MGFA, Paderborn/München/Wien/Zürich [2]2007.

Keßelring, A.: Kriegsverbrechen im Kosovo-Krieg 1998/99, in: B. Chiari/A. Keßelring (Hg.): Wegweiser zur Geschichte. Kosovo, Paderborn/München/Wien/Zürich [3]2008, S. 215–217.

Kimminich, O.: Rechtscharakter und Inhalt des Selbstbestimmungsrechts, in: D. Blumenwitz/B. Meissner (Hg.): Das Selbstbestimmungsrecht der Völker und die deutsche Frage, Köln 1984, S. 37–46.

Kimminich, O.: Die Renaissance des Selbstbestimmungsrechts nach dem Ende des Kolonialismus, in: G. Brunner/T. Schweisfurt/A. Uschakow/K. Westen (Hg.), Sowjetsystem und Ostrecht, Festschrift für Boris Meissner zum 70. Geburtstag, Berlin 1985, S. 601–615.

Kimminich, O.: Einführung in das Völkerrecht, 6. Auflage, Tübingen 1997.

King, C.: The Moldovans. Romania, Russia, and the Politics of Culture, Stanford (Hoover Inst.Pr.) 2000.

Klein, T.: Geschichte Chinas von 1800 bis zur Gegenwart, Paderborn/Köln/Weimar/Wien [2]2009.

Klotz, E.: Georg Klotz. Freiheitskämpfer für die Einheit Tirols. Eine Biographie, Neumarkt a. d. Etsch 5. Auflage 2021.

Klute, G./Lecocq, B.: Separatistische Bestrebungen der Tuareg in Mali, in: B. Hofbauer/P. Münch (Hg.): Wegweiser zur Geschichte. Mali, Paderborn/München/Wien/Zürich [2]2016, S. 123–138.

Kocka, J.: Nationalismus in Europa – ein Blick zurück und voraus, in: *Die ZEIT* Nr. 49/2002.

Kohrs, C./Diekmann, P.: Angst vor neuem Krieg in Putins Auftrag? Serbien zündelt am Balkan, auf t-online.de vom 15.1.2023 (abgerufen am 16.1.2023).

Koll, J. (Hg.): Belgien. Geschichte – Politik – Kultur – Wirtschaft, Münster 2007.

Kramer, H.: Die Türkei im Schnittpunkt der Regionen und Kulturen, in: *Geographische Rundschau* Nr. 48 (1996), S. 590–594.

Kramer, K.: Die Geschichte Spaniens. Über die sozialen und politischen Hintergründe des Spanischen Bürgerkrieges, Berlin 1978.

Krech, H.: Der russische Krieg in Tschetschenien (1994–1996). Ein Handbuch. (Bewaffnete Konflikte nach dem Ende des Ost-West-Konfliktes, Bd. 3), Berlin [2]2000.

Krech, H.: Der Zweite Tschetschenien-Krieg (1999–2002). Ein Handbuch. (Bewaffnete Konflikte nach dem Ende des Ost-West-Konfliktes, Bd. 11), Berlin 2002.

Kretsi, G.: Die Rolle der Diaspora in den 1990er Jahren, in: B. Chiari/A. Keßelring (Hg.): Wegweiser zur Geschichte. Kosovo, Paderborn/München/Wien/Zürich [3]2008, S. 191–200.

Kristan, Ivan: Zerfall der jugoslawischen Föderation, in: J. Kramer (Hg.), Föderalismus zwischen Integration und Sezession: Chancen und Risiken bundesstaatlicher Ordnung, Baden-Baden 1993, S. 73–83.

Krone-Schmalz, G. Russland verstehen: Der Kampf um die Ukraine und die Arroganz des Westens, München 2015.

Kunze, T./Vogel, T.: Das Ende des Imperiums, Berlin 2015.

Lawrence, M.: Spain's First Carlist War, New York/London 2014.

Leidlmaier, A.: Südtirol als sozialgeographisches Problem, in: *Tiroler Heimat* Nr. 24, Wien/Innsbruck 1960, S. 77–87.

Leidlmaier, A.: Südtirol. Wandlungen im Bevölkerungsbild im Land der Etsch, in: Jahrbuch des ÖAV, München 1967, S. 117–122

Lemberg, E.: Nationalismus, Bd. 2. Reinbek 1964.

Lenin, W.I.: Über das Selbstbestimmungsrecht der Nationen, in: Ausgewählte Werke, Bd. I. Berlin 1970, S. 687 (Original: Februar/März 1914).

Lindorf, J.: Tabellarische Chronik von Südwestafrika-Namibia, Windhoek 2010.

List, F.: Das nationale System der politischen Ökonomie, Stuttgart 1841.

Luhmann, N.: Die Politik der Gesellschaft, hg. von A. Kieserling, Frankfurt 2000.

Mackow, J.: Russlands Beziehungen zu seinen »slawischen Brüdern« Ukraine und Belarus, in: *Aus Politik und Zeitgeschichte* Nr. 16/17/2003, S. 31–38.

Madut Jok, J.: Sudan – Race, Religion, and Violence, London 2007.

Mappes-Niediek, N.: Krieg in Europa. Der Zerfall Jugoslawiens und der überforderte Kontinent, Berlin 2022.

Marco Polo Reiseführer China, Ostfildern [3]1994.

Marshall, T.: Die Macht der Geographie. Wie sich Weltpolitik anhand von 10 Karten erklären lässt, München 4. Auflage 2016.

Marshall, T.: Abschottung. Die neue Macht der Mauern, München 2020 (engl. Originalausgabe London 2018).

Martens, M.: Die Schilder des Anstoßes, in: *FAZ* vom 29. September 2021.

Martens, M.: Gefahr im Norden des Kosovos, in: *FAZ* vom 5. Dezember 2022.

Martens, M.: Wir werden kämpfen, in: *FAZ* vom 12. Dezember 2022.

Meinecke, F.: Weltbürgertum und Nationalstaat, München/Berlin 1919.

Meissner, B. (Hg.): Die baltischen Nationen: Estland, Lettland, Litauen, hg. vom Arbeitskreis für Nationalitäten- u. Regionalprobleme in der Sowjetunion, Ostmittel- und Südosteuropa in Verbindung mit der Deutschen Gesellschaft für Osteuropakunde und der Südosteuropa-Gesellschaft, Köln 1990.

Melcic, D.: Kriegsverbrechen. Srebrenica 1995, in: A. Keßelring (Hg.): Wegweiser zur Geschichte. Bosnien-Herzegowina, Paderborn/München/Wien/Zürich ²2007, S. 147–156.

Misteli, S.: Wer tötete Dag Hammarskjöld?, in: *Neue Zürcher Zeitung* vom 22. September 2021.

Mummelthey, R.: Die Frage nach der Richtung, in: *Junge Freiheit* vom 2. Dezember 2022.

Münch, Ingo von: Das Recht auf Sezession, in: J. Furkes/K.-H. Schlarp (Hg.), Jugoslawien: Ein Staat zerfällt, Hamburg 1991, S. 193–199.

Münkler, H.: Imperien, Berlin ³2005.

Münkler, H.: Kriegssplitter. Die Evolution der Gewalt im 20. und 21. Jahrhundert, Darmstadt 2015.

Murswiek, D.: Offensives und defensives Selbstbestimmungsrecht – Zum Subjekt des Selbstbestimmungsrechts der Völker, *Der Staat* 23 (1984), S. 523–548.

Murswiek, D.: Die Problematik eines Rechts auf Sezession – neu betrachtet, AVR 31 (1993), S. 307–332.

Nagler, J.: Territoriale Expansion, Sklavenfrage, Sezessionskrieg, Rekonstruktion, 1815–1877, in: Länderbericht USA, Bd. 1, hg. von W. P. Adams/E.-O. Czempiel/B. Ostendorf/K. L. Shell/P. B. Spahn/M. Zöller, Bonn 1992, S. 87–118.

Niebel, I.: Das Baskenland. Geschichte und Gegenwart eines politischen Konflikts, Wien 2009.

Niutenko, O.: Regional Identity and Conflict in Transnistria since Late Communism, Prag 2013.

Nohlen, D./Grotz, F. (Hg.): Kleines Lexikon der Politik, München 6. Auflage 2015.

Nolte, G.: Kein Recht auf Abspaltung, in: *FAZ* vom 13. Februar 2008.

O'Brien, B.: The Long War – The IRA and Sinn Féin, Dublin 1995.

Olt, R.: Über den Tisch gezogen, in: *Junge Freiheit* vom 2. September 2016.

Olt, R.: Sind wir hier immer noch in Italien?, in: *FAZ* vom 31. Juli 2010.

Osthold, C. P.: Politik und Religion in Nordkaukasien. Das Verhältnis von Islam und Widerstand am Beispiel von Tschetschenen und Inguschen (1757–1961), Wiesbaden 2019.

Oswald, I.: Nationalitätenkonflikte im östlichen Teil Europas, Berlin 1993.

Ott, M.: Das Recht auf Sezession als Ausfluss des Selbstbestimmungsrechts der Völker, Berlin 2008 (Dissertation, Humboldt-Universität).

Palmer, J.: Der blutige weiße Baron: Die Geschichte eines Adligen, der zum letzten Khan der Mongolei wurde, Frankfurt 2010.

Paulus, Andreas L.: Reziprozität im Völkerrecht, in: R. Jakob/W. Fikentscher (Hg.), Korruption, Reziprozität und Recht, Bern 2000, S. 213–233.

Pleiner, H.: Die strategische Lage zum Jahreswechsel, in: *Österreichische Militärische Zeitschrift*, Nr. 1/2023, S. 3–13.

Pohl, H. D.: Zu Garasanins Nacertanje. Ein Beitrag zur Geschichte Serbiens, in: Die Slawische Sprache, Bd. 29 (1992), S. 55 ff. (S. 977 ff. serbokroatisches Original). Abgedruckt in: Geschichte und Geschehen. Ernst Klett Schulbuchverlag. Leipzig 2005.

v. Prellwitz, J.: Das »Prinzip der Nichteinmischung« als Grundlage der interamerikanischen Beziehung, in: *Zeitschrift für Politik* 1960, S. 110–133.

Ponte, C. del: Im Namen der Anklage. Meine Jagd auf Kriegsverbrecher und die Suche nach Gerechtigkeit, Frankfurt 2009.

Price, W. H.: The Civil War Handbock, Springfield 1961.

Rau, J.: Der Dagestan-Konflikt und die Terroranschläge in Moskau 1999. Ein Handbuch. (Bewaffnete Konflikte nach dem Ende des Ost-West-Konfliktes, Bd. 10), Berlin 2002.

Reader, J.: Africa. A Biography of the Continent, New York 1997.

Reichstein, A.: Der texanische Unabhängigkeitskrieg: 1835–36. Ursachen und Wirkung, Berlin 1984.

Reinhardt, K.: KFOR. Streitkräfte für den Frieden. Tagebuchaufzeichnungen als deutscher Kommandeur im Kosovo, Frankfurt ²2002.

Reisen in Tibet, China Intercontinental Press 2003.

Reuter, J.: Zur Geschichte der UÇK In: J. Reuter/K. Clewing (Hg.): Der Kosovo Konflikt. Ursachen – Verlauf – Perspektiven, Klagenfurt 2000.

Rösel, J.: Der Bürgerkrieg auf Sri Lanka, Baden-Baden 1997.

Rohlfes, J.: Staat und Nation im 19. Jahrhundert, Stuttgart 1990.

Salam Sidahmed, A.: Politics and Islam in Contemporary Sudan, Richmond 1997.

Salzborn, S.: Geteilte Erinnerung. Die deutsch-tschechischen Beziehungen und die sudetendeutsche Vergangenheit, Frankfurt 2008.

Sasse, G.: Der Krieg gegen die Ukraine. Hintergründe, Ereignisse, Folgen, München 2022.

Schäfer, T.: Die Russen behielten das Sagen, in: *Junge Freiheit* vom 23. Dezember 2022.

Schaller, C.: Sezession und Anerkennung. Völkerrechtliche Überlegungen zum Umgang mit territorialen Abspaltungsprozessen. Studie der Stiftung Wissenschaft und Politik, Berlin 2009.

Schicho, W.: Geschichte Afrikas, Stuttgart 2010.

Schlicher, M.: Intervention in Asien: Das Beispiel Osttimor – Konfliktlösung ohne ausreichende Prävention, in: T. Hoppe (Hg.): Schutz der Menschenrechte, Zivile Einmischung und militärische Intervention – Analysen und Empfehlungen, Projektgruppe Gerechter Friede der Deutschen Kommission Justitia et Pax, Berlin 2004, S. 257–300.

Schmidt-Hartmann, E.: Eine Scheidung aus Ratlosigkeit, in: *Das Parlament* vom 3. Juli 1992, S. 15.

Schneckener, Ulrich: Das Recht auf Selbstbestimmung. Ethno-nationale Konflikte und internationale Politik, Hamburg 1996.

Schoch, Bruno: Selbstbestimmung und Sezession. Herausforderung für die Staatengemeinschaft, Blätter für deutsche und internationale Politik 39,2 (1994), S. 1355–1367.

Schöbener, B.: Staatennachfolge, in: ders. (Hg.): Völkerrecht. Lexikon zentraler Begriffe und Themen, 2014, S. 413.

Scholl-Latour, P.: Mord am großen Fluss. Ein Vierteljahrhundert afrikanische Unabhängigkeit, Stuttgart 1986.

Scholl-Latour, P.: Der Fluch des neuen Jahrtausends. Eine Bilanz, München 2002.

Schreiber, K.: Die Übersetzung der Unabhängigkeit. Wie die Katalanen es erklären, wie wir es verstehen, Dresden 2015.

Schubert, G.: Taiwans langer Weg zur konsolidierten Demokratie, in: D. Fischer /M. Lackner (Hg.): Länderbericht China. Geschichte – Politik – Wirtschaft – Gesellschaft, Bonn ³2007.

Schwarz, K.-P.: Ende der Bindestrich-Föderation, in: *FAZ* vom 31. Dezember 2012.
Scowen, Reed: Time to say goodbye. The case for getting Quebec out of Canada, Toronto 1999.
Seidel, C.: Die Basken. Ein historisches Portrait, München 2010.
Seidt, H.-U.: Friedensordnung oder Destabilisierung? Balkanpolitik in europäischer Verantwortung, in: R. Thiele/H.-U. Seidt (Hg.): Herausforderung Zukunft. Deutsche Sicherheitspolitik in und für Europa, Frankfurt 1999, S. 106–125.
Seifert, F.-F.: Das Selbstbestimmungsrecht der Sri Lanka-Tamilen zwischen Sezession und Integration, Stuttgart 2000.
Siegemund; H.: Parteipolitik und »Sprachenstreit« in Belgien. Beiträge zur Politikwissenschaft Band 40. Frankfurt 1989.
Sislin, J./Pearson, F.S.: Arms and Ethnic Conflict, Lanham 2001.
Sisson, Richard/ Rose, Leo E.: War and secession: Pakistan, India, and the creation of Bangladesh, New Delhi 1990.
Sommer,T.: China First. Die Welt auf dem Weg ins chinesische Jahrhundert, Hamburg ²2019.
Stamps and Stories. 50 Geschichten zu Briefmarken-Motiven Namibias, Bd. 1. Windhoek 2012.
Steinbach, U.: Gesellschaft zwischen Tradition und Moderne, in: *Informationen zur politischen Bildung* Nr. 277 Türkei. Bonn 2002.
Steindorff, L.: Kroatien. Vom Mittelalter bis zur Gegenwart, Regensburg 2001.
Steiner, H.: Völkermord mit Beihilfe, in: *Wiener Zeitung* vom 28.2.1992.
Steininger, R.: Südtirol zwischen Diplomatie und Terror. 3 Bände. Bozen 1999.
Steininger, R.: South Tyrol. A Minority Conflict oft he Twentieth Century, New Brunsick/London 2003.
Steinwandter, L.: »Die Sonne wird das ausbrüten«, in: *Der Burschenschafter* 1/2019, S. 13–16.
Stiglmayer, A.: Das Ende Jugoslawiens. Informationen zur politischen Bildung aktuell, hg. von der BpB, Bonn 1992.
Stölting, E.: Eine Weltmacht zerbricht. Nationalitäten und Religionen in der UdSSR, Frankfurt ³1991.
Strohmeier, M./Yalçin-Heckmann, L.: Die Kurden. Geschichte, Politik, Kultur, München 2003.
Struck, E.: Konflikte, Konfrontationen und Kooperation im östlichen Mittelmeerraum, in: *Geographische Rundschau* Nr. 48 (1996), S. 548–555.
Südtiroler Kulturinstitut (Hg.): Bd. VIII: Bozen. Stadt im Umbruch, Bozen 1973.
Sundhausen, H.: Geschichte Jugoslawiens 1918–1980, Stuttgart 1982.
Sundhausen, H.: Auswirkungen des Zweiten Weltkriegs, in: A. Keßelring (Hg.): Wegweiser zur Geschichte. Bosnien-Herzegowina, Paderborn/München/Wien/Zürich ²2007, S. 105–117.
Sundhausen, H.: Der serbische Kosovo-Mythos, in: B. Chiari/A. Keßelring (Hg.): Wegweiser zur Geschichte. Kosovo, Paderborn/München/Wien/Zürich ³2008, S. 165–174.
Sunjic, M.: Woher der Hass? Kroaten und Slowenen kämpfen um Selbstbestimmung, München 1992.
Surculija, Z: Jugoslawien als Vielvölkerstaat. Das Beieinander von mehreren Völkern und die föderative Ordnung in Jugoslawien, in: *Beiträge zur Konfliktforschung* 1/1981, Köln, S. 79–102.

Susbielle, J.-F.: China-USA. Der programmierte Krieg, Paris 2006, deutsche Ausgabe Berlin 2007.

Talmon, S.: Kollektive Nichtanerkennung illegaler Staaten. Grundlagen und Rechtsfolgen einer international koordinierten Sanktion, dargestellt am Beispiel der Türkischen Republik Nord-Zypern, Tübingen 2006.

Thaler, P.: Der Stand der mitteleuropäischen Nationstheorie aus internationaler Sicht, in: *Zeitschrift für Politik*, Nr. 43/1996, S. 23–32.

Thiele, R./Seidt, H.-U. (Hg.): Herausforderung Zukunft. Deutsche Sicherheitspolitik in und für Europa, Frankfurt 1999.

Thomas, H.: Der Spanische Bürgerkrieg, Berlin 1964.

Thürer, D.: Das Selbstbestimmungsrecht der Völker, Bern 1976.

Tröger, B.: Eine folgenreiche Eskalation, in: *DAMALS* 1/2007, S. 8–11.

Vogt, H.: Nationalismus gestern und heute, Opladen 1967.

Wallmann, W.: Im Licht der Paulskirche: Memoiren eines Politischen. Potsdam 2002.

Weber, M.: Wirtschaft und Gesellschaft [1921], Tübingen 5. Auflage 1980; letzter Nachdruck 2002.

Wehler, H.-U.: Nationalismus, Geschichte, Formen, Folgen, München 5. Auflage 2019.

Weichlein, S.: Nationalbewegungen und Nationalismus in Europa, Darmstadt ^{2}2012.

Weidinger, D.: Nation – Nationalismus – Nationale Identität, Bonn 1998.

Weinstock, D.: Constitutionalizing the Right to Secede. *The Journal of Political Philosophy* 9 (2001), S. 182–203.

Wellman, C. H.: A Theory of Secession. The Case for Political Self-Determination, New York 2005.

Weyrauch, T.: Völkerrechtliche Betrachtungen zur Existenz der Republik China. Analysen, Bewertungen und Empfehlungen, Longtai 2011.

Widmoser, E.: Südtirol. Geschichtlicher Abriß einer europäischen Frage, München 1964.

Wieser, T./Spotts, F.: Der Fall Italien. Dauerkrise einer schwierigen Demokratie, Frankfurt 1983.

Wimmer, M./Braun, S./Spiering, J.: Brennpunkt Jugoslawien. Der Vielvölkerstaat in der Krise. Hintergründe, Geschichte, Analysen, München ^{2}1991.

Wittkowsky, A.: Der Stabilitätspakt für Südosteuropa und die »führende Rolle« der Europäischen Union, in: *Aus Politik und Zeitgeschichte*, Nr. 29–30/2000, S. 3–13.

Zaslavsky, V.: Das russische Imperium unter Gorbatschow, Berlin 1991.

Zayas, A. de: Selbstbestimmungsrecht und Vereinte Nationen, S. 144–176, in: H.-J. Heintze (Hg.), Selbstbestimmungsrecht der Völker – Herausforderung der Staatenwelt, S. 154.

Zülch, T./Guercke, K. (Hg.): Biafra. Todesurteil für ein Volk? Eine Dokumentation mit einem Geleitwort von Golo Mann, Berlin 1968.

Martin Grosch
Geopolitische Machtspiele
Wie China, Russland und die USA sich in Stellung bringen und Europa immer stärker ins Abseits gerät
Klappenbroschur, 340 Seiten mit s/w Abbildungen und Karten.
€ 28,00 [D] | € 28,80 [A]
ISBN 978-3-95768-235-2

»Geopolitisches Denken ist für die Beurteilung unserer Gegenwart und Zukunft unverzichtbar.«

Russland führt einen brutalen Angriffskrieg gegen die Ukraine ohne jegliche Rücksicht auf das Völkerrecht, China bedroht Taiwan in seiner Existenz, die USA, Großbritannien und Australien schließen einen Verteidigungspakt – derzeit erleben wir im globalen Kräfte- und Mächtespiel massive Veränderungen und machtpolitische Verschiebungen. Die USA sehen sich durch den Aufstieg Chinas zu einem zentralen Global Player vor ganz neuen Herausforderungen. Parallel strebt Russland ebenfalls mit allen (militärischen) Mitteln und ohne Rücksicht auf Verluste wieder eine stärkere Machtstellung an und Europa präsentierte sich bis vor wenigen Wochen noch als zerstrittener und verunsicherter Kontinent, tritt aber angesichts des Ukraine-Kriegs gegenüber dem russischen Aggressor geeint auf und verhängt massive Sanktionen. Und das angesichts einer fragilen künftigen Energie- und Rohstoffversorgung und zunehmender Migrationsströme aus Afrika und dem Nahen Osten, insbesondere Richtung Deutschland. All diese Ereignisse der letzten Monate und Jahre haben eines gemeinsam – sie sind großenteils geopolitischer Natur bzw. haben geopolitische Auswirkungen. Geopolitisches Denken ist für die Beurteilung unserer Gegenwart und Zukunft somit unverzichtbar. Zu Recht ist daher die Geopolitik in aller Munde, nur in Deutschland fristet sie nach wie vor ein Schattendasein. Seit Jahrzehnten wurden geopolitische Ansätze mehr oder weniger durch die verantwortliche Politik bewusst gemieden, verbunden mit gravierenden Folgen wie z. B. einer zunehmenden außen- und sicherheitspolitischen Außenseiterrolle. Martin Grosch möchte daher mit seinem Buch einen Beitrag leisten, den Blick für die Geopolitik anhand global oder regional bedeutender Staaten als geostrategische Akteure oder als geopolitische Dreh- und Angelpunkte wieder zu schärfen. Dabei zeichnet er die geografischen, historischen und kulturellen Hintergründe aktueller geopolitischer Ereignisse und Konflikte nach und warnt eindringlich davor, dass Deutschland als europäische Führungsmacht es sich nicht leisten kann und darf, vor geopolitischen Handlungen und Ereignissen die Augen zu verschließen.

www.lau-verlag.de

Rolf Steininger
Die USA, Israel und der Nahe Osten
Von 1945 bis zur Gegenwart
Gebunden mit Schutzumschlag.
448 Seiten mit 43 s/w Fotos und einer Karte.
€ 34,00 [D] | € 35,00 [A]
ISBN 978-3-95768-234-5

»Wir werden jedes Land gegen eine vom internationalen Kommunismus gesteuerte Aggression eines Nachbarlandes im Nahen Osten mit allen zur Verfügung stehenden Mitteln verteidigen.«
US-Präsident Dwight D. Eisenhower am 5. Januar 1957

»Dies ist mein Land, mein Sinai, und ich werde es mir früher oder später zurückholen.«
Ägyptens Präsident Anwar as-Sadat 1978 zu US-Botschafter Hermann Eilts

Im globalen Spiel der Mächte seit 1945 war der Nahe Osten eines der Hauptfelder der amerikanischen Politik. Die USA waren von Anfang an die entscheidende Macht in dieser Region, die von strategischer Bedeutung war: Dort gab es Öl, das für den Westen gesichert werden musste. In den Jahren des Kalten Krieges bis 1990/91 hieß der Gegner Sowjetunion. Und es gab den neuen Staat Israel, den die arabischen Staaten vernichten wollten. Ein Krieg folgte dem anderen: Israels Unabhängigkeitskrieg 1948/49, Suezkrieg, Sechstagekrieg, Yom Kippur-Krieg, Libanonkrieg, zwei Golfkriege. Es gab Bürgerkriege im Libanon, im Jemen und in Syrien, Revolutionen im Irak und im Iran, die sowjetische Invasion Afghanistans und nach 9/11 den »Krieg gegen den Terror«. In dem Spannungsfeld Öl, Israel, Palästinenser, panarabischer Nationalismus, Kalter Krieg, islamistischer Terror und Mullah-Regime im Iran bewegte sich die amerikanische Politik in einer Region, die von Extremismus und Instabilität geprägt war.
Der renommierte Zeithistoriker Rolf Steininger legt hier auf der Basis umfangreicher Akten die erste deutschsprachige Gesamtdarstellung dieser unglaublich spannenden Geschichte vor. Dabei liefert er zahlreiche neue Erkenntnisse, u. a. zur US-Intervention im Libanon, zur israelischen Atombombe, zum Bürgerkrieg im Jemen, zum Frieden zwischen Israel und Ägypten, zur gescheiterten Geiselbefreiung im Iran und zum längsten Krieg in der Geschichte der USA – dem Krieg in Afghanistan. 43 Fotos und eine Karte ergänzen den Band.

Aus dem Verlagsprogramm

Herbert Kremp
Morgen Grauen
Von den Anfängen des
Zweiten Weltkriegs
Gebunden mit Schutzumschlag.
712 Seiten. Format 15,8 x 24 cm.
€ 38,00 [D] | € 39,10 [A]
ISBN 978-3-95768-232-1

»Herbert Kremp erspart sich und uns den bequemen Hochsitz des Historikers, der alles schon weiß und kommen sieht. Er analysiert und erzählt auf eine Weise, als hätten wir diese Geschichte noch nie gekannt, ein Drama, das uns immer wieder den Atem verschlägt.«
Thomas Kielinger

»Das Buch von Herbert Kremp ist ein fulminanter Beitrag zur Auseinandersetzung mit Hitlers Strategie in den entscheidenden ersten beiden Kriegsjahren. Es besticht durch Gedankenreichtum und analytische Tiefe, und es wird für Diskussionen sorgen.«
Prof. Dr. Ulrich Schlie

Mit dieser weit blickenden Studie über den Vorlauf und die Anfänge des Zweiten Weltkriegs betritt Herbert Kremp Neuland: Sein Werk basiert, anders als bisherige Publikationen zu diesem Thema, auf einer umfassenden strategischen Analyse. Kremp provoziert damit – gedanklich wie stilistisch auf höchstem Niveau – die Korrektur verbreiteter Irrtümer über Ziele und Motive der aufeinander und gegeneinander wirkenden Mächte. Auch deshalb, weil er eine neue, bestechende Perspektive wählt: Er sieht das Handeln der Akteure bestimmt vom *konsekutiven Zwang des Kriegs*, dem Stalin, Churchill, Mussolini, Roosevelt, vor allem aber Adolf Hitler unterworfen waren. Dabei werden Vorgeschichte und Verlauf der ersten Kriegsjahre nicht wie üblich aus dem Blickwinkel des Endes geschildert. Kremp sucht vielmehr die Beteiligten und ihre Entscheidungen in der originären Situation zu erfassen: Nicht als bloße Chronik, sondern als spannende, brillant erzählte Untersuchung, die vorurteilslos erklärt und dabei zu Einsichten gelangt, die in ihrer Stringenz, Aussage- und Formulierungskraft ebenso zwingend wie unkonventionell sind.

Aus dem Verlagsprogramm